中国の歴史10

ラストエンペラーと近代中国

清末　中華民国

菊池秀明

講談社学術文庫

目次

シ　ア
ハバロフスク
ウラジヴォストーク
黒龍江省
大興安嶺
呼倫
嫩瑷琿
龍江
綏化
依蘭
浜江
吉林省
吉林
延吉
チェチェンハン部
奉天省
遼源
瀋陽
安東
旅順
シリンゴール盟
ジョーウダ盟
熱河特別区
ジョソト盟
承徳
チャハル特別区
張北
宣化
帰綏
綏遠特別区
ウランチャブ盟
イクチャオ盟
内モンゴル
大同
京北
北京（北平）
天津
清苑
渤海
煙台
威海衛
山西省
陽曲
直隷省
山東省
歴城
大名
聊城
済寧
陝西省
膚施
汲県
安邑
洛陽
開封
西安
銅山
江蘇省
淮陰
河南省
鳳陽
南京（江寧）
上海
安徽省
蕪湖
呉県
信陽
襄陽
湖北省
杭県
鄞県
漢口
武昌
懐寧
宜昌
恩施
浙江省
洞庭湖
鄱陽湖
衢県
永嘉
南昌
湖南省
長沙
江西省
吉安
福建省
正江
南平
閩侯
鎮遠
衡陽
貴陽
貴州省
贛県
龍岩
思明
台北
台湾
（1895年日本領）
桂林
曲江
馬平
蒼梧
広東省
汕頭
広西省
広州
南寧
香港
澳門
龍州
欽県
茂名
瓊山
海南島
南海
朝鮮
平壌
京城
（1910年日本領）
黄海
東海
日本
東京
凡　例
首都
省都
国境
省境

中華民国全図（1920年代後半）
ウリャンハイ部
コブド
コブド部
承化
塔城
アルタイ山脈
ジャサクトハン部
ウリヤスタイ
サインノヤンハン部
外モンゴル
イリ
迪化
天山山脈
イエンチー
アクス
カシュガル
タリム河
ホータン河
新疆省
ホータン
アルチン山脈
酒泉
甘粛省
祁連山脈
武威
青海エルート
青海
西寧
崑崙山脈
ガルトク
バヤンカラ山脈
チベット
四川
ヒマラヤ山脈
ネパール
ブータン
ラサ
川辺特別区
康定
雅安
怒江
金沙江
大渡河
建昌道
瀾滄江
英領インド帝国
（インド）
騰冲
昆明
雲南省
英領インド帝国
（ビルマ）
思茅
仏領インドシナ連邦
（ラオス）
タイ

地図・図版作成
さくら工芸社
ジェイ・マップ

中国の歴史　10

ラストエンペラーと近代中国

清末　中華民国

序章　南からの風――辺境からの中華再生の試み

近代のイメージにみる日本と中国

本書がとりあげるのは中国の近代史であるが、まずは一つの問いを発することから始めたい。この本を手にしたあなたは、本書のタイトルともなっている「近代」という言葉にどんなイメージを抱いているだろうか。

ふつう日本人の多くは、この近代（modern）という言葉に対してプラスイメージを抱いている。それはたとえば明治時代に流行した「文明開化（ぶんめいかいか）」を思い起こせば納得できるだろう。ザンギリ頭に洋服姿、鉄道にレンガ造りの欧風建築、さらには医療技術の進歩や学校など……。近代の日本が導入したヨーロッパ文明と資本主義化の歩みは、私たちに豊かさと快適な生活をもたらしたと考えられている。

それでは本書があつかう中国の場合はどうだろうか。中国語でこの言葉は「近代（ジンダイ）」と読むが、少なくとも中国の歴史をふり返ってみた場合、そこには常に重苦しくネガティヴなイメージがつきまとう。なぜなら中国史にとって近代とはたび重なる外国からの侵略をうけ、国と民族が存亡の危機に立たされた時代だからだ。

たとえば現在の中国が進めている改革・開放政策のひな形が一九七五年にはじめて提起されたとき、当時の首相だった周恩来（しゅうおんらい）は「四つの現代化」というスローガンをかかげ、近代という言葉を使わなかった。その直接の理由は中国で公式に認められている時代区分が、アヘン戦争から一九一九年の五・四運動までを近代史、それ以降を現代史と分けていたことによる。だがそれだけ中国人にとって近代史とはまず屈辱の歴史であり、侵略に対する抵抗の歴史だと考えられてきたのである。

二一世紀を迎えた今日、中国が近代に味わった屈辱はようやく乗りこえられようとしている。アヘン戦争の結果イギリスの植民地となった香港（ホンコン）が、一九九七年に一五五年ぶりに中国へ返還されたのはそのよい例である。また二〇〇八年に開催が予定されている北京（ペキン）オリンピックも、かつて日本にとっての東京オリンピックがそうであったように、中国の人々に新しい時代の訪れを実感させるモニュメントとなることだろう。

アヘン戦争図（東洋文庫蔵）　炎上する清国艦隊

むろん過去の清算とは長い時間がかかるもので、現在の中国を見るかぎりその過程は終わっていない。二〇〇一年にかつての日本の侵略行為を正当化する記載をめぐって再燃した教科書問題や、二〇〇三年に西安（せいあん）で、二〇〇五年には中国各地で発生した反日デモなど、時折緊張のはしる日中関係は、今なお苦難の近代史をめぐる「負（ふ）の記憶」が多くの中国人に共有されていることを示している。

相反する二つの中国近代史

本書があつかう中国の近代史とは、具体的にはアヘン戦争後の一九世紀半ばから、日中戦争が始まる直前の一九三六年までを指している。もしこの時代の特徴を一言で表現するなら、「中華を再生させる試み」となるだろう。だがこの試みをどのように評価すべきかについて、これまで中国史家たちの意見は大きく揺れてきた。その原因はまず何よりも現代中国の数十年におよぶ政治的激動に求められる。

もともと日本で中国近代史が本格的に研究されるようになったのは、一九四九年の中華人民共和国の建国がきっかけだった。当時「新中国(シンチョングオ)」と呼ばれた社会主義政権の誕生は、それまで中国を見下し、侵略の事実から目をそむけていた日本人に大きなショックを与えた。そして人々は中国の近代史に、一九四五年の敗戦によって挫折した日本の近代とは異なる「近代」の可能性を見いだそうとした。

こうして始まった中国近代史の研究は、中国革命が成功した理由を解明することにエネルギーを注いだ。とくに日本では冷戦体制のなかで軍国主義の復活を批判し、社会の民主化を進めるという政治的課題のもとで研究が進んだ。

だがこれらの研究はともすれば中国共産党につながる革命運動の歴史にかたより、実証的な分析よりも「革命に貢献したか、反対したか」で善悪を判断してしまう先入観をかかえていた。また日中の国交回復が一九七二年までずれ込むなか、中国はいわば「まだ見ぬ恋人」というべきヴェールに包まれた存在となった。その結果として中国近代史の研究も中国社会の実態には必ずしもそぐわない、理念的なものとなりがちだったのである。

一九七八年にスタートした改革・開放政策と日中間の本格的な交流は、中国近代史の研究に大きな変化をもたらした。一九五七年の反右派闘争および文化大革命での知識人に対する弾圧と迫害など、中国現代史の暗黒面が明るみに出るにつれて、革命の勝利を頂点とする歴史パラダイムは激しく揺さぶられた。また政治の民主化を求めた学生を弾圧した一九八九年の天安門事件や東欧、ソ連など社会主義諸国の崩壊は、革命中国に対する幻滅を決定的なものにした。さらに中国を訪問して社会の「遅れた」実態を目のあたりにした日本人には、もはや中国は日本が見ならうべき近代のモデルではなく、ごく普通の発展途上国に過ぎないという考えが広がった。

こうした現実を前にして、多くの日本人は中国を革命によって変化した新しい社会ではなく、革命にもかかわらず続いている伝統的な特質をおびた社会として考えるようになった。また中国に長期滞在しながら観察と理解を深めることが可能となり、とくに近代史の分野では日本では見ることのできない新しい史料を駆使した研究成果が表れた。

だが新しい中国近代史像を生みだそうとするこうした試みも、現在ふりかえってみると多くの限界をかかえていた。それらはかつて主流だった農村革命史に対する反動から、革命よりは改革史に、農村よりは都市史の研究にウエイトを置いた。そして確かに多くの歴史的事実が明らかになったが、結局のところそれは研究の空白を埋めたに過ぎなかった。もし意地の悪い見方をするならば、毛沢東の革命路線から鄧小平の改革・開放路線への転換という政治情勢の変化が、中国近代史の研究に反映した結果だと言えなくもない。

さらに重要な問題は、個々の歴史については詳細な研究業績が積み上げられたにもかかわらず、かつての革命パラダイムに代わって、それらを統括するようなトータルな歴史像が提起されていないという事実である。これは今日のあらゆる学問分野に共通する問題であるが、中国近代史でも専門分野があまりに細分化されてしまったために、それらを総合するだけの見通しを持った議論が生まれにくくなってしまったのである。

南の辺境から吹いた新時代の風

本書を執筆していた二〇〇三年一〇月、ニューヨークで蔣介石の夫人だった宋美齢が死去したとのニュースが報じられた。享年一〇二。二〇〇一年に死去した張学良に続いて、これで本書が扱う中国近代史の主要な登場人物はすべて世を去ったことになる。

張学良といえば一九九〇年のNHKのインタビューで半世紀ぶりに元気な姿を見せ、日本の若者に日中間の不幸な歴史を知ってほしいと語ったことは私たちの記憶に新しい。中国には「棺を覆いて論定まる」という言葉があるが、最後の当事者であった二人の死は、今こそこの時代を冷静に評価することの重要性を訴えている。

それではどのように中国近代史を描けばよいのだろうか。本書はここで一つの試みとして、南の辺境から吹いた新しい時代の風という視点でこの時代をとらえてみたい。太平天国の蜂起に始まって辛亥革命、国民革命そして中国共産党へいたる革命運動は、いずれも南の大地から湧きあがり、北にむかって展開した。また洋務運動、変法運動などの改革運動や新たな思想、文化の受容と創造は、多くが南方出身の人々によって担われるか、この時代に発展した辺境の街々を舞台に進められた。

広大な国土をもつ中国が、南北でまったく異なる社会であることはよく知られている。南方は稲作地帯で米を食べるが、北方では小麦から作った麵類などが主食である。また北方を代表する北京語と、香港や広州の人々が話す広東語とではお互い外国語と言ってよいほどに通じない。そもそも地平線までつづく平原や黄色く乾燥した大地におおわれた大陸的な華北と、山や河川など地形が起伏に富み、海によって外国に通じた開放的な華南とでは、風景ばかりか人々の習慣、発想まで違っている。あるいは人々の価値観が異なると言っても良いかもしれない。

すでに本シリーズの各巻で語られてきたように、これまで中国の歴史に新しい風を吹きこんできたのは北の辺境だった。中国文明は変動期のたびに周辺世界に勃興するエネルギーを吸収し、再生と拡大を図ることで数千年にわたる命脈を保ってきた。だがその担い手は北から進入したさまざまな遊牧民族たちであり、外からの文化的刺激も多くが内陸の交易路（シルクロード）を通じてもたらされた。

むろんこうした情況はモンゴル時代の海上交易や大航海時代以後の世界の一体化によって変化しつつあった。しかし本当の意味で新たな時代を告げる南からの風が中国全土に吹きつけたのは、本書があつかう近代からだったと言って過言ではないだろう。洪秀全や孫文、彼の後継者だった蔣介石といった本書の登場人物は、みな南の辺境を出発点に「北伐」と呼ばれる北上作戦に情熱を傾けた。また南の農村根拠地から湧きあがった毛沢東の辺境革命もまた、黄土高原のさいはての地である延安にむかって新時代の種をまいた。つまり近代中国とは中国史上はじめて南から中国を甦らせようとした時代だったのである。

以下ではこの南からの風と共に始まった、中華再生の試みと苦難のドラマを見ていくことにしよう。かつての日本をふくむ列強の侵略をまえに、くり返された挫折と失敗の中からも不死鳥のように立ち上がった中国の姿は、不透明な時代を生きる私たちに勇気を与えてくれるに違いない。

第一章 「南からの風」吹く――太平天国運動と列強

洪秀全のキリスト教受容と上帝会

洪秀全の故郷を訪れた日本人

日本と中国の関係が悪化しつつあった一九三〇年代のある日、広東省広州市の郊外にある花県の官禄坾という村に一人の日本人が姿を見せた。彼の名は矢野興といい、現在日本領事館に勤めているが、実は七〇年前にこの村が生んだ太平天国運動の指導者だった洪秀全の末裔であると言いだした。

矢野の話によると、彼の祖先は太平天国が滅亡するときに日本へ亡命した。矢野は官禄坾村や洪秀全の経歴についてよく知っており、「父の話では、洪秀全は村の塾の前に獅子の石像を埋めたそうだ」という。そこで掘ってみると、はたして石像が出てきた。はじめ矢野の話を本気にしなかった村人も、証拠を見せられて信じない訳にいかなくなった。

さて日中戦争勃発後の一九三九年に日本軍は花県を占領し、官禄坾村でいちばん立派な建物だった洪氏の祖先をまつる祠を破壊した。すると今度は矢崎と名のる日本人将校が姿を見せたが、彼も洪秀全の末裔だと言った。矢崎は部下に命じて祠を修理すると共に、官禄坾村の老人たちを宴会に招いて金を与えた。じつは矢野と矢崎は日本が派遣してきた工作員で、官禄㘵村の人々を抱きこもうとしたのである。

それではなぜ日本は洪秀全の故郷に注目したのだろうか。太平天国は近代の中国にはじめて吹いた「南からの風」であり、のちの辛亥（しんがい）革命や国民革命軍の北伐（ほくばつ）、中国共産党軍の長征（ちょうせい）へと連なる革命運動の始まりだった。それはまた列強の中国侵略に抵抗するナショナリズムの芽をふくんだ運動だった。こうした運動のリーダーだった洪秀全の故郷を日本軍が占領し、その祖先の霊廟を踏みにじったとなれば、アヘン戦争以来外国に対する抵抗の歴史をもつ広東の人々の反日感情に火をつけてしまう。つまり矢野と矢崎は日本の侵略に対する抵抗運動の火消し役として、中国革命の震源地というべき官禄㘵村へ派遣されたのだった。

それでは実際のところ、太平天国はどのような運動だったのだろうか。以下では洪秀全と異文化であるキリスト教との特異な出会いから見ていくことにしよう。

洪秀全の幻想とキリスト教受容

洪秀全は一八一四年生まれ、官禄㘵村に住む客家（ハッカ）人であった。客家とは客家語を話す漢民族の一グループで、中国古代の戦乱を避けて南へ移住したという伝承を持つ人々だった。客家が広東へ入植したとき、ここにはすでに先住の漢族である広東人が住んでおり、客家の多くは条件の悪い場所に定着せざるをえなかった。彼らは広東人からよそ者として差別され、貧しい生活に甘んじた。だがそのコンプレックスの裏返しとして「自分たちこそは黄河文明の発祥地から来た正統な漢民族の末裔だ」という屈折したアイデンティティを持つようになった。

洪秀全

　自作農だった洪秀全の両親は、幼い頃から利発だった彼に大きな期待をよせた。やがて洪秀全は塾の教師をしながら科挙試験の勉強を始めた。科挙とは伝統中国で行われた官吏登用試験である。この科挙に合格するためには、地方で行われる初級試験（童試）から皇帝がみずから行う殿試まで、何段階もの試験をパスしなければならなかった。また勉学環境を整えるには大変な費用がかかり、金持ちの子弟でなければ合格はおぼつかなかった。

　科挙試験は建て前のうえでは万人に門戸が開かれていた。だが受験にあたっては地元の知識人を保証人に立てる必要があり、客家のような後発の移民は受験できないケースがあった。また一八三四年には広東の科挙を統轄する地方官が多発する不正を苦にして自殺し、試験の公正さに対する信頼は大きく揺らいだ。結局一八三七年に洪秀全は三度目の受験に失敗すると、ショックのあまり熱病に倒れてしまった。

　このとき洪秀全は生死の境をさまよいながら、自分が天上に昇って生まれかわる夢を見た。のちに彼のいとこである洪仁玕が宣教師に語ったところによれば、洪秀全は川辺で汚れた身体を清められ、手術をうけて内臓をすべてつめ替えられた。そして天の宮殿で金髪に黒い服をまとった老人と出会い、この世の誤りを正すように命じられた。さらに洪秀全が兄と呼んだ中年の男が、悪魔と戦うのを手助けしてくれたという。

　私たちの眼には奇妙に映るこの幻夢体験は、中国の民間信仰ではしばしば語られる内容だった。彼の出会った神（老人）も道教の最高神である玉皇大帝に近いものだったが、洪秀全はこれをキリスト教と結びつけていくのである。

洪秀全とキリスト教の出会いは、『勧世良言』というプロテスタントによる一冊の布教パンフレットから始まった。当時中国ではキリスト教の布教は禁止されていたが、一八〇七年にロンドン伝道会の宣教師であるロバート・モリソンはマレー半島のマラッカを拠点として中国伝道を開始した。その信徒の一人に広東出身の華僑である梁発という人物がおり、彼は中国人にわかりやすいパンフレットの作成を試みた。これが『勧世良言』で、中国の伝統的宗教を偶像崇拝として否定し、キリスト教を信じることを勧める内容だった。洪秀全は一八三三年に広州でひそかに布教活動をしていた梁発からこの本を手渡されたらしい。

洪秀全の故郷　広東省花県（現在の広州市花都区）官禄㘵村

はじめ洪秀全は『勧世良言』に関心を示さなかったが、四度目の科挙受験に失敗した一八四三年にこれを読み直してショックを受けた。そこで梁発は「科挙の受験生は必死で学問の神々に祈っているが、一生合格できない者がいるのは、これらの神がみな虚妄だからだ」など、洪秀全にとって切実な話題をもとに中国の伝統的宗教を批判していた。またモリソンが翻訳した聖書は、キリスト教の神ヤハウエの訳語として中国の古典から「上帝」という文字をあてるなど、中国人になじみやすいように工夫がこらされていた。

このため洪秀全は外来文化に対する抵抗をまったく感じないまま、キリスト教をヨーロッパだけでなく、太古の中国においても信仰されていた宗教として受け入れた。彼は夢で出会った老人こそは上帝ヤハウエであり、中年の男はイエス・キリストであること、そして自分は上帝の次男であり、この世を救う使命を受けたと確信した。そして洪秀全はみずから洗礼を行って布教活動を始めた。この洪秀全の誤解すれすれの異文化受容により始まった宗教を上帝教とよぶ。

しかし洪秀全の布教活動は多くの困難に直面した。アヘン戦争の舞台となった広東はヨーロッパに対する反感が強く、戦争後も住民との衝突事件が発生していた。近所に住む馮雲山など数名の貧しい客家知識人が洪秀全の考えに共鳴したが、多くの村人はこれを受け入れずに洪秀全たちは孤立した。そこで一八四四年に洪秀全と馮雲山は布教の旅に出かけ、広西の貴県にある親戚の家にたどり着いた。やがて洪秀全は広東に帰ったが、馮雲山は客家の同郷ネットワークを頼って桂平県の紫荊山に入り布教活動を続けた。

広東に戻った洪秀全は『原道救世歌』や『原道醒世訓』など、布教のためのパンフレット作りに取りくんだ。それらは洪秀全が長年の受験勉強で培った儒教的素養によって、『勧世良言』の内容を解釈し直したものだった。また洪秀全は「今なお大同を望むことができるだろうか」とあるように、中国古来のユートピアである大同思想を手がかりに『勧世良言』に欠けていた現実社会への批判と理想社会のイメージを描き出した。

一八四七年に洪秀全は広州にいた宣教師Ｉ・Ｊ・ロバーツを訪ね、ここで数ヵ月のあいだ

広西桂平県紫荊山の風景

聖書を学んだ。はじめ洪秀全から幻夢体験を聞かされたロバーツは、不思議なこともあるものだと考えたという。洪秀全は洗礼を受けることを望んだが、ロバーツは洪秀全が経済的な援助を受けたいという下心を持っていると誤解してこれを拒否した。プライドを深く傷つけられた洪秀全は科挙受験に続いて二度目の挫折を経験し、ロバーツのもとを去って広西へ旅立ったのである。

紫荊山での布教活動と偶像破壊運動

このころ桂平県の紫荊山では馮雲山が地道な布教活動を進め、多くの信者を獲得していた。この地方は一七世紀から開発が進んだ移民社会で、地方政府と密接な関係を結んだ官僚、軍人出身の有力移民が広大な土地を占有し、収穫した米を先進地帯である広東へ売って利益をあげた。また広西の主要な少数民族であるチワン族は有力移民が進める開墾事業の労働力となり、彼らの支配と差別を受けていた。

一八世紀になると、広東方面から客家が入植するようになった。だが遅れてきた彼らは平野部で耕地を獲得できず、紫荊山内で炭焼き業などの苛酷な労働に従事した。このため彼らは広東でそうであったように貧しく、不安定な生活に苦しんだ。また有力移民が政治的なリーダーシップを独占的に握るなか、客家や少数民族は各地に建てられた廟の祭りに参加することができず、精神的な疎外感に悩んでいた。

こうした厳しい現実を前に馮雲山は、洪秀全が創始した上帝教に中国の民間宗教に広く見られる現世利益的な要素をつけ加えた。彼は「食事や衣服が与えられますように」「病気が早く治りますように」など、素朴だが切実な願いをしるした祈禱文を作り、人々に唱えるように説いてまわった。これは大きな効果をあげ、上帝教は客家および客家と密接な関係にあった少数民族のあいだに急速に広がった。後に忠王として太平天国を支えた藤県大黎郷出身の李秀成は、「従ったのはみな農夫の家、寒苦の家だった」と証言している。

また信者の中には紫荊山のふもとにある金田村の韋昌輝、広東から貴県へ入植した石達開、広東南部の信宜県から平南県へ出稼ぎに来ていた凌十八など、それなりの経済的基盤を持ちながら、有力移民が作った政治サークルに入ることができず、不利な立場に追いこまれた新興勢力の姿もあった。これらの地域はいずれも客家の入植地であり、布教活動が客家の同郷ネットワークをたどって進められたことを物語っている。当時紫荊山内だけで二〇〇〇人に達したといわれるこの宗教団体を上帝会と呼ぶ。

一八四七年に広西を再び訪れた洪秀全は、馮雲山による布教活動の成果を知って自信を深めた。そして彼は『勧世良言』やモーセの十戒にみられる偶像崇拝を禁止する教えを一歩進め、各地の廟に祭られた神像を「妖魔」として打ちこわす偶像破壊運動を始めた。この運動は少数民族の信仰を集めていた恋愛の女性神を「淫乱なやりて女」と非難するなど、儒教的な「正統」意識から異文化を見下す抑圧的な体質をその内部に抱えていた。だが既存の神々によって救われず、より強力な庇護を求めていた下層民は多くがこの運動に共感し、上帝会の参加者はさらに増えた。

一方偶像破壊運動は、これらの廟の祭りを主催することで移民社会におけるリーダーシップを握っていた有力移民の激しい反発を引き起こした。その先頭に立ったのは紫荆山に住む客家出身の生員（童試に合格した学生）だった王作新で、彼は馮雲山を捕らえ、上帝会が神々を攻撃しながら、ひそかに謀反を企んでいるという罪状で地方政府に告発した。結局王作新の訴えは認められなかったが、この事件をきっかけに上帝会は有力移民との対立を深めた。そして伝統的な社会秩序との軋轢は、上帝会の活動に強い政治性を刻み込むことになったのである。

太平天国の蜂起と南京進撃

天父・天兄下凡と金田蜂起

さて馮雲山が獄中にいた一八四八年秋、上帝会の中で大きな変化が発生した。紫荆山に住む楊秀清、蕭朝貴という二人の青年会員に「天父（上帝ヤハウエ）」と「天兄（キリスト）」が乗りうつり、お告げを発し始めたのである。最近ロンドンで発見された『天兄聖旨』巻一によると、初めて現れたキリストは「朕はイエスである。指示を聞きたい者がいれば、蕭朝貴を通じて、おまえの面前で話をしよう」と述べ、ついで洪秀全に「おまえは朕を知っているか」とたずねた。そして洪秀全は「存じております」と答え、蕭朝貴に乗りうつった霊魂がキリストに間違いないことを認めている。

こうした神がかりのお告げは、この地方で降僮と呼ばれたシャーマニズムであり、上帝教の本来の教義から見れば否定すべきものであった。だが当時は馮雲山の逮捕によって会員のあいだに動揺が広がり、礼拝中にしばしば神がかりとなる者が現れた。洪秀全はこのうち楊秀清、蕭朝貴の言葉を「天父・天兄下凡」として公認することで、人々の不安や会内の混乱を鎮めようとしたのである。この結果上帝会はキリスト教との距離を広げ、より土俗的な宗教結社へと変質することになった。

楊秀清と蕭朝貴の天父・天兄下凡は、上帝会の活動を宗教運動から地上の天国を建設しようとする政治運動へと変化させた。古くから中国には易姓革命という考えがあり、天から命令を受けることは新しい王朝の君主となることを意味した。洪秀全の夢体験を聞かされた信者たちは、彼こそは中国の民間宗教でくりかえし語られた「真の君主」に違いないと受けとめたのである。また蕭朝貴も「おまえ（洪秀全）に権威を与える。おまえは兄弟たちを率いて、共に天下を平定しなければならない」という天兄キリストのお告げを下すことで、人々の期待を具体的な形にしていった。

こうした変化を前に洪秀全は、一八四八年に『原道覚世訓』を執筆した。そこで彼は始皇帝以来の歴代皇帝が上帝ヤハウエに対する信仰を忘れてしまったこと、上帝のみに許されるはずの「皇帝」の称号を用いたことを激しく非難した。この論理に従えば、時の清朝皇帝である道光帝も「永遠に地獄の災いを求める者」の一人に他ならなかった。つまり洪秀全は上帝が太古の中国で信仰されていた神であり、今こそ中国社会は古のあるべき姿に回帰すべきこと、そのためには清朝の打倒が不可欠であると訴えたのである。それは洪秀全におけるキリスト教の受容とその土着化が行き着いた終着点であった。

一八五〇年に入ると極秘のうちに武装蜂起の準備が進められ、信者たちは土地や財産を処分して聖庫とよばれる共有財産に入れた。この頃中国は不景気と災害が続き、天地会などの失業者や難民を中心とする秘密結社の活動が盛んだった。とくに広西ではアヘン戦争後に職を失った広東の兵士が武装集団を作って流れ込み、土着の天地会員と結んで略奪を働き、官兵に抵抗するなど騒然としていた。

また貴県では客家とチワン族、漢族の早期移民とのあいだにささいな対立に端を発した激しい武力抗争（これを先住民と移民の争いを意味する土客械闘とよぶ）が起こり、敗北して行き場を失った客家の人々が上帝会に庇護を求めた。これらの混乱にカムフラージュされながら、信者とその家族を含む約二万人は金田村へ集結し、年末までに清軍との戦闘が始まったのである。

太平軍の南京進撃とその主張

上帝会が蜂起したとの知らせを受けた清朝は、彼らが天地会とはまったく異なる革命集団であることに気づいた。そこで清朝はアヘン戦争のときに広州でアヘンを禁圧したことで有名な林則徐を起用して、反乱軍の鎮圧に乗り出した。だが林則徐は赴任する途中に病死し、清軍首脳部の内紛や兵士の士気の低さも手伝って上帝会軍は順調に勢力を伸ばした。一八五一年三月に洪秀全は天王に即位し、国号を太平天国に定めた。また九月に太平軍が山奥の街である永安州を占領すると、楊秀清を東王、蕭朝貴を西王、馮雲山を南王、韋昌輝を北王、石達開を翼王に任命して新国家建設のひな形を整えた。

永安州で半年におよぶ籠城戦に耐えた太平軍は、一八五二年四月に封鎖線を突破して広西の省都である桂林を攻め、湖南南部へ入った。当時太平軍の兵力は五〇〇〇人程度に減っていたが、ここで客家の天地会会員や鉱山労働者の参加を得た。また太平軍の内部では洪秀全の故郷である広東へ軍を進めるか、北上するかで意見が分かれた。

このとき軍事面の最高責任者だった東王楊秀清は「すでに虎の背中に乗ったのだ、もはやふり返ることは許されぬ」と述べて北上の方針を決定した。太平軍は清軍の防衛態勢が整わない隙をついて湖北へ進出し、一八五三年一月には省都の武昌を陥落させた。勢いに乗った太平軍は水陸両軍からなる一〇万以上の兵力で長江を下り、三月には北京につぐ重要都市であった南京を占領した。そしてここを天京と改め、本格的な政権作りに着手したのである。

こうして太平天国は北上開始から一年足らずのあいだに全国的な運動へと発展した。この急速な発展が可能となった原因は、税負担の増加と不公平に代表される清朝支配の行きづまりだった。清代の土地税は原則として銀で納められ、人々は日頃使っていた銅銭を銀に換えて税を払った。その交換レートはだいたい銀一両につき銭一〇〇〇文だった。ところが一九世紀にアヘン交易の代価として銀が海外へ大量に流出すると、「銀貴銭賤」すなわち銀の値段が高騰して一両あたり銭二〇〇〇文以上になった。つまり事実上の増税である。

またアヘン戦争での戦費調達や賠償金の支払いを迫られた清朝は、豊かな東南の沿海部か

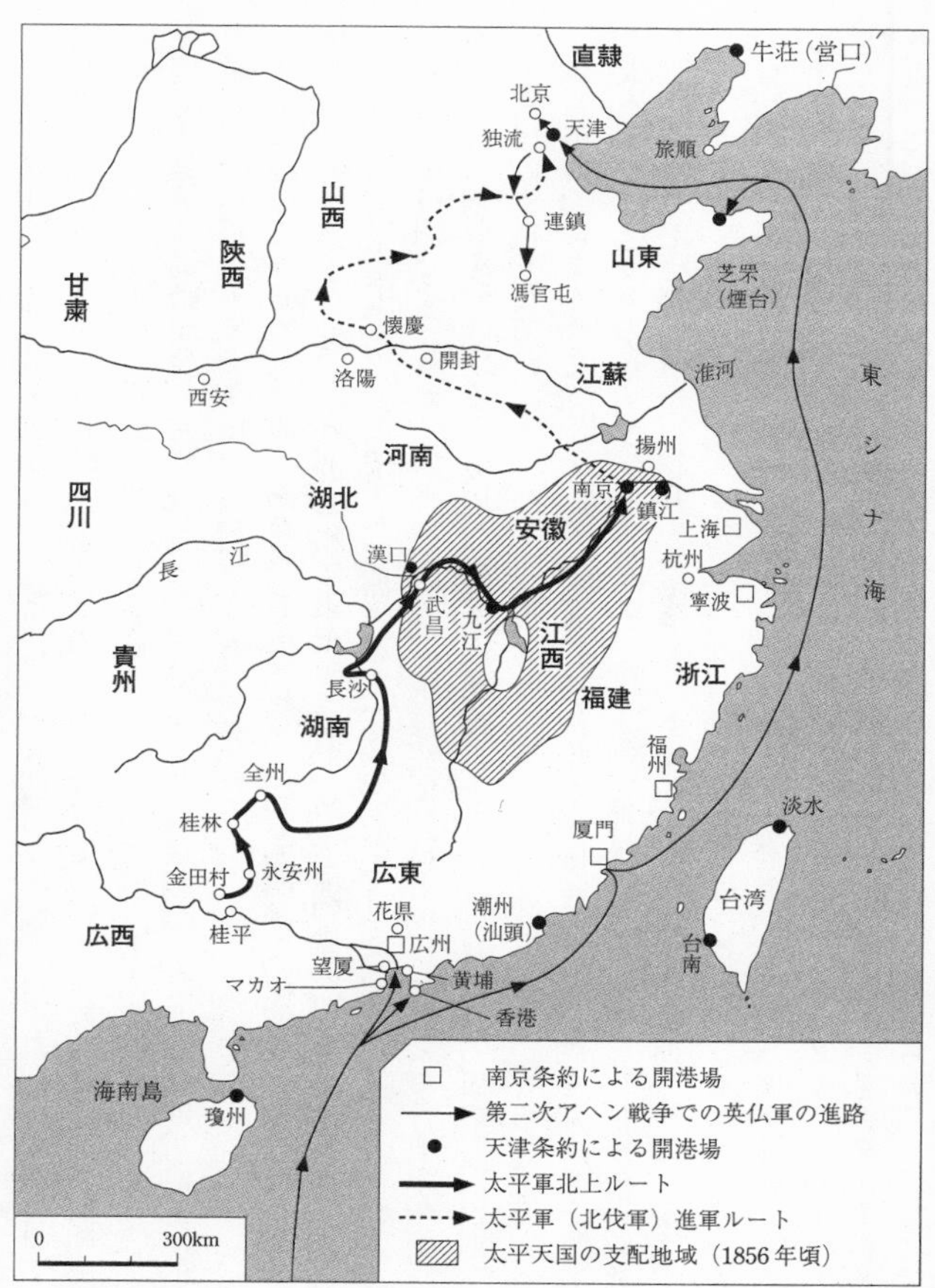

太平天国と第二次アヘン戦争（山川出版社『世界各国史３・中国史』をもとに作成）

ら規定の数倍にのぼる税を取り立てて財政難をのり切ろうと図った。だがその負担は身内に官僚や科挙合格者のいない庶民に集中した。アヘン戦争での無惨な敗北によって清朝の権威がゆらぐと、不公平の是正を求める人々が納税を拒否したり、私腹を肥やしていた役人たちを襲撃する抗糧暴動が多く発生した。また大土地所有の進んだ江南地方では、地主に小作料を納入しない抗租の風潮が広がった。

太平天国はこうした人々の不満を吸収しながら、比較的明確な政治的目標を提示することで急速な成長をとげた。一八五二年に東王楊秀清と西王蕭朝貴の連名で発した檄文には、「天下は中国の天下であって胡虜（満洲人をさす）の天下ではない」とあり、満洲人王朝である清朝を打倒せよと訴えて太平天国政権の正統性をアピールした。また各地で今後三年のあいだ税の徴収を免除すると宣伝し、占領地では打先鋒とよばれる有力者の財産没収を行って下層民の支持を集めた。

さらに蜂起にあたって太平天国は、人々に満洲族が中国に入って清朝を建てたときに漢民族に強制したことで知られる弁髪をやめ、髪を長く伸ばして結いつける長髪へと改めさせた。この「長毛」姿は太平軍将兵の特徴となったばかりか、辛亥革命期の革命派が太平天国にならって弁髪を切り落としたように、清朝打倒の意志を示す強烈なアピールになった。

ちなみに太平天国は北方民族の影響を受けて成立した新しい言語である北京語（現在の標準中国語）についても、「中国人にその根本を忘れさせようとするものだ」と批判した。もともと客家は自分たちこそが正統な漢民族の末裔であるというアイデンティティを持っていたために、伝統的な慣習や言語を守ることに熱心であった。とくに彼らの話す客家語は、古代中国語の痕跡をよく留めていたという。外来の宗教を受容する一方で、古の中国に回帰することを唱えた太平天国の思想は、この中国文化の正統性にこだわる客家の習慣をベースとして生み出されたのである。

太平軍の宣伝活動とその規律

さて太平天国は高い壇でドラを鳴らして人々を集め、演説を行う講道理という宣伝活動によってこれらの主張を人々に伝えた。南京占領後は本の印刷を行う役所が設けられ、その政策を伝える出版物が多く刊行された。また南京への入城にあたっては、新王朝の主にふさわしい大がかりなパレードを行った。王たちの旗は太平天国のシンボルカラーとなった黄色で、紅、白、黒、緑、藍でふち取りされていたが、それは彼らが上帝の庇護を受けて東西南北の世界をすべて制覇するという意味がこめられていた。将兵のユニフォームは気高さや喜びを示す黄や紅色が用いられ、胸に「太平」の二文字を記した布などを縫いつけた。

だが太平天国が発信したメッセージの中で、人々に最も強いインパクトを与えたのは太平軍のきわめて厳格な規律だった。その原形は金田蜂起の時に作られた五つの命令で、第二条の「犯すなかれ」は一八五二年に一〇項目からなる「行軍中の決まり」にまとめられた。それらは民衆を殺したり、やたらに使役しないこと、略奪や放火を禁ずるだけでなく、勝手に民家に入ることも禁止するなど具体的な内容を含んでいた。

現代中国の歴史家たちは、太平軍に共産党軍の三大紀律、六項注意とよく似た規律が存在することに首をかしげた。だが研究が進むにつれて、太平天国と敵対した人々さえも太平軍の規律が厳格で、ゴロツキが多く入隊していた清朝正規軍に比べてはるかに略奪が少ないと評価していたことが明らかになった。また李秀成は東王が「右足を民家に入れた者は、右足を切る」という厳罰主義によって部隊を統率したと証言しており、実際楊秀清はしばしば天父下凡を用いて軍規の違反者や清軍との内通者を見せしめの死刑に処した。つまり太平軍は上帝ヤハウエの怒りに対する恐怖に裏付けられながら、時代を先取りする高度なモラルを実現したのである。

地上天国の現実と湘軍の登場

太平天国の北伐とその失敗

さて南京を都に定めた太平天国は、全国の制覇をめざして新たな軍事行動を起こした。一八五三年五月に丞相の林鳳祥、李開芳らの率いる二万人の精鋭部隊が、その後も近代中国の歴史でくりかえし試みられる北伐――北京攻略にむかって出発したのである。

この太平天国の北伐軍は大運河を北上する最短コースを取らず、黄河を渡るチャンスを求めて西北へ軍を進めた。また途中で清軍の抵抗にぶつかると、山西へ大きく迂回しながら北京のある直隷（河北）をめざした。太平軍が北京南西の要地である保定へ迫ると、北京市内はパニック状態に陥った。官僚の家族や商人は多くが逃亡して、街はゴーストタウンになってしまったという。

あわてた清朝が蒙古族の勇将である僧格林沁に北京の防備を固めさせると、北伐軍は東へ向かい、一〇月に北京からわずか一〇〇キロ余りの天津郊外を占領した。ここで北伐軍は増援部隊の到着を待ったが、やがて厳しい冬将軍が彼らを直撃した。雪を見たこともない南方の出身だった太平軍将兵は寒さに凍え、麦作地帯である北方では南方人の主食である米を食べられずに苦しんだ。

やむなく北伐軍は退却を始めたが、河北と山東の省境で身動きできなくなった。北伐軍の苦戦を知った太平天国は、一八五四年二月にようやく援軍を派遣した。だがこの援軍は山東の臨清で清軍に敗北し、北伐軍と合流できないままに壊滅してしまった。結局林鳳祥と李開芳は一八五五年五月までに捕らえられて処刑され、北伐軍は全滅した。

この北伐軍の敗北によって太平天国は歴戦の勇士を多く失い、全国統一を果たす可能性はなくなった。だが清朝も北京の防衛に手一杯となり、南京を包囲していた清軍の圧力は弱まった。また北伐軍が通過した後の華北では白蓮教とよばれる民間宗教結社や捻軍などのアウトロー集団の活動が盛んとなり、清朝の支配をおびやかした。上海でも一八五三年九月に水夫や密貿易商人を中心とする天地会系結社の小刀会が蜂起し、南京へ使者を送って太平天国との連携を試みた。

新王朝の建設と『天朝田畝制度』

このころ南京では新たな国家体制作りが進んでいた。まず人目を引いたのは清の地方長官の役所を改造した天王府であり、外壁を金色に塗った豪華な宮殿が建てられた。天王洪秀全はこの宮殿の奥深くにとじこもり、もはや社会の実態に直接触れることはなくなった。彼に代わって一切の政務を取りしきったのは東王楊秀清だった。南京城の西には天王府に匹敵する巨大な東王府が造営され、他の王たちはしばしば東王府に参殿して楊秀清の指示を仰がなければならなかった。

　この東王の強力なイニシアティブの下で、南京では社会の徹底した再編成が進められた。住民の財産を没収して聖庫に納めさせると共に、老人や病人を除くすべての男女を男館、女館に分けて収容した。この家族の解体を伴う住民の組織化は太平天国の大きな特徴で、「上帝のもとでの大家族」の実現を唱えた上帝教の理想と儒教の「男女七歳にして席を同じくせず」という男女隔離思想、それに戦闘上の必要が加わって生まれたものである。

　壮年の男子は多くが兵士として従軍し、大工や印刷工、菓子づくりなどの技能をもった者はその能力に応じてさまざまな職人集団に編成された。一五歳以下の少年は童子軍という少年兵部隊に入るか、育才館とよばれる学校で勉強した。また太平軍将校の義理の子供となったり、小姓役として使われる者もいた。

　さらに太平天国は放脚令を出し、女性の足先を小さく変形させる纏足の習慣を禁止した。彼女たちは戦闘時に後ろで鬨の声をあげたり、物資の輸送や陣地構築などの労働に従事した。客家の習慣では女性が纏足をせず、男性と同じく農作業をしていたからである。だがそれまで家の中で機織りなどの仕事をしてきた江南の女たちにとって、この纏足の禁止と野外労働は大変な苦痛をもたらした。

　なお以前は太平天国の特徴の一つとして男女の平等が挙げられたが、最近はこうした評価に疑問が出されている。たしかに挙兵に参加した広西の女たちは南京到達後に高官となり、馬にまたがって街を闊歩するなど人々に強い印象を与えた。また一八五三年には中国史上初めて「女試」（女性の科挙）が実施され、首席合格を果たした傅善祥は秘書として活躍した。だがそれは決して女性一般の姿ではなかった。むしろ青少年教育を目的に記された『幼学詩』では「妻の道は三従にあり」とあるように、女性は幼いときは親、結婚しては夫、老いては息子に従えといった家父長制的な倫理が説かれていた。

また天王洪秀全は権威の象徴として八八人の妃をかかえ、東王以下の幹部もその身分に応じて多くの妻や妾を持っていた。また太平天国は全部で二七〇〇人の王を生んだが、その中に女性は一人もいなかった。つまり太平天国は上帝ヤハウエの下での平等を説きながらも、男尊女卑を前提にした王たちの特権を認めるなど、中国社会の伝統的な観念を多くひきずっていたのである。結局男館、女館は家族と引き離された人々の不満がつのった一八五五年に廃止された。

さて南京で行われた軍事共産主義的な体制を、社会全体のプランとして敷衍したものが『天朝田畝制度』であった。一八五四年までに公刊されたこのパンフレットは、「田があればみんなで耕し、食べ物があればみんなで食う」「どこの人もみな均等にし、一人残らず暖かな服と腹いっぱいの飯を得られるようにする」とあるように、洪秀全がそれまでの著作で主張した中国古来の「大同」ユートピアを実現することを目標にすえた。そして全国の耕地を人々に均等に分け与えること、収穫や生産物は自分たちの消費分を除いてみな国庫に納め、一切の私有を許さないことを定めている。

のちに中国共産党は太平天国を自分たちの先駆者と位置づけ、『天朝田畝制度』を封建的な土地所有制度を否定した革命的な綱領であると評価した。また一九五八年から始まった大躍進運動と人民公社の設立は、その基本精神や均等な分配という点で『天朝田畝制度』と共通する部分を持っていた。だが文化大革命の終結後、これら現代の政治運動が人々のやる気を失わせ、減産と大飢饉を招いたことへの反省から、『天朝田畝制度』の平均ユートピアは悪平等と社会の停滞を招くだけだという評価が多数を占めるようになった。

実際のところ『天朝田畝制度』は一つの批判の言説としてはインパクトを持ったが、その復古的な内容ゆえに有効な社会建設のプランとはならなかった。それはまた軍隊的な組織の中で、大小の将校である「官」が「農」である一般民衆を統率すると述べており、官僚と人民のあいだに身分的な上下関係を認めていた。さらに当時の太平天国は清軍との戦闘に追われ、これらの理想を政策として実行する条件を欠いていた。結局太平軍が食糧の確保という必要に迫られて占領地で行ったのは、これまでの土地所有関係を認めながら土地税を徴収する方法だった。

また太平天国の支配地では勢いづいた小作農が抗租したり、小作料を引き下げる動きが広がった。とくに一八六〇年以降に太平軍が進出した江南地方ではこの傾向が強かった。だが太平天国は土地税の一〇パーセント減額を約束したが、在地の有力者を郷官とよばれる地方官に任命し、彼らに小作料を徴収させて税収を確保しようとした。その結果小作農が大挙して太平天国の地方政府を襲撃する事件も発生した。つまり太平天国は下層民がよせた期待に充分に応えることができなかったのである。

曽国藩と湘軍の結成

このように太平天国が新王朝建設を進めていた頃、中国の辺境の一つである湖南で新しいタイプの軍隊が編制された。科挙合格者である進士の出身で儒学者としても知られる曽国藩が率いた湘軍である。

曽国藩は一八一一年生まれ、洪秀全よりも二歳ほど年上にあたる。彼の故郷は湖南の湘郷県で、のちに中国共産党を率いた毛沢東の故郷である湘潭県とは目と鼻の先だった。毛沢東の父親が新興地主であったのと同じく、曽国藩の家もそれまで科挙エリートを出したことのない新興勢力であり、家運を発展させるための努力を惜しまなかった。曽国藩が重視したのは儒教にもとづく家庭教育であり、彼は「役人たるもの、金銭を第一に考えてはならぬ」と述べるなど清廉な官吏として人望が厚かった。彼の著作は毛沢東のライバルとなる蔣介石も愛読したという。

曽国藩

一八五二年に母親の死によって故郷に戻った曽国藩は、太平天国の進撃に遭遇した。まもなく清朝から湖南で自警団を創設するように命じられた曽国藩は、腐敗によって弱体化した清朝正規軍の失敗をくりかえさないために、彼の弟子を中心に師弟関係のきずなで結ばれた強力な義勇軍の編制にとりくんだ。とくに兵士は僻地の山村から素朴な青年を選び、同郷出身の将校を選んで指揮にあたらせた。湖南の別名にちなんで湘軍と名づけられたこの義勇軍は、やがて太平軍の主要なライバルに成長した。だがこの二つの軍隊は

曽国藩の故郷　湖南省湘郷県（現在の双峰県）富厚堂村

同じく華南の辺境に住む人々を同郷ネットワークで結びつけた組織であり、実のところ両軍は敵味方に分かれたとはいえ、共に南から吹いた新しい時代の風だった。

一八五四年に湘軍が出動するにあたり、曽国藩は「粤（えつ）匪（ぴ）を討伐すべき檄文」を発した。ここで彼はキリスト教をかかげた太平天国が偶像破壊運動を行ったことを非難し、「わが孔子や孟子はあの世で痛哭（つうこく）されている。およそ書を読み、文字を識（し）る者なら、どうして手をこまねいて座りこんでおられよう」とあるように、儒教知識人に伝統的な秩序を維持するための結束を呼びかけた。また太平軍の中核となった広東、広西人に対する他地方の人々の反発や、富の公有を打ち出した太平天国の政策に対する有産者の恐怖感をあおることで、清朝と距離を置いていた人々を自らの陣営に引き寄せようとした。

じつはこのころ太平天国は『聖書』の出版を中止し、外国人宣教師とキリスト教の教義をめぐる論争を行って洪秀全と楊秀清の権威を強化しようとした。またそれまで禁書として焼き捨てていた儒教経典に修正を加え、これを出版して新王朝建設に役立てることを決めた。つまりキリスト教による儒教攻撃という曽国藩の批判は、太平天国自身の変化によって的はずれとなっていた。だがこの檄文は異端的な宗教に拒絶反応を示した保守勢力を結集させたのである。

一八五四年四月に湖南で初めて太平軍に打撃を与えた湘軍は、湖北、江西でも勝利を重ね、南京をおびやかした。太平天国は智将である翼王石達開の率いる精鋭部隊を九江（きゅうこう）へ派遣し、一八五五年一月に両軍は激突した。このとき石達開は湘軍の軍船を長江沿いの湖へ巧みにおびき寄せ、湖の出口をふさいで封じこめた。身動きの取れなくなった湘軍の船は太平軍によって次々と撃破され、大きな打撃をこうむった。自分の乗っていた船を捕獲される惨敗ぶりにショックを受けた曽国藩は、逃げる途中に投身自殺を図ったがかろうじて助けられた。また太平軍は武昌を再占領して支配地域を広げ、一八五六年には南京を包囲していた清軍を壊滅させた。これによって太平天国は建国以来最も安定した状態を迎えたのである。

清軍の騎馬隊を撃破する太平軍（リンドレー『太平天国』“TI-PING TIEN-KWOH: THE HISTORY OF THE TI-PING REVOLUTION”挿絵より）

天京事変と第二次アヘン戦争

太平天国の内部分裂

中国人が好んで話すこんな物語がある。あるとき一人の中国人と日本人が桶で水を汲んだ。日本人の男は一つの桶を運ぶのがやっとだったが、中国人の男は力持ちで、水をいっぱいに入れた大きな桶を天秤棒で二つも運んだ。今度は中国人と日本人がそれぞれ三人ずつになった。日本人の三人はよく協力してたくさんの水を運んだが、中国人の三人は仲違いを始めてしまい、一杯の水も運ぶことができなかった。集団になると力を発揮する日本人に対して、中国人は一人のときは実に有能だが、集団ではかえって力を出せない。これが中国人らしさだというのである。

この物語は科挙に代表される厳しい競争社会に生きてきた中国人の個性の強さと、団結することの難しさをよく示している。近現代中国の歴史に当てはめて言うなら、多くの人は文化大革命で右派として迫害された劉少奇と毛沢東の対立など、共産党指導者のあいだに発生した抗争を思い浮かべるだろう。あるいは一九二七年の四・一二クーデターによって国民党と共産党の合作が崩壊し、一〇年近くにわたって血で血を洗う内戦が勃発した事実を思い起こす人もいるかもしれない。

だがこの物語を地でいくような大きな悲劇が、新王朝の建設がようやく軌道にのった一八五六年夏に発生した。太平天国の内部分裂となった天京（南京）事変である。

すでに述べたように南京到達後の天王洪秀全は宮殿に閉じこもり、東王楊秀清が政治の実権を握っていた。また永安州で王に封じられた五人のうち、南王馮雲山と西王蕭朝貴は南京への途上に戦死した。残る二人の王のうち、東王に次ぐ地位にあった北王韋昌輝は、下凡した天父の命令で立ち上がれないほどに笞打たれるなど、彼を警戒する楊秀清から圧力を受けていた。挙兵以来の幹部も多くが楊秀清の独裁に不満を抱いたが、これを察知した楊秀清によって処罰されたり、見せしめに処刑されたりした。

一八五六年八月、楊秀清は天父下凡によって洪秀全を東王府へ呼びだした。このとき楊秀清は座ったまま「ここに天父がいる。跪け」と洪秀全に命じたのち、「おまえと楊秀清は同じくわが子だ。彼には大きな功績があるのに、なぜ彼を万歳に封じないのか」と迫ったという。もともと万歳は中国では歴代皇帝だけに許された称号で、太平天国も洪秀全だけが万歳を称えていた。楊秀清は自分の独裁に対する反感が高まったことに不安をつのらせ、天王と並ぶ地位を手に入れることで批判を封じようとしたのである。だがこの行動はかえって洪秀全の激しい怒りを買った。

天王の東王府訪問から一八日後の九月二日朝、南京の街は砲声と恐怖につつまれた。「楊秀清を殺せ」という洪秀全の密命を受けた北王韋昌輝が、軍を率いて東王府を襲ったのである。捕らえられた楊秀清はさらし首となり、東王麾下の将兵数千名が復讐を恐れた韋昌輝によって虐殺された。また韋昌輝は南京のすべての住民に対する調査を命じ、東王につながる人々を手当たり次第に殺し始めた。

事件の発生から六週間後に、もう一人の王である翼王石達開が南京に入城した。韋昌輝と面会した石達開は「東王とその側近を殺しただけでは満足できなかったのか。これほど多くの兄弟をなぜ殺したのか」といって彼らの虐殺行為を非難した。韋昌輝が石達開を罵ると、石達開は「ここまでやってしまったからには、君は自分で決着をつけろ。俺は知らんぞ」と突き放した。その夜に韋昌輝は石達開の殺害を謀ったが、危険を察知した石達開はわずかな部下を連れて南京を脱出した。だが韋昌輝は逃げおくれた石達開の家族とその一派を殺し、数ヵ月の間に四万人が殺されたという。

あやうく難を逃れた石達開は前線の太平軍を結集し、天王洪秀全に対して韋昌輝を処罰せよ、応じなければ南京攻撃も辞さないと強硬に申し入れた。やがて韋昌輝は殺され、塩漬けの首が石達開の陣営に届けられた。この処置に納得した石達開は南京に戻り、虐殺の狂気に怯えていた人々の期待を担って政務を担当することになった。

しかし楊秀清の前例に懲りた洪秀全は石達開を信頼しなかった。もともと理想主義者の洪秀全にとって、現実をふまえ冷静な判断をくだす石達開はソリの合わない相手だったのである。洪秀全が二人の兄を重用して石達開に圧力を加えると、これに耐えかねた石達開は一八五七年に南京を去った。そして一八六三年に四川の大渡河で敗北するまで、石達開は太平天国の旗を掲げながらも別の集団として行動した。結局この天京事変によって挙兵以来の五人の王はすべて失われ、有利だった戦局も暗転してしまった。太平天国は油断が生んだ内部抗争によって致命的な打撃をこうむったのである。

ここで太平天国をめぐる国内外の情勢変化について見てみよう。当時清朝で皇帝の座にあったのは二〇代半ばの咸豊帝であった。即位後すぐに太平天国の蜂起に直面した彼は、先の道光帝の治世下で権勢をふるい、失政の元凶とみなされていた軍機大臣の穆彰阿を罷免して政治の立て直しをはかった。また皇族出身の粛順を側近として、曽国藩をはじめとする有能な漢人官僚を登用する政策をとった。

だが一八五六年一〇月、咸豊帝を悩ませるもう一つの事件が発生した。広東に停泊中だったアヘン密輸船のアロー号が海賊の容疑で清朝官憲の立ち入り検査を受け、船員が逮捕されたのである。後に駐日公使となるイギリス領事代理のパークスは、香港籍だったアロー号の掲げていたイギリス国旗が引きずり降ろされたと主張し、それはイギリスへの侮辱だと抗議した。実際はアロー号の香港船籍は期限切れとなっており、国旗が降ろされたかもはっきりしなかった。パークスの抗議は戦争の口実をつくるための言いがかりであった。

もともとイギリスは清朝のいわゆる中華思想、すなわち中国を世界の中心と見なし、周辺諸国を属国として扱う尊大な態度を嫌っていた。また彼らはこの清朝がこの世界秩序（華夷秩序）に従った国々とだけ交易を行う朝貢貿易体制を改めさせたいと考えていた。そして一八四〇年のアヘン戦争によって行商と呼ばれる中国人商人の特権的地位を突きくずしたイギリスは、対等な立場からの自由貿易が可能になると信じた。いまも中国では一八四二年の南京条約によって不平等条約を押しつけられたと考えられている。

だが当時の清朝はアヘン戦争によって中国が自由貿易体制に組み込まれたとも、不平等条約によって近代的な国際関係に編入されたとも考えていなかった。清朝にとって敗戦は「夷狄（てき）」つまり野蛮人をなだめるための譲歩であり、これまでの朝貢体制を手直ししたに過ぎなかったのである。片務的な最恵国待遇や領事裁判権の承認は、大国である中国が格下の相手であるヨーロッパを優遇したのであり、上海など五港の開港も以前この地で外国船の寄港を認めていた先例を復活したのだと解釈された。

　つまりアヘン戦争による「西洋の衝撃」は伝統的な中華世界の秩序に取りこまれてしまったのであり、期待されたイギリス綿製品の中国向け輸出は伸び悩んだ。またヨーロッパ諸国は近代的な条約体制の常識に従って、北京に公使を常駐させることもできなかった。アヘン戦争のときに外相だったイギリス首相パーマストンは、このアロー号事件をきっかけに軍事力を用いて条約を大幅に改正しようと試みた。イギリスはナポレオン三世治下のフランスに共同出兵を持ちかけ、第二次アヘン戦争（アロー戦争）が勃発した。

　一八五七年一二月に英仏連合軍は広州を占領し、翌年一月には両広（りょうこう）総督の葉名琛（ようめいしん）を捕らえてコルカタへ連行した。続いて英仏軍は清の中央政府に圧力を加えるために海路を北上し、一八五八年五月には天津に近い大沽（タークー）砲台を占領した。はたして慌てた清朝は和平交渉に入り、六月に天津条約が締結された（31頁地図を参照）。

　ところが英仏軍が退去すると清朝は再び強硬となり、一八五九年には天津から北京へ向かおうとしたイギリス艦隊が撃退される事件が発生した。これに怒った英仏両国は一八六〇年に報復のために二万の兵力と軍艦二〇〇隻からなる大遠征軍を派遣し、一〇月には北京に迫った。また北京郊外には清朝初期の皇帝である康熙帝（こうきてい）らが建造し、イエズス会士のカスティリオーネが設計に関わった噴水で知られる円明園（えんめいえん）という美しい離宮があった。英仏軍はここを襲って貴重な財宝を奪い去ると共に、その事実を隠蔽するために徹底的な破壊を行った。

太平天国の外交と北京条約

さて太平天国が南京に到達すると、中国におけるキリスト教国家の誕生を歓迎する声がプロテスタント宣教師から起こった。一八五三年四月にイギリス駐華全権公使兼香港総督のボナムは、太平天国の実態を調べるために南京を訪問した。彼らはイギリスが不干渉の立場を取ることを伝えると共に、太平天国に対しては南京条約の承認を求め、交易場として発展しつつあった上海へ進攻する意図があるかどうかを打診した。

この時太平天国は彼らを「洋兄弟（ヤンシオンディー）」と呼んで歓迎し、領土内の自由な通行と商業活動を認めた（ただしアヘン交易は禁止した）。だがそれはヨーロッパ人も同じキリスト教徒として、上帝ヤハウエから「天下万国の真主」となる使命を受けた天王洪秀全の「臣民」であるという考えに基づく措置だった。太平天国は中国こそが天下の中心であるとする伝統的な世界観をうけつぎながら、「華夷（かい）」すなわち文明と野蛮の区別を儒教的な礼教（れいきょう）ではなく、キリスト教信仰の有無に求めたのである。

だが太平天国は外交を伝統的な朝貢体制の枠組みでとらえ、主権国家が対等な立場で条約を結ぶという近代ヨーロッパの概念を理解することができなかった。列強諸国は初めこれに反発したが、やがて手ごわい新興の太平天国を相手にするよりは、中立を装いながら清朝に圧力を加えて既得権益を維持、拡大することをめざすようになった。第二次アヘン戦争でも英仏両国は清朝に決定的な打撃を与えるのではなく、その性格を変えることで交渉を有利に進めようとした。

一八六〇年に英仏連合軍が北京を占領すると、咸豊帝は熱河(ねっか)の避暑山荘へ逃亡した。その後の交渉を任された和平派の恭親王(きょうしんのう)奕訢(イーヒン)(咸豊帝の弟)は、太平天国こそは致命傷となりかねない「心腹(しんぷく)の害」であると述べ、まずは列強と妥協しながら太平天国の鎮圧を優先すべきだと主張した。

こうして結ばれた北京条約は、天津条約を基礎として次のような内容が取りきめられた。

(1)天津及び長江沿岸の漢口(かんこう)、九江など一一ヵ所のあらたな開港。
(2)外国人の商業活動を保障する自由な内地旅行権。
(3)二・五パーセントの特別税を払うことによる、輸出入品に対する内地通過税の免除。
(4)中央政府との直接交渉を可能とする外交使節の北京常駐権。
(5)中国人華僑(かきょう)の海外渡航容認。
(6)九龍(カウロン)半島のイギリスへの割譲。
(7)一八五三年に上海で始められていた外国人税務司制度の全開港場への適用。
(8)公文書に外国への蔑称(べっしょう)である「夷(い)」の文字を用いないこと。
(9)アヘン貿易の合法化。

このほかフランスとの条約ではキリスト教の内地布教権が認められた。ロシアも一八五八年の愛琿(アイグン)条約によってまずアムール川(黒龍江(こくりゅうこう))北岸を獲得し、一八六〇年の北京条約ではウスリー川以東の沿海州(えんかいしゅう)を手に入れた。その結果ロシアは極東地域に不凍港を持つことになり、「東方を支配せよ」という意味をもつウラジヴォストーク軍港の建設に着手した。

一八六一年に奕訢は外交を統轄する役所として総理衙門を設け、列強は清朝との交渉がやりやすくなった。当時は太平天国もヨーロッパ諸国への態度を改め、和親条約を締結しようと模索していたが、北京条約で大幅に権益を拡大した列強にとって、もはや太平天国は望ましいパートナーではなかった。以後彼らは清朝への支持を明確にし、太平天国に対する軍事弾圧に力を貸すことになるのである。

『資政新篇』と太平天国の滅亡

洪仁玕の天京行きと『資政新篇』

天京事変によって太平天国が大きなダメージを受けると、曽国藩の率いる湘軍は長江上流から攻勢をかけた。一八五八年五月には九江が陥落し、南京を包囲する清軍陣地も再建されて太平天国は存亡の危機に立たされた。

このとき天王洪秀全は若い将校たちを司令官に抜擢することで、天京事変で失われた指導部の再建を図った。わずか一四歳で太平軍に参加し、戦場ではつねに先頭に立って軍を率いてきた広西藤県出身の陳玉成は、両目の下にホクロがあったために清軍から「四つ目の犬」というあだ名で勇猛さを恐れられていた。また彼と同郷で年長の李秀成、李秀成のいとこに当たる李世賢も、普通の兵士から取りたてられた前線指揮官だった。洪秀全はこうした歴戦の勇士を登用すると共に、楊秀清が占めていた軍事面の最高司令官にみずから就任した。

これらの措置によって統一的な作戦活動が可能となり、陳玉成と李秀成は協力して一八五八年に南京北岸の清軍陣地を撃破した。また彼らは安徽の三河鎮で湘軍と戦い、曽国藩の弟をふくむ七〇〇〇名の最精鋭部隊を全滅させた。この三河鎮での敗戦の知らせを受けた曽国藩は、「近く賊を滅ぼすことができると考えていたが、全局は破壊されてしまった」と言って嘆いたといわれる。この勝利によって太平天国は当面の苦境を脱して一息ついた。

さて一八五九年四月に洪秀全の同族で初期の信徒だった洪仁玕が、香港から南京へ到着した。彼は金田蜂起のときに太平軍と合流できず、一八五二年に広東で武装蜂起を図ったが、失敗して新安県（現在の深圳市）に潜伏した。やがて宣教師ハンバーグと知り合った洪仁玕はキリスト教の洗礼を受け、香港でロンドン伝道会のアシスタントとして働くようになった。

最近の研究によると、香港での洪仁玕は中国古典の素養を活かして教師や医者として活躍し、布教活動にも熱心にとりくんだ。彼は一八五四年に上海経由で天京入りを試みたが成功しなかった。一八五八年に彼が再び天京行きを決意した理由について、ある宣教師は「手遅れになる前に、南京の一党を外国人たちと提携するように説き伏せようとした」と述べている。当時は第二次アヘン戦争が終盤をむかえ、宣教師も多くが太平天国を異端として批判していた。洪仁玕は太平天国の将来に危機感を抱いていたのである。

洪仁玕が天京に到着すると洪秀全は驚喜し、一ヵ月も経たないうちに彼を干王に封じた。洪仁玕は近代的な制度改革をめざし、一八六〇年にそのプランとなる『資政新篇』を公刊した。それは彼が香港時代に見聞したヨーロッパ諸国に関する知識をふまえ、政府と民衆のあいだに意思疎通を図りながら天王を中心とする中央集権体制を築くことを目的としていた。

たとえば洪仁玕は外国と交渉するときに、「夷狄」など相手を侮辱する文字を使ってはならないと指摘した。また彼は外国と通商関係を開いて宣教師に中国内地での活動を許すべきこと、鉄道や幹線道路、汽船の航路などのインフラ整備を進めることを提案した。さらに洪仁玕は近代ヨーロッパにならって銀行を設立し、鉱山などの地下資源を開発して国庫収入を豊かにすることを主張した。また民心を得るための方法として彼は新聞の発行と投書箱の設置を挙げ、社会福祉の充実や死刑をみだりに行わないこと、科挙試験に合格するために作られた形式的文章である八股文（中身のない形式的な文章）を廃止することなどを訴えた。

これらの主張はヨーロッパの近代がアジアへ波及した一九世紀という時代の特徴をよく示しており、太平天国の滅亡後に進められた洋務運動の内容を先取りするものだった。また私的利益の追求を肯定し、交通や産業を発達させて経済発展をめざす近代化路線は、一九七八年以降に鄧小平が進めた改革・開放政策と通じる部分を持っていた。なお『資政新篇』は日本について「最近アメリカと通商を開き、各種の技術を取り入れて手本としています。将来きっと成果をあげるでしょう」と好意的な評価をしている。

洪秀全は『資政新篇』の出版にあたり、多くの提案に「妥当」との批評を加えた。彼は広州でヨーロッパの文化に触れており、近代文明に対して肯定的な考え方を持っていたのである。ただ新聞の発行は清軍の策略に利用される危険があるとして許可しなかった。また死刑の抑制については「上帝の殺すなかれとの戒めは、いわれもなく人を殺してはならぬと言われたのであって、天の法に則って人を処刑してはならぬ

洪仁玕

と言われたのではない」などと述べて、自ら握った生殺与奪の権限を守ろうとする姿勢を見せた。

結局『資政新篇』は机上プランの域を出ず、外交や文字改革を除いては実行されなかった。またその内容は戦闘に追われた将軍たちの理解を超えており、洪仁玕自身が軍事的功績を挙げられなかったこともあって、彼は政権内で威信を確立できなかった。

太平天国の滅亡と常勝軍

いっぽう洪秀全が二人の兄に続いて、いとこの洪仁玕を重用したことは人々の反感を招いた。洪秀全はバランスを取るために陳玉成を英王、李秀成を忠王に封じた。しかし自信を回復した洪秀全が国名を天父天兄天王太平天国に改め、神秘的な夢のお告げによって自分の権威を強化しようと図ると、これに反発した李秀成と李世賢は李氏軍閥を形成して洪氏一族と対立するようになった。

後期の太平天国を代表する忠王李秀成と干王洪仁玕の対立は、一八六〇年の李秀成による上海進攻から始まった。この年六月に蘇州へ進出した李秀成は、上海の英仏米三国の領事にあてて友好関係を結ぶための協議を行いたいと申し入れた。また八月の進攻前に彼は租界と呼ばれた上海の外国人居住区に手を触れないと外国側に通知したが、太平軍は英仏連合軍の攻撃で数百名が殺され、李秀成自身も負傷して撤退した。

近年台湾で発見された洪仁玕の供述書によると、はじめ洪秀全は洪仁玕を蘇州に派遣して通商和親条約を結ばせようとした。だが「（忠王は）わが天王の天下は武力で戦い取るもので、話し合いでは取れないと言った。洋人たちは和することができないと知って去ってしまった」とあるように、李秀成が勝手な行動で交渉をぶちこわしたと非難している。

たしかにこのとき英仏連合軍は天津で清軍と戦闘中であり、両国の清朝支持を決定的にした北京条約はまだ締結されていなかった。だがイギリス側は洪仁玕の申し入れを拒絶し、七月にはアメリカ人ウォードの率いる中国人傭兵部隊である洋槍隊（のちの常勝軍）が太平軍との戦闘を開始した。つまり太平天国が列強と通商和親条約を結ぶ可能性はほとんど残っていなかった。ヨーロッパ文明の窓口であった香港での異文化体験を武器に、交渉が可能だと考えた洪仁玕の期待は、厳しい歴史の現実に裏切られてしまったのである。

さて李秀成が蘇州へ進攻すると、清朝は曽国藩を両江総督に任命してドル箱であるこの地を守ろうとした。だが湘軍は長江上流の戦線から離れることができなかったため、曽国藩は弟子の李鴻章に故郷の安徽で湘軍にならった義勇軍を編制させ、これを淮軍と名づけた。いっぽう英王陳玉成は武昌で李秀成軍と落ち合い、湘軍を攻撃する手筈になっていたが、李秀成は洪秀全の北進命令を無視して長江南岸での兵力拡大に夢中になっていた。李秀成と合流できずに孤立した陳玉成は捻軍の首領である苗沛霖との提携を図ったが、苗沛霖の裏切りにあって清軍に売り飛ばされ殺されてしまった。

このころの太平軍は挙兵当初の厳しい規律もゆるみ、とくに太平軍に投降した元清軍兵士の暴行はひどかった。将軍たちの反目が深まる中で新国家建設の理想も遠のき、逼迫した食糧を確保するための作戦に追われるようになった。ある太平軍参加者の手記によると、当時の太平軍部隊では革命の行く末に対する不安から就寝中にうなされる者が多く、恐怖を忘れるために男色とくに美少年を養子にする者が跡を絶たなかったという。

また清朝の統治能力が低下するなかで、先に述べた捻軍や広東、広西の天地会系結社、貴(き)州(しゅう)の苗(ミャオ)族など、各地で太平天国に呼応する反乱が発生した。だがこれらの反乱軍参加者は日頃抑圧されていた不満を、略奪行為などの負のエネルギーとして爆発させることが多かった。また太平軍は「われわれは天朝の官軍」という意識が強く、これらの反乱軍を「民を害する賊だ」とバカにしたために両者の連合はうまくいかなかった。こうした問題点は中国共産党も農民協会や労働運動にひそんだ秘密結社員との連携を図るときに直面し、同じような失敗を犯すことになる。

一八六二年に李鴻章の率いる淮軍は、イギリスの援助によって上海の戦線に到着した。また現役イギリス軍人のゴードンが常勝軍の司令官に就任すると、列強はこれらに近代的な武装をさせて太平天国に対する軍事弾圧に乗りだした。このころ李秀成軍に加わったイギリス青年のA・F・リンドレーは、イギリスの太平天国に対する干渉はアヘン交易の利益を守るためだと告発した。また彼は「(太平天国に)わが国が取ってきた態度はどうか、私はそれを思い出すたび、自分がイギリス人であることが恥ずかしくて顔が赤らむ」と述べ、ゴードンがキリスト教徒である太平天国の人々を虐殺していると声を大にして非難した。だが常勝軍と淮軍は近代兵器の威力にものを言わせて攻撃をすすめ、一八六四年五月には太平軍の最後のとりでだった常州(じょうしゅう)を陥落させた。

敗色が濃厚となった一八六三年末に李秀成は南京に戻り、洪秀全に南京を捨てて西北に逃れ、そこで再起を図るように促した。だが激怒した洪秀全は「朕の天下は鉄壁だ。曽国藩など問題ではない」といってこれを拒否した。やがて南京を包囲する湘軍との戦闘が始まると、一八六四年五月に洪秀全は病気に倒れた。そして六月に「朕はただちに天上に昇り、天父・天兄から天兵(てんぺい)を得て、天京を守らん」という最後の詔(みことのり)を出して死去した。七月一九日に湘軍は南京を陥落させ、一四年におよんだ太平天国は滅亡した。李秀成は洪秀全の子供（幼天王(ようてんのう)）を守って逃げる途中に捕らえられ、太平天国に関する長い供述書を書いた後に死刑に処せられた。洪仁玕も江西まで落ちのびたところで清軍に捕らえられて殺された。

太平天国運動の遺産

太平天国は近代中国がはじめて体験した「南からの風」であった。この運動は差別のなかで出口を求めて辺境へ流れこんだ下層移民のエネルギーをユートピアの建設に向かわせることにより、疲弊した中国社会を再生させようと試みた。またそれは異国の宗教という周辺世界からの刺激を受容することで、アヘン戦争後も鞏固(きょうこ)に見えた清朝の支配体制を激しくゆさぶった。

むろん二〇世紀の中国におけるマルクス主義の受容が、毛沢東思想という中国化された産物を生み出したように、上帝やイエスの降臨というシャーマニズムによって伝えられた上帝会の主張は、正統なる伝統王朝を恢復(かいふく)させようとする中国固有の復古主義をその中に多くはらんでいた。また太平天国の政権作りが軌道に乗った矢先に起きた内部分裂は、運動そのものの衰退を決定づけただけでなく、やがて国民革命や中国共産党で発生する内戦や権力闘争の歴史と恐ろしいまでに重なるものだった。

いっぽう太平天国が提起した『天朝田畝制度』と『資政新篇』は、中国がめざすべき二つのユートピア像として大きな影響を残した。前者の「大同」ユートピアは清末の変法派に受けつがれ、毛沢東の時代に人民公社として実施された。また後者の近代化プランは洋務運動によって実行に移され、中華人民共和国の建国後は鄧小平の改革・開放路線へと連なった。さらに重要なのは太平天国を滅亡にみちびいた列強の干渉に対する抵抗が、その後の中国の歴史でくり返されたという点である。太平天国の戦乱と血なまぐさい弾圧はおびただしい犠牲者を生んだが、それは近代中国の歩んだ苦難の序曲に過ぎなかった。

太平天国の余波が続いていた一八六六年、広東で生まれた辛亥革命の指導者孫文は、同じ客家であった洪秀全に共感をよせて革命をめざした。共産党の指導者となった朱徳や彭徳懐も、幼い頃に太平天国の伝説を聞かされて育ったという。のちに共産党軍が各地を転戦すると、軍を迎えた人々は彼らを「天兵」と呼び、太平軍の再来と受けとめた。太平天国運動は失敗に終わったが、彼らの播いた種はその後の歴史のなかで着実に根をおろしたのである。

第二章　ゆらぐ中華の世界——洋務運動と日清戦争

洋務派の登場と近代化事業

中国近代化のルーツ

鄧小平による改革・開放政策が始まって二十数年、中国の表玄関となる各都市はどこでも大規模な建設工事が行われている。国境沿いの一農村から経済特区としてスタートした深圳や、オリンピックにむけて整備の進んだ北京はいうまでもない。高層ビルや高速道路に囲まれた上海の街並みを歩けば、一九八〇年代までの風景とのギャップに驚き、これが社会主義なのかと驚く日本人も多いに違いない。

一九世紀後半、中国史上初めての「近代化」の試みである洋務運動がスタートした。ちょうど日本では江戸幕府が倒れ、明治維新が始まった時期にあたる。だが明治維新の歴史的意義が国内外で高く評価されてきたのに対して、これまで洋務運動に対する評価はお世辞にも高いとは言えなかった。

洋務運動の評価が低かった第一の理由は、この運動が太平天国を鎮圧するためにヨーロッパの物質文明を導入し、清朝支配の立て直しを図ったものだと考えられたことによる。それは官僚たちがみずからの権限の拡大に熱心なあまり、列強の侵略行為に対しては妥協的で、民間資本の成長を抑圧したと見なされてきた。また第二の理由として洋務運動の寵児として生まれた北洋艦隊が、日清戦争で無惨な敗北を喫したという事実があげられる。日本の明治維新が成功したのに対して、なぜ洋務運動は破綻したのか、その原因を清朝の腐敗や運動の不充分さに求める議論が主流を占めてきたのである。

だが歴史における近代化とは、いつも明治期の日本が選択したような「西洋化」を意味したわけではない。むしろ最近は洋務運動でめざされた近代化の中身とは、明治維新とはまったく別のものだった、少なくとも日清戦争の結果だけから、両者に単純な優劣をつけることはできないと考えられるようになってきている。また現在進められている改革・開放政策の現場でも、およそ私たちのイメージする近代とは異質な中国的な「近代」に驚かされることがある。以下では中国におけるヨーロッパ近代の受容とそれに対する対応のあり方を知る一例として、清末の洋務運動にスポットを当ててみることにしよう。

西太后の登場と洋務運動の開始

さて話は太平天国が続いていた一八六一年にさかのぼる。英仏連合軍の北京進攻を避けて熱河に避難していた咸豊帝は、病に倒れて八月に死去した。その遺言によって満五歳の皇太子（のちの同治帝）が即位し、咸豊帝の側近だった粛順らが政治を補佐することが決められた。

ところが一一月に北京で皇太子の生母であった西太后と、咸豊帝の腹違いの弟だった奕訢を中心とするクーデターが発生した。西太后は満洲族の一部族であるエホナラ氏の出身で、女官として後宮に入った。ある日咸豊帝は南方の歌を美しい声でうたう西太后の姿に目をと

西太后

めた。これをきっかけに西太后は寵愛をうけることになったが、彼女には皇帝の正妃（東太后）となる資格がなかった。かつてエホナラ氏は清朝の太祖ヌルハチに抵抗したため、その子孫を宮廷に入れてはならないという掟があったのである。

だが西太后はハンディキャップをものともせず、その利発さによって咸豊帝の信頼を獲得していった。咸豊帝が内外の重圧をまえに病床に臥せると、西太后は各地の地方長官から届いた上奏文に対する皇帝の指示を代筆するようになった。やがて彼女は政治に介入するようになり、皇帝の側近である粛順らとの対立が深まった。

このとき西太后はかねてから咸豊帝の処遇に不満を抱いていた奕訢と結んだ。そして二人は咸豊帝の棺が北京へ運ばれる機会をとらえ、西太后と東太后の二人が幼い新皇帝の後見役となって政治を補佐する垂簾聴政を行うと宣言した。驚いた粛順らがこれに反対すると、西

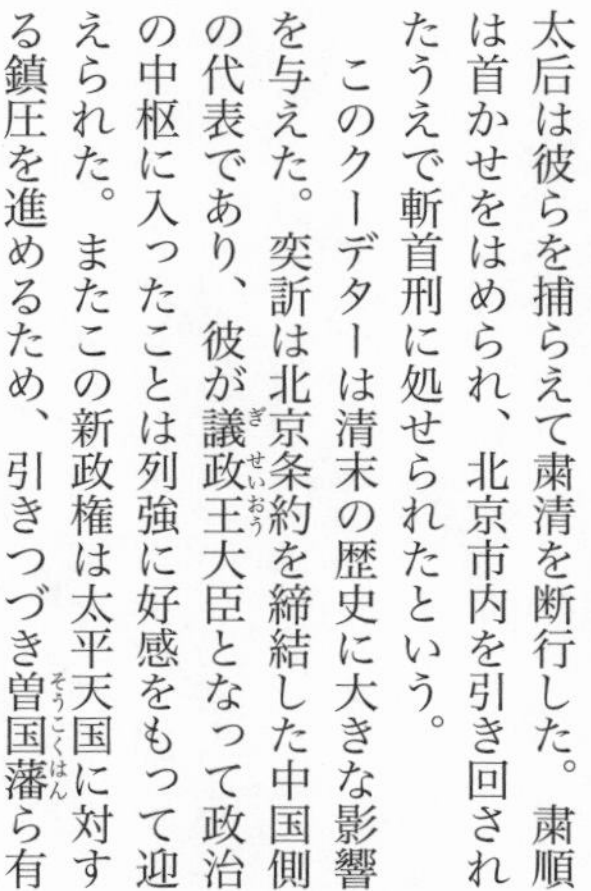

太后は彼らを捕らえて粛清を断行した。粛順は首かせをはめられ、北京市内を引き回されたうえで斬首刑に処せられたという。

このクーデターは清末の歴史に大きな影響を与えた。奕訢は北京条約を締結した中国側の代表であり、彼が議政王大臣となって政治の中枢に入ったことは列強に好感をもって迎えられた。またこの新政権は太平天国に対する鎮圧を進めるため、引きつづき曽国藩ら有

能な漢人官吏を積極的に登用した。

総理衙門を主宰した奕訢は、それまで「夷務」と呼んでいた外国との交渉を「洋務」へ改めた。やがてヨーロッパ関連の新奇な事がらは「洋務」と一括され、それらを扱う漢人官僚も洋務派と呼ばれるようになった。その後奕訢は失脚し、西太后の独裁政権が成立するが、ヨーロッパ列強との協調と有力な漢人官僚の活用という基本方針は引きつがれた。つまり洋務運動は同治中興とたたえられた、西太后を中心とする体制の中で活躍の場を与えられたのである。

さて総理衙門は付属機関として外国語学校である同文館を設け、一八六四年には「外国人の主張を彼らの法律によって論破する」ために国際法の翻訳である『万国公法』を刊行した。また外交使節団を派遣したり、世界各国に在外公使館を開設するなど、外交の近代化をおし進めた。

しかし洋務運動の主な舞台は北京の中央政府ではなかった。近代工業導入の主役を演じたのは太平天国鎮圧の担い手でもあった地方長官、とくに曽国藩の弟子で淮軍の指導者だった李鴻章、湘軍首領の左宗棠といった人物だった。また時代が降ってからは張之洞、劉坤一など、各省の総督、巡撫クラスの有力官僚が中心となった。さらに彼らの事業を支えたブレインも、太平天国期に自警団のリーダーとして曽国藩に上海への出兵を要請した馮桂芬（江蘇呉県人）のように、地方出身のエリートが主流を占めた。

一八六五年に両江総督の代理となった李鴻章は、中国初のアメリカ留学生だった容閎（広東香山県人）が持ち帰った機械をもとに、上海に江南機器製造局という兵器工場を設立した。容閎はマカオのモリソン学校に学び、帰国後の一八六〇年に太平天国の首都南京で洪仁玕に会った。このとき容閎は太平軍の近代化や民主的政府の樹立など、七ヵ条の建議を行ったが受け入れられなかった。そこで彼は中国の近代化をになう人物として曽国藩に期待をよせたという。曽国藩から工場の設立を委ねられた李鴻章は、淮軍の用いた近代兵器が大きな威力を発揮した事実を指摘し、国内での兵器生産は「(外国から)侮られないための拠り所であり、自強の本である」と述べてその重要性を訴えた。

また一八六六年に閩浙総督の左宗棠は、太平天国の鎮圧に加わったフランス人P・ジケルらの協力を得て、福建に福州船政局を設けて軍艦の建造を開始した。この二つの工場に李鴻章が関わった金陵(南京)、天津の機器製造局を加えて四大工場と呼ぶが、いずれも官営で数千人の労働者を抱えていた。また福州船政局に付設された船政学堂では航海術と外国語が教えられ、その卒業生は多くがヨーロッパへ留学して北洋艦隊の幹部となった。

李鴻章

洋務運動の拡大と官僚資本主義

一八七〇年に李鴻章が直隷総督、北洋大臣となって政治的な発言力を増すと、洋務運動の内容も軍事工場から近代的な産業全般へと広がった。一八七二年に李鴻章は上海で中国初の汽船会社である輪船招商局を設立し、外国資本に独占されていた海運業の利益を奪い返そうとした。また一八七八年には輸入綿織物に対抗するために、紡績工場である上海機器織布局（しょくふきょく）が設けられた。さらに運動の範囲は鉱山の開発や電信設備の導入にも拡大され、一八八一年には直隷の開平（かいへい）炭鉱で産出された石炭を輸送するために、唐山（とうざん）と胥各荘（しょかくそう）をむすぶ一一キロ区間で鉄道が敷かれて営業を始めた。

　これらの洋務企業は多くのばあい「官督商辦（かんとくしょうべん）」と呼ばれる半官半民の経営方式を採用していた。これは企業の創設にあたって政府が資金を融資し、民間から資本と人材を募集する方法で、「官」は外国勢力が企業内に入りこむのを防ぐなど最低限の監督を行うが、具体的な経営は「商」すなわち豊かな経験をもち、多額の投資をした有力商人に任せるというものだった。

　このとき洋務企業の経営を担当した有力商人は、多くが「買辦（ばいべん）」と呼ばれる人々だった。買辦とはポルトガル語のコンプラドールの訳語で、外国商社の代わりに中国市場と仲介取引を行い、開港場を中心に大きな利益をあげていた。アヘン戦争後の上海にいち早く進出したイギリス系商社であるデント商会（中国名は宝順洋行（ほうじゅんようこう））で買辦をつとめた徐潤（じょじゅん）と鄭観応（ていかんのう）（ともに広東香山県人）はその代表である。徐潤は李鴻章の設けた輪船招商局、鄭観応は上海機器織布局など、多くの洋務企業の創設や経営にたずさわった。

　清朝政府はこれらの企業が外国資本との競争に耐えられるように、税制面での優遇措置や一定期間にわたる営業独占権などの特権的な保護を与えた。また「官」が経営に介入しないという李鴻章の方針は人々の信頼を勝ちとり、多くの民間資金が集まった。

　ところが当時の中国には資金繰りに必要な銀行もなければ、鉄道などのインフラ整備も大幅に遅れていた。このためたとえば紡績業は原料となる長繊維の綿花が中国国内で調達できず、上海機器織布局の操業開始が一二年も遅れてしまうなど、企業が順調に成長できるだけの条件が整っていなかった。また経営者となった有力商人も徐潤と鄭観応が同じ広東出身の同郷ネットワークで結ばれていたように、伝統中国社会の商慣行を株式会社であるこれらの企業に持ちこんだ。彼らは生産向上のための地道な努力を行うよりは、株式投機など危険だが手っ取り早いサイドビジネスに資金を注ぎ込んだ。いわば洋務派官僚も民間商人も、近代技術を備えた企業を設立しさえすれば、外国資本から国内市場を奪回して利益をあげられると信じていたのである。

一八八三年に上海で金融恐慌（きんゆうきょうこう）が発生すると、徐潤は不動産投機に失敗して破産し、輪船招商局に一六万両（テール）の損失を負わせて経営者の地位を追われた。また鄭観応も上海機器織布局の運営から離れた。やむなく李鴻章は乱脈経営を防ぐために企業に対する「官」の干渉を強化した。輪船招商局では李鴻章の腹心である盛宣懐（せいせんかい）が督辦（とくべん）に就任し、企業経営の実権を掌握した。

だが本来監督者であるべき官僚の権限拡大は、軍艦購入費の立てかえや他の同系企業の赤字補塡のために、企業の利潤がしばしば奪われるという事態を生んだ。また洋務派官僚が企業を私物化する官僚資本主義の傾向が強まり、これに失望した民間商人は洋務企業への投資を嫌うようになった。さらにこれらの企業を保護するための措置だった一定期間の営業独占権は、他の民間企業の成長を妨げる結果をもたらした。

もともと洋務派官僚のあいだで「洋務」の内容についてコンセンサスはなく、官督商辦の方法を批判する者もいた。また清朝内には商業活動を軽んじ、運動そのものに否定的な保守派も多かった。このため李鴻章が行った近代企業育成の試みは、中国の工業化を促すだけの成果をおさめることはできなかった。政治権力から自立した民間資本の成長は先送りされ、「官」と「商」がもたれ合う関係はその後も中国で長く続いたのである。

「中体西用」論の理想とその現実

洋務派の思想とその源流

一八七六年一月に李鴻章は日本の駐清公使だった森有礼と会見した。森有礼は啓蒙団体だった明六社のメンバーで、一八八五年に成立した第一次伊藤博文内閣で文部卿（文部大臣）となった人物である。このとき李鴻章は森の傲慢な態度に憤慨したと言われるが、面白いのは李の明治維新に対する評価、わけても日本が洋服を取り入れたことへの反応だった。「他国の長所を学ぶことはわが国の良き伝統だ」と主張する森有礼に対し、李鴻章は「ヨーロッパの風俗にならい、独立の精神を捨ててヨーロッパの支配を受けることに少しも羞恥を感じないのか」「衣服の旧制を守ることは祖先の遺志に対する追憶の現れで、子孫はこれを大切にし、万世にわたって守るべきだ」と述べている。

中国近代文学の父として知られる魯迅は、このとき森有礼が誇ってみせた日本のやり方を「もってこい主義（拿来主義）」と評した。また李鴻章が服装という一見些末な問題にこだわったのは、「衣冠」を整えることが「礼」の実践だと考える儒教の特質に由来していた。このやりとりは李鴻章が近代化の方途として日本式の「西洋化」を求めていなかったことを物語っているが、近代企業の創設に積極的だった李鴻章が、なぜそれほど儒教の伝統にこだわったのだろうか。

さて洋務運動のスローガンとして知られているのは、幕末日本の和魂洋才に相当する「中体西用」である。この中体西用論をはじめて体系的に論じたのは、李鴻章のブレインである馮桂芬だった。彼はこれからの中国にとって国防問題こそが「天下第一の重要政務」であるとしたうえで、「中国の倫常名教をもって根本とし、それを諸外国の富強の術によって補強する」こと、つまり儒教倫理を中心にすえながら、ヨーロッパの進んだ技術を導入すべきことを説いた。また馮桂芬はその第一歩として上海と広東に翻訳公所を設け、ヨーロッパの学問と外国語に通じた人材を育成することを訴えた。

この馮桂芬の考えはアヘン戦争で全権大臣として広東に派遣された林則徐を中心とする、開明的な知識人のグループだった公羊学派の系譜をひいていた。この公羊学派は現実社会に対する強い関心と危機感をもち、孔子の志を大胆に読みかえることで改革を実行しようとする「経世致用」に最大の特徴があった。鋭敏な感受性をもち、官界の腐敗を憎んだ詩人の龔自珍が「大きな不平等が天下を滅ぼす」「山中の民が雄叫びをあげる」など、大反乱の発生を予言する文章によって社会を痛烈に批判したのはその好例である。

林則徐が緒戦の敗北に動揺した道光帝によって解任され、西北の辺境へ追放されたとき、彼は自分が集めた対外情報を同志の魏源に託した。一八四二年に魏源はこれを整理し、世界地理書ならびに海防書である『海国図志』を出版した。この本は日本に輸入されてベストセラーとなり、幕末の志士たちに大きな思想的影響を与えた。その序文のなかで魏源は「夷の長技を学んで夷を制する」こと、すなわちヨーロッパの軍備と訓練法を学んで国防に役立てることの重要性を説いた。つまり洋務運動はこの公羊学派がめざした改革プランを実現するものだったのであり、企業の創設以外に行われた内政改革や人脈の面から見ても、洋務派と公羊学派とのあいだには密接な関係があった。

近代化と儒教的正統論

それでは洋務派はいかなる改革をめざしていたのだろうか。上海機器織布局の経営者だった鄭観応はその著書『盛世危言』のなかで、産業の育成と並んで学校、新聞社の設立をとなえ、科挙と纏足の廃止を求めるなど、洪仁玕の『資政新篇』とよく似た内容の改革プランを提起している。また彼は中国の学問を「道（本）」、ヨーロッパの学問を「器（末）」と位置づけ、中国は長いあいだ「道」を見失っていたが、今こそ「器」であるヨーロッパの技術を取り入れて「本末」を融合させれば、「孔子、孟子の正しい道に立ち帰る」ことができると主張した。

また中国ジャーナリズムの祖と言われる王韜は、上海の墨海書院で宣教師W・H・メドハーストからヨーロッパの学問を学んだ。太平天国が江南へ進出すると、彼は自衛のために洋式軍隊の創設を試みたが、黄畹というペンネームで太平軍に上海攻撃の方法を指南したという嫌疑をかけられて香港へ亡命した。

王韜はイギリス留学から帰った一八七四年に『循環日報』を創刊した。そこで彼は鉄道の敷設や鉱山の開発、学校教育による国民意識の形成を訴えた。また「器」であるヨーロッパの制度を取り入れれば、一〇〇年後に中国は必ずヨーロッパを乗り越えることができるばかりでなく、数百年後には「大同」のユートピアを実現できると説いた。だがその場合も「孔子の道」は不変の真理であり、官僚の綱紀粛正を通じて中国の古典に記された理想的な社会関係を復活させれば、国内の安定は実現できると述べていた。

つまり儒教に対する信頼は程度の差こそあれ洋務派に共通して見られた傾向であり、その伝統主義的姿勢は李鴻章一人に限られたものではなかった。また第一章で見たように、彼らのライバルだった太平天国も一方でキリスト教を受容しながら、正統なる伝統王朝の建設をめざすという復古主義的な側面をかかえていた。つまり「あるべき中国への回帰」というモチーフは、ヨーロッパ近代の洗礼を受けた一九世紀後半の中国に共通する反応だった。洋務運動と太平天国はこうした時代の精神と無関係ではありえなかったのである。

しかし洋務派が見せた保守主義的な傾向は、洋務運動に日本の明治維新では考えられないような困難をもたらした。それをよく示すのは鉄道の敷設問題であった。じつは中国最初の鉄道は一八七六年に上海と呉淞（ごしょう）のあいだに開かれたが、二年後に政府はこの鉄道を買収して廃棄処分にした。当時は日本でも鉄道反対の声があったが、中国では人々の抵抗が激しかった。とくに注目されるのは一八八一年に「鉄道敷設は有害無益である」との上奏を行った劉錫鴻（りゅうしゃくこう）の場合である。

一八七六年に劉錫鴻は中国人初めての外交官として、洋務派官僚の郭嵩燾（かくすうとう）と共にイギリスに送られた。そして彼はヨーロッパ文明をじかに体験し、その充実ぶりに驚嘆した。ところが帰国後の劉錫鴻はこの経験を活かすどころか、鉄道が墓地の風水（日本の地相に相当）を破壊すること、中国は治安が悪いため列車の安全な運行を確保できないことなど九つの理由をあげて建設に反対した。

また劉錫鴻は上奏の中で「（西洋の政治には）わが中国の治世のあるべき姿と期せずして一致しているものが多いのに、どうしてそれらについては何もいわず、ただ鉄道建設のことばかり努めるのであろうか」と述べている。ここで重要なのは彼がヨーロッパの政治制度を中国のあるべき治世、すなわち『周礼』などの古典に描かれた理想の郷村統治である郷官制度が生きている世界と受けとめたことだった。

劉錫鴻の評価基準はあくまで中国の伝統的価値観だったのであり、近代的な技術や制度をあくまで枝葉と見なす中体西用論は、ヨーロッパ文明を中国とは異なる原理にもとづく一つの文化として捉えることができなかった。同じような傾向は洪秀全のキリスト教理解にも当てはまり、彼はヨーロッパの宗教であるキリスト教を古代の中国でも信じられた宗教であると受けとめた。こうした発想は近代初期の中国における異文化受容の一つの典型と考えることができる。だがそれはヨーロッパの文明が元々中国で生まれたとする「西学中国起源論」と結びつき、改革の足を引っ張る結果をもたらしたのである。

洋務運動と地方ナショナリズム

さて洋務運動が進む中で明らかになったもう一つの問題は、地方勢力とくに地域社会の利害を代表する郷紳と呼ばれるエリートの成長と、その結果生まれた中央と地方のバランスの変化であった。そのきっかけはやはり太平天国期の戦乱であり、太平軍と清軍の激戦地では人々が清朝支持を意味する弁髪(べんぱつ)にするか、太平軍将兵と同じ長髪姿にするかの選択を迫られ、一つ間違えば髪の形が原因で生命を奪われかねない情況が生まれた。

このとき浙江(せっこう)の諸曁(しょき)県に住む農民だった包立身(ほうりっしん)は、一八六一年に太平天国にも清朝にも与(くみ)せず、世界の終末を意味する「劫難(ごうなん)」のカタストロフを生き残るための宗教共同体作りを試みた。東安義軍とよばれたこの集団は包立身の故郷である村にたてこもり、不思議な妖術をあやつりながら太平軍を相手に善戦した。また清朝の地方官による連携の申し入れを頑(かたく)なに拒み、自分たちの住む地域を守ろうとした。最後は太平軍の猛攻に屈して多くの犠牲者を出したが、のちに諸曁県の人々は彼らを「地方自治の祖」と頌(たた)えた。

これほど極端な例ではないにせよ、太平天国期には「表向きは自警団だが、実際は匪賊(ひぞく)」とあるように、軍事力を背景に清朝と太平天国、捻軍などの反乱集団を天秤(てんびん)にかけ、中央権力から相対的に自立した地方勢力が多く現れた。また湘軍は太平天国鎮圧を目的として作られたが、曽国藩を中心とする師弟関係や同郷のネットワークによって結ばれており、中央政府が直接に統制できないという点では最大の地方勢力であった。

多民族王朝であった清朝は、建国以来こうした地方勢力が台頭することに神経をとがらせてきた。このため太平天国が平定されると、曽国藩は清朝から疑いの目で見られるのを恐れて湘軍を解散した。だが一度始まった地方台頭の流れは止まらず、湘軍、淮軍出身者が官界に進出してそれぞれネットワークを形成した。また財政の面では地方税として商品の流通にかけられる釐金(りきん)が設けられた。それは初めのうち反乱軍鎮圧の費用を工面するための臨時措置であったが、反乱平定後も残されて省を単位とする地方政府の自立性を高める有力な根拠となった。

洋務運動はこれらの地方勢力にとって活躍の舞台となった。清朝が軍資金調達のために大規模な売官を行うと科挙の威信は低下し、地方には名ばかりの官位を持つ人材があふれた。正規の出世ルートに望みを失った彼らは、洋務派官僚のブレインとなったり、ヨーロッパの学問を身につけることで自分たちの政治的発言権を伸ばそうと図った。

この脱科挙型の地方エリートにとって、地方自治を認めたヨーロッパの政治制度、とくに議会制度は魅力的なものに映った。鄭観応（ていかんのう）は『盛世危言』の中にわざわざ「議院」の項目を設け、地方の名望家、商民から議員を選んで「民情を上達」させるべきことを主張した。また彼は議会を開催することによって政府と人民を一体にすれば、「国威を拡張し、外侮を防ぐ」ことができるばかりか、漢代の人材登用制度だった郷挙里選（きょうきょりせん）の理想を実現できると熱っぽく語っている。

こうした地方エリート台頭の動きに伴う中央と地方のあり方の変化は、明初以来中国史の底流となっていた南北対立、すなわち江南の経済的先進地帯を代表する科挙エリートと北京の皇帝権力との緊張関係が再燃したと見ることができる。また彼らの出身地は外国との交流が多かった広東や上海近郊などの沿海地域に集中しており、洋務運動そのものが中国全体から見ればローカルな、地域格差を伴う動きであったことを示している。

しかし洋務運動と地方勢力の密接な関係は、運動内部に地域間のセクショナリズムやエゴを持ち込むことになった。たとえば淮軍系の李鴻章が創設した輪船招商局は、汽船を中国国内の河川で運航させることができなかった。湘軍系の洋務派官僚である劉坤一らが、湖南の運輸業者を失業させることを恐れて強硬に反対したからである。

また洋務運動の最大の成果であった海軍は、北洋、南洋、福建の三艦隊からなっていた。だが北洋艦隊の指揮権は李鴻章が握っており、中央政府（一八八五年からは海軍衙門となる）は統一的な指揮系統を確立させることができなかった。また北洋艦隊では淮軍出身の提督である丁汝昌と福建人士官の意見があわず、この対立は将兵の士気にも大きく影響した。将校の中には持ち場を離れて陸上で生活したり、巡航先の上海で遊びにふける者が多かったという。

結局のところ正規軍の腐敗を是正するために生まれ、湘軍や淮軍の組織原理となった地方ナショナリズムやそのネットワークは、強力な近代軍隊の育成にはつながらなかった。洋務運動は中央集権の動きを欠いた近代化事業だったのである。

「辺境の危機」と清仏戦争

清朝支配の衰退とイリ問題

一八七五年一月に一八歳の同治帝が跡継ぎのいないまま死去し、満三歳の光緒帝が即位した。同治帝は西太后の息子だったが、光緒帝は西太后の妹が咸豊帝の弟である奕譞との間に生んだ子であり、二人はいとこの関係にあたる。彼の即位を強く推したのは他ならぬ西太后だった。彼女は引きつづき東太后と後見役として垂簾政治を行い、一八八一年に東太后が死ぬと独裁権力を固めた。

こうした同じ世代間での皇位継承は清朝の歴史でも例がなく、王室の生命力が衰えたことを物語る現象だった。また同治帝とその皇后の死には、多かれ少なかれ西太后との確執が影を落としており、急死した東太后も西太后に毒殺されたとのうわさが絶えなかった。さらにこの時期に王朝支配の求心力が低下したことを示す事件が発生した。辺境における領土の喪失と朝貢体制の動揺がそれである。

現在の中国は五六の民族からなる多民族国家だが、辺境には古くから言語、習慣あるいは宗教の異なる多くの少数民族が住んでいた。中国の歴代王朝は少数民族のリーダーを土司(どし)とよばれる少数民族官吏に任命し、世襲的な間接統治を行わせた。また満洲人王朝だった清朝は西北の民族に対して遊牧民族の長(おさ)として振る舞い、一七五五年にジュンガル王国を平定すると理藩院(りはんいん)を設けて統治した。史上最大の領土を誇った清朝の支配はこうした柔軟な構造によって支えられていた。

だが一九世紀に入ると、清朝の辺境統治は行きづまるようになった。内地での人口増加が原因となって、多くの漢族移民が辺境に入り込み、少数民族をペテンにかけたり、彼らの耕地を奪ったために民族間の紛争が頻発した。また土司が貧困や内紛によって没落し、統治能力が衰えて権力の空白が生まれた。さらに財政難だった清朝も度重なる民族紛争に嫌気がさし、これらの辺境を統治する情熱を失いつつあった。

太平天国が盛んだった一八五六年に、雲南で「回民(かいみん)」と呼ばれるイスラム教徒(ムスリム)が蜂起した。雲南のムスリムは元代以後に移り住んで少数民族となったが、漢族移民との間に経済、宗教的理由から抗争が続いていた。彼らは漢族の横暴を北京へ訴え、長く獄中にいた杜文秀（保山県人）をリーダーとして大理地方に独立政権をうち立てた。また一八六二年には陝西、甘粛でもムスリムの反乱が起こり、その影響は新疆へ及んだ。

これら中国辺境のムスリム反乱に敏感に反応した勢力が二つあった。一つはかつて清朝によって新疆を追われたトルコ系のウイグル人であり、コーカンド・ハーン国の武将だったヤークーブ・ベクはイギリスなどの支援を受けて新疆へ進出し、カシュガルを根拠地に天山南路を支配した。もう一つの勢力はロシアであった。すでにロシアは第二次アヘン戦争の時に結んだ二つの条約によって、極東進出の足がかりをつかんでいた。またロシアは中央アジアでもトルコ系諸国に対する圧力を強め、コーカンドなど三つのハーン国を支配下に置いた。ヤークーブ・ベクが天山北路に勢力をのばすと、一八七一年にロシアは突然イリ地方へ兵を送り、中国がこの地域の秩序を回復するまで軍事占領を続けるという声明を出した。清朝は西北の防衛に強い関心を持っていた洋務派官僚の左宗棠を陝甘総督に任命し、陝西、甘粛のムスリム反乱を平定させた。一八七七年にはヤークーブ・ベクも死去し、左宗棠はイリを除く新疆全土を回復することに成功した。

雲南ムスリム反乱のリーダー杜文秀の印

こうして清朝は一八七九年からロシアとのイリ返還をめぐる交渉を開始した。ところが全権大使となった満洲貴族の崇厚は左宗棠の努力をまったく理解せず、ロシアに大幅な譲歩をしたリヴァディア条約を結んで広大な領土の割譲を認めてしまった。この条約の内容を知った清朝政府は激怒し、崇厚に死を命じて条約の批准を拒否した。ついで曽国藩の子である駐英公使の曽紀沢が交渉をひきつぎ、一八八一年にペテルブルク条約を結んだ。その結果ロシアはようやくイリ地方を返還したが、清朝もロシアに多額の賠償金を支払い、新疆全土をロシアに開放することを認めたのである。

ビルマとヴェトナムをめぐる動向

同じころ西南の辺境では、二度のアヘン戦争の主役だったイギリスとフランスがチャンスをうかがっていた。イギリスは中国市場の特質を分析した「ミッチェル報告」によって、中国貿易では軍事行動に見合うだけの利潤は上がらないと判断した。そして彼らはコストのかからない外交圧力に重点を置くようになった。

当時イギリスの主な関心はビルマ（現在のミャンマー）にあり、ビルマと雲南を結ぶ通商ルートを開くために大規模な探検隊を派遣した。一八七五年にイギリス人通訳のマーガリーが殺されると、イギリスはこの事件を利用して中国での権益を拡大しようと図った。その結果一八七六年にイギリスは李鴻章とのあいだに芝罘条約を結び、中国は雲南とビルマの国境貿易や開港場の増設などを認めた。

いっぽうフランスはヴェトナムの阮朝に対する影響力を強めていたが、一八五八年にカトリックの保護を口実に出兵すると、一八六七年までに南部のコーチシナとカンボジアを領有した。一八七三年にフランスは北部のハノイを一時占領し、翌年には第二次サイゴン条約を結んで、阮朝政府にフランスの保護権を事実上認めさせた。

これらビルマとヴェトナムは後述する朝鮮、琉球と同じく、中国を中心とする朝貢体制に組みこまれていた。とくにヴェトナム皇帝は形の上では中国皇帝と主従関係にあり、中華世界の秩序を維持しようとする清朝にとってヴェトナムの動向は無関心ではいられなかった。このためフランスが条約の締結を中国側に伝えると、一八八一年に曽紀沢は清朝のヴェトナムに対する宗主権を主張して抗議した。

この頃ヴェトナムと中国の国境にあるラオカイ地方では、劉永福の率いる黒旗軍が活動していた。劉永福は広東欽州の人で、太平天国期に広西で蜂起した天地会軍の首領だった。一八六五年にヴェトナムへ入った彼は辺境に入植していた漢族移民を率いて開墾事業を進め、両国の通商ルートだったソンコイ河流域を支配する地方勢力に成長した。

一八八二年にフランスがふたたびハノイを占領すると、黒旗軍はヴェトナム軍と共にフランス軍に抵抗し、一八八三年五月にカイザオで海軍大佐のリヴィエールを殺害した。またフランスの攻勢によって追いつめられた阮朝皇帝が清に援軍を要請すると、広西の少数民族出身だった雲貴総督の岑毓英は一万二〇〇〇名の兵力をヴェトナム領内に送り込んだ。清朝のヴェトナムに対する軍事介入の始まりである。

一八八三年一二月に清軍と黒旗軍はフランス軍に敗北し、ついで戦略上の拠点であるバクニンを失った。この敗北によって清朝中央では奕訢が失脚し、おりから日本とのあいだで焦点となっていた朝鮮問題の解決を重視した李鴻章は、ヴェトナム問題で譲歩を図ろうと一八八四年五月に天津で停戦協定を結んだ。中国の援助に希望を失った阮朝も第二次フエ条約を結び、フランスの独占的な保護国となることを正式に認めた。

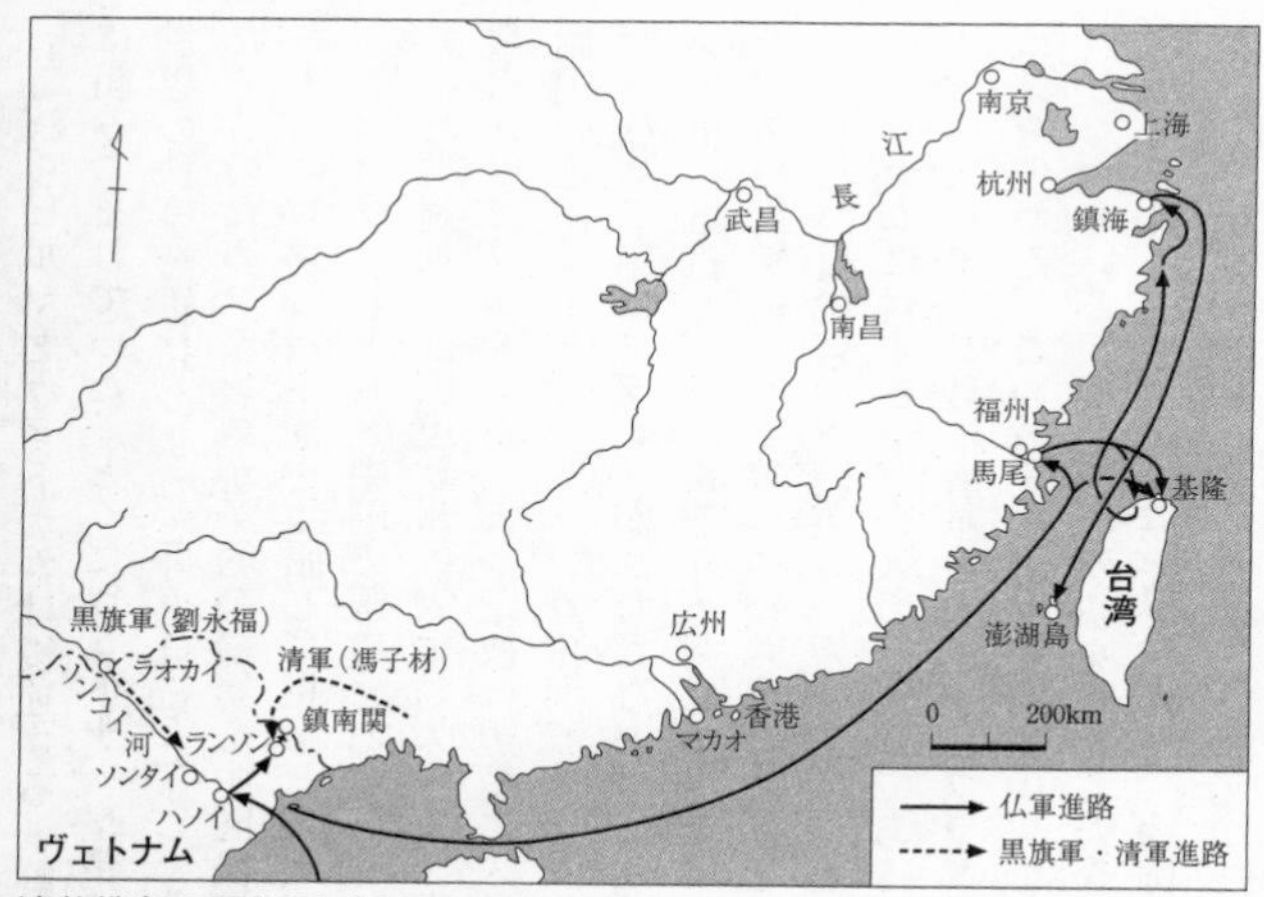

清仏戦争と黒旗軍（地図出版社、張海鵬『中国近代史稿地図集』をもとに作成）

清仏戦争と辺境経営の行きづまり

ところが一八八四年六月に国境の町ランソンで清軍とフランス軍がふたたび衝突し、清仏戦争が勃発した。八月にフランス艦隊は福州の馬尾港で中国の南洋艦隊をうち破り、左宗棠の創設した船政局の工場を破壊した。また一〇月には台湾を攻めて海上封鎖を行い、一八八五年三月には澎湖島を占領した。一度は宣戦布告をした清朝であったが、あいつぐ敗戦に自信を失った西太后は上海の総税務司だったロバート・ハートに仲介を頼んで和平交渉を始めた。

　このとき早期の事態収拾を望む清朝中央の意図と、辺境における戦況の推移はかみあわなかった。一八八五年二月に広西の鎮南関がフランス軍によって占領されると、広東欽州出身の元天地会会員で、太平天国の鎮圧で名をあげた老将の馮子材は、三月にフランス軍を撃破してランソンを奪回した。また司令官のネグリエ将軍が重傷を負ったとのニュースがフランス本国に伝わると、戦争反対の世論が高まってジュール・フェリー内閣は総辞職に追いこまれた。

しかし清朝はこうした戦況の変化に敏感に対応できず、さきに結んだ停戦協定の不利な内容を改めようとはしなかった。一八八五年六月に李鴻章は天津条約を結び、清朝はフランスによるヴェトナムの保護国化をうたったフエ条約を尊重すること、つまりヴェトナムに対する宗主権を放棄することを正式に認めた。結局のところ左宗棠や劉永福、馮子材による個別の戦果はあったものの、もはや清朝にはヨーロッパ列強を相手にねばり強く交渉し、辺境の領土喪失をくい止めるだけの力はなかったのである。

琉球と朝鮮李朝をめぐる日清関係

近代初期の日清関係と台湾出兵

これら清朝の辺境経営の行きづまりと領土喪失の歴史にあって、最後に位置するのが琉球と朝鮮半島をめぐる日本との対立だった。江戸時代の日本は清とのあいだに長崎貿易を行っていたが、朝貢関係を結んではいなかった。明治維新後に日本は対馬藩を仲介にしていた朝鮮李朝との関係を、直接的な外交関係に改めようと図った。そして日本はまず朝鮮の宗主国である中国と対等な条約を結ぶことで、その属国である李朝に対して優位に立とうと考えた。

当時の清朝政府には明代の倭寇や豊臣秀吉の朝鮮出兵など、日本に対するマイナス・イメージから警戒する声も高かった。だが李鴻章らは交渉を拒絶して日本をヨーロッパ列強の側に追いやるよりは、進んで条約を結ぶことで味方に引きよせるべきだという総理衙門の意見に賛成した。そして中国側の草案に基づいて条約交渉が進められ、一八七一年九月に日清修好条規が結ばれた。

この条約は日清両国が近代に入って初めて対等な立場で結んだ条約であり、相手国への外交使節の常駐や領事裁判権の相互承認が定められた。また条文には「両国に属したる邦土もおのおの礼をもって相まち、いささかも侵越することなく、永久安全を得せしむべし」とあり、清朝はこの両国領土の不可侵という条項によって、日本の野心を抑えることができると考えた。

ところで中国との朝貢貿易で栄えた琉球王国は、一六〇九年以後は薩摩藩の支配下にも入り、中国と薩摩藩の双方に属するという「両属」の関係にあった。明治政府はこの琉球を朝貢システムから切り離し、日本の主権下に組み込もうとした。廃藩置県後の一八七二年に日本はあえて琉球藩を設置し、琉球国王の尚泰を藩主に任命して華族に列した。また日本は琉球王国の外交権を剝奪し、外務省の役人を琉球に駐在させた。

たまたま一八七一年に宮古島の貢納船が台湾へ漂着し、島民五四名が牡丹社の「生蕃」に殺されるという事件が起きた。「生蕃」とは王朝政府の支配を受けつけない先住民族のことで、日本統治時代の台湾では高砂族（現在は高山族）と呼ばれた人々をさす。日本政府はこれを琉球の「両属」状態を解消するチャンスだと考え、一八七三年に日清修好条規の批准のために北京を訪れた副島種臣は、この琉球民遭難事件に関する清朝側の考えを問いただした。

このとき総理衙門は殺されたのは中国の属国である琉球の民であって、日本人ではないとしたうえで、台湾の「生蕃」は清朝の政教が及ばない「化外」の地に住む人々だから、そこで起こった事件に責任は負えないと回答した。清朝の辺境経営に対する消極姿勢を見て取った日本は、台湾は清朝支配の及ばない「無主の地」であり、日本は自国民である琉球島民のために、自力で「生蕃」を討伐するという名目を立てた。そして一八七四年五月にイギリス公使パークスらの反対を押しきり、陸軍中将の西郷従道（西郷隆盛の弟）が率いる三六〇〇名の台湾遠征軍を派遣した。

この台湾出兵は近代日本が初めて行った海外派兵であり、牡丹社の大頭目親子を殺害したものの、医療体制の不備により五〇〇名以上の将兵がマラリアなどの病気で死亡した。また清朝は日本の行動を領土の相互不可侵を定めた日清修好条規に対する違反だと強く抗議したが、海軍力の不備から開戦に踏み切れなかった。結局一〇月に北京のイギリス公使だったウエードの仲介によって、清国が日本の出兵を「義挙」として認め、償金として五〇万両を支払うというかたちで両国の和解が成立した。

このとき和解書の条文には「台湾の生蕃かつて日本国臣民らに対して妄りに害を加え」という一句があった。この「日本国臣民」とは一八七三年にやはり台湾へ漂着して被害にあった岡山県の住民をさすようにも読めたが、少なくとも日本政府はそれが事件の発端となった琉球人をさしており、清朝が琉球の日本帰属を認めたものと解釈した。

一八七五年に日本政府は琉球藩に対し、中国に対する朝貢の禁止と福州に置かれた琉球館の廃止を命じ、「明治」の元号を使用するように迫った。日本への併合を強要された琉球は一八七七年に清朝に使節を送って救援を求め、初代駐日公使の何如璋も日本政府に抗議した。だが一八七九年に日本は琉球藩を廃止して沖縄県を置き、旧藩主の尚泰を東京へ移した。この琉球併合によって清朝は属国と見なすべき相手を失ったことになり、中国を中心とする朝貢体制は大きく動揺したのである。

清朝辺境統治の見直しと日朝修好条規

近代初期の中国人の日本に対する感情は、一八七二年に横浜で発覚したペルー船マリア・ルス号事件で、虐待を受けていた中国人苦力（肉体労働者）を日本政府が保護したこともあって悪くなかった。だが台湾出兵をきっかけに対日警戒論が高まり、一八七五年にかけて洋務派官僚のあいだで「海防、塞防論議」とよばれる辺境防衛をめぐる論戦が行われた。

この論戦でまず「海防」派の李鴻章は、二度のアヘン戦争は東南の沿海地区で発生しており、海防力の不備こそが日本の出兵を止められなかった原因であると述べた。そしてイリ回復のために新疆で進めていた軍事作戦を中止し、その予算を海防の強化に投じるべきだと主張した。これに対して「塞防」派の左宗棠は、ロシアは中国と長い国境線を接しており、その南下政策こそが中国にとって脅威であるという認識から出発した。そしてイギリスなど海上からの外国勢力は通商上の利益を求めるに過ぎないが、陸路の外国勢力は領土的野心を持っており、西北地区の防衛がより緊急の課題だと反論したのである。

この海防、塞防論議はそれまで柔軟だが曖昧な辺境概念しか持っていなかった清朝が、近代的な国境や排他的な領土支配という概念を受容しながら、どこまでを中国として守るのかについて模索し始めたことを示していた。結局清朝は双方の面子を立て、海防を強化しながらも新疆を保持する方針を決定した。一八八四年に新疆省、翌一八八五年には台湾省が設けられ、それぞれ湘軍系の劉錦棠、淮軍系の劉銘伝が初代巡撫となって直接統治を行った。

とくに日本による出兵の結果、清朝への帰属が確認された台湾では、基隆炭鉱の開発や大陸と台湾を結ぶ海底電線の敷設、台湾を縦断する鉄道の敷設計画など、「台湾版」洋務運動と呼ぶべき積極的な取り組みがなされた。その多くは保守派の抵抗もあって挫折したが、日本統治時代に実を結んだ台湾社会の発展を基礎づけたのである。

さて朝鮮は中国にとって最も重要な朝貢国であり、とくに清朝は故郷である東北三省と境界を接していたために李朝と密接な関係を築いた。李朝自身は長く交流のあった明から満洲人王朝である清への交代を「夷狄への変容」と見なし、中国本土で滅んだ「中華」の伝統を自分たちが継承していると考えた。

左宗棠

こうした「小中華」の正統意識は朝鮮社会に自立を尊び、外国の圧力に容易に屈しない自負心を育てた。だが同時に日本や中国以上に「正学」である朱子学の純潔性にこだわり、ヨーロッパの近代とくにキリスト教を「異端」として排除する「衛正斥邪」思想を生みだすことになった。

一八六四年にロシアが李朝に通商を要求すると、国王の実父である大院君は開国を提言したキリスト教徒を弾圧し、フランス人宣教師を含む数千人を殺害した。この事件を知ったフランスは一八六六年に朝鮮遠征を試みたが、江華島で撃退された。アメリカも大同江をさかのぼって焼き討ちにあったシャーマン号事件をきっかけに朝鮮の開国をはかり、一八七一年に江華島へ上陸を試みたが失敗した。

いっぽう明治維新を果たした日本は、一八六八年一二月に王政復古を伝える文書を李朝へ送った。だがこの文書は徳川将軍と対等な立場で交流していた李朝国王を天皇よりも一段低く扱っていたため、「小中華」のプライドを傷つけられた朝鮮側は受け取りを拒否した。これに反発した参与の木戸孝允らは征韓論を唱えた。また日本が清と対等な関係を結べば、朝鮮は日本の国書受け取りを拒否できないと考えた日本政府が、日清修好条規の締結を急いだことは先に述べた通りである。

一八七三年に北京を訪ねた副島種臣らは、朝鮮との宗属関係について総理衙門に打診し、朝貢国の内政、外交には関与しないとの言質を得た。すると日本は一八七五年九月にイギリス製砲艦である雲揚号を江華島へ派遣して、朝鮮側を挑発のうえ陸戦隊を上陸させて攻撃した。一八七六年一月に陸軍中将で参議の黒田清隆らは六隻の艦船と八〇〇名の将兵を率いて江華島沖へ向かい、ペリー砲艦外交の故智にならって脅しをかけつつ、二月に李朝とのあいだに日朝修好条規（江華条約）を締結した。

この条約は近代日本が初めて優位な立場から外国と結んだ不平等条約であり、釜山など三港の開港や日本の領事裁判権の承認、輸出入商品の無関税や居留地での日本貨幣の通用などを取りきめた。またその第一条には「朝鮮国は自主の邦(くに)にして、日本国と平等の権を保有せり」とあり、日本はこれで中国の朝鮮に対する宗主権を否定したと考えた。しかし李朝や清朝は徳川時代の対等な両国関係が修復されたと受けとめ、朝鮮が「自主の邦」であることが中国との宗属関係と矛盾するとは考えなかった。

朝鮮をめぐる日清間の確執

ところで日本による琉球併合に危機感を抱いた清朝は、李朝にヨーロッパへの開国を勧めることで日本を牽制しようと図った。その中心となったのは李鴻章で、一八八一年に李朝とアメリカとの条約交渉の仲介役となった彼は、その条約草案に「朝鮮は中国の属邦である。内治と外交は等しく自主を得ている」とあるように、伝統的な宗属関係を規定した条項を挿入しようとした。この試みはアメリカの反対によって実現しなかったが、朝鮮国王に同じ内容の照会文をアメリカへ送らせること、条約の末尾の年号に中国の元号である「光緒」をつけ加えることで妥協が成立した。つまり清朝は朝鮮における中国の特殊な地位を列強に認めさせたのである。

一八八二年七月にソウルで反政府、反日運動である壬午(じんご)の軍乱が発生した。日朝修好条規の締結後、日本商人は無関税の特権を活用してイギリス製綿織物を朝鮮へ輸出した。また彼らは朝鮮の米を大量に買い付けるなど、強引な商業活動で人々の怒りを買った。さらに国王の外戚だった閔(ミン)氏政権が日本の指導によって洋式軍隊である別枝軍(べつしぐん)を設置すると、待遇の悪化に反発した旧軍兵士は引退していた大院君を擁立して蜂起し、日本公使館を占領して閔妃(ミンビ)

を追放した。

壬午の軍乱が発生すると、日本は派兵して朝鮮での優位を確立しようと図った。だが李鴻章は機先を制してソウルを占領し、大院君を「中国皇帝を軽んじた」との理由で天津に連行したのち閔氏政権を復活させた。また淮軍を治安維持の名目で朝鮮に駐留させ、李朝軍隊を清国式に改編した。さらに閔氏政権に中国人とドイツ人の顧問を送り込み、朝鮮の内政および外交に対する干渉を強化した。これに対して日本も八月に済物浦条約を結び、公使館護衛という名目で軍隊の駐留権を獲得した。

清朝が清仏戦争で苦境にあった一八八四年一二月四日、中国の影響力拡大を嫌った開化派の金玉均らは、甲申政変と呼ばれるクーデターを敢行した。一八八一年に日本を視察した金玉均らは明治維新にならった改革の必要性を痛感し、福沢諭吉の協力を得て朝鮮人留学生の日本派遣や新聞発行を行っていた。また彼は外務卿の井上馨や駐朝公使の竹添進一郎と接近し、公使館からクーデター支援の約束を取りつけた。

だが一二月六日に李鴻章の部下である袁世凱が一五〇〇名の兵力で軍事介入を始めると、王宮護衛のために出動していた日本軍一個中隊は退却し、独立宣言と改革綱領を発表したばかりの新政権は崩壊した。また日本の内政干渉に反発した人々が日本公使館を焼き討ちすると、金玉均は仁川から船で日本へ脱出した。この時竹添は金玉均を閔氏側に引き渡そうと謀り、金玉均は「友邦日本の薄情を恨んだ」という。結局金玉均は日本到着後も小笠原、札幌に幽閉されて失意の亡命生活を送ったのである。

この甲申クーデターの後、李鴻章は袁世凱を駐朝鮮総理交渉通商事宜に任命してソウルに駐在させ、朝貢体制の原則を踏み越えて朝鮮の政治、経済に対する直接的な支配を試みた。いっぽう日本では一八八五年に旧自由党員だった大井憲太郎が大阪事件を起こすなど、国益の拡張を唱える国権論が盛んに唱えられた。だが明治政府は日本に対清戦争を行う実力はないと判断し、伊藤博文らを中国へ派遣して李鴻章と交渉させた。四月に結ばれた天津条約によって日清両国は朝鮮から撤兵すると共に、今後派兵する場合は事前に相手国に通告することを取りきめた。

日清戦争と下関条約

日本の戦争準備と光緒帝親政

日本と清朝が朝鮮の指導権をめぐって綱引きを続けていた一八八〇年代、世界情勢は大きく変化していた。重工業の発展と金融資本の集中などを背景に、ドイツやアメリカなどの新興資本主義国が台頭してイギリスの優位が崩れ、列強が植民地の独占支配と分割をめざして抗争する帝国主義の時代へと入ったのである。

アフガニスタンをめぐるロシアとイギリスの対立は東アジアに波及し、一八八五年にイギリスは対馬海峡の巨文島を占領してロシアの朝鮮進出を牽制した。一八九一年にはロシアがフランス資本の援助を得てシベリア鉄道の建設を開始すると、日本はロシアの東方政策に大きな脅威を感じた。この年日本訪問中だったロシア皇太子ニコラス（のちのニコライ二世）が、警備中の巡査に斬られて負傷する大津事件も発生した。

さて二度にわたる事変の結果、日本は清と一戦交えなければ朝鮮を確保することは難しいと痛感した。だが当時の日本の軍事力、とくに海軍力は清仏戦争の教訓から戦力の強化に努め、定遠などの鋼鉄艦を擁していた北洋艦隊に太刀打ちできなかった。このため軍部は「清国征討策案」を作成し、陸軍はドイツ式の編制からなる七個師団を整備した。海軍も三二センチ砲を備えた松島級の三砲艦と、実用化されたばかりの速射砲を装備した高速巡洋艦二隻を竣工させ、これで北洋艦隊と互角に戦えると考えた。

こうした軍拡競争の費用は女子労働に支えられた生糸などの軽工業で捻出された。彼女たちの労働条件は『女工哀史』で描かれた以上に悲惨で、兵士に比べて半額程度の粗末な食費をまかなう給料しか与えられなかった。このため安い朝鮮米の大量移入は当時の日本経済にとって至上命題だった。一八八九年に日本の買い占めによって朝鮮の穀物価格が騰貴すると、李朝政府が穀物の移動を禁じた防穀令事件が発生した。

一八八五年に福沢諭吉は有名な『脱亜論』を発表し、中国や朝鮮を「固陋」すなわち古い考えや習慣を改めようとしない国々だと位置づけたうえで、アジアと決別して「西洋の文明国と進退を共」にすべきことを訴えた。一八八六年には長崎へ寄港した北洋艦隊の水兵が日本人と殴り合う事件が起こり、日清両国の国民感情は悪化した。さらに一八九四年三月に日本に亡命していた金玉均が上海で暗殺され、その遺体が朝鮮へ送られて「大逆不道」の罪で晒しものになると、亡命時代の冷遇ぶりが嘘のように日本の国内世論は沸騰した。

このころ清朝では光緒帝が一八八九年から親政を開始し、西太后は北京の西北にある頤和園へ移って「引退」した。だが彼女は権力を手放さず、光緒帝はしばしば西太后を訪ねてその意見を聞かねばならなかった。また光緒帝の皇后となったのは西太后の弟の娘で、光緒帝は彼女をつうじて西太后に監視されていた。これに不満な光緒帝の周囲には彼の教師であった翁同龢（おうどうわ）など、中央政府の権限強化をめざす「清流派（せいりゅうは）」と呼ばれる保守的な改革派が集まった。

彼ら清流派の最大のライバルは洋務派の巨頭で、西太后の信任が厚い李鴻章だった。このため光緒帝を中心とする「帝党（ていとう）」は西太后、李鴻章と盛んに権力闘争を演じた。しかし朝廷内の抗争は政権の腐敗を生み、賄賂の横行が目立つようになった。なかでも有名だったのは一八九四年秋に還暦の祝典を控えた西太后が、頤和園を修築するために海軍衙門の経費二〇〇〇万両を流用したというスキャンダルだった。

甲午農民戦争と日本・中国

さて一八九四年二月に朝鮮の全羅道（ぜんらどう）にある古阜郡（こふ）で、東学（とうがく）の中堅リーダーだった全琫準（チョンボンジュン）が地方官の圧政に抗して蜂起した。東学は没落した両班（ヤンバン）の崔済愚（チエジエウ）が創始した民間宗教で、キリスト教と体制派儒学を批判しながら、伝統宗教の融合と再生によって朝鮮固有の学問を興すことをめざした。また崔済愚は呪文を唱えれば「天人合一（てんじんごういつ）」すなわちすべての人間が天と一体となって平等社会を実現できると説き、仙薬によって病気を治すシャーマニズムを行った。その結果東学は体制に不満をいだく下層民のあいだに急速に広まった。

李朝はこの東学を異端として弾圧し、一八六四年に崔済愚を処刑した。だが二代目教祖の崔時亨（チエシヒヨン）は教団の組織化を進め、一八九二年には崔済愚の罪名を取り消し、迫害の中止を求める第二次教祖伸冤運動を展開した。一八九三年三月に東学はソウルの各国公使館に抗議のスローガンを張り、四月に忠清道の報恩などで大規模な集会を試みたが、政府軍によって弾圧を受けた。

全琫準の反乱軍は「倭夷（日本）を駆逐せよ」「権貴（閔氏一派）をことごとく滅ぼせ」をスローガンにかかげ、一万人以上の勢力に拡大した。そして李朝の政府軍を打ち破り、五月末に全羅道の道庁所在地である全州を占領した。この甲午農民戦争の発生に動揺した閔氏政権は、六月一日に閣僚たちの反対意見をしりぞけて袁世凱に清軍の出動を要請した。

この報告を受けた李鴻章は淮軍二一〇〇名の出動を命じ、六月七日に天津条約に基づいて日本へ派兵を通告した。だがすでに情報を得ていた外務大臣の陸奥宗光らは、清朝側の予想をはるかに超える七〇〇〇名の兵力を朝鮮へ送り、一〇日に先遣隊の四七〇名は清軍よりも早くソウルへ入城した。突然の日本軍出現に驚いた李朝政府は農民軍との和議を図り、一一日に腐敗官吏の処罰や執綱所の設置、奴婢の解放、両班と一般人との差別廃止をうたった全州和約が成立した。

出兵理由をなくした日清両国は現地交渉を行い、六月一五日に両軍が同時に撤兵することで同意が成立した。だが陸奥宗光はこれを破棄し、代わって両国共同で朝鮮の内政改革を行うように申し入れた。清朝側がこれを拒否すると、二三日に陸奥は日本単独で改革を行うと通告し、大鳥圭介公使に「いかなる手段を取ってでも開戦の口実を作るべし」という指令を出した。

これを受けた大鳥公使は李朝に内政改革案を提示しながら、清との宗属関係を解消するように迫った。閔氏政権がこれを拒むと、七月に日本軍は閔氏一派を追放し、開化派の金弘集(キムホンジプ)による親日政権を成立させた。

日清戦争の勃発と李鴻章

さて李鴻章は自らの政治的財産である北洋艦隊を守るため、日本との軍事衝突を極力避けようとしていた。彼は現状では装備の老朽化した北洋艦隊に勝ち目はないと述べたうえで、光緒帝に「決して一旦の功を焦って日本側の悪巧みに陥ることのないようお願いいたします」と訴えた。だが帝党の人々は李鴻章の現実主義外交を軟弱と批判し、光緒帝も主戦論に傾いた。李鴻章はやむなく列強の干渉に望みをかけた。

当時の日本は列強の介入には弱い立場にあり、とくに不平等条約の改正交渉相手だったイギリスの出方をうかがっていた。はたしてイギリスは東アジアの現状維持を望み、紛争がロシアの南下を誘発することを恐れて調停に乗りだした。しかし七月九日に清朝は日本の撤兵が先決だと主張してイギリスの調停案を拒絶した。一六日には日英通商航海条約の調印が済み、日本もイギリスの介入を恐れる必要がなくなった。さらに李鴻章が期待をよせたロシアは極東兵力の不足と外交上の孤立を恐れたために干渉を見送った。

いっぽう日本国内では首相の伊藤博文(いとうひろぶみ)と明治天皇が和平派であった。とくに明治天皇は開戦後に「今度の戦争は大臣の戦争であってわしの戦争ではない」と述べ、伊勢神宮と孝明(こうめい)天皇陵に対する報告の勅使派遣を拒否したという。つまり日清開戦への道は天皇個人の意思を乗りこえて進められたのである。

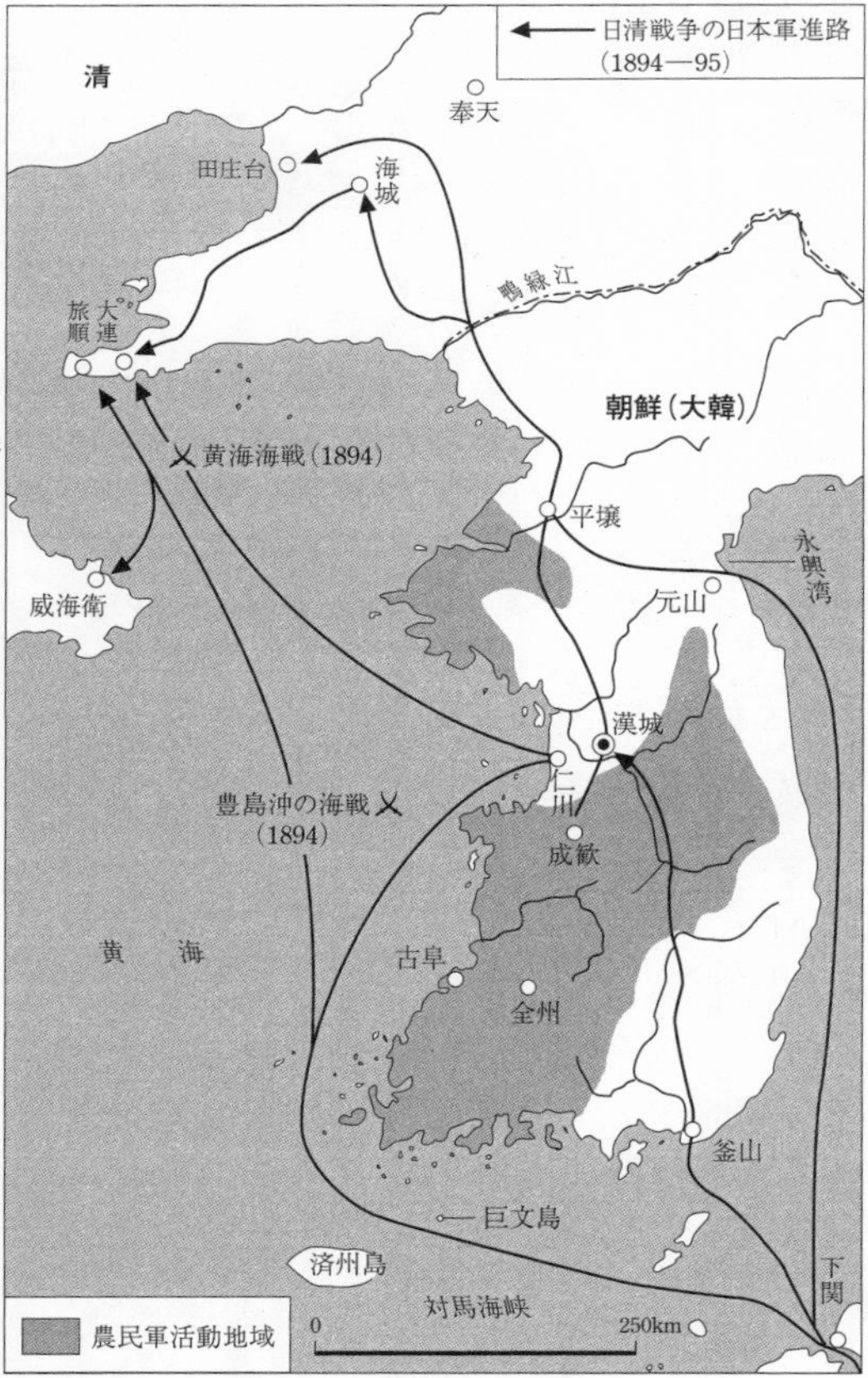

七月二五日に日本海軍は豊島沖で奇襲攻撃をかけ、清兵一〇〇〇名を乗せたイギリス船籍の高陞号を撃沈した。日本はイギリス船を沈めたことで国際法違反の非難を浴びるのではと肝を冷やしたが、増援を絶たれた清の朝鮮駐屯軍も動揺し、成歓で日本軍に大敗した。八月

日清戦争図（山川出版社『世界歴史大系　中国史５』をもとに作成）

一日に双方が宣戦布告を行うと、清軍は平壌に兵力を集結させた。だが指揮官同士の意見があわず、抗戦派の総兵左宝貴が戦死すると、九月一六日に全軍が総崩れとなって撤退した。さらに一七日には北洋艦隊が日本の連合艦隊に捕捉され、いわゆる黄海の海戦が勃発した。結果は致遠など三隻を失った北洋艦隊の敗北に終わった。

一〇月に入ると日本軍は清国領内への進撃を開始し、一一月には遼東半島の旅順を占領した。このとき日本軍は多数の市民を殺害し、『ニューヨーク・ワールド』『タイムズ』はその残虐行為を非難した。朝鮮でも一〇月に甲午農民戦争の第二次蜂起が発生したが、日本軍は李朝政府軍とこれを鎮圧し、全琫準は捕らえられて殺された。

一八九五年一月に日本軍は北洋艦隊の集結していた山東半島の威海衛を攻撃し、二月に水師提督の丁汝昌が自決して北洋艦隊は降伏した。度重なる敗戦に戦意を失った清朝は、アメリカを通じて和平交渉を申し入れた。日本では軍部を中心に戦争継続を主張する声があり、三月に全権大臣の李鴻章が下関に到着した後も休戦交渉はもつれた。だが李鴻章が狙撃されて負傷する事件が起こり、列強の非難を恐れた日本は三週間の休戦に応じたが、この間も交渉を有利に運ぶために澎湖列島を占領した。

下関条約と台湾民主国

一八九五年四月一七日に李鴻章と日本の全権である伊藤博文、陸奥宗光の間で結ばれた下関条約は次のような内容であった。

(1) 清は朝鮮が「完全無欠なる独立自主の国」であることを認める。

(2) 遼東半島および台湾、澎湖列島の日本への割譲。
(3) 賠償金二億両の支払い（のち遼東半島の返還とひきかえに三〇〇〇万両を追加）。
(4) 重慶、蘇州、杭州などの開港と開港場での日本人による企業経営権の承認。

ここで朝鮮の独立とはあくまで清との宗属関係を否定することであり、事実金弘集政権の下で進められた甲午改革は日本に対する従属を強めるものだった。また条約には企業経営権以外にも数多くの権益が記されていたが、それらは元々イギリスが清朝に要求していた内容だった。日本が列強の意向に神経をとがらせながら戦争を遂行していたことがわかる。

はたして下関条約が締結された直後の四月二三日、ロシアはフランス、ドイツを誘って三国干渉を行い、日本に遼東半島を返還させた。この時日本国内では「臥薪嘗胆」が合い言葉となり、日露戦争の伏線となったことは有名である。

いっぽう下関条約の内容が明らかになると、割譲の対象となった台湾では抵抗運動がまき起こった。五月二五日に台湾随一のエリートだった邱逢甲らは、「わが台湾同胞は誓って倭に服せず、戦って死を選ぶ」と唱えて台湾民主国の独立を宣言し、台湾巡撫の唐景崧と清仏戦争の英雄だった劉永福をそれぞれ総統と大将軍に任命した。六月四日に日本軍が上陸を開始すると、唐景崧は厦門へ逃亡し、台北や基隆など北部の拠点は占領された。だが南部ではその後も激しい抵抗が続き、一一月に初代台湾総督の樺山資紀が台湾全土の平定を報告するまでに、女性や先住民族を含む一万四〇〇〇人以上の台湾人が殺害された。

日清戦争は清朝の完敗に終わった。それは長い間東アジアの世界秩序だった朝貢体制を崩壊させると共に、一九世紀後半の中国が試みてきた洋務運動の挫折を意味した。とくに同じ東アジアの一員で、「同文の小国」である日本に負けたことは人々に大きなショックを与えた。ある主戦派の官僚は「この恥辱にしばらくは耐えられるとしても、朝廷は安閑とせず対応を考えるべきである。それには自強を図る以外にない」と述べ、中央政府を中心とした政治改革の必要性を強く訴えた。

むろん洋務運動の中で次第に明らかになった地方台頭の動きは、伝統中国の硬直した専制支配を揺り動かす上で必要な過程であった。それは運動を中央のコントロールがきかない近代化事業にし、改革のスピードや統一性に不都合をもたらしたが、その後の中国が多様な可能性を模索する種を蒔(ま)いた。むしろ幕藩体制からの脱却と集権化が課題だった日本とは、スタートラインが違っていたと言えるだろう。

また洋務運動に一貫して見られた儒教文化に対する揺るぎない自信は、古典文明を生み出した中国社会ならではの異文化受容のあり方を示していた。日清戦争後に「日本モデル」が声高に宣伝された事実は、二度のアヘン戦争によっても揺るがなかった「中華」の自信が、この戦争に敗北した衝撃によってようやく変化したことを示している。

そもそも洋務運動にとって最大の皮肉とは、内乱平定や国防のために生み出された淮軍や北洋艦隊が、朝貢体制を維持するという名目のもと、朝鮮侵略をめぐる日本との競争に動員されたことにあった。それは想定外の戦闘を強いられた北洋軍の惨敗に終わったが、勝利した日本も帝国主義勢力同士の絶え間ない戦争の連鎖に巻き込まれた。

はじめ日清戦争を支持していたキリスト教徒の内村鑑三(うちむらかんぞう)は、一八九七年に記した短文「猛省(もうせい)」のなかで「台湾をもぎ取ることと、戦争の本来の目的である朝鮮の独立と何の関係があるか。（日清戦争は）義戦として始まったが、欲戦として終わったのだ」と述べている。東アジア世界における生き残りをかけて戦われた日清戦争には、初めから「勝利」の椅子など準備されていなかったのである。

第三章　ナショナリズムの誕生——戊戌変法と義和団

列強の中国分割と変法派の登場

政治都市・北京

北京という町の特色は、良くも悪くも政治都市だという点である。初めて北京を訪れた時、どこか街の空気がピリピリとした印象を受けたのは筆者一人ではないだろう。また市内のあちこちに「国家（グオジアー）」の看板を掲げた役所が数多く見られるのもこの町の特徴で、「どちらを向いても国ばかり、北京はどこにあるのだろう」という思いにかられる。無論北京にはこの町をこよなく愛する「老北京（ラオベイジン）」と呼ばれる下町っ子がおり、最近はめっきり減ってしまった、昔ながらの街角である胡同（フートン）に代表される落ち着いた庶民生活がある。だが北京の人と話す時に、何か重要な秘密でもあるかのように耳元でささやかれることがあり、やはりここは権力闘争、すなわち権謀術数を競いあう危険な政治ゲームから逃れられない町なのだと痛感させられる。

前章までに見た太平天国と洋務運動、そして日清戦争の敗北に終わった一連の「辺境の危機」は、いずれも中華帝国の周縁部で発生した新しい時代への胎動だった。それらは帝国の衰えによる求心力の低下と、新たな中国を生みだそうとする創造的なエネルギーとが渾然（こんぜん）一体となっていた。これに対して本章で私たちが見る二つの事件は、いずれも皇帝のお膝元だった北京が舞台となっている。実際のところ戊戌変法は南方出身の知識人が中心となった運動であり、義和団は社会の最下層の人々によって担われた。その点これらの事件は周縁世界による中華再生の試みの一つに数えられるが、運動が首都である北京で展開されたという事実は、中華帝国の危機が進行し、変革の必要性が高まったことを物語っている。これらの運動がどのように展開し、いかなる結果に終わったかは、そのまま清朝の命運を決定づけることになる。

列強の中国分割

日清戦争における清朝の敗北は、それまで軍事的な敗北を重ねながらも、なお「眠れる獅子」として恐れられていた中国に対するヨーロッパ列強の警戒心を取り払った。清朝が日本に対する巨額の賠償金を工面するために、外国の銀行から三億七〇〇〇万両を借りて、その担保として国内の関税や塩税などを充てると、列強による中国利権の獲得と勢力圏分割の競争が始まった。

その第一は借款を通じての鉄道敷設権と沿線における鉱山採掘権の獲得であった。三国干渉で清朝に貸しを作ったロシアとドイツ、フランスは、それぞれ東北地方を横断する東清鉄道、山東半島をつらぬく山東鉄道、雲南とヴェトナムを結ぶ滇越線を敷設する権利を得た。またイギリスは香港と広州を結ぶ広九線、上海と南京を結ぶ滬寧線の敷設権を得た。中国の鉄道建設が人々の強い反対にあって進まなかった事実はすでに述べたが、今日私たちも利用

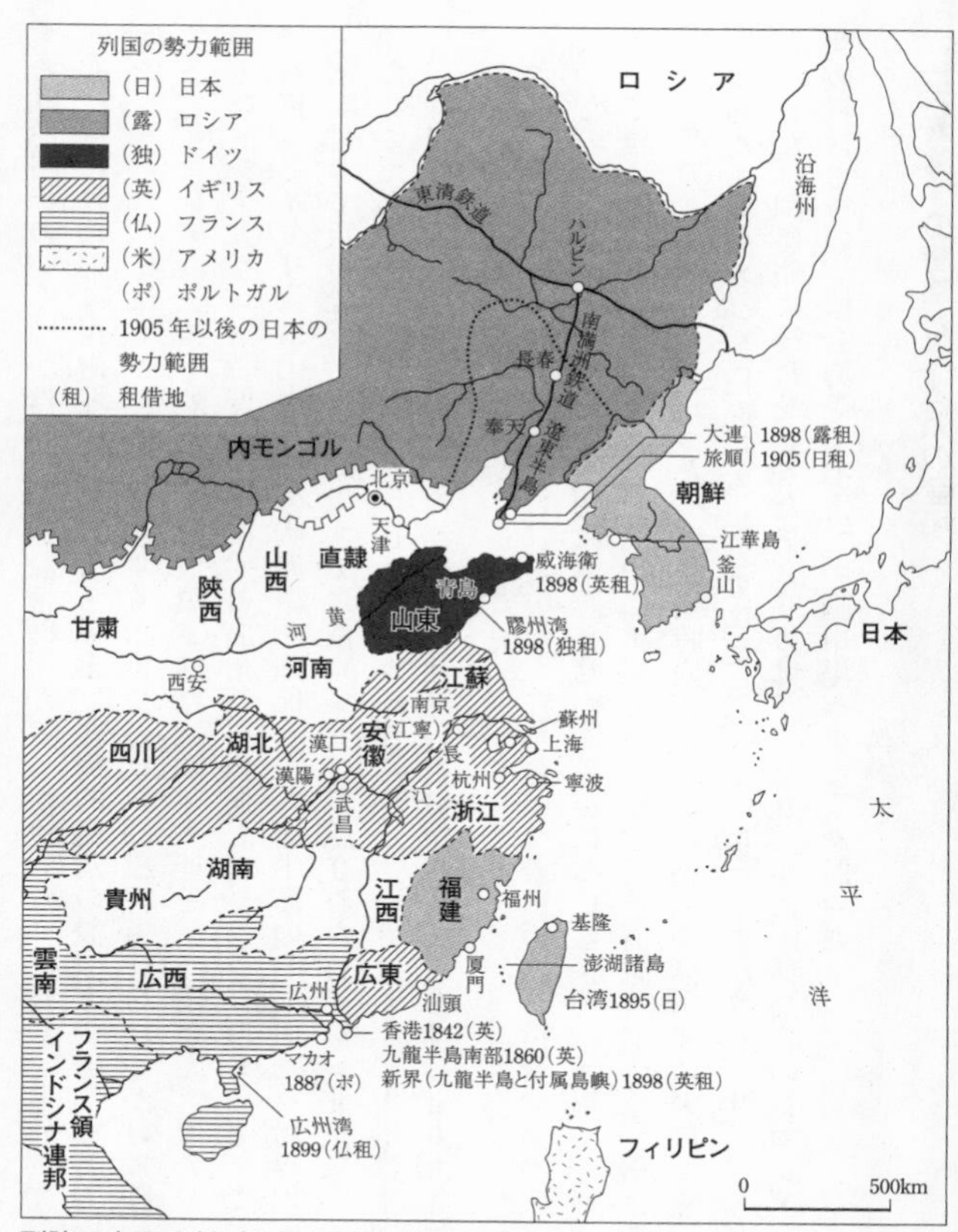

列強の中国分割（山川出版社『世界歴史大系　中国史５』をもとに作成）

する鉄道路線のいくつかは列強の敷設権獲得がきっかけとなって建設されたのである。

次に行われたのは租借地の名目による軍事、経済的拠点の設置と排他的な勢力圏の画定だった。一八九八年にドイツが、後述する山東での宣教師殺害事件をきっかけに膠州湾を租借すると、ロシアは三国干渉で日本に放棄させた旅順、大連を借り受けた。またフランスが仏領インドシナ（ヴェトナム）と隣接する広州湾を租借して勢力下に収めると、これらの動きに対抗してイギリスは山東半島の威海衛を確保し、九龍半島の北にあたる新界地区を九九年の期限付きで租借した。この結果すでに南京条約で割譲された香港島、北京条約でイギリス領となった九龍地区と併せて、現在の香港が形作られた。一九九七年に香港は中国へ返還され、特別行政区となったが、この年は新界地区の租借から数えてちょうど九九年目にあたっていたのである。

さらに第三の方法として進められたのは、在華企業への積極的な投資であった。その鍵となったのは日本が下関条約で清朝に承認させた開港場における企業経営権で、最恵国待遇によって同じ権利を得た列強は、一九〇二年までの八年間で日清戦争前の三〇倍にあたる五億二〇〇〇万ドルの投資を行った。だが当時の日本にこの条項を活用する力はなく、台湾の対岸にあたる福建省の利権を日本以外の国には与えないことを清朝に約束させるにとどまった。また中国侵略に後れをとったアメリカは、一八九九年に国務長官のジョン・ヘイが門戸開放宣言を行い、機会均等を唱えて中国市場への参入を試みた。

『天演論』の衝撃と変法派の登場

こうして列強諸国の勢力圏がいくつも設定された中国は分割の危機に陥った。この頃作られた「時局図」という一枚の絵があるが、そこではワシやクマ、太陽など様々な動物、怪物に見立てた列強によって食い物にされた中国の地図が描かれており、「言わずして喩る」と記されている。この現実に若い知識人たちは中国の未来に危機感を抱き、改革の方途を模索するようになった。とくに影響力を持ったのが厳復と康有為の二人である。

厳復は福建閩侯県の出身で、福州の船政学堂から一八七七年に初のイギリス留学生としてヨーロッパへ渡り、帰国後は李鴻章に見込まれて幕僚となった。日清戦争によって北洋艦隊が壊滅すると、一八九七年に彼は天津でイギリスの『タイムズ』を手本とした新聞である『国聞報』を創刊し、改革の必要性を説いた。

時局図

だが厳復が後世に名を残すことになったのは、その翻訳事業によってだった。一八九八年に彼が刊行した『天演論』はトーマス・ヘンリー・ハクスレーの著作『進化と倫理』を要約、編集したもので、ダーウィンの進化論を紹介し

康有為

ていた。すなわち「物競（生存競争）」と「天択（自然淘汰）」による「天演（自然の進化）」説を紹介したのであるが、そのポイントは私たちになじみの深いサルからヒトへの進化ではなく、マンモスの滅亡に象徴される適者生存の法則だった。そしてこれを読んだ人々は「亡国滅種」つまり列強がしのぎを削る世界で、中国という国や民族が淘汰され、滅亡するのではないかと受けとめたのである。

こうした危機意識の高まりの中から登場したのが康有為であった。彼は広東南海県（現在の南海市）の人で、香港や上海でヨーロッパの学問に触れ、改革の必要性を痛感していた。清仏戦争後まもない一八八八年に康有為は光緒帝に初めての上書を行い、「既成の法を変えること」を訴えたが、この提案は受理されなかった。帰郷した康有為は万木草堂という塾を開き、弟子の梁啓超らと改革のための理論作りにとりくんだ。

康有為がまず注目したのは洋務派の系譜につらなる公羊学派で、一八九一年に『新学偽経考』を著した。ここで「新学」とは当時の儒教で主流だった古文学派のことで、彼は紀元一世紀に「新」を建国した王莽のブレインだった劉歆が、古文学の経典を偽造したと記した。つまり康有為は現在の儒教の主流学派はニセ物であり、これを捨てて孔子本来の教えに戻るべきだと主張したのである。この著作が大きな反響を呼んで清朝政府から発禁処分を受けると、一八九八年に彼は『孔子改制考』を公刊した。

この本で康有為は孔子を「改制」すなわち政治改革をめざした人物と位置づけ、時代の変化にあわせて改革を行う点にこそ、孔子の聖人たる所以があると指摘した。また太平天国が『天朝田畝制度』で理想とした「大同」ユートピアを社会進化論的に読みかえ、中国は「衰乱」の時代から「升平」の安定的統治、さらには「太平」の世へと移行するのだと説いた。それは太古の世界が理想的で、時代が降ると共に堕落すると考えられていた中国の歴史観を根底からくつがえすものであり、火山の大噴火にも似た衝撃を知識人に与えたのである。

強学会と譚嗣同の『仁学』

下関条約の調印から間もない一八九五年五月に、康有為は科挙受験のために北京に集まっていた一〇〇〇名を超えるエリートと、停戦に抗議して改革を求める上書を行った。これを公車上書（公車は上書を皇帝へとりつぐ役所で、のちに省クラスの科挙合格者である挙人をさすようになった）と呼び、今度も受け取りは拒否されたが、康有為の名は広く知れわたった。

この試験で進士に合格して工部主事となった康有為は、洋務運動期の知識人のように大官のブレインとなって近代化を進めるのではなく、みずからも一つの政治勢力を作ろうと考えた。その結果一八九五年八月に生まれたのが強学会で、改革に理解を示していた洋務派官僚の張之洞を会長に迎え、イギリス人宣教師のティモシー・リチャードが顧問となった。また改革派と目される若手官僚に参加を呼びかけ、後に中華民国大総統となる袁世凱も会員に名前を連ねた。

この強学会は強学書局という出版機関を持ち、梁啓超が啓蒙雑誌である『中外紀聞』を編集して外国事情の紹介に努めた。また広東、湖南など各地に分会が設けられ、上海発行の『強学報』は孔子を国民統合の象徴にしようとする康有為の考えに基づき、清朝の元号に代えて孔子紀年（孔子が死んだ年を元年とする紀年法）を用いた。この雑誌は不遜という理由で発禁処分になったが、代わって一八九六年に上海で創刊された『時務報』は、当時としては記録的な発行部数である一万三〇〇〇部を数えた。

一八九八年四月に康有為は各地の政治勢力を束ねる組織として北京に保国会を設けた。だが洋務運動が地方中心の運動であったのと同じく、変法運動の拠点となったのは南方諸省、わけても湘軍発生の地で、日清戦争後に巡撫の陳宝箴ら改革派の官僚が集まった湖南だった。この湖南変法派のうち瀏陽県出身の思想家で、梁啓超を時務学堂という新設の学校へ招くように働きかけた譚嗣同の存在は注目に値する。

譚嗣同はその著『仁学』において、万物が「以太（エーテル）」によって構成されているというユニークな世界観を提示した。また彼はモンゴルや満洲を「残忍野蛮な性情にまかせて中国を盗み取った」と非難し、「むかし北方は中華文明の集まるところ、学術文芸の中心地といわれたのに、いまの華北五省はなんというありさまか」とあるように、中国文明の発祥地である北方が異民族支配によって衰えてしまったと指摘した。そして「いまや中華の民は奮起すべき時である」と述べ、専制国家の強大な権限を抑えて「民を勇気づける」ことが重要だと説いた。ちなみに彼は湘軍の略奪行為が太平軍よりも激しかったと告発し、郷土の英雄であった曽国藩に食ってかかるなど、かなりアウトロー的な知識人だったことがわかる。

清朝を排撃したこの文章は当時の中国では発表できず、譚嗣同の死後に梁啓超の手によって日本で公表された。またすべての変法派がこうした考えを持っていたわけではなく、事実康有為は皇帝権力の強化による「上からの改革」をめざした。だがある保守派官僚が保国会の目的は中国を保つことであり、「大清」を保つことではないと批判したように、変法派の主張は清朝の支配体制を揺るがしかねない可能性を含んでいたのである。

変法運動と戊戌政変

日本モデルの提起

公車上書の後も上書をくりかえした康有為は、一八九八年一月ついに総理衙門で自説を述べる機会を与えられた。この時彼が改革のモデルとして高く評価したのが日本の明治維新で、光緒帝に上呈された『日本変政考』は「わが国が弱亡に甘んじ、改制を望まぬならいざ知らず、保全を望むなら変法せざるをえない。変法するにしても、過ちを犯すのが心配だというのなら、日本がわが先駆としてある。その守旧の政俗はわが国と同じだったのだから、更新の法は日本をおいて別の道はない」とあるように、日清戦争の相手であった日本に学ぶべきことを力説している。

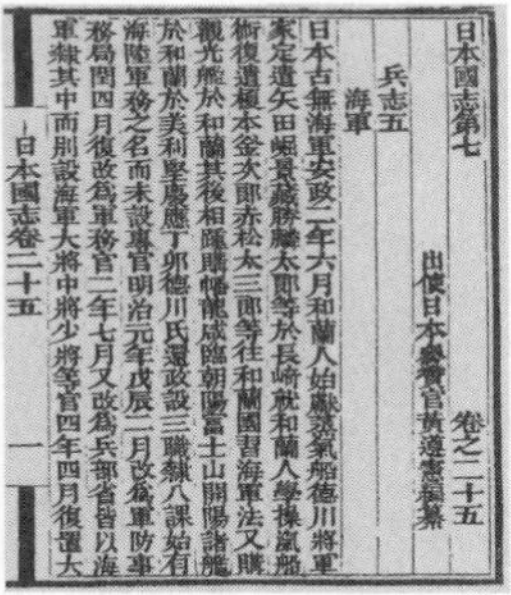
日本國志第七　卷之二十五
出使日本參贊官黄遵憲撰纂
兵志五
海軍
日本古無海軍安政二年六月和蘭人始獻蒸氣船徳川將軍
家定遣矢田堀景藏勝麟太郎等於長崎就和蘭人學操船
術復遣榎本釜次郎赤松大三郎等往和蘭國習海軍法又購
觀光艦於和蘭其後相繼購帆檣咸臨朝陽富士山開陽諸艦
於和蘭於美利堅慶應丁卯徳川氏還政設三職轄八課始有
海陸軍務之名而未設專官明治元年戊辰二月改爲軍防事
務局閏四月復改爲軍務官二年七月又改爲兵部省皆以海
軍隸其中而別設海軍大將中將少將等官四年四月復置大
日本國志卷二十五　一

『日本国志』

また康有為は具体的な政策として、(1) 維新の実行を宣言し、基本方針を定める(明治維新における五箇条の御誓文に相当)、(2) 制度局を設け、参議を任命して改革の中心機関とする(王政復古の大号令、三職設置に相当)、(3) 待詔所を設けて、人材を登用する(集議院に相当)ことを求めた。そして彼は「変法は日本を手本とすれば、すべては足りる」とまで述べたが、康有為がここまで明治維新にいれ込んだ背景には、変法派の同志で中国きっての日本通だった黄遵憲の存在があった。

黄遵憲は広東嘉応州出身の客家で、一八七七年に最初の駐日公使であった何如璋の随員(参事官)として日本へ赴任した。はじめ彼は明治維新に対して懐疑的だったが、隅田川の花見で桜の美しさに驚き、すっかり日本のファンとなってしまった。また彼は観察を深めるにつれ、「西洋式に改めて、古きを改めて新しきを取り入れれば、高く抜きんでて自立できると信じるようになった」とあるように、日本が取り入れたヨーロッパの諸制度は中国が独立を保持していくうえで不可欠なものだと考えるようになった。そして一八八七年に大著『日本国志』を完成し、日本の政治制度、経済政策や社会、文化を詳しく紹介して中国への適用を訴えた。

はじめ黄遵憲の提言は人々の注目をほとんど集めなかったが、日清戦争後に帰国した彼は上海で『時務報』の創刊に関わり、湖南按察使となって変法運動に尽力した。梁啓超はこの本がもっと早く活用されていれば、清軍が無惨な敗北を喫することはなかっただろうと嘆いたという。康有為自身も早くから日本に注目していたが、日本モデルの改革案は多くがこの『日本国志』を情報源としていたのである。

戊戌変法の開始

列強の中国分割が進む中で、「亡国の君主とはなりたくない」と考えた青年皇帝の光緒帝は、ロシアのピョートル大帝や明治天皇にならい、皇帝みずからの権限によって改革を進めるように説いた康有為の上書に強く心を動かされた。すでに述べたように当時の清朝では引退した西太后（せいたいこう）がなお実権を握っており、名ばかりの「親政」に不満だった光緒帝とその側近は、西太后一派と権力闘争の火花を散らしていた。

六月一一日に光緒帝は「国是を定めるの詔」を出し、変法の実施を公布した。その五日後に光緒帝は康有為を接見し、改革の進め方について意見を求めた。その結果康有為は総理衙門の章京（ジャンチン）（大臣補佐）に任命され、矢つぎ早に改革案を皇帝の命令である上諭（じょうゆ）の形で打ち出した。制度局の設置、科挙における八股文（はっこ）の廃止と西学の試験科目への導入、京師大学堂（けいしだいがくどう）（のちの北京大学）の設置、譚嗣同ら若手官僚の中央政府への抜擢、行政改革と冗員の削減などがそれで、一〇〇日余りの間に出された指示は二〇〇以上に及んだ。

光緒帝

これらの改革案はまず日本の経

験について語り、それを中国の現状と結びつけて新政策を提起するスタイルを取った。たとえば一八七一年に岩倉具視らがヨーロッパ諸国を歴訪したのにならって宗室・王公に外国視察を命じたり、伊藤博文らが官報局を設けたのに学んで上海の『時務報』を官報に改め、これを北京で発行させたなどである。またその内容は従来の変法派の議論と比べると穏健なもので、議会の開設についても康有為は時期尚早だとして見送った。

だが保守派の官僚はこれらの措置に猛反発し、もともと変法に同情的だった張之洞などの地方大官も性急な変化についていけなかった。また西太后は変法の開始直後に光緒帝の「帝師」であった翁同龢を解任し、保守派の栄禄を直隷総督として変法派を牽制した。これら両派のせめぎ合いの中で、多くの地方官は処罰を恐れて事態を静観し、改革は一向に進展しなかった。当初変法を歓迎したイギリス公使のマクドナルドは「改革の上諭を発布することと、順守させることは同じではないことを皇帝は学びつつある」と本国へ報告している。

改革のゆきづまりにいらだった光緒帝は、九月七日に変法派の批判の的であった李鴻章を総理衙門大臣から罷免した。すると西太后は栄禄に命じて軍隊を天津などに集結させ、変法派に対する武力弾圧の準備にとりかかった。光緒帝の密詔によって事態が緊迫したことを知った康有為らは、西太后を幽閉して権力奪取を図るクーデターを計画したが、彼らはそれを実行する軍事力を持っていなかった。そこで九月一八日に譚嗣同はただ一人危険をかえりみず、強学会の会員で新建陸軍の訓練に取り組んでいた袁世凱を訪ねて、栄禄の殺害と頤和園の包囲に協力するように申し入れた。

この時譚嗣同は袁世凱の返答次第では、彼と刺し違えることも覚悟していた。譚嗣同は幕末日本の志士を「任侠」と呼んで共感をよせ、改革のために「死に甘んじる」ことも必要だと考えていたのである。譚嗣同のただならぬ気配を察した袁世凱は、その場は協力を約束した。だがもともと李鴻章の子分であった彼は、その夜栄禄の許に走って変法派のクーデター計画を通報した。

伊藤博文の中国行きと戊戌政変

これら北京の宮廷を舞台とする変法派と保守派の暗闘は、一九八九年の天安門事件前夜における中国共産党内の改革派（趙紫陽）と保守派（鄧小平、李鵬ら）の権力闘争を彷彿とさせる。天安門事件の時はソ連大統領ゴルバチョフの訪中が重要なターニングポイントとなったが、この時も変法派、保守派の対立が頂点に達した九月中旬に伊藤博文が中国を訪問した。当時伊藤は元勲内閣が倒れた直後で、在野の一政治家という身分であったが、ロシアが清朝と結んで中国東北部で勢力を拡大するのを牽制する目的を持っての訪中だった。

明治維新の功労者というべき伊藤博文の訪中に、苦境に立っていた変法派は大きな期待をよせた。伊藤が夫人に宛てた手紙によると、天津に到着した彼は大歓迎を受け、中国のために協力してほしいと口々に訴えられたという。事実当時の中国では伊藤を顧問として招聘し、改革を担当させるべきだという意見もあった。

だが伊藤は運動を支援することが日本の利益になるかどうか、冷徹に事態を見極めようとした。九月一四日に北京に到着した彼は保守派が優勢なことを察知し、「（総理衙門の諸大臣は）必ずしも変法に賛成しているわけではないようです。また近頃若手（変法派の人々をさす）を登用して、経験ある人（李鴻章のこと）を退けようとしておられるようですが、これも極めて唐突に過ぎます」と述べて変法派と距離を置いた。

保守派による武力鎮圧の可能性が高まった九月一八日、康有為はわざわざ日本大使館へ伊藤博文を訪ね、変法を支持するように西太后を説得してほしいと頼んだ。だが伊藤の反応は冷淡で、紋切り型の説教に康有為は「公爵はわが国をひどく蔑んでおられる」と失望を隠せなかった。また九月二〇日に伊藤博文は光緒帝に拝謁した。光緒帝は伊藤を親王並みに手厚くもてなし、明治維新における彼の功績を高く評価したうえで、「朕に忌憚のない意見を聞かせていただきたい」と改革への協力を求めた。だが伊藤は「皇上だけが鋭意変法を進めている。皇太后の聖意がどのようなものかはわからぬが、思うに皇太后と皇上の御意向が一致して初めて変法を成しとげることができるだろう」とあるように、この運動が成功する可能性は少ないとの判断をくだした。

はたして二一日、保守派による戊戌政変が発生し、西太后は光緒帝を中南海の瀛台に幽閉して、再び自ら政治を行うことになった。また変法派の人々に対する捜索が行われ、康有為はイギリスの援助を受けて香港へ脱出し、日本へ亡命した。日本公使館にかけ込んだ梁啓超は伊藤の指示によって日本の軍艦に乗せられ、清軍の追撃をふり切って日本へ送られた。この時梁啓超は譚嗣同にも亡命を勧めたが、譚嗣同は「世界の変法は流血によって成ったが、中国ではまだ誰も犠牲になった者がいない。この国が振るわないのはそのためだ。私がその第一号になろう」といって拒否したという。結局譚嗣同は捕らえられて処刑され、改革の成果は京師大学堂を除いて全て白紙に戻ってしまった。

変法運動は中国がはじめて経験した、外国モデルによるトータルな社会改革の試みだった。それは南方出身の知識人たちによって担われ、辺境で発生していた新たな社会へのうねりを帝国の首都に持ちこんだ。むろん運動は大衆的基盤を欠き、巨大な官僚機構を動かせないままコップの中の嵐で終わってしまった。また皇帝個人の権威に頼るかたちで進められた運動は、改革の内容をひ弱にしたばかりか、宮廷内の権力闘争に巻きこまれるという結果を生んだ。さらに列強が康有為、梁啓超の亡命を援助したり、黄遵憲ら変法派官僚の処罰を軽減しようと清朝に圧力をかけたために、西太后と列強の関係が悪化し、彼女を対外強硬論へと向かわせることになった。

一方変法運動は中国におけるナショナリズム運動の草分けであったが、このとき「国を保つ」とは何を意味するのかについて多くの問いを投げかけた。なぜなら康有為らがめざしたのは勤王運動であり、清朝の存続を前提とした改良運動だったが、改革を妨害した勢力も西太后に代表される清朝の統治システムだったからである。さらに変法派の中には、譚嗣同のように清朝を異民族王朝ととらえ、その存続が至上命題とは考えない者もいた。この「中国」か「大清」かという問題は、次にみる義和団でも大きな焦点となる。

なお変法派の人々は日本の明治維新を改革のモデルにすえ、それまで多くの中国人にとって「東方の小国」に過ぎなかった日本を「同文同種」の国と呼んで親近感をよせた。その感情は変法運動の挫折後も残り、日本に対する留学熱を生みだすことになる。だが伊藤博文の行動に代表されるように、日本は彼ら親日派のアプローチに応えることができなかった。厳復の「亡国滅種」論は中国の知識人に強烈なインパクトを与えたが、その実当時の「弱肉強食」的な国際情勢に振り回されていたのは日本だったのかもしれない。

反キリスト教事件と義和団の登場

宗教的な時代

戊戌政変からわずか二年後の一九〇〇年夏、北京は熱狂的なナショナリズムのうねりに包まれた。その主役となったのは社会の周縁部にいた下層民衆であり、外国につらなるあらゆる事物とりわけキリスト教に対して激しい攻撃と破壊を加えた。この義和団運動に対して列強諸国は「文明に対する罪悪」という非難を加え、中国国内でも迷信に彩られた盲目的な排外運動だとする見方が多かった。また康有為は「義和団は后党」すなわち西太后にあやつられて外国勢力に敵対した運動だと断じている。

中華人民共和国の成立後にこうした見方は一変し、少なくとも公式には義和団は中国革命へ連なる反帝国主義闘争であるという評価を与えられた。だがこの運動がめざした目的やその起源、さらには「鉄砲の弾に当たっても死なない」という異様な宗教性（刀槍不入信仰（とうそうふにゅう））をどうみるかは、現在も最終的な結論は出ていない。

ここで忘れてならないのは、一九世紀の中国が宗教的な時代であったという点だろう。先に私たちが見た厳復の『天演論』が伝えた進化論も、近代科学の成果としてよりは、国と民族の滅亡を予言する一種の終末思想として受けとめられたがゆえに、人々の心を捉えたのである。以下では現代に生きる我々の価値基準から義和団を切りさばくのではなく、できる限り当時の情況に即して運動の全容を見ていこう。

キリスト教の中国布教と仇教事件

一九世紀の中国におけるキリスト教の布教活動は、第二次アヘン戦争時の天津条約で「内地布教権」が認められたことにより本格的に始まった。その担い手となったのは外国人宣教師であり、医療や教育などの分野で近代文明の伝達者として中国社会へと入り込み、しだいに多くの信者を獲得した。

以前の研究ではこれらの宣教師を列強侵略の先兵であると見なし、中国人信者を教会の権威をかさに横暴を働くゴロツキと評価することが多かった。事実宣教師の中には福音を述べ伝えたいという主観的な熱意ばかりが先行し、中国の慣行に無理解で傲慢な態度をとる人物も少なくなかった。また信者の中にもライス・クリスチャン（キリスト教の飯を食う輩（やから））と呼ばれる、経済的な庇護を目当てにキリスト教に入った人々もいた。

だが事実はそれほど単純ではなかった。中国人信者の中には社会的に弱い立場にあり、庇護を切実に求める下層民がいたからである。たとえば広東南部の赤渓（せきけい）（旧新寧（しんねい）県、現在の台山（だいざん）市）という町には現在もカトリック信者がいるが、ここは一九世紀半ばに広東人と客家人の武力抗争が発生した舞台だった。敗北した客家は貧しい赤渓地方に追いつめられ、地方政府も彼らを「客匪（きゃくひ）」とよんで弾圧にまわった。その後和解が成立し、赤渓庁という行政単位を新設してここに客家を集住させる政策がとられたが、カトリック宣教師がこの地で布教すると多くの客家が入信した。彼らは清朝の体制下で行き場を失ったがゆえに教会に庇護を求めたのであり、その子孫は「カトリックの主教が皇帝に働きかけて、我々を救ったのだ」と考えるようになった。

また興味深い事例としてあげられるのは、義和団の源流となった白蓮教などの宗教結社の会員に、キリスト教に入る者が少なくなかったことである。白蓮教は宋代に起源をもつとされる仏教系の民間宗教結社で、異端として政府の弾圧を受けたために、しばしば王朝末期に「弥勒の下生」を唱えて大規模な反乱を起こした。清代には一七九六年に湖北、四川の教徒が「官が逼りて民が反す」を唱えて蜂起し、一八一三年に林清、李文成らの一派は北京の紫禁城内に攻めこんだ。この事件にショックを受けた清朝は厳しい摘発をくり返し、一八六三年に太平天国に呼応して蜂起した白蓮教五大旗の反乱が鎮圧された時点で、その組織はほぼ壊滅状態にあった。

こうした抑圧の歴史を生きてきた白蓮教徒は、中国官憲の弾圧を免れるためにキリスト教会へ庇護を求めた。彼らは多くが家や村ぐるみで入信し、義和団の発祥地となった山東や河北ではその規模が数千人に及んだ。また一八七〇年代に華北が深刻な飢饉に見まわれると、宣教師はこれを布教のチャンスととらえ、慈善事業を行ってその勢力を伸ばした。

一方多くの中国人にとって、キリスト教の活動は異質で正統性を欠いた政治的権威の台頭と映った。キリスト教が公認されると、宣教師たちは清初の禁教以前にカトリック教会が持っていた財産を返すことを要求した。また彼らは中国人信者が抱えていた訴訟に介入し、有利な判決がでるように中国の地方官に働きかけた。それが効果をあげないと宣教師は各国の大使館に問題を持ちこみ、外交ルートを使って圧力をかけた。

こうした外交特権を利用した宣教師の信者支援は、中国の官僚機構に比べてはるかに迅速に行われた。あたかも中国には清朝の統治機構とキリスト教会という二重の権力が存在するかのようになり、保護目当てに教会に入るケースが増えると共に、他の中国人の強い反発を買った。さらに儒教文化を正統とみなす科挙エリートのヨーロッパ文化に対する拒否反応や、もともと社会的劣位にあった中国人信者に対する差別意識が加わって、仇教案（あるいは教案）とよばれる反キリスト教事件が続発した。

多くの仇教事件はキリスト教会が建てられたために雨がふらないとか、教会の孤児院で子供を殺し、肝臓を取りだして薬を作っているなどというデマから始まった。一八七〇年に発生した天津教案もその一例で、子供を誘拐したという疑惑から群衆がカトリック教会を取り囲み、発砲したフランス領事のフォンタニールら二四名を殺害した。これに対してフランスは軍艦を天津沖に派遣し、地方官の処罰を求めるなど強硬な姿勢でのぞんだ。清朝は謝罪使を送る一方で、直隷総督の曽国藩を事件の処置にあたらせた。

曽国藩は事件とは関係のない消防団員を処刑して事態を収拾しようとしたが、彼が「外国人に非があっても、そのことを公文書に明記してはならぬ。それが外国人を懐柔する方法というものだ」と述べたことが広く伝わり、かえって人々を憤激させた。その後の仇教事件はしだいに科挙エリートの主導を離れ、一八九一年の長江教案のように哥老会などの秘密結社が関与するようになった。

義和団の登場

日清戦争が勃発した一八九四年、梁山泊に集った一〇八人の英雄好漢を描いた『水滸伝』の舞台である山東西南部で、大刀会とよばれる武術団体が活動を開始した。そのリーダーは曹県に住む劉士端で、白蓮教に伝わる金鐘罩という宗教武術を人々に教えた。

もともと白蓮教は宗教信仰を主内容とする文派と、拳棒術によって身体の鍛錬を行う武場組織を持っていた。文派がしばしば政府の弾圧を受けたのに対して、一見白蓮教とは無関係な武場は摘発の眼をかいくぐり、その実用性ゆえに農村社会に広い基盤を築いていた。また金鐘罩は呪文を唱え、符（お札）を飲むことで神々から不死身の身体を与えられるという特徴を持っていたが、この宗教性が清朝の統治力の衰退という危機に直面し、郷土を防衛する方途を求めた人々の心をとらえたのである。

大刀会は盗賊を逮捕して地方官の信任をえると共に、数千人の集会を開いてその存在をアピールした。このときカトリック信者との土地争いをしていた村人が劉士端に庇護を求め、大刀会はキリスト教会を襲撃した。政府は劉士端をとらえて処刑したが、大刀会はかえって教会への敵意をつのらせた。一八九七年一一月に大刀会が巨野県で二名のドイツ人神父を報復のために殺害すると、ドイツはこの事件をきっかけに膠州湾を占領して列強の中国分割の口火を切った。

さて同じ頃山東西北部の冠県では、梨園屯村の村民とカトリック教徒が廟の土地をめぐって三〇年近くも抗争を続けていた。教会側は近代的な価値観にもとづいてその土地が信者個人の所有地であり、本人の意志によって教会堂を建設できると考えたが、村人側は伝統的な慣行にのっとって土地は一種の公有地であり、勝手な処分をすることは許されないと訴えた。この事件は中国の農村社会がはじめて経験したヨーロッパ近代との文化衝突というべき性格を帯びたが、地方官の裁定はカトリックに有利なもので、村人側の代表がみせしめのために半年のあいだ投獄された。

この訴訟に敗北した後、教会に対する抵抗運動を担ったのが「十八魁」とよばれる貧しく血気盛んな男達だった。彼らは一八九六年に威県に住む梅花拳の首領である趙三多を訪ね、その弟子となって協力を求めた。梅花拳も金鐘罩と同じく宗教性の強い拳法で、長い歴史をもっていた。趙三多はこれを「義気の和合」を意味する義和拳に改め、梨園屯村で集会を開いて教会と衝突した。またフランスがドイツにならって強硬な姿勢でこの事件に介入すると、一八九八年に義和拳は「清に順って洋を滅ぼす（順清滅洋）」というスローガンをかかげて教会および官兵と戦闘をまじえた。

一八九九年に大刀会が山東西北部へ波及し、神拳と名前を変えて活動を始めた。そこでは「馬子」と呼ばれるシャーマンが登場し、壇上で孫悟空、関羽など日本人にもなじみの深い神々を降臨させ、神々がのりうつった人間は不死身の体になるとされた。この神拳のリーダーである朱紅灯は真っ赤な装束を身にまとい、カリスマ的な能力で人々の病気を治したという。当時の山東は毎年のように黄河が氾濫するなど終末的な情況にあり、人々はドイツ軍の侵出に強いストレスを感じていた。彼らは巨大な演劇空間を創出し、キリスト教会とその信者を犠牲として暴力的な祝祭をとり行うことにより、疲弊した世界を再生させようとしたのである。

八月に朱紅灯は平原県で反教会闘争を開始し、これを鎮圧しようとした官軍と交戦した。だが外国勢力の武力侵出に反感を抱いていた山東巡撫の毓賢（いくけん）は取り締まりに消極的で、強圧策をとった知県を解任したために神拳の活動はますます盛んとなった。一一月に朱紅灯は官兵に捕らえられて殺されたが、一二月には冠県の義和拳が再び蜂起するなど、反教会の動きは広まりを見せた。そして神拳と義和拳はついに合流し、より正統で公的な組織を意味する「義和団」が誕生したのである。

北京における義和団と清朝、列強

義和団の北京進出

山東における義和団の勢力拡大に危機感を抱いた列強は、清朝に対して巡撫毓賢の解任を求めた。その後任には列強の望み通り、当時中国で最も近代的な武衛右軍を率いていた袁世凱が任命された。列強は彼が義和団を厳しく鎮圧することを望んだが、もともと毓賢の義和団に対する柔軟な姿勢は清朝内にいる保守派の意向を受けたものであり、袁世凱もそれを無視することはできなかった。

一八九九年の後半から義和団の活動は直隷（河北）へ広がり、一九〇〇年春には北京、天津にも姿を見せた。これを伝えたのは山東出身の小商人、季節労働者など移動性の高い下層民だった。現在も天津を本場とする「相声（シアンシエン）」と呼ばれる漫才では、山東訛りを田舎者の代表として笑いのネタにする。それだけ山東は華北の「辺境」だったわけだが、いまやこの地

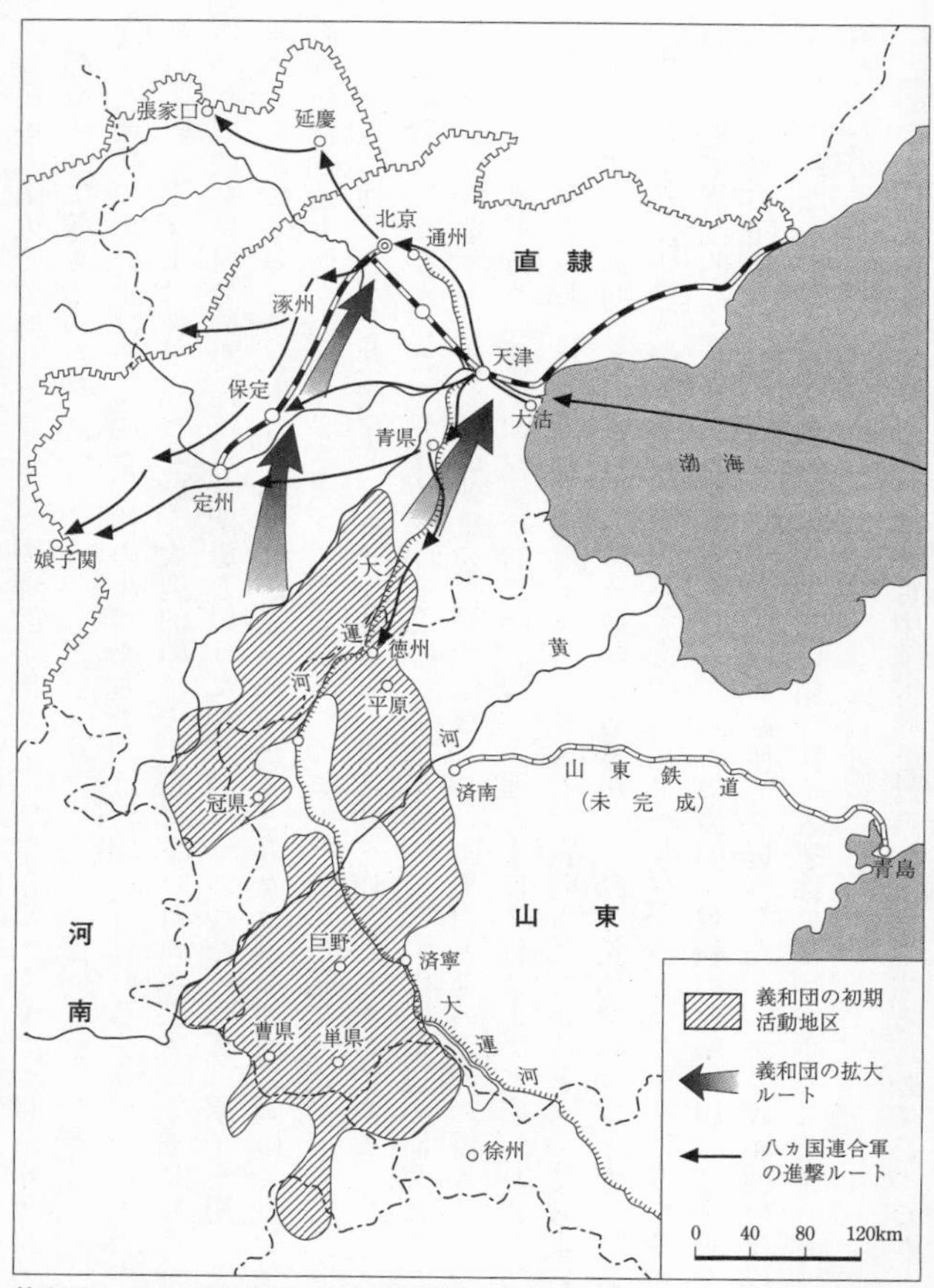

義和団と八ヵ国連合軍（地図出版社、張海鵬『中国近代史稿地図集』をもとに作成）

の貧民が「山東の師傅」として人々の尊敬を集め、「洋（外国）」をやっつける不死身の拳法を都市住民に教え始めた。

　また運動の担い手は多くが一〇代の少年たちで、紅灯照と呼ばれる少女の一隊もあった。紅灯照のリーダーは林黒児といい、大運河の水夫の家に生まれた旅芸人（一説には娼婦）であった。彼女は自分の身体に黄蓮聖母という女神がのりうつったと唱え、扇子を用いて空を飛ぶことができると宣伝した。林黒児が天津に向かうと人々はみな運河の両岸で香を焚き、直隷総督さえも彼女の前でひざまずいたという。つまり社会の底辺にいたこれらの人々がその「異人」性によって秩序を逆転させ、非日常的な空間を作りだしたのである。

　この義和団がかかげたスローガンが有名な「扶清滅洋」であった。最近の研究によって、ここでいう「清」とは決して清朝そのものではなく、外国勢力とその宗教の侵入によって衰えたわが故郷、あるいは中国の伝統的な価値観、倫理およびそれによって彩られた社会秩序であったと考えられている。原初的なナショナリズムが表明されていると言ってもよい。

　また「扶」とは助ける、支えるという意味であるが、これを義和拳のスローガンにあった「順」の文字と比べてみると、清朝国家を上から見下ろしながら、これを「扶けてやる」という不遜で能動的なニュアンスが読みとれる。のちに清朝が列強の攻撃に屈して運動を弾圧すると、義和団は清朝の打倒を意味する「掃清滅洋」を提起した。つまり義和団は戊戌変法が超えられなかった改良運動の限界を、その周縁性や大衆性によって乗りこえようとする試みだったのである。

　このように義和団は社会の周縁部から中華世界を甦らせようとする運動であったが、それはまた南から吹いた新しい時代の風に対する、北の人々の拒絶反応という側面を抱えていた。たとえば天津の義和団は外国の事情に通じ、租界で働く者が多かった広東人などの南方出身者を「二毛子（アルマオズ）（ニセ毛唐）」と呼んで排撃した。また彼らは戦いのたびに「得（ドウー）勝餅（シエンビン）（勝利餅）」なる食品を作らせたが、それはかつて清軍が太平天国の北伐軍を天津郊外で撃退した故事にちなんだものだった。

さらに義和団は自らを神々の正義の代理執行人と位置づけ、敵に対しては容赦ない制裁を加えた。彼らは中国人信者に背教を迫り、従わない者は子供であろうと殺した。当時は各地でこうした虐殺事件が起こったが、この国内にスケープゴートを作りだして攻撃を加える「民族浄化」の構図は、文化大革命期に紅衛兵（こうえいへい）が「反革命」のレッテルを貼られた人々に対して働いた暴行と驚くほど似ていた。『水滸伝』には李逵（りき）という粗野な英雄が登場し、他の英雄たちも彼の乱暴ぶりをもてあますシーンがあるが、もともと中国文化はこうした荒ぶる暴力を内在させていたと言えよう。

清朝の宣戦布告と北京籠城戦

こうした義和団の活発な動きは、列強公使のたび重なる抗議とあいまって、清朝に対して義和団をどう取り扱うか決断を迫るものだった。とくに五月三一日に列強が警戒のため約四〇〇名の軍隊を北京へ送る（第一次派兵）と、清朝内部の保守派は反発を強め、軍機大臣の剛毅（ごうき）が義和団を「義民」と評価したために、北京の義和団はさらに勢いづいた。

これら清朝内の親義和団勢力は、義和団を利用して自分たちの政敵を打倒しようと考えていた。彼らのターゲットは「一龍二虎」といわれた光緒帝、李鴻章らで、のちに彼らの手によって五人の大臣が処刑された。こうした政権内の権力闘争は毛沢東夫人だった江青らが文化大革命の政治キャンペーンを利用し、首相の周恩来を攻撃した歴史を想起させる。もっともカリスマ性を持たない清朝の保守派には、義和団を意のままにコントロールする力はなかった。

六月一〇日にイギリス海軍中将のシーモアが率いる増援部隊二〇〇〇名が天津を出発すると、一六日に清朝中央は御前会議を開き、義和団問題について討議した。このとき会議は義和団を「義民」と見るか、「邪術を用いる乱民」と見るかで紛糾したが、西太后は「いま中国は弱体を極めており、恃むところは人心のみである。もし人心まで失ってしまったら、国がなりたつのか」と発言し、義和団への擁護論が主流を占めた。一七日に連合軍が天津の大沽砲台を攻撃すると、西太后はついに意を決し、二一日に列強の「無礼横行」を非難して宣戦を布告した。

さて紫禁城の東南にある公使館区域には八〇〇名の外国人が滞在しており、三〇〇〇名の中国人信者もここに避難してきた。シーモアの援軍は義和団に鉄道を破壊されて進撃できず、六月一一日には駅へ迎えに出た日本の杉山彬書記官が清軍兵士に殺された。一九日に清朝は公使館に二四時間以内に退去せよと命じ、二〇日から攻撃を開始した。アメリカ映画『北京の55日』で知られる北京籠城戦の始まりである。

この北京籠城軍の中には五十数名の日本人部隊がおり、その指揮官は柴五郎といった。彼は戊辰戦争で敗北した会津藩士の子で、両親や妹を戦争で失い、維新後は厳冬の下北半島へ送られて極貧の生活を送った。苦労のすえ陸軍士官学校を卒業した彼は、薩長閥が幅をきかせていた軍部で情報将校として頭角をあらわし、義和団当時は大使館付の武官として赴任していた。ちなみに彼の兄は日本初の政治小説である『佳人之奇遇』を書いた柴四朗（東海散士）で、朝鮮での閔妃殺害事件に関与している。

柴五郎の率いる日本人部隊はこの戦闘で大いに活躍した。とくに兵の規律が厳正で、統率が取れていること、中国人信者をよく保護、活用したことは列国公使の賞賛を浴びた。柴自身は義和団について「銃器を有するものははなはだ少なく、刀槍などを振るうもののみなれば、大いに与しやすくありました」と述べている。だが籠城軍は武器、弾薬および食糧の不足に悩んだ。またシーモアの援軍が義和団および清軍の攻撃を受けて天津に引き返すと、失望と疲労のあまり精神に支障をきたす者も現れた。

八ヵ国連合軍と北京議定書

義和団戦争の勃発にあたり、列強諸国はそれぞれの事情や思惑がからんで迅速な対応ができなかった。イギリスはブーア戦争の最中で、アメリカもフィリピンの独立運動に手を焼き、多くの兵力を中国へ送る余裕はなかった。また公使ケテラーが殺されたドイツは派兵に前向きだったが、いかんせん北京から遠く離れすぎていた。派兵の可能性が残されたのはロシアと日本であり、事実ロシアは東清鉄道を保護するという名目で六〇〇〇名の兵力を東北地方へ送り込んだ。

日本はロシアの動向をにらみながら出兵の準備を進めていたが、三国干渉によって旅順、大連を手放した苦い経験から、「列強の総意」を得ない行動には慎重だった。はじめイギリスは日本が大軍を派遣して主導権をにぎることを警戒したが、北京籠城軍が孤立を深めると、ロシアの権益拡大を防ぐためにも日本の派兵を求めた。これを受けた長州閥の巨頭である陸軍大臣の桂太郎(かつらたろう)は、七月六日に八〇〇〇名の兵を進発させた。

またこれに先立つ臨時派遣軍の出陣にあたり、桂太郎は指揮官の福島安正(ふくしまやすまさ)に、「君は列国に保険料を支払うために行くのだ。ぜひとも戦死してきてくれたまえ。君は小部隊を率いて全滅しても、将来の日本にとって偉大な功績となってほしい」と激励したという。日本はこの戦争を列強の仲間入りをするチャンスととらえ、「極東の憲兵」としての存在感をいかにアピールするかに懸命だった。福島も柴五郎も日本が明治維新以来の悲願を達成するための「保険料」つまりは捨て石だったのである。

福島の率いる先遣隊は七月一四日に天津を占領し、八ヵ国からなる連合軍約二万（うち日本軍一万とロシア、イギリス、アメリカ、フランス、ドイツ、オーストリア、イタリアの各軍）は八月四日から北京へ向けて攻撃を始めた。清軍は日清戦争時に比べると装備の面で進歩していたが、指揮系統が確立していないために組織的に行動できず、個別に撃破されてしまった。また義和団は「その志気は高く、すこぶる強猛な抵抗をした」「列国軍に大きな損害を与え、かつこれを苦しめたのは実に予想外であり、敵ながら感嘆にたえない」と言われたが、近代的兵器の前に多くの犠牲者を出した。

八月一五日に連合軍は北京を陥落させ、籠城軍の人々を「解放」した。だがその後も連合軍による報復攻撃と略奪はつづき、日本軍も清朝の国庫から四〇〇〇万両の馬蹄銀(ばていぎん)（銀塊）を

「分捕り」、これを政府に献上した。この時師団首脳部が一部を横領したことが発覚し、いわゆる馬蹄銀事件に発展した。

さて八ヵ国連合軍が天津を出発すると、西太后は長年対外交渉をつとめてきた李鴻章を全権大臣に任命して和議を図った。連合軍が北京に突入すると、彼女は粗末な姿に身をやつし、光緒帝を連れて西安へ逃亡した。彼女にとっては一八六〇年の英仏連合軍による北京侵攻につづく二度目の都落ちだった。九月一四日に清朝は一転して義和団の鎮圧命令を出し、袁世凱は容赦ない弾圧を行って列強の歓心を買った。だが「人心」だけを頼りに列強に宣戦した清朝は、もはや没落の運命を回復できないほどのダメージを受けたのである。

義和団戦争の幕引きとなる北京議定書（辛丑和約）の締結は、一九〇一年九月までもつれた。その原因は中国権益をめぐるイギリスとロシアの対立にあり、各国の賠償金要求が調整できなかったためであった。結果として清朝は列強に三九年の年賦で九億八〇〇〇万両という、途方もない賠償金を支払うことになった。また北京の公使館区域には外国軍隊が駐屯し、山海関に至る要所にも駐兵権が認められて、のちに日本が盧溝橋事件を引きおこす伏線となった。

だがこの北京議定書を日清戦争後の中国分割と比べると、領土の分割や新たな利権獲得の要求は影をひそめていた。実際日本は台湾に近い厦門を占領しようとしたが、イギリスなどの反対にあって失敗した。また交渉の過程でロシアは東北三省の割譲要求を出したが、忠義軍と呼ばれた義和団の生き残りによる抵抗にあって実現しなかった。いみじくも八ヵ国連合軍の総司令官だったドイツのワルデルゼー元帥は「欧米、日本のいずれの国も、世界人口の四分の一を占めるこのような民衆を支配する智恵も兵力も持ちあわせてはいない。分割などは最大の下策である」と語っている。義和団はその狂気にも似た怒りと多大な犠牲によって、中国が植民地に転落する危機を救ったのである。

もう一つの義和団——中国人移民問題とアメリカ製品ボイコット運動

日本人の義和団観と中国保全論

さて義和団戦争（日本では北清事変と呼んだ）に対する日本国内の反応は、日清戦争当時に比べると冷静だった。『万朝報』の従軍記者だった堺利彦はこの戦争に疑問を抱き、のちに彼が社会主義に接近して日露開戦に反対するきっかけとなった。幸徳秋水は反戦論を唱えるかたわら馬蹄銀事件を追及し、長州閥のホープであった真鍋斌少将（第九旅団長）を休職処分へ追いこんだ。

また興味深いのは『女学雑誌』に掲載された青柳猛の「義和団賛論」という論文だった。青柳は秋田県出身の自由主義作家で、著書の『恋愛文学論』は発禁処分を受けたこともある。彼は義和団発生の原因は傲慢な外国人やキリスト教の側にあり、台湾を奪うことで列強の中国分割を招いた日本もその責任は免れないと訴えた。また義和団の武力行使は家に侵入した強盗を追い出すようなもので、正当防衛だと評価したうえで、「義和団の志士よ、奮って戦うべし」とエールさえ送っている。

これほど明確でなくとも、当時の日本では列強の独善や横暴に対して憤慨する論調が多く見られた。さらに一歩進んで日本が中心となり、中国と提携することで西洋世界に対抗すべきだとするアジア主義も唱えられた。その代表的な例が東亜同文会の会長である近衛篤麿が主張した中国保全論である。

東亜同文会は一八九八年に東アジアの大同団結をめざして結成された政策促進団体で、洋務派官僚の劉坤一らと連携した。また一九〇〇年に建てられた南京同文書院は、まもなく上海に移転して東亜同文書院となり、日本による中国研究の中心となった。貴族院議長だった近衛篤麿はのちに首相となる近衛文麿の父であり、「中国の危機はすなわち日本の脅威」と述べて列強による中国分割に反対した。また彼は一九〇〇年九月に国民同盟会を組織し、ロシアの東北出兵を利権の拡大を目的とするものだと批判し、日本政府に断固たる措置をとるように求めた。

この東亜同文会の主張には、中国を日本よりも一段低い存在とみなし、日本が指導的立場に立って中国を「改善」することで文明へ導くのだという優越感が強く見られた。また日中の共存共栄を唱えながらも、実際には日本の国益が強く意識され、一九〇四年の日露戦争へ連なる一つの潮流となった。だがこうした議論は中国で日本への関心が高まったことと呼応して、日中間の歴史上かつてない程の緊密な交流をうみ出した。いわば義和団をきっかけに日中両国のナショナリズムは共振してアジア主義を奏でたのである。

アメリカの反華僑暴動と黄禍論

さてここで世界へ目を転じると、華僑すなわち中国系移民の出国がピークを迎えていた。

中国人の海外移住の歴史は宋代にさかのぼり、明初に鄭和が海外遠征をした時には、スマトラ島に多くの華僑がいたといわれる。移民活動が本格化したのは中国国内の人口爆発によって辺境の開発が進んだ一八世紀のことで、北京条約によって中国人の海外渡航が合法化されると、多くの華僑がゴールドラッシュのアメリカに渡り、金鉱の採掘や大陸横断鉄道の建設工事に従事した。

これらの移民の多くは苦力貿易によって半ば強制的に送り出され、借りた渡航費を返済するために不自由で厳しい労働を課せられた人々だった。一八六〇年に香港で保護された一〇七人の移民たちは、ブローカーや兵士に拉致、暴行されて出国を志願させられ、移民船に売り渡されたと証言している。もっとも華僑の中には比較的有力な一族の出身で、親戚の援助を得ながら自費で出国し、入植後も故郷で学んだ商業、手工業の技術を活かして成功した者もいた。東南アジアの経済を左右した華僑のサクセスストーリーはこうした人々によって担われたと言ってよい。

だがアメリカに入植した移民は多くが広東西部の貧しい地域の出身者で、低賃金の非熟練労働に従事した。また「豬花」と呼ばれる女性移民もおり、多くは売春婦となった。彼らは資本家から重宝がられたが、アイルランド系の下層労働者が職を失い、賃金が低下するという結果を生んだ。このため一八七〇年代にアメリカが不況にみまわれると、中国人移民を排斥する動きが広まって各地で暴動が発生した。上陸した移民が罵声や投石で迎えられたり、中国人労働者がリンチをうけて殺されることもあった。

移民が集中したサンフランシスコにはチャイナタウンが生まれたが、その劣悪な生活条件と習慣の違い、アヘンや賭博、売春の横行は中国人に対する人種的な偏見をあおり、彼らはしばしば不衛生で駆除すべきネズミに例えられた。その結果一八八二年に中国人移民制限法が成立し、向こう一〇年間の中国人の移住が禁止された。その後この法案は強化されて華僑の多いフィリピンやハワイにも適用された。そして一九〇四年にアメリカ政府が二度目の延長を求めると、中国側の強い反対を呼び起こしたのである。

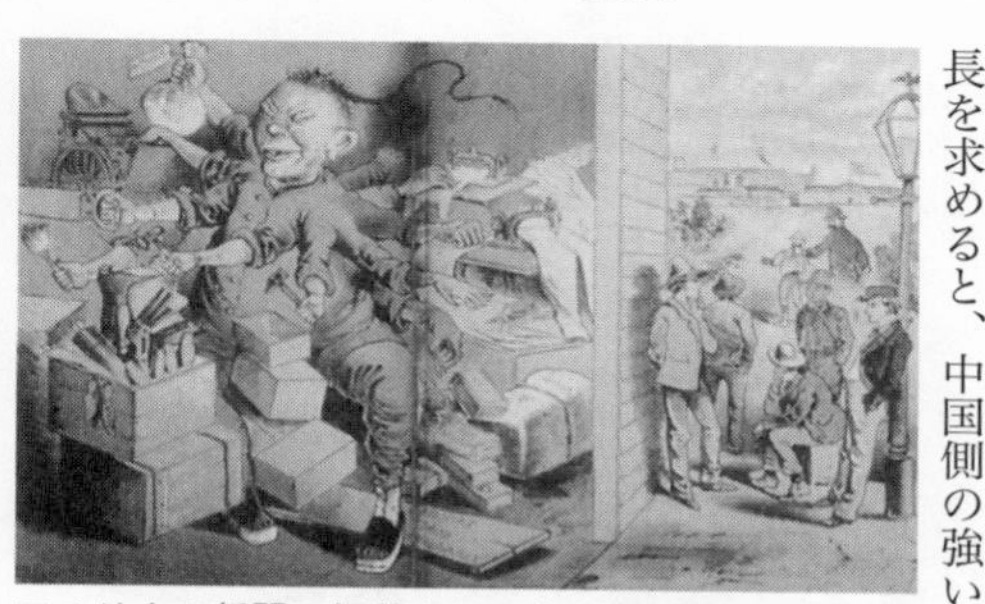

アメリカの新聞に掲載された華僑諷刺漫画　白人労働者の仕事を奪うと非難されている（『美国早期漫画中的華人』より）

　これら中国系移民に対する差別と迫害は、日露戦争後に激しくなる日本人移民への排斥運動の前提をなすものだった。そのベースは黄禍論すなわち当時の欧米で広まった黄色人種に対する警戒論であり、アメリカでは「西部が黄色になり、南部が黒（黒人をさす）になれば、白人は大西洋の海岸に押しやられる」といった宣伝によって危機感が煽られた。そもそも義和団が「文明に対する罪悪」として列強の激しい非難を浴びたのは、この黄禍論が現実のものになったと受けとめられたためだった。

　また黄禍論には社会進化論の別の側面である白色人種の優越性に関する主張が抱き合わせになっており、ヨーロッパ文明とキリスト教には有色人種を「教化」する使命があると考えられていた。むろんそれは中国で宣教師が反発を受ける原因となり、逆に三国干渉後の日本では黄禍論を逆転させた「白禍(はくか)」が叫ばれた。先に見た「義和団賛論」や中国保全論はこのヨーロッパと東アジアの文化摩擦を背景として書かれたのである。

アメリカ製品ボイコット運動とナショナリズム

アメリカに移住した中国人の窮状を中国国内へ伝える役割を果たしたのは、我々にもなじみの深いストー夫人『アンクル・トムの小屋』であった。いうまでもなくこの小説は不幸な黒人奴隷の運命を描いたものだったが、その訳者である林紓(りんじょ)らは、この物語を同胞の悲惨な現状を理解するための一種のドキュメンタリーとして読むことを唱えた。

つぎに中国人移民に対する排斥を本国に伝える役割を果たしたのは、戊戌変法の中心人物の一人である梁啓超だった。彼は一九〇三年に見聞を広めるべくアメリカへ渡り、翌年その紀行文である『新大陸游記(しんたいりくゆうき)』を出版した。この本で梁啓超は中国人排斥の経緯を詳しく紹介し、人種偏見はアメリカ独立宣言の理念に反するという批判を行った。またハワイのジャーナリストだった陳儀侃(ちんぎかん)が発案した、ボイコットという抵抗手段を中国に紹介した。

一八九九年から梁啓超はハワイ、オーストラリアの華僑に対して勤王運動を展開し、義和団によって清朝が混乱したすきをついて蜂起しようと準備を進めた。この計画は失敗に終わったが、彼は革命派の孫文(そんぶん)とも接触するなど様々な勢力と連携を模索した。義和団を西太后派と切り捨てた康有為とは異なり、梁啓超は「国を思っての行動であり、愚かで無謀だが、君子は同情する」とそれなりに評価していた。彼は抵抗運動も文明的であるべきだと考えていたが、ボイコット運動が実現すれば「国民の対外思想発達のさきがけとなる」と考えたのである。

このアメリカ製品ボイコット運動に最初に火がついたのは、多くのアメリカ移民を生んだ広東だった。一九〇五年五月に広州の有力商人はアメリカ製品の商標を調べ、人々に買わないように呼びかけた。この時広東出身のメキシコ華僑が上海のアメリカ大使館前で抗議の自殺を遂げると、広東各地で追悼集会が行われてボイコットは拡大した。運動は上海、天津にも広がり、上海の商人団体はアメリカ製品を注文しないことを申し合わせた。

義和団鎮圧の功績によって直隷総督となっていた袁世凱は、日露戦争の舞台となった東北地方を中国が回復するためにアメリカの調停を期待しており、アメリカとの関係悪化を恐れてボイコットを中止させようとした。八月には清朝もボイコットを禁止し、集会に規制を加えたり、運動を宣伝した新聞を弾圧するなどの措置を取ったが、天津の学生、知識人は熱心に運動をくり広げた。

梁啓超

この年（一九〇五年）は約一〇〇〇年にわたって続いた官吏登用試験である科挙制度が廃止され、官界への道を絶たれたエリートは「何のために学ぶのか」について新たな意義づけを模索していた。そして彼らは「中国のため」というナショナリズムを唱えることで、自分たちの知識人としてのアイデンティティを見いだしたのである。

結局ボイコット運動はおりからの好景気でアメリカ商品の輸入が増加し、成果をあげずに終わった。また中国人移民制限法の期限延長についても、アメリカから多くの譲歩を引き出すことはできなかった。だがこの運動によって中国は初めて「海外の同胞を救え」という目標のもとに、一つの近代国家としてのまとまりを実感することができた。変法運動で知識人によって模索され、義和団で下層民衆によって吐露されたナショナリズムは、ようやくその輪郭を明らかにしたのである。この学生などの知識人が中心となり、ボイコットを呼びかけるという運動の構図は、その後も長く中国のナショナリズム運動に受けつがれることになる。

第四章　清帝国のたそがれ――ラストエンペラーと辛亥革命

清末中国人の日本留学と日露戦争

一〇〇年前の日本留学熱

今日東京の街を歩けば、必ずと言って良いほど外国語、とくに中国語が話されているのを耳にする。池袋などの繁華街はちょっとしたチャイナタウンの趣があり、日本における中国人街の老舗(しにせ)である横浜や神戸も顔負けというところだ。その背景には数多くの中国人が日本に留学または滞在しているという事情があるが、今からちょうど一〇〇年前にも中国で日本留学ブームがまきおこった。当時の言い方にしたがえば「清国人日本留学生」である。

この二〇世紀初めの日本留学生には、のちの中国をリードする多くのエリートが含まれていた。中国近代文学の父となる魯迅(ろじん)（本名は周樹人(しゅうじゅじん)）はその一人であり、中華人民共和国の首相となった周恩来(しゅうおんらい)も一時期日本に留学したことがある。また変法運動のリーダーであった梁啓超(りょうけいちょう)らが日本で活動し、革命派の孫文(そんぶん)も東京で中国同盟会を組織するなど、日本はいわば中国にとって新時代の揺りかごとなった。本書の視点からこの現象をみれば、日本は広東や外国人租界に比べてさらに遥かな東アジア世界の辺境であり、そこに中国を再生させるエネルギーが滞留したと考えることができるだろう。

ところで当時の中国人留学生は、現代の留学生と同じように日本の習慣にカルチャーショックを受けた。また彼らは日本の文化にさまざまな思いをよせ、日露戦争では日本に声援を送った。だが日本人の反応は冷淡あるいは傲慢で、多くの留学生は心に深い傷を負った。「親日派としてやってきた留学生が、反日派になって帰る」という現象は今もアジア人留学生に広く見られるが、その問題の根は深いと言わねばならない。

以下では一〇〇年前の彼らの足跡を、日本社会のあり方を問う鏡として見ていきたい。

留学生の派遣と日本ショック

中国人留学生の日本への派遣は、日清戦争後の一八九六年に始まった。洋務派官僚の張之洞が「一年間の洋行（留学）は三年間の読書に勝る」と述べたように、改革を担う人材の育成には留学が効果的と考えられたのである。日本が留学先に選ばれた理由は、第一にヨーロッパの学問、技術を導入するうえで日本の経験を参考にするためであった。また義和団戦争の敗北で体制の維持が難しくなった清朝にとって、大日本帝国憲法の発布により立憲君主制を確立した日本は、共和制をとる欧米諸国に比べて安心して留学生を送り出すことができる国だった。さらに科挙制度の廃止にともない、留学して獲得した学位を科挙の合格資格に振り替える措置が取られると、はじめ十数名程度に過ぎなかった日本留学生は一九〇五年に八〇〇〇名、一九〇六年には一万二〇〇〇名へ急増した。

こうして来日した留学生たちは、日本と中国の生活習慣の違いにショックを受けた。彼らがまず閉口したのは日本食で、ある留学生は食事が「一汁一菜」と貧弱（中国の食事はふつう三菜一湯〔三種類の料理とスープ〕のため）で、さっぱり味がなく、勧められた刺身を仕方なく食べたが、とても口に合わなかったと日記に書いている。刺身は現在でも中国人の苦手なメニューだが、ほかにも生卵や生大根（タクアンのこと）、冷えたご飯（弁当）、腐った豆（納豆）などは敬遠された。また食事の作法や何をご馳走とするかの基準も日中間では異なり、和風の宴席は皿を地べたに置く（高いテーブルを使わない）とか、肉料理が一つもないという理由で不評だった。結局留学生の多くは中華料理店に通いつめたという。

　次に留学生が苦手としたのは地震と銭湯だった。それだけ日本は地震が多かったわけだが、驚いた留学生は「日本はいつか国をあげて沈没する日が来るだろう」などと記している。またレンガ造りの家とベッドの生活に慣れた彼らにとって、木造で華奢にみえる日本式家屋に住むのは心細く、とくに畳の上では寝つけなかった。一方銭湯が嫌われたのは男女の浴室が完全に仕切られておらず、いかがわしく感じられたこと、そもそも中国人の多くは人前で裸をさらすことに抵抗感があり、湯船につかる習慣がなかったことによる。なかには温泉の男女混浴に恐れをなして、逃げ出してしまった留学生もいた。

日本留学時代の魯迅（1909年、東京）

　だが中国人留学生が最も驚いたのは「唐代の遺風」すなわち古代中国の習俗を残した日本の伝統であり、これとヨーロッパ文化がないまぜになった近代日本の姿だった。

まず彼らは中国では古典の中でしか見られない食（現代中国語では吃）、飲（喝）、犬（狗）などの漢字が日本では日常的に用いられ、街角に春秋時代の国名である「呉」服屋が建ち並んでいることに、古代へタイムスリップしたかのような強い印象を受けた。とくに満洲人王朝である清朝の支配を嫌う漢族知識人にとって、「二六〇〇年前のわが大漢民族」の伝統を残した和服（少なくとも彼らはそう受けとめた）は彼らの反満感情をかきたてる格好の素材となった。留学生の中には清朝スタイルの衣服を「胡服（野蛮人の服）」と呼んで引き裂こうとする者もいたという。

一方日本の近代的側面にふれた留学生にとって、新鮮に映ったのは女子教育に代表される国民教育の普及ぶりだった。ある留学生は街を「ニコニコして」歩く女学生の姿に感嘆し、纏足のために家に閉じこもった中国女性と比較しながら、日本では女性の社会進出が見られるとやや過大な賛辞を贈っている。一九〇〇年からは女子留学生も派遣されるようになり、女性革命家として有名な秋瑾は実践女学校の速成科に学んだ。また日本のどこにも小学校があり、義務教育の就学率が高いことは清朝の視察団を驚かせた。そして辛亥革命前夜には中国各地で地方エリートによる小学校設立の動きが広がり、中央政府との間で政治問題化することになった。

さらに改革の方途を求めて来日した留学生は、中国の伝統文化を尊重する日本人としばしば衝突した。たとえば講道館柔道の創始者で、『姿三四郎』に登場する矢野先生のモデルとなった嘉納治五郎は、一九〇二年に弘文学院を設立して中国人留学生の受け入れに尽力した。このとき嘉納は儒教を中心にすえた留学生教育を行ったが、彼の学生だった魯迅は湯島聖堂へ孔子を参拝しに行くように言われ、「孔子様に愛想を尽かしてしまったから日本へ来たのに、またおがむ事かと思って、しばらく変な気持ちになった」と回想している。

また嘉納治五郎は革命運動に傾倒する留学生に対して、いま中国で戦乱が起きれば「分割は必至」だと述べて自重を求めた。だが留学生たちは嘉納のいう「平和主義」は「支配者の腐敗」を助けるばかりで、「外国人の干渉」をなくすことはできないと反論した。嘉納はアジアの大同団結を唱え、中国の教育改革に多大の貢献を残したが、若く鋭敏な留学生たちはこれら親中国的な明治知識人の伝統主義にいらだち、彼らが無意識に抱えていた現実の中国に対する差別意識に反発したのである。

留学生の反清と反日本

こうして中国人留学生は日本体験を通じて近代的価値に触れ、中国を変えることの必要性を痛感した。それはまず外国人から「豚のしっぽ」とからかわれ、評判の悪かった弁髪を切り落とすことから始められた。

弁髪はいうまでもなく満洲人が中国に持ち込んだ習慣で、清朝の打倒をめざした太平天国の将兵は長髪姿であった。また清朝考証学の大家で、「学問のある革命家」だった章炳麟(号は太炎、浙江余杭県人)は弁髪を切ることで満洲人排斥の意志をあらわしたが、同じく弁髪を切った魯迅は「別に深い意味があった訳ではなく、とにかく不便だったからだ」と述べている。多くの留学生にとって弁髪は中国の立ちおくれを象徴するものであり、彼らは行動しやすい髪型に変えることで改革の気風が生まれ、日本式の富国強兵が可能になると考えた。

だが清朝は弁髪を切る留学生の行動を快く思わなかった。むしろ彼らが革命運動へ傾斜することを警戒し、日本政府を通じて留学生の取り締まりに乗りだした。一九〇五年に発生した留学生取締規則事件がそれで、中国人が学ぶ各校に彼らの学外における活動を監督すべきこと、他の学校で退学処分を受けた留学生を入学させないことを命じた。この措置に留学生は「日本政府は僕らの人格を尊重しない」と反発し、同盟して授業をボイコットした。また当時の『朝日新聞』がこの事件を「清国人の放縦卑劣（ほうじゅうひれつ）」などと悪意をこめて報道すると、革命派の活動家だった陳天華（ちんてんか）は大森海岸で入水自殺をとげ、二〇〇〇名の留学生が一斉に帰国して日本に抗議した。

こうした日清両政府の態度は留学生たちを反体制側へ追いやるものだった。また彼らが反清、反日本的になっていくうえで、大きな影響を与えたのは日露戦争だった。

一九〇四年に勃発した日露戦争は、朝鮮半島および中国東北三省の権益をめぐって起きた戦争であった。はじめ第四次伊藤博文（いとうひろぶみ）内閣は日露協商論（にちろきょうしょうろん）を唱えて共存の道を模索したが、ロシアと中国の権益を争っていたイギリスは義和団戦争で評価された日本の軍事力を活用しようと図り、一九〇二年に桂太郎（かつらたろう）内閣とのあいだに日英同盟を結んだ。国内の世論も近衛篤麿（このえあつまろ）の国民同盟会や国家主義者であった頭山満（とうやまみつる）による対露（たいろ）同志会の結成などによって主戦論へ傾いた。

こうした情勢のなか、留学生たちは一九〇三年四月に東京で拒俄（きょが）義勇軍（俄はロシアをさす）を結成し、義和団戦争で出兵したロシア軍が東北地方に居座っていることに抗議した。だが日本公使の通報を受けた清朝はこの運動を革命派による策動と受けとめ、上海、北京で開かれた反ロシア集会を解散させた。これを知った留学生はもはや清朝に未来はないと考え、革命に参加するようになったという。

また日露開戦の知らせが伝わると、ほとんどの留学生は日本を黄色人種の代表として声援を送り、その勝利をわがことのように喜んだ。だが日本が勝利を重ねるにつれて、彼らは日本人の態度が変化したことに気づいた。ある留学生は列車に居あわせた出征兵士から、「俺たちが中国のために戦ってやっているのに、よくも留学などと恥知らずな！」と罵られた。また道ばたで日本人から石を投げつけられた者もいた。

この戦争では日本軍も二〇三高地で知られる旅順（りょじゅん）の攻撃で五万九〇〇〇名の死傷者を出し、一九〇五年のポーツマス条約で賠償金を取れなかったことに憤った人々は日比谷焼き討ち事件を起こした。多くの日本人は国土が戦場となりながら「局外中立」を唱えてなす術もなかった清朝を「東洋の病人」と見下し、中国人留学生に傲慢な態度を取ることで満たされなかった勝利の味をかみしめようとしたのである。

さらに留学生の反日感情をあおったのは、日露戦争後に露骨となった日本の野心だった。たとえばこんなエピソードがある。ある日のこと、留学生の部屋に日本人の子供が遊びにきた。その子は部屋にあった中国地図を見るなり、「それも将来は日本だね」と言った。留学生がハッとして聞き返すと、「だって先生がシナ人はだらしないから亡びるんだって、亡びたらシナも日本のものになるって言ったもん」と答えたという。当時日本の小学校ではロシア、中国の「敵国事情」を盛りこんだ授業を行っており、留学生たちは子供に中国への敵意を植えつけようとする日本社会の度量の狭さに深く失望した。また南満洲鉄道の共同経営案をめぐって日本とアメリカが対立すると、留学生たちは日本が列強による中国侵略の先頭に立っていることを明確に認識するようになった。

一九〇七年から中国人の日本留学生は減少に転じ、一九一一年に辛亥革命が勃発すると、三〇〇〇名の留学生が帰国した。その後も留学は続けられたが、もはや日本ブームは戻ってこなかった。二〇世紀初めに進められた草の根の日中友好は、嘉納治五郎らの善意と努力にもかかわらず実を結ばなかったのである。

孫文の登場と日本

孫文の生い立ちと洪秀全

ここで辛亥革命のリーダーとなる孫文に登場してもらおう。彼は一八六六年に広東香山県（現在は孫文の号を取って中山市とよぶ）に生まれた。マカオに近いこの地はヨーロッパの刺激を受けやすく、洋務運動で活躍した容閎や鄭観応を生んでいる。また孫文にとって最初のライバルとなる康有為、梁啓超も広東出身の同郷人であり、彼は広東を震源地とする新たな時代の申し子だったと言える。

この孫文を語るうえで重要なのは、太平天国の指導者だった洪秀全との共通点だろう。一説によれば、孫文は洪秀全と同じく客家の出身で、孫文の父も農業のかたわら靴職人の出稼ぎに出るなど貧しかった。当時の広東は太平天国の余波が残っており、孫文自身も反乱に参加した老人から「第二の洪秀全になれ」と言われて育ったという伝承が残っている。

孫文と洪秀全は教育を重んじる客家の習慣もあって勉強熱心だった。孫文は一八七八年に華僑として成功した兄を頼ってハワイへ渡り、ホノルルのイオラニ校を卒業した。また彼は一八九二年に香港の西医書院（現在の香港大学医学部）で中国人として初めてのドクター学位を取得した。これを洪秀全が見込みのない科挙受験で挫折をくり返したのに比べると、孫文の時代には進学先ひとつとっても選択の幅が増えていた。それは孫文の楽天的な性格とあいまって、彼に国際性を備えた視野の広さをもたらした。

つぎに孫文と洪秀全の共通点としてあげられるのは、キリスト教の影響を受けたことである。孫文はハワイでプロテスタントに触れ、一八八三年に香港で洗礼を受けた。また孫文の竹馬の友だった陸皓東を初めとして、医学生時代に「四人の謀反人」を名のって共に革命を論じた陳少白、孫文と秘密結社である三合会との橋渡しをした鄭士良などは、みな香港のミッションスクールに学んだクリスチャンだった。

孫文

キリスト教を帝国主義の手先と考えてきた中国の歴史学界は、現在もこの事実にあまり触れたがらない。だが当時の香港のような外国人居住区において、キリスト教会やミッションスクールこそは中国人に開かれた近代世界の窓口だった。ある日孫文は人々が伝統的習慣にとらわれているのを嫌い、洪秀全の偶像破壊運動と同じく廟に安置された神像を壊して、「自分をちゃんと守れない神様が、他人を守れるはずがない」と語ったという。若き革命家たちは異文化であるヨーロッパの思想や宗教を吸収することによって、既成の価値観をうちやぶる批判精神を身につけたのである。

興中会の結成と広州蜂起

孫文はハワイからの帰国途中に賄賂を要求する清朝官吏の腐敗に憤り、清仏戦争の敗北にショックを受けた。だが彼が革命をめざして行動を開始したのは、日清戦争の始まった一八九四年のことだった。洪秀全は中国内地の辺境だった広西（こうせい）で蜂起の準備を進めたが、孫文は新たに作られた中国系移民のフロンティアであり、みずからも思春期を過ごしたハワイで興中会（こうちゅうかい）を結成した。

当時のハワイはアメリカ系住民がハワイ王朝を滅ぼし、アジア系移民の制限を設けるなど中国人排斥の動きが高まりつつあった。四万人ほどいた中国系移民は自分たちの立場に不安を抱くと共に、滅亡した王国にはるかな祖国の運命を重ね合わせた。この年一一月に開かれた興中会の会議には二十数名が出席し、「韃虜（だつりょ）（満洲族のこと）を駆除し、中華を恢復（かいふく）して、合衆政府を創設しよう」という宣誓を行った。ここに清朝を打倒し、アジアで初めての共和制国家をめざす革命運動が始まった。

ハワイで資金を集めた孫文は、一八九五年一月に武装蜂起をめざして帰国した。彼は香港で急進派知識人のサロンだった輔仁文社と連合し、鄭士良を通じて三合会に対する働きかけを行った。決行の日は一〇月二六日と決められ、各地の三合会軍が一斉に広州を攻撃する手はずになっていた。また陸皓東の発案によって、のちに中国国民党の党旗となる「青天白日旗」も作られた。

だが計画は事前に清朝側に漏れ、蜂起は失敗に終わった。動員された三合会会員も革命については何も聞かされておらず、いざとなると恐れをなして清軍に投降してしまった。孫文らは苦力に化けて香港へ亡命したが、陸皓東は捕らえられて殺された。中国社会の底辺で地道な布教をした洪秀全が極秘のうちに挙兵準備を進めたのに比べると、都市の新興エリートによる最初の蜂起計画には甘さがあったと言えるだろう。

こうして孫文はお尋ね者となった。彼の首には一〇〇〇元の懸賞金がかかり、その結果孫文は世界を股にかけた革命行脚を展開することになったのである。

宮崎滔天との出会い

孫文を世界的に有名にしたのは、ロンドンで発生した一つの事件だった。一八九六年に日本からハワイ、アメリカを経てイギリスへ入った孫文は、一〇月に路上で同郷の広東人に話しかけられて気を許し、清国公使館に連れこまれて監禁されてしまった。そのままでは中国に送還され、謀反人として処刑される運命となった孫文を救ったのは、香港西医書院で彼を教えたイギリス人教師のカントリーだった。彼はイギリス政府や新聞社に政治犯の不当な監禁がなされていると訴えた。騒ぎは大きくなり、もはや秘密裏に送還できないと判断した公使館は、やむなく二週間後に孫文を釈放した。

こうして革命家として認知された孫文は、充電のために通った大英博物館で博物学者の南方熊楠と会い、意気投合した。現在私たちが欧米へ留学しても、アジア系の留学生と親しくなるケースがある。南方はドイツの膠州湾占領に憤り、館内での人種差別に抗議するなどアジア人としての誇りをもった人物だった。孫文は彼と列強による分割がすすむ中国をいかに救うべきか話し合ったに違いない。

ところで孫文と日本人の出会いはこれが初めてではなかった。広州蜂起の準備を進める途中、彼は香港で写真屋を開いていた梅屋庄吉と知り合い、生涯にわたって彼の援助を受けた。だが孫文と親交があった数多くの日本人の中で、孫文がいちばん信頼をよせたのは宮崎滔天（本名は寅蔵）である。

宮崎滔天は熊本の郷士の家に生まれた。長兄の八郎は自由民権運動に参加し、一八七七年の西南戦争では西郷隆盛率いる薩摩軍に加わって戦死した。また次兄の民蔵は土地改革に取りくんだ。滔天と三兄の弥蔵は中国の改革をめざし、弥蔵は横浜で弁髪姿となって働きながら中国語を覚えた。やがて弥蔵は日本へ亡命していた孫文の同志である陳少白と知り合い、一八九七年八月に孫文が横浜に到着すると、滔天が陳少白の家に泊まっていた孫文を訪ねた。

宮崎の著書『三十三年の夢』によると、滔天ははじめ孫文が貫禄不足に見えて不満だった。だが孫文が一度革命について語りだすと、滔天はその迫力に圧倒されてしまった。孫文はおよそ次のようにいう。「共和制は中国のような野蛮国には向かないという者もいる。だが共和制こそはわが国のはるか昔からの理想なのだ。現在中国は清の暴政によって衰えているが、その支配が及ばぬ僻地では住民がみずから長老を選び、自衛と自治を行っている。もし豪傑が現れて、速やかに清を倒して善政を行えば、必ずやわが国は立ち直る。それは中国四億の民を救うばかりか、アジアの黄色人種の屈辱を雪（すす）ぐことになるのだ」と。そして言い終わるとまったく屈託がなかった。これを聞いた宮崎は人を外見で判断した自分に恥じ入り、「これこそアジアの珍宝だ」と感激したという。

ここで孫文が近代ヨーロッパに固有な共和制を中国古来の理想だと述べたのは、洪秀全のキリスト教受容や洋務派官僚のヨーロッパ理解にも見られた発想であった。また辺境で行われた自衛や自治とは、広東で盛んに組織された同族団体である宗族（そうぞく）を指している。孫文の革命論は中国世界の周縁部で高まった自立のエネルギーを、衰えた中心へ持ちこもうとする議論だった。そして中国が再生すれば、「黄禍論」に代表されるヨーロッパのアジア蔑視を押しとどめることができると主張したのである。

宮崎滔天

なお宮崎滔天が孫文に惚れこんだもう一つのファクターとして、宮崎もキリスト教徒だった点があげられる。彼は豪放なイメージが強いが、もともと明治期日本のクリスチャンには不平士族の出身者が多かった。また孫文は革命だけでなく女性に対しても情熱的で、故郷に親が決めた妻がありながら、日本で二人の女性と交際して子供をもうけた。

両広独立計画と恵州蜂起

さて孫文に共感した宮崎は、彼を日本の政治家たちと引きあわせた。まず接触を持ったのが後に満洲国の承認をめぐって凶弾に倒れる立憲政治家の犬養毅で、犬養は外務大臣だった大隈重信と相談のうえ孫文を東京に住まわせた。また孫文は「憲政の神様」とうたわれた尾崎行雄、玄洋社の中心人物だった頭山満や平岡浩太郎、黒龍会を創った内田良平らと交際した。これらの人々の孫文支持には彼を日本の大陸侵出に利用しようとする意図があったが、これ以後孫文は日本を革命運動の拠点にすえ、「第二の故郷」と呼ぶまでになった。

つぎに孫文が取り組んだのは、ハワイと同じく中国系移民が多かったフィリピンの独立運動支援であり、広東、広西を清朝の統治から切りはなし、独立させる両広独立計画だった。フィリピン革命の支援は調達した武器をのせた船が沈没したために実現しなかった。また両広独立計画は孫文の医学校時代の教師だった香港総督ブレークを中心に、広東の豪商である劉学詢、日清戦争の敗北後に両広総督に左遷されていた李鴻章を巻き込んで進められた。だがこれも李鴻章が義和団戦争後の講和条約交渉のために中央政界に復帰すると頓挫した。

さらに孫文は一九〇〇年一〇月に鄭士良に命じて、広東の恵州で三合会による蜂起を起こさせた。まず九月に孫文は台湾へ渡って総督の児玉源太郎と会い、武器の援助を求めた。八月に義和団戦争に乗じて厦門へ出兵するなど大陸に野心を抱いていた児玉は、孫文が日本の厦門占領を許すならば協力すると答えた。そこで鄭士良らは恵州から厦門へ向けて進撃したが、一〇月一九日に成立した伊藤博文内閣は日本の権益拡大が列強の反発を招くことを恐れ、孫文への支援を禁止した。また孫文は別に武器を調達しようとしたが、粗悪品をつかまされて蜂起は失敗した。

この恵州蜂起は日本人とくに軍部が関わったことが特徴的な事件だった。孫文も日本の侵略的な意図を知っていたが、清朝を打倒するためにある程度の妥協はやむを得ないと考えていたようである。その後も孫文は華僑のあいだで資金を集めては、両広一帯で武装蜂起をくり返し、「孫大砲（孫のはったり屋）」と呼ばれるようになった。

なお恵州蜂起では青森出身の山田良政（やまだよしまさ）が戦死している。

革命派の成長と中国同盟会

急進派留学生と孫文

孫文が宮崎滔天と知り合った翌年、戊戌政変で中国を追われた康有為と梁啓超が日本へ亡命した。滔天は康有為と孫文を会わせようとしたが実現しなかった。二人は広東出身の同郷だったが、科挙エリートの康有為にとって海外で学んだ孫文は「無学」の徒でしかなく、孫文も康有為を「腐れ儒者（くされじゅしゃ）」と呼んで嫌ったようである。この点梁啓超は柔軟で、一時期急進的な議論を唱えて孫文との連合を模索したが、やがて康有為の叱責を受けてハワイへ飛ばされると両者の関係は絶たれた。

恵州蜂起の失敗後に孫文が横浜へ戻ると、日本に滞在する中国人の中からも革命に共鳴する者が現れた。その最初はやはり広東出身の留学生と華僑たちで、一九〇一年にフランスの広東侵出に抵抗するべく広東独立協会を作って孫文に協力を求めた。

また一九〇二年に章炳麟(しょうへいりん)を中心とする急進派の留学生は、四月に清に滅ぼされた南明(なんみん)政権を記念して「支那亡国(しなぼうこく)二百四十二年記念会」を上野で開こうと計画し、孫文を招待した。この催しは中国人留学生初の大集会となるはずだったが、清朝公使の通報を受けた日本の警察が出動し、留学生たちを追い散らした。このとき会場に到着した孫文はそ知らぬ顔でレストランの客になりすましたという。

このように孫文と中国人留学生の連携が始まった背景には、孫文の足跡を紹介した宮崎の『三十三年の夢』が日本の新聞に連載され、留学生に読まれた事実があった。それまで孫文は反逆者のレッテルが災いして留学生の評判は高くなかった。また孫文自身も留学生を「口舌(こうぜつ)の徒」と呼んで信頼していなかったふしがある。

だが一九〇三年に孫文は、梁啓超の勤王運動によって動揺したハワイ興中会を立て直すべくホノルルへ向かい、続いてアメリカ、ヨーロッパで革命宣伝の旅を続けた。

革命派の成長

この年五月に四川(しせん)出身の日本留学生だった鄒容(すうよう)が『革命軍』を出版し、一〇〇万部を超えるベストセラーとなった。彼は革命こそは世界をつらぬく進化の法則であり、中国が二〇世紀に生き残るためには革命が必要だと述べた。また「中国人が満洲人、欧米人の奴隷となったのは、中国人自身が喜んで奴隷となったに過ぎない」としたうえで、中国を革命するにはまずこの奴隷根性を除くべきだと主張した。そして独立戦争に勝利したアメリカにならい、満洲人皇帝を追い出して「自由独立の国」である中華共和国をうち立てようと呼びかけ、最後は「漢族の革命独立ばんざい！」と結んでいる。

この『革命軍』は「読めば頭がグラグラくる」というほどの大きな反響を呼び、上海の租界で発行されていた雑誌『蘇報』はその内容を紹介して高く評価した。すると六月に『蘇報』は発禁処分を受け、本に序文を寄せた章炳麟は捕らえられて、自首した鄒容は獄死した。同じ頃東京から中国国内へ波及した反ロシア運動が弾圧を受けると、拒俄義勇軍は軍国民委員会と改称して、清朝の打倒に活動の重点を移すようになった。

こうした変化の中で、広東以外の地でも革命派の活動が始まった。その一つは変法運動の拠点だった湖南で、一九〇三年一一月に軍国民委員会のメンバーで「中国の西郷隆盛」といわれた黄興は、留学生取締規則事件で自殺する陳天華、頭脳明晰で生員の資格をもつ宋教仁と華興会を設立した。このとき黄興は革命の方法として、太平天国のようにまず一省を取り、各省を呼応させる根拠地革命を主張した。そして彼は秘密結社である哥老会の首領と山奥の洞窟でひそかに会って話をつけ、一九〇四年一一月に長沙で蜂起する準備を進めたが、計画がもれて失敗し、彼らは日本へ亡命した。

革命派のもう一つの拠点となったのは浙江だった。その中心は五・四運動期に北京大学の学長となる蔡元培で、進士の資格を持ちながら清朝に失望して革命運動に参加した。一九〇四年一〇月に彼は軍国民委員会の暗殺団を母体として、日本留学生の陶成章らと上海で光復会を結成した。この光復会は獄中にあった章炳麟やロシアのアナーキズムから強い影響を受け、強烈な反満主義とテロリズムをその特徴とした。また浙江という土地柄を反映して参加者にはインテリが多く、科挙時代の中国では常識だった「読書（勉学）するのは官となるため」という立身出世の道を拒否し、革命達成後もわが身の栄達は求めないというストイックさを信条とした。

なお蔡元培と陶成章、一九〇七年に武装蜂起を準備して捕らえられ、殺された女性革命家の秋瑾(しゅうきん)はみな紹興(しょうこう)出身の光復会会員だった。また紹興出身の魯迅も光復会に参加している。彼の小説ではのどかな田舎町として描かれる紹興だが、決して老酒(ラオチュウ)だけの産地ではなかった。だがこれらの革命団体が同郷ネットワークに支えられていた事実は、運動に大きな影を落とすことになる。

中国同盟会の成立

一九〇五年七月に孫文はヨーロッパから日本へ到着した。この間に孫文はそれまでの民族主義に加え、民権主義(民国の創立)、民生主義(地権すなわち土地所有権の平均)を盛りこんだ「三民主義(さんみんしゅぎ)」を初めて主張した。彼は日露戦争での日本の勝利によって、アジア各地の独立運動が勢いづいたことを感じ取っていた。またヨーロッパに留学していた中国人学生と接触する中で、知識人が革命で果たす役割の大きさを認識したうえでの日本上陸だった。

横浜についた孫文はすぐに宮崎滔天と連絡をとり、七月二九日に華興会のリーダーである黄興、宋教仁、陳天華と会って革命勢力の連合を協議した。翌日には東京の内田良平宅で光復会のメンバーを含む七〇名余りが集まり、全国レヴェルの革命組織として中国同盟会の結成を取りきめた。つづく八月一三日に黄興らは東京の留学生に呼びかけて孫文の歓迎大会を開き、一〇〇〇人を超える留学生が「最上の改革とは共和をめざす革命だ」と説く孫文の演説に耳を傾けた。その熱気が冷めやらぬ二〇日には中国同盟会の成立大会が開かれ、総理に推された孫文を中心に革命がめざされることになった。

こんにち中国同盟会の成立が重要な歴史的事件だったことを疑う人はいない。だがそれが重要だっただけに、このとき現れた問題が後世に与えた影響も大きかった。

まずよく指摘されるのは、中国同盟会が綱領として採択した三民主義の問題点である。たとえば民族主義について孫文は、太平天国のようにすべての満洲人を憎むのではなく、その支配階級から権力を取り戻すことが目的だと述べた。だが中国同盟会に参加した知識人は多くが強烈な漢族中心主義をかかえており、辛亥革命後に唱えられた「五族共和(ごぞくきょうわ)」のスローガンも少数民族への蔑視にもとづく同化政策という面が強かった。

男装姿の秋瑾　紹興出身の女性革命家

つぎに民生主義の内容である土地所有権の平均とは、ヨーロッパ滞在中の孫文が資本主義社会における貧富の格差に疑問を感じて提起したものだったが、必ずしも人々の理解を得られなかった。また中国同盟会の外交方針は、これまで中国が列強と結んだ条約をすべて有効とし、外国人の既得権を保護するとしていた。この方針は革命を進めるうえで列強の干渉を排除したいという意図をこめたものだったが、結果として列強の中国侵略に対する反対の姿勢は弱くなった。

中国同盟会における孫文

だが成立まもない中国同盟会は、このほかにも大きな難問を抱えていた。それは孫文をいかなる意味でリーダーとして認め、どんな方針によって多様な革命勢力の大同団結を図るかという問題である。

むろん革命運動の経験からいえば、その豊かさにおいて孫文の右に出る者はいなかった。だが孫文には「失敗の英雄」すなわち何度も蜂起に失敗しながら、革命をあきらめない男という皮肉めいた評価もあった。そのため中国同盟会はわざわざ孫文の歓迎大会を開き、彼をたぐいまれな指導者として強調しなければならなかった。これに宮崎滔天の無邪気な孫文びいきが加わり、聴衆から「革命が成功したら、先生(孫文)は帝王になろうとするのですか」という疑問の声があがったほどだった。

一方孫文も「世界で有名な革命家」としてのプライドがあり、ともすれば独善的にふるまった。これを示すのは一九〇七年に起きた中国同盟会の旗をめぐる内紛で、黄興は人々に土地を平等に分けあたえたとされる井田制(せいでんせい)の理想にちなみ、「井字旗(せいじき)」を採用することを提案した。だが孫文にとって革命のシンボルとは陸皓東の作った青天白日旗以外ではありえなかった。孫文は「私は南洋で数万人からこの旗のもとに願いを託された。これを廃止するというなら、私を倒してからにしろ」と黄興を激しくののしり、怒った黄興が中国同盟会を脱退すると言いだす一幕もあった。

だがこうした問題はひとり孫文に限られたことではなく、洪秀全も「天王は天話(てんわ)しか語らぬ」と言われたように他人の意見を受けつけなかった。また国家主席となった毛沢東は性急な社会主義建設である大躍進をおしすすめ、一九五九年の廬山会議で彭徳懐がその誤りを指摘すると、逆上して彼を政治的に抹殺したことはよく知られている。若くして欧米式の教育を受け、「以前は英雄革命だったが、これからは国民革命」という理想を掲げた孫文であったが、宋教仁が「（孫文の）態度は専制跋扈に近く、人に堪えがたい思いを与える」と評したように、中国古来の専制君主の伝統を除くことはできなかったのである。

救国の方途を求めて

梁啓超と中国同盟会の論戦

さて中国同盟会は一九〇五年一一月に機関誌である『民報』を創刊し、革命思想の宣伝につとめた。その中心は孫文の新たな片腕となった胡漢民、のちに国民党内の権力闘争に敗れて日本の傀儡政権を作る汪兆銘（号は精衛、共に広東番禺県人）、陳天華らで、しばらくすると出獄した章炳麟も主筆として参加した。

『民報』にとって最大のライバルは梁啓超が率いる『新民叢報』であった。一九〇六年に梁啓超が「開明専制論」を発表し、現在の中国国民に議院政治を行う能力はなく、日本で成功した開明的な専制こそが適していると主張すると、両者の論争に火がついた。また梁啓超は反満革命が一種の復讐にすぎず、それによって内乱が発生すれば列強の中国分割を招くと論じた。

これに対して『民報』は、民族革命とは専制支配を行う清朝に対する抵抗であり、彼らに改良を望めない現状では革命以外に社会を変える方法はないと反論した。また中国を分割させる可能性があるのは列強よりも中国国内で覇権を争う諸勢力であり、それを防ぐためにこそ「平民革命によって国民政府を創建しなければならない」と訴えた。

この立憲君主派と革命派の論戦は平行線をたどったまま、梁啓超が政治運動に重点を移すと立ち消えになった。だがこの論戦によって創刊時に三〇〇〇部だった『民報』は発行部数を四、五万部に伸ばし、一九〇八年に日本政府によって発禁処分を受けるまで多くの留学生に読まれて革命宣伝の役割を果たした。

中国同盟会の路線対立と内紛

ところで革命派はこれ以外にも多くの論争を行ったが、深刻な対立を生んだのは中国同盟会内の革命戦略をめぐる論争だった。

すでに見たように孫文は故郷である両広地方をまず独立させる辺境革命論を唱えたが、長江流域の出身者からなる華興会、光復会系の同盟会員はこのプランに反対した。いわく両広は南に片寄りすぎており、ここに地方政権を立てても大きな影響力を持ちえない。しかも香港や仏領インドシナなど列強の植民地と隣接しており、下手に事件を起こせば侵略の口実を与えてしまうというのである。

一方両広革命に反対する人々が唱えた革命プランは長江流域、とくに戦略上の拠点となる武昌（ぶしょう）の攻略を重視するものだった。事実太平天国は武昌を占領し、長江下流の南京に首都を構えたことで全国的な運動へ発展した。また結果として辛亥革命はこのプランが適中するかたちで実現した。はじめ長江革命論は孫文の独断専行に対する批判の意味合いが強かったが、一九〇七年に長江上流出身の同盟会員一〇〇人が東京で共進会(きょうしんかい)を組織すると、分派活動としての性格を帯びるようになった。

さらに当時は北京を中心とする首都革命論があった。これはフランスなどヨーロッパの革命が都市で発生した事実にもとづく革命プランだったが、警戒の厳しい北京で革命派が活動を行うことは難しく、またその担い手たちは市民の蜂起に期待をよせていなかった。代わって採用されたのは要人テロによる首都攪乱(かくらん)であり、一九〇五年九月にそのメンバーの呉樾(ごえつ)は憲政視察のために外国へ出発しようとする清朝政府の五大臣に向かって、北京駅で爆弾を投げつけた。だがこうした行動は一部の青年知識人に大きな影響を与えたものの、社会を変える起爆剤とはならなかった。

こうした中国同盟会の路線対立は、一九〇七年三月に孫文が清朝の圧力によって日本を去ると内紛となって表面化した。そのきっかけは日本政府が彼に自主的な国外退去を求める代わりに、餞別として送った金だった。孫文はその一部を『民報』の出版費用としたが、残りはすべて五月以降に広東で起こした武装蜂起に注ぎ込んだ。

だがこの孫文の行動は、辺境革命論に批判的だった同盟会員には身勝手な地元びいきと映った。とくに孫文の報告した金額が実際に手にした額よりも少なかったことが発覚すると、章炳麟や宋教仁は彼が日本政府に買収されたと非難した。このとき激怒した章炳麟は『民報』社にかかげられた孫文の写真を引きはがし、孫文に中国同盟会の総理を辞任せよと要求した。さらに彼は孫文批判のパンフレットを印刷して東南アジアにばらまき、一九一〇年には陶成章と光復会を復活させた。一方の孫文は黄興らとハノイ、シンガポールで革命運動をつづけたが、中国同盟会は内紛によって分裂状態に陥ったのである。

光緒の新政と張謇の立憲改革

さて孫文らが海外で革命運動を展開しているあいだ、清朝も手をこまねいていたわけではなかった。義和団戦争後の一九〇一年に、初めて汽車に乗って北京へ戻った西太后は、洋務派官僚の張之洞らと光緒の新政とよばれる改革に乗りだした。この改革は行政組織の改編や軍の近代化、産業の振興と人材育成のための教育制度改革を柱とするもので、わずか二年前にみずからの手で挫折させた変法運動の内容を復活させるものだった。

この光緒新政で最も成果をあげたのは正規軍の近代化で、六個師団の兵力からなる北洋新軍が編制された。その中心は李鴻章の部下で、ドイツ式部隊である武衛右軍を率いた山東巡撫の袁世凱であり、義和団戦争でライバルだった軍官が戦死あるいは処罰されたために、軍の近代化を一手にになうことになった。さらに一九〇一年に李鴻章が死去すると、袁世凱はその後任として北洋大臣・直隷総督に任命され、清朝政府最大の実力者にのし上がった。

この新軍を創設するにあたり、袁世凱は兵力を水増し報告して私腹を肥やすなどの不正を禁じ、厳しい訓練を行った。また彼は西太后から受けた四〇〇〇〇両の褒美を将兵に分け与えるなど、私的な恩恵を施すことも忘れなかった。このため新軍は「ただ袁あるを知りて、皇帝あるを知らず」と言われるほど、袁世凱に忠実な軍隊となった。戊戌政変以来幽閉されていた光緒帝は、変法派を裏切った袁世凱を恨んでいたと言われるが、新政の軍制改革はかえって清朝の命運をにぎる袁世凱の政治資本を強化したのである。

一方産業、教育の振興と政治改革の分野で成果をあげたのは張謇（江蘇南通の人）だった。彼は農家に生まれ、一八八二年に淮軍の幕僚として赴いた朝鮮で袁世凱の教師となり、袁の投機主義を非難して絶交したことがあった。一八九四年に張謇は状元すなわち進士試験を首席で合格したが、父の死もあって官職につかず、故郷に戻って地域社会の発展にエネルギーをかたむけた。

長江の北側に位置する南通は、蘇州を中心とする江南の先進地帯から見れば貧しい「江蘇省の辺境」だった。一八九七年に張謇は両江総督代理の張之洞と会い、綿紡績工場の設立計画を依頼された。すると彼は「実業による救国」をめざし、南通の唐家閘に大生紗廠を建設した。

この工場は外国資本の力に頼らない民族資本企業の先駆であった。また地元のエリートが主導する「紳領商辦」という経営方法によって、洋務企業の欠点だった官僚の中間搾取を排除した。数年後に経営が安定すると、張謇は黄海沿岸の荒れ地を開墾して綿花を栽培させた。また「教育による救国」を唱えて一九〇二年に通州師範学校を創設し、小学校や中学校を建てて教育の普及につとめた。

一九〇三年四月に張謇は日本を訪ね、大阪の勧業博覧会を初めとして各地の産業、教育施設を視察した。彼は北海道の開拓に強い関心をもち、山東出身の中国人農民が札幌で成功しているのを見て感激したという。また教育では小学校や幼稚園などの初等教育に関心をよせ、中国人留学生を世話していた嘉納治五郎とも会っている。

だが張謇が訪日によって痛感したことは、中国の「病根」を絶つには政治体制を刷新し、憲法にもとづく議会政治を実現すべきだという点だった。一九〇四年六月に張謇は大日本帝国憲法を翻訳して朝廷へ送り、張之洞と相談して憲法制定を要請する上奏文を作成した。また鉄路、商務、電政などの大臣を兼ねて中央政界を支配していた袁世凱に、「立憲君主制をうちたてて中国の伊藤博文となれ」と勧める手紙を書き送った。

これらの動きに対して清朝も五大臣をヨーロッパ、日本へ派遣して憲政を視察させ、一九〇六年九月には「君権を永久に固める」ことを目的に憲法制定の準備をスタートさせた。また張謇が上海で預備立憲公会を設立し、憲法の早期制定を訴えると、一九〇七年に清朝は諮問機関である資政院（中央）と諮議局（地方）を設置した。さらに一九〇八年九月には日本の明治憲法をモデルとした憲法草案である『欽定憲法大綱』を公布し、九年以内に国会を召集することを約束した。

このように張謇をリーダーとする立憲派の改革は成功するように見えたが、突然の変化が彼らを襲った。一九〇八年一一月に光緒帝と西太后が相次いで死去し、新政を支えていた政治権力が空白となってしまったのである。その後も立憲派の活動は続いたが、無類のバランス感覚で政権の舵取りをしてきた西太后の跡を継いだ清朝首脳部に、この改革を受けとめる力量はなかった。彼らが国会の早期開設と責任内閣制を求める立憲派の動きを、漢族の地方エリートによる権力奪取の謀略とみなし、一九一一年五月に満洲人の皇族、貴族を中心とする親貴内閣を組織すると、人々のあいだに失望が広がった。清朝の生き残りをかけた光緒新政はこうして挫折したのである。

清帝国のたそがれと辛亥革命

宣統帝溥儀の生い立ち

ここで私たちは本書のもう一人の主人公であるラストエンペラー、すなわち宣統帝溥儀について見ることにしよう。彼の本名は愛新覚羅溥儀といい、一九〇六年に生まれた。彼の父は光緒帝の弟である醇親王の載灃で、母は戊戌政変で変法派を弾圧し、西太后の信頼を勝ちとった栄禄の娘だった。

のちに溥儀が波乱の生涯を書きしるした自伝『わが半生』によると、彼の誕生には西太后の意向が強く働いていたという。義和団戦争後に載灃は謝罪使としてドイツへ赴いたが、彼が皇帝の弟として尊重されたことは西太后を不安に陥れた。彼女は列強が幽閉中の光緒帝に同情していると考え、いずれ自分の権力が脅かされることを恐れた。この危険を防ぐために彼女が下した決定は、載灃を自分の忠実な部下である栄禄と親戚にしてしまうことだった。つまり溥儀は宮廷にありがちな政略結婚の結果生まれたのである。

映画『ラストエンペラー』にも登場するシーンであるが、溥儀は一度だけ西太后に会ったことがある。一九〇八年一一月に西太后は赤痢に倒れると、一三日に満二歳の溥儀を皇太子に指名し、載灃を摂政王に任命した。突然の令旨に家族は仰天し、乳母に伴われて宮中に参内した溥儀はさっそく西太后にお目通りしたが、異様な雰囲気に怯えて泣きわめき、西太后はすっかり不機嫌になってしまった。

　つづく一一月一四日に光緒帝が崩御したが、その死については様々な憶測が飛んだ。前日彼は風邪をひいただけで元気だったが、薬を一服飲んだとたんに病状が悪化したという。彼を「毒殺」した犯人は別に皇帝擁立計画を持っていた袁世凱とも、皇帝が自分よりも長生きするのを許せなかった西太后とも言われた。また溥儀が即位すれば西太后は太皇太后（たいこうたいごう）となって引退せざるを得ないが、彼女は載灃を思いのままに操れると考えていたようである。だが翌一五日には西太后本人が逝ってしまった。

　西太后の死から半月たった一二月二日、宣統帝即位の大典が行われた。寒い太和殿（たいわでん）に座らされた新皇帝は、いつ果てるとも知れない文武百官の叩頭（こうとう）儀礼にしびれを切らして泣き叫んだ。父親は「泣くんじゃない、もうじきおしまいだ」と言って必死になだめたが、これを聞いた人々は王朝の前途を暗示する予言ではないかとうわさした。

　ひとりの人間として見た時、溥儀は孤独と虚偽の中で育った不幸な子供だったといえるだろう。彼は物心ついた時から両親のぬくもりを感じる機会を与えられなかった。また皇帝として過ごす毎日は、幼い心に唯我独尊（ゆいがどくそん）の自我を植えつけた。

　たとえばある日のこと、弟の溥傑（ふけつ／プーギエ）らと鬼ごっこをして遊んだ溥儀は、溥傑が着ていた服の袖口に皇帝の象徴である黄色が使われているのを見て突然怒り出した。溥傑は「ハッ」という声と共に臣下の身分に戻り、妹は泣き出さんばかりだったという。溥儀自身は宦官（かんがん）を虐待することも多かった自分に、人間らしさを教えてくれたのは一人の乳母だったと回想している。さきに見た孫文の独善的態度にも当てはまることだが、中国社会の抑圧的な体質がこうした専制君主を再生産していたことがわかる。

また皇帝生活の虚偽と浪費をよく象徴するものとして、宮廷内の贅沢な食事があった。溥儀の食卓に並べられる料理はいつも三〇品、西太后に至っては一〇〇品前後で、半日あるいは一日かけて準備された。これらの料理は宦官によって毒味され、仰々しい行列によって皇帝の前に運びこまれたが、彼自身は一度も箸をつけたことがなかった。溥儀は実際には皇太后らが自前のコックに作らせ、別に届けさせた料理を食べていた。いわゆる「満漢全席（まんかんぜんせき）」は皇帝の格式を示す飾りに過ぎなかったのである。

摂政王の政治と鉄道国有化問題

溥儀はその自伝のなかで「私は訳がわからぬままに三年間皇帝をつとめ、また訳がわからぬままに退位した」と述べている。加えて摂政王となった父親の載灃は、息子の眼から見ても優柔不断な人物だった。

宣統帝親子がまず直面した政治問題は、強大な権力を握った袁世凱の処遇だった。すでに西太后は一九〇七年に彼を軍機処に入れ、北洋新軍の統帥権を取り上げようと試みた。載灃は兄である光緒帝の恨みを晴らすべく袁世凱を殺そうとしたが、袁世凱と親しかった慶親王の奕劻（イクワン）は「北洋軍が謀反を起こしたらどうするのだ」と言って脅しをかけた。さらに張之洞も彼を諌（いさ）めたため、結局足の病気を理由として袁世凱を帰郷させるのが精一杯だったという。

また一九一〇年三月に中国同盟会会員の汪兆銘（おうちょうめい）は北京に潜伏し、載灃の暗殺を計画した。

事件は未遂に終わったが、皇族の善耆は逮捕された汪兆銘を丁重にもてなし、命をねらわれた載灃も彼を殺さずに無期懲役とした。その実彼らは日本から汪兆銘の死刑は認めないとの圧力を受け、処刑することができなかったのである。

このように載灃の政治は気苦労と失敗の連続で、各地で租税の不払い事件や米騒動が続発した。無論それらは多くが日清戦争、義和団戦争の賠償金と光緒新政の無理な支出がもたらした結果であり、必ずしも彼の責任とは言えない。むしろ載灃らが犯した致命的な失策は、先にみた親貴内閣の成立と鉄道国有化問題であった。

これより先に張謇を初めとする民族資本家は、アメリカ製品ボイコット運動に見られるナショナリズムの高まりのなか、中国分割によって外国に奪われた権益を取りもどす利権回収運動を進めていた。その代表は一九〇四年にアメリカからベルギーへ売られた粤漢線（広州—漢口）の敷設権で、沿線地域のエリートが湖広総督張之洞と協力し、一九〇五年八月に六七五万ドルで買い戻した。その後も各地の鉄道敷設権や鉱山採掘権を回収する努力が続けられ、省ごとに民営の鉄道会社も設立された。

ところが親貴内閣の郵電部大臣となった盛宣懐は、一九一一年五月に幹線鉄道の国有化政策を打ちだした。その目的は鉄道敷設権を担保とした外国からの借款であり、地方エリートの自治的な動きに対する中央政府の統制強化にあった。とくに回収されたばかりの粤漢線と川漢線（成都—漢口）がターゲットになると、湖南、広東、湖北などの株主や学生が中心となって民営の継続を求める集会を開いた。

なかでも激しい反対運動が起きたのは四川であった。六月に成都で川漢鉄道会社の株主集会が開かれると、二〇〇〇名の参加者は盛宣懐を売国奴と罵り、「鉄道をまもれ」をスローガンに四川保路同志会を結成した。八月に清朝が鉄道会社の接収を強行すると、保路同志会はストライキを決議し、租税の不払いで抵抗した。すると九月七日に四川総督の趙爾豊は保路同志会と鉄道会社のリーダーたちを拘束し、彼らの釈放を求めて成都の総督衙門におしかけた一万人の群衆に対して発砲した。

こうした人々の感情を逆なでする強圧的な態度は、清朝支持の枠内にかろうじて留まっていた立憲派を革命派へと追いやる結果をもたらした。利権回収運動で列強に向けられていたナショナリズムの波は、いまや清朝に対して向けられ始めたのである。

同盟会中部総会と武昌蜂起

さて四川の保路運動には数名の中国同盟会会員が加わっていた。彼らはこの機会をとらえて武装蜂起の準備を進め、八月に資州で哥老会の首領と保路同志軍を結成した。九月に成都事件が発生すると、彼らはこの知らせを多くの木片に書き記し、桐油をぬって川に流す「水電報」によって蜂起を呼びかけた。各地の哥老会がこれに呼応して四川は内乱状態に陥ったが、保路同志軍は成都を占領することはできなかった。

さてこの頃革命派の本家である孫文は、相変わらず両広辺境で無謀な武装蜂起をくり返していた。とくに一九一一年四月に広州で発生した黄花崗蜂起は、中国同盟会の結成以来最大規模の事件であり、両広占領後に南京へ軍を進め、さらに北京を攻略するという「北伐」プランを持っていた。だがこの蜂起も事前に計画がもれ、当局は戒厳令をしいて捜査を開始した。黄興は一二〇名の兵力で両広総督衙門を襲撃したが、待ちかまえていた清軍の前に多くの犠牲者を出して敗退した。

こうして中国同盟会の北伐計画は幻と消えたが、すでに孫文の思惑とはべつに、南からの新しい時代の風は長江流域へむかって吹き始めていた。さきに餞別金問題で孫文と対立した元華興会の宋教仁らは、一九一一年七月に上海で同盟会中部総会を結成し、長江革命論にもとづく独自な蜂起計画を進めた。また湖北では共進会の分会が漢口（かんこう）に置かれ、武昌でも文学研究に名を借りた革命団体である文学社が設けられた。文学社は新軍将兵に対する働きかけを行い、五〇〇〇名の会員を集めたという。

このとき湖北は五月以来の鉄道国有化問題でゆれていた。また四川の保路運動が内乱へ発展すると、武漢一帯に駐屯していた新軍部隊に四川へ移動せよとの命令が下った。そこで共進会と文学社の人々は九月に共同会議を開き、旧暦八月一五日の中秋節（西暦では一〇月六日）に武装蜂起に踏みきることを決めた。中秋節を決行日に選んだのは、元末にモンゴル人の打倒をめざした漢人がこの日に一斉蜂起を図り、月餅（げっぺい）の中に秘密の手紙を入れて人々に伝えた故事によるものだった。

その後蜂起の準備が整わず、予定日を遅らせることになったが、一〇月九日に漢口のロシア租界にあった革命派のアジトで、製造中の爆弾が突然暴発した。騒ぎを聞きつけた租界警察が出動して革命派の名簿を押収し、これを清朝当局に通報した。革命派はただちに蜂起に向けて動き出したが、総司令部が清朝警察に踏みこまれ、二十数名のリーダーが逮捕されてしまった。一〇月一〇日も革命派に対する捜索が続き、追いつめられた新軍将兵は夜七時頃

武昌蜂起　革命軍の旗が掲げられた湖北軍政府

に武昌城内の武器弾薬庫を襲って蜂起した。武昌蜂起の勃発である。

革命軍が蜂起すると湖広総督の瑞澂は逃亡し、一〇月一二日朝までに革命軍は武漢三鎮（武昌、漢口、漢陽）を制圧した。だがこのとき共進会などのリーダーは殺害されるか逃亡中であり、宋教仁、黄興も武昌に到着していなかった。孫文にいたっては地球の裏側であるアメリカを訪問中で、デンバーのホテルで朝食をとりながら「革命軍が武昌を占領」との知らせに接した。彼は自分の意図と異なる形で革命が進行することに焦りを感じながらも、そのまま革命資金を調達するための外遊を続けた。

袁世凱の再登場と清朝の滅亡

こうしてリーダー不在のまま蜂起に成功した革命軍は、一〇月一一日に湖北軍政府の樹立に取りかかった。彼らは新軍の旅団長だった黎元洪をかつぎ出して民政、軍政長官である都督にすえ、立憲派の機関であった湖北諮議局議長の湯化龍を政務部長に選んだ。軍政府は清朝からの独立を宣言し、革命軍の増強を図った。また漢口の外国領事たちに革命の目的を説明し、列強の既得権益を保護する代わりに武力干渉を行わないように要請した。

湖北における革命成功と独立の知らせは、またたく間に中国全土をかけめぐった。各地で革命派が新軍や秘密結社、学生たちと蜂起し、一〇月二二日の湖南、陝西を皮切りに、一一月初旬までに一三の省があいついで独立を宣言した。また清朝に愛想をつかした立憲派や清朝の地方長官もこの動きに合流し、一一月一一日には湖北へ弾圧に向かっていた清の海軍部隊が九江で革命派に投じてしまった。

そのころ北京では続々と届く敗戦の報を前に摂政王の載灃はなす術もなく、奕劻は袁世凱の再起用を提案した。当時宮廷では「袁世凱は第二の曹操になる」つまり黄巾の乱を平定した後に後漢を滅ぼした曹操のように、袁世凱は清朝にとって危険人物だと心配する声もあった。だが他に有効な手だてはなく、一〇月末に清朝は袁世凱を欽差大臣として全権を与え、一一月には親貴内閣を廃して彼を内閣総理大臣に任命した。

はたして復活した袁世凱はその軍事力を背景に、南（革命派）と北（清朝）の双方にプレッシャーをかけながら取引を始めた。彼は張謇ら立憲派の支持を集めながら、獄中にあった汪兆銘を釈放するなどの方法で革命派の中にも賛同者を増やした。また彼を強力にバックアップしたのが長江流域に多くの利権を持つイギリスで、宣統帝の退位と袁世凱の大総統就任を条件に、南北の早期講和を主張した。

一二月二一日にようやく孫文が香港へ到着し、二五日には上海で熱狂的な歓迎を受けた。そして一九一二年一月一日、彼は南京で中華民国の建国宣言を行い、みずから臨時大総統に就任した。だが孫文が「持ち帰ったのは革命精神のみ」と述べたように、ヨーロッパでの革命政府に対する借款の交渉は成功せず、臨時政府は財政難に苦しんだ。また長江に軍艦を派遺した列強の圧力や、反孫文派の急先鋒だった章炳麟らの袁世凱支持もあって、孫文自身「もし清帝が退位し、袁世凱が共和制に賛成するのであれば、臨時大総統の地位を袁に譲ってもよい」と声明せざるをえなかった。

さて溥儀の自伝によると、訳がわからぬままに過ぎた三年間の皇帝生活で、鮮烈に覚えていることが一つあるという。それは人気のない宮殿で光緒帝の皇后がハンカチで目頭をおさえ、その前でふとった老人がひざまずき、涙をこぼしている光景だった。幼い彼はなぜ二人の大人が泣いているのかわからず、不思議な思いで見つめていた。だがこの「ふとった老人」こそは袁世凱であり、この日初めて宣統帝の退位問題を持ちだしたのだった。

溥儀によれば、このとき袁世凱が流した涙は彼一流のパフォーマンスであり、その証拠に袁世凱は以後二度と宮中に参内しなかった。朝廷内には徹底抗戦をさけぶ者もいたが、革命派の爆弾テロにあって殺された。前線に出ていた袁世凱の部下も電報で宣統帝の退位を要求し、一部の新軍が北京へ入城して圧力をかけた。もはや御前会議の議題は、退位後の皇室にいかなる優待条件が与えられるかにしぼられた。

二月一二日に宣統帝の退位が発表された。漢人の復讐を恐れた王侯貴族たちは外国公使館のある東交民巷に逃げこむか、天津の租界へ避難した。この日会議のあいだ沈黙していた摂政王は溥儀を連れて家に帰り、ほっとした表情で「今日からわしは自分の家で子供を抱いてもよくなったのだ」と言った。その声に妻はわっと泣きふした。

こうして太平天国の金田蜂起から六〇年、およそ二七〇年続いた清朝はついに倒れた。それは単に一つの王室が倒れただけでなく、秦の始皇帝以来二〇〇〇年にわたって続いた専制王朝体制の終焉（しゅうえん）だった。過去の革命運動がくりかえし失敗し、おびただしい血が流されたのに比べると、その最後は自ら崩壊したという表現がふさわしい、あっけない幕切れだった。

歴史が動く瞬間とは往々にしてかくの如きであるのかもしれない。

だが一つの時代の終わりは、そのまま次の時代の到来を意味しなかった。むしろ時代の狭間にあって、出口の見えない暗闇が待ちかまえていた。孫文の手によって建国が宣言された「民の国」は、そのあるべき姿を求めて苦悩の彷徨を続けることになる。

第五章　「民の国」の試練――袁世凱政権と日本

中華民国の成立と臨時約法

一発の凶弾がもたらしたもの

一九一三年三月二〇日の夜、上海駅に革命派のリーダーだった黄興（こうこう）らの姿があった。いまや彼らは中華民国の暫定的な憲法である臨時約法（りんじやくほう）に基づいて、実施された選挙の結果選ばれた国会議員だった。北京へむかう列車の出発時間が近づき、彼らが待合室から出たところ、突然「パーン」という乾いた音がひびいた。何ごとかとふりかえった黄興の前で、うめき声をあげて倒れ込んだのは、この選挙で圧勝した国民党（こくみんとう）の事実上の党首である宋教仁（そうきょうじん）だった。

宋教仁

つづいて二発の銃声が鳴り、あたりは騒然となった。病院にかつぎ込まれた宋教仁は手術を受けたが、背後から撃たれた傷は腹部に達し、すでに手遅れの状態だった。二二日未明に宋教仁は死んだ。享年わずか三〇。やがて犯人が逮捕されたが、その背後にいた黒幕は中華民国の臨時大総統である袁世凱（えんせいがい）だった。

この宋教仁暗殺事件は、誕生まもない中華民国にとって大きな痛手となった。単に一人の指導者を失っただけでなく、革命によって生まれた新しい中国が、自由主義にもとづく法治国家として成長する可能性をひとつ奪われてしまったからである。

これから本書があつかう民国時代（民国は中華民国の略称で、一九一二年を元年とし、大陸では一九四九年の中華人民共和国成立までをさす。ただし台湾は現在もこの年号を用いている）は、分裂と混乱という言葉で表現されることが多い。確かに各地に大小の軍事勢力が割拠し、中央政府のコントロールがきかなかったこの時代は、ファーストエンペラー登場以前の春秋、戦国時代に似ている。だが巨大な権力を持つ統一国家を欠いたこうした時代ほど、諸子百家の活動に見られる自由な雰囲気が存在したことも事実である。暗いイメージで描かれることの多い民国時代だが、社会を一色に塗りつぶすことができない分、さまざまな可能性を秘めていたのだ。

それにしても袁世凱はなぜ中華民国の建国の父である孫文ではなく、宋教仁をねらったのだろうか。この問いに答えるために、私たちは清朝が滅亡した一九一二年二月以後、辛亥革命の後半部分にあたる一年余りの歴史を見ていくことにしよう。

袁世凱の臨時大総統就任と臨時約法

宣統帝溥儀が退位した翌日の二月一三日、臨時大総統の孫文は辞表を政府に提出した。北洋新軍の総帥で清朝の内閣総理大臣だった袁世凱を、約束通り後任に推薦するためであった。この時孫文は袁世凱の臨時大総統就任に三つの条件をつけた。すなわち（1）臨時政府

辛亥革命図　佐伯有一『中国の歴史８　近代中国』（講談社、1975年）をもとに作成

の首都を南京（ナンキン）に設けること、（2）袁世凱は必ず南京に来て新総統に就任すること、（3）新総統は臨時約法を順守すべきこと、である。臨時政府はこれを承認し、一五日に袁世凱を臨時大総統に選出した。

だが袁世凱は自らの勢力基盤である北京を離れようとはしなかった。孫文は彼を迎える特使を派遣したが、袁世凱は北京などで兵士の暴動を起こさせ、これを口実に南京行きを拒んだ。やむなく臨時政府は袁世凱の北京における大総統就任を認めた。

もっとも革命派の人々も、袁世凱がおとなしく南京へ来るだろうとは考えていなかった。そこで袁世凱の独走を抑えるために、宋教仁が作ったのが臨時約法である。

臨時約法はその冒頭で「中華民国の主権は国民全体に属する」とあるように、明確な主権在民をうたっていた。第二条ではすべての国民が民族、階級、宗教にかかわりなく平等であると記され、広東の水上生活者だった蛋家（タンカ）などに対する身分的差別を廃止する法令が出された。また言論、出版および集会の自由が保障されるなど、日本の大日本帝国憲法と比べてもラディカルな内容となっていた。

この臨時約法の一番の特徴は、議会の権限を最大限に認めた議院内閣制にあった。議会は衆議院、参議院からなる二院制で、予算の決定権および一切の法律を制定する権限が与えられた。臨時大総統も議会の選挙によって決められ、その当選には投票総数の三分の二が必要だった。一方の臨時大総統は政府を代表して「政務を総攬」する役職であり、全国の陸海軍を統率する権限を与えられた。また官吏の任免権や外交権を持っていたが、これらの権限はみな議会の承認抜きには行使できないことになっていた。

さらに議会は「大総統に謀叛の行為ありと認めた時は、総員の五分の四以上の出席、出席者の三分の二以上の可決をもって、これを弾劾することができる」とあるように、大総統を弾劾する権利を持っていた。宋教仁は大総統の職権にこれら法的な制約を設けることで、袁世凱をコントロールできると考えたのである。

ところが孫文はこの臨時約法を批判的に見ていた。じつは辛亥革命期に作られた暫定法は臨時約法が初めてではなく、清朝滅亡前の一九一一年一二月に臨時政府組織大綱が作られた。臨時大総統はこのときアメリカの大統領制を参考に置かれたもので、議会の議決事案に対して拒否権を有するなど大きな権限を与えられていた。清軍との戦闘がつづいていた当時は強いリーダーシップが期待されており、孫文も革命当初は軍事政権による独裁（孫文の革命理論ではこれを軍政期という）が必要と主張していた。

だが中国同盟会の内紛以来、宋教仁は孫文の独善的な態度に信頼をよせていなかった。日本亡命時代の宋教仁は早稲田大学の留学生部に入り、各国の法律制度に関する著作を翻訳するなど、神経衰弱になるほどの猛勉強をかさねた。また彼は章炳麟との対話のなかから、これからは一部の英雄が独裁的な権力によって革命を進める時代ではないと痛感していた。

袁世凱

フランスとアメリカの憲法をベースとした臨時約法は、宋教仁のこうした努力の結晶であった。また議会の権限を強化し、臨時大総統の独走を抑えるその内容は、単に袁世凱だけでなく、孫文の独断専行を抑え込む意図がこめられていたのである。だが臨時約法によって自分の革命プランを否定された孫文は、当然のことながら面白くなかった。彼は臨時約法で自分の主張が通ったのは国民主権の原則だけで、「その他はすべて私の意志ではないから、私はそれに責任を負わない」と言い放ったという。

袁世凱の開発独裁と地方ナショナリズム

それでは臨時約法によって統制の対象とされた袁世凱自身は、いかなる考えを持っていたのだろうか。すでに本書に何度か登場している彼であるが、ここで改めてその生い立ちから考えてみたい。

袁世凱は河南項城県の人であった。彼が成功するきっかけを作ったのは祖父の兄弟にあたる袁甲三で、淮軍を率いて太平天国の鎮圧に尽力した。無味乾燥な受験勉強が大嫌いだった袁世凱は早々と科挙をあきらめて淮軍に投じ、一八八〇年から日中両国が権益をめぐって綱引きを演じる朝鮮に派遣された。ここで李鴻章に才能を見いだされた彼は、総領事に相当する駐朝鮮総理交渉通商事宜となった。

日清戦争後、袁世凱は失脚した李鴻章に代わって北洋軍を受けついだ。彼は軍の近代化に努めるかたわら政治にも関心を持ち、康有為らが結成した強学会に参加した。戊戌政変にあたり、袁世凱は変法派のクーデター計画を通報したことで「裏切り者」と呼ばれたが、変法派は彼の親分である李鴻章と対立していたのだから必ずしも変節とは言えない。むしろ義和団運動といい、辛亥革命といい、袁世凱は激しい政治動乱の中でどの陣営が勝利するかを嗅(か)ぎわける天才的な能力を持っていた。

のちに袁世凱と会ったある外国人は、彼が記憶力と観察力にすぐれた「鋭い好奇心でいっぱい」の人物だったと評している。その後袁世凱は一度失脚をへた後に復活を果たしたが、たび重なる失脚にも不死鳥のように甦った鄧小平(とうしょうへい)の例を引くまでもなく、権力闘争の激しい中国の中央政界で影響力を持ち続けることは容易ではなかった。むろんその成功の裏には官界特有の虚偽やポーズがつきまとうが、袁世凱は一つの理念や主義にとらわれずに冷徹な判断をくだし、大胆な行動をとるリアリストだったと言えるだろう。

袁世凱の権力基盤は新建陸軍であったが、この軍隊は中央軍であると共に袁世凱の私的軍隊であった。また袁世凱自身地方勢力としての側面を持っており、山東巡撫時代の彼は清朝中央の命令に反して義和団支援の兵を天津(てんしん)へ送らなかった。

もっとも義和団期に自立的な動きを見せた地方大官は袁世凱一人ではなかった。彼の朝鮮時代の教師だった張謇(ちょうけん)の働きかけによって、湖広総督の張之洞(ちょうしどう)、南洋(なんよう)大臣の劉坤一(りゅうこんいつ)らは、列強と協調することをうたった東南互保(ごほ)協定を結んで義和団戦争の影響を回避しようとした。また光緒の新政から辛亥革命にかけて、省を単位とする地方ナショナリズムはおおいに高揚した。鉄道国有化に反対する保路(ほろ)運動は中央と地方の対抗関係として進められ、中国同盟会も同郷ネットワークにもとづくローカルな革命諸団体をベースに成立したのである。

さらに地方ナショナリズムは誕生間もない中華民国政府にも大きな影響を与えた。清代の地方官は自分の出身地に赴任しない本籍回避(ほんせきかいひ)の原則があったが、独立を宣言した各省の革命政府は外省出身の官僚を追い出し、本省出身者をこれに代えた。また臨時約法の制定においても、省を単位とする地方重視はアメリカ式の連邦政府を求める声となって現れた。その代表は広東省都督となった革命派の胡漢民(こかんみん)で、中央集権の体制は権力の簒奪(さんだつ)が容易に行われること、長い専制王朝の歴史を持つ中国では地方に確固たる民主的基盤を築く必要があることを訴えた。

これら清末から民国初年における地方台頭の動きは、辺境とくに南方各省に発生した中華再生のエネルギーが、辛亥革命をつき動かす原動力だったことをよく示している。

だが袁世凱は地方の自立性が高まり、その権限が強化されることに危機感を持っていた。彼の考えによれば中国は強力な中央政府によって統一されねばならず、地方の権限強化は中国に分裂と混乱しかもたらさない。とくに各省の都督は中央が任命するべきであり、各省がそれぞれの議会で選べば多くの独立王国を生んでしまう。国内が分裂すれば必ずや各省のリーダーが勢力を争う戦国時代に突入し、中国の利権をうかがう列強に絶好のチャンスを与えてしまうという理屈である。

こうした中央集権か、地方分権かの論争は、長いあいだ中国では「郡県論(ぐんけん)」「封建論」という形でくり返されてきたものだった。また袁世凱のヴィジョンは実行力をもったストロングマンが権威主義的な体制をうち立て、政治の民主化を抑えながら近代化路線を推しすすめる一種の開発独裁に他ならなかった。ちなみに孫文の革命プランも中央集権による独裁体制を求める点では袁世凱と大差なく、中国社会における専制支配の伝統がいかに強烈な残像となって影響を与えたかがわかる。

さて袁世凱にとって最も扱いづらく、危険な存在に映ったのは宋教仁だった。袁世凱と宋教仁の出会いは一九〇七年にさかのぼる。この年革命活動のために中国東北部に渡った宋教仁は、日本が中国、朝鮮の国境付近にある間島（かんとう）（現在の延辺（えんぺん）朝鮮族自治州）を朝鮮に併合しようと図っていることを知った。彼は間島の歴史やその戦略的な重要性、日本への対処法などを『間島問題』という一冊の本にまとめた。

はたして日本が清朝に対して間島の帰属問題を持ちだすと、この本に注目した外交部尚書の袁世凱は、西太后（せいたいこう）に働きかけて宋教仁の罪を赦し、四品の官職を与えて外交交渉に当たらせようとした。結局宋教仁は辞退したが、彼の才能は袁世凱に深い印象を残した。また孫文が袁世凱を南京へ迎える使者を派遣した時、袁世凱はその一員だった宋教仁に二〇万元の賄賂を贈った。だが宋教仁はこの金をまったく手をつけずに返却し、袁世凱は宋教仁を買収できないことを悟ったという。

一九一二年三月に臨時約法が成立すると、宋教仁は一〇ヵ月後にひかえた議会開催にむけて公開政党の結成に乗りだした。八月に中国同盟会を母体として国民党が結成され、孫文が理事長に就任したが、その実質的なリーダーは宋教仁だった。これに対抗して袁世凱は立憲派や旧官僚を糾合して共和党を作ったが、一二月から行われた第一回国会選挙で共和党（一七五議席）は国民党（三九二議席）に大敗した。ちなみに梁啓超（りょうけいちょう）が率いる民主党、章炳麟らの統一党はそれぞれ二四議席を獲得し、のちに袁世凱はこの二政党と共和党をあわせて進歩党としたが、国民党の単独過半数は揺るがなかった。

この選挙結果に外堀を埋められた格好の袁世凱は、複数政党による議会政治こそは中国に分裂と混乱をもたらす元凶だと見なすようになった。そして彼は大総統の権力を脅かす宋教仁をいかなる手段を使ってでも抹殺しなければならないと考えたのである。

第二革命と袁世凱政権

孫文の訪日と日本の辛亥革命への対応

ところで宋教仁が暗殺されたとき、孫文は中国にいなかった。彼は一九一三年二月から国賓として日本を訪問中で、事件前日の三月一九日には旧友である宮崎滔天（とうてん）の実家を訪ねている。臨時大総統を辞めた孫文は産業育成のかなめとして鉄道建設の大計画をたて、今回の訪日も建設費の借款交渉がひとつの目的だった。日本到着後の孫文は多くの政府要人と会見したが、最も意気投合したのは日英同盟締結の立て役者である桂太郎（かつらたろう）であった。

アジア初の共和国を創った孫文と藩閥（はんばつ）政治家の桂太郎という組み合わせは、私たちの眼にはミスマッチと映る。だが両者の会談は二度、一五時間以上におよんだ。そして今後日本は中国を侵略せず、両国が提携してアジアの平和を実現すること、日本はドイツと同盟関係を結び、中国と共同歩調をとりながらイギリスに対抗するという驚くべき内容が話し合われた。さらにこの年一〇月に桂太郎が死去すると、孫文は「もはや日本には、ともに天下を語るに足る政治家はいなくなった」と惜しんだという。

実のところ桂太郎は二月の大正政変（第一次護憲運動）で首相の座を追われており、彼の発言は政府の立場を代表するものではなかった。むしろ辛亥革命が勃発すると、はじめ日本政府は清朝を維持しながら立憲君主制を成立させることに力を注いだ。やがて南北の勢力が拮抗すると、日本は革命軍にも武器援助を行ったが、南京の臨時政府を承認することには二の足を踏んだ。その結果袁世凱を支持するイギリスが対中国交渉のイニシアティブを握ると、日本は一九一二年七月に第三次日露協約を結んで内モンゴル（内蒙古）の権益をロシアと分け合った。

日本は政府として辛亥革命に対する明確な方針を打ち出せなかったが、民間人のあいだには革命を支援し、これに参加する動きもあった。その代表は高知出身の萱野長知で、梅屋庄吉から七万円の資金を託されて中国に渡り、漢陽で黄興の率いる革命軍に参加した。また頭山満は革命支援団体として有隣会を組織し、二・二六事件の黒幕として処刑される国家主義者の北一輝も宋教仁と南京攻防戦に参加した。孫文は彼らについて「日本政府は革命に反対するけれども、民間は同情している」と評価している。

むろん日本の民間人がみな革命に同情的であったわけではなかった。中国大陸での日本の権益拡大をはかる大陸浪人の川島浪速は、清朝滅亡にあたって粛親王を旅順へ脱出させた。そして満洲族の故郷である中国東北部と内モンゴルを中国から独立させ、日本の実力下に置こうと画策した。この第一次満蒙独立運動は計画が漏れて中止となったが、一九一六年にも再燃した。

なお川島浪速は粛親王の一四女を自分の養女としたが、彼女がのちに日本の特務として一九三二年の上海事変で暗躍し、映画『ラストエンペラー』にも登場する「東洋のマタハリ」こと川島芳子である。当時はロシアが外モンゴル（現在のモンゴル国）を中国から独立させようと図り、イギリスもチベットをうかがっていた。川島は日本がヨーロッパ列強に対抗して満蒙に勢力を拡大することが、「東亜の保全」につながると主張して侵略行為を正当化したのである。

善後大借款と第二革命

さて宋教仁暗殺の知らせを受けた孫文は、急ぎ帰国の途についた。一九一三年三月二五日に孫文が上海へ到着すると、国民党の幹部会議が開かれて対応を協議した。この時袁世凱に対する武力討伐を主張する声もあったが、当面は国民党が優位に立つ議会で袁世凱を追及することになった。

はたして四月に議会が開幕すると、袁世凱と国民党は激しくぶつかった。その焦点となったのはイギリス、フランス、ドイツ、ロシア、日本の五ヵ国銀行団から借り受けた総額二五〇〇万ポンドの善後大借款であり、その担保として塩税の収入を外国の支配に置くことになっていた。国民党はこの借款が列強の侵略を招き、袁世凱個人の権力強化に使われる危険があると考えて反対した。だが袁世凱は議会の承認を経ないまま契約に調印してしまい、議員たちは袁世凱の法律違反を激しく責めた。

いっぽう袁世凱も黙っていなかった。彼は借款で豊かになった財源を活かして、議員たちに国民党を脱退するよう買収工作を進めた。その相場は一人につき一万元を超え、賄賂を受けとらない議員には脅迫と妨害が待っていた。街の本屋には政府の役人が書いた孫文を中傷する書物が並べられ、重苦しい雰囲気のなかで多くの議員が動揺した。

つづく六月に袁世凱は広東都督の胡漢民、江西都督の李烈鈞など三人の革命派都督を解任して国民党を挑発した。このとき黄興はなお法律に基づいて袁世凱を糾弾するべきだと唱えたが、孫文は武装蜂起を主張してゆずらなかった。七月一二日に孫文の指令を受けた李烈鈞は、袁世凱討伐の軍司令部を設置して江西の独立を宣言した。つづいて江蘇や安徽、広東などの南方七省が独立し、議会も袁世凱との決別を宣言した。いわゆる第二革命の勃発である。

だが袁世凱との武力対決は、強大な軍事力を擁した彼の思うつぼであった。袁世凱は孫文らを国家の統一を破壊し、地方の治安を乱す「乱党」「暴徒」と非難して弾圧に乗りだした。また今回は孫文の期待に反して、武昌蜂起の時のような連鎖反応は起きなかった。人々は空転する議会と横行する賄賂に失望していたのである。蜂起軍はわずか二ヵ月であっけなく敗北し、孫文、黄興らは台湾経由で日本へ亡命した。

袁世凱政権とその特質

こうして反対勢力を叩きつぶした袁世凱は、みずからの政治スタイルによって中央集権的な体制作りに着手した。まず彼がめざしたのは正式な大総統に就任することであり、一九一三年一〇月に袁世凱の動員した圧力団体が包囲する中で、議会は彼を正式大総統に「選出」した。すると一一月に袁世凱は国民党の解散を命じ、残っていた国民党系議員の資格を剥奪して議会を機能停止に追いこんだ。また一九一四年一月には議会を解散し、中国史上初の民主的議会は一年もたずにその幕を閉じてしまった。

次に袁世凱がとりくんだのは、辛亥革命の大きな成果である臨時約法を葬り去ることだっ

民国初期、庶民の弁髪を切り落とす革命軍兵士

た。一九一四年三月に憲法改正の会議が設けられ、五月には大総統の権限を大幅に拡大した中華民国約法（新約法）が公布された。そこでは内閣に代わって国務卿が置かれ、袁世凱と同郷の進士で、彼と義兄弟の契りを交わしたブレインの徐世昌が就任した。また議会として立法院が置かれることになっていたが、結局は召集されなかった。代わりに大総統の諮問機関である参政院が事実上の立法機関となり、袁世凱の意向に従って大総統の任期を終身制へ改めた。

さらに袁世凱は自立性を強めた地方の権限を縮小し、中央集権を徹底させようと図った。はじめ彼は各省を廃止して、いくつかの小さな行政単位に分割しようとしたが実現しなかった。代わって派遣されたのが文官の巡按使で、将軍と改称した各省都督の権限を軍事面に限定する目的を持っていた。また将軍たちに中央への出向を定期的に命じ、その兵力を国軍として位置づけたり、地方財政に対する中央の干渉を強化した。だがこれらの措置によっても地方の軍人勢力を完全に掌握することはできなかった。

こうして形作られた袁世凱政権下の中国は、よく言えば伝統と近代が交錯する時代だった。これを象徴するのは第二革命を鎮圧した張勲で、彼は中華民国の武官だったが、清朝に対する忠誠の証として部下が弁髪を切ることを許さず、弁髪将軍と呼ばれていた。また袁世凱の内政は緊縮財政策をとったために派手な成果はないが、初等教育の普及に熱心に取り組んでおり、彼をまったくの反動政治家と切り捨てることはできない。

むろん袁世凱は自らの信じる強力な国家を実現するために手段を選ばなかった。暗殺や賄賂、脅迫が横行し、一九一三年七月に戒厳令を敷いてからは、穏健派の地方エリートに対しても時に弾圧を加えた。だが彼の一番の誤りは革命によって湧き起こった、中華世界を再生させようとする社会のエネルギーに冷水を浴びせたことだろう。議会政治の実現をめざす宋教仁らの行動が多分に性急であったにせよ、袁世凱はそのカオス的な情況に「亡国」の恐怖しか読みとることができなかったのである。

中華革命党と孫文

一九一三年八月に孫文が日本へ亡命すると、はじめ日本政府は半年前の歓迎ぶりが嘘のように冷淡な態度を見せた。首相の山本権兵衛は袁世凱やイギリスとの関係悪化を恐れ、孫文にアメリカへ行くように勧告した。だが孫文は再起を図る場所は日本をおいて外はないと考え、頭山満、犬養毅らに協力を求めた。彼らはいま孫文を日本の手中に収めておけば、日本の対中国政策にとって有利だと述べて山本を説得し、なんとか彼から上陸許可をとりつけた。これ以後孫文は二年九ヵ月にわたり日本で革命活動を展開することになった。

一九一四年六月に孫文は東京で中華革命党を結成した。彼は第二革命の失敗について、自分の主張した袁世凱との武力対決が誤りだったとは認めなかった。むしろ宋教仁の推しすすめた国民党の議会政治が、立身出世を求める多くの猟官(りょうかん)分子を党内に導き入れ、革命精神を

孫文と宋慶齢　神戸にて

失わせた結果であると考えた。このため孫文は中華革命党の党員に「一身の生命、自由、権利を犠牲にし、孫先生に従って革命を再興する」こと、言いかえれば彼に対する絶対服従を求めた。孫文は自分に忠誠を誓う精鋭集団を組織することによって、革命を純化しようと図ったのである。

　こうした孫文の独裁的な方針に古くからの同志たちは反発した。とくに黄興は孫文が中国同盟会以前の武装蜂起路線に立ち戻ったことを「常軌を逸した行動」と批判し、これからは党派を超えた広汎な人々を結集すべきだと訴えた。一九一四年に黄興は袁世凱反対の世論を形成するために欧事研究会を組織し、東京と上海で雑誌『甲寅』を発行した。このメンバーには後に中国共産党の創設者となる陳独秀と李大釗が含まれており、翌一五年に陳独秀は有名な『青年雑誌』（第二号からは『新青年』）を創刊して新文化運動の口火を切ることになる。

　だが「会党（秘密結社）中毒」と言われるほど自分の革命方式にこだわる孫文はこの批判を受けいれなかった。むしろ彼は黄興の弱腰が第二革命の失敗を招いたと非難し、怒った黄興は一九一四年に孫文と袂を分かってアメリカへ去った。李烈鈞も孫文に絶対服従するのは屈辱だと述べて中華革命党に加わらず、革命運動は完全に分裂した。独裁への誘惑という中国専制王朝の忌むべき遺産は、いまや袁世凱のみならず革命派の組織をも蝕み始めた。

　このとき孤立した孫文が心を許したのは、広東出身の実業家である宋嘉樹の次女、宋慶齢だった。もともと宋嘉樹は孫文の熱心な支持者の一人で、長女の宋靄齢は孫文の秘書をしていた。一九一四年秋にアメリカ留学帰りの宋慶齢が姉を頼って来日すると、孫文はピアノを弾きながら歌う彼女の姿に一目惚れしてしまった。周囲は二七も歳が違う二人の結婚に反対したが、本人たちの意志は固く、事実結婚後の二人はおしどり夫婦となった。

　一九一五年一〇月に東京の梅屋庄吉宅で孫文と宋慶齢の結婚式が行われた。日本側は宮崎滔天、犬養毅、頭山満などが出席したが、中国側は孫文の側近だった陳其美だけで、他の同志たちの姿はなかった。その後宋慶齢が孫文夫人として中国の危機を救うために大活躍するとは、当時は誰も予想しなかったことだろう。

第一次世界大戦と二十一ヵ条要求

第一次世界大戦と日本の青島占領

　一九一四年六月二八日、今度は世界が一発の凶弾に驚愕した。「ヨーロッパの火薬庫」と言われたバルカン半島の都市サラエボで、オーストリアの皇太子夫妻が暗殺されたのである。犯人はロシアが支援するセルビア王国の青年で、七月にオーストリアはセルビアに宣戦布告をした。だがこの戦争はオーストリアにドイツ、イタリアを加えた同盟国と、ロシア、

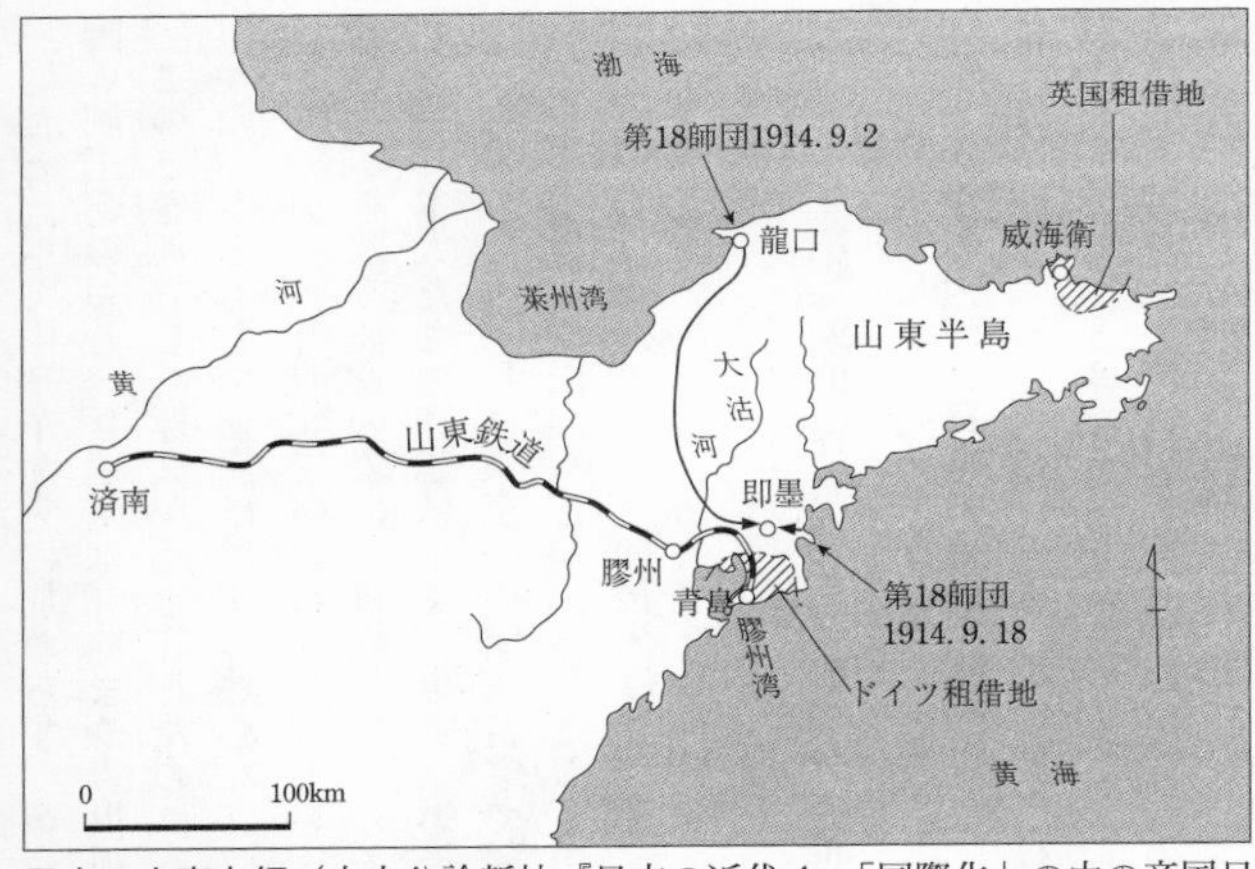

日本の山東占領（中央公論新社『日本の近代４・「国際化」の中の帝国日本』をもとに作成）

イギリス、フランスを中心とする連合国の衝突へと発展した。第一次世界大戦の勃発である。

大戦勃発の知らせが日本へ届くと、元老の井上馨（いのうえかおる）はこの戦争を「大正新時代の天佑（てんゆう）」すなわち天が与えたチャンスだと受けとめた。また彼は首相の大隈重信（おおくましげのぶ）に対して、日本が連合国と団結しながらアジアにおける日本の利権を確立するように求めた。政府も外相の加藤高明（かとうたかあき）が中心となって参戦の意志を固め、八月に「日英同盟の誼（よし）み」を口実としてドイツに宣戦布告をした。攻略目標は山東にあるドイツの拠点だった青島（チンタオ）である。

ところでイギリスは日本に極東のドイツ艦隊を攻撃することを要請したが、日本の野心を警戒して参戦までは望まなかった。また袁世凱政権は大戦が中国に波及するのを恐れ、中立宣言を出して中国領内での戦闘行為を禁止していた。だが日本は中国領内で戦われた日露戦争の例を持ちだし、ドイツ租界以外の山東東部も交戦地域（中立除外地）として認めるように迫った。中国政府がこれを承認すると、九月に上陸した日本軍二万九〇〇〇名は約束の地域をはるかに越えて西進し、省都済南にいたる山東鉄道全域を占領した。

一一月に青島を陥落させた日本軍は、約七〇〇〇名の守備隊を残留させて山東の占領を続けた。日本のドイツに対する最後通牒には「租借地全部を支那国へ還付する」ことがうたわれていたが、南満洲鉄道を除けば中国本土で初めて手に入れた鉄道利権を手放すことはできなかった。中国では日本に対する反感が高まったが、日本政府に孫文の革命運動を弾圧するように求めていた袁世凱は動かなかった。孫文の利用価値を説いて彼の日本滞在を実現した犬養毅らの努力は、皮肉な形で実を結んだのである。

二十一ヵ条要求と中国

さて加藤高明外相の指示をうけた中国公使の日置益（ひおきえき）は、一九一五年一月一八日に正規の外交ルートを無視して、直接袁世凱に対して五項目からなる秘密の要求書を提出した。これが史上悪名の高い二十一ヵ条要求であるが、その内容は次のようなものだった。

第一号　山東における旧ドイツ権益を日本が引き継ぎ、主要都市を開放すること

第二号　南満洲と東部内蒙古における日本の権益を拡大すること。とくに旅順、大連および南満洲鉄道の租借期限を九九ヵ年延長し、これらの地域で日本人の自由な居住と商業活動、不動産の取得権、鉱山の採掘権を認めること

第三号　湖北、湖南にまたがる鉄鋼コンビナートである漢冶萍公司を将来日中合弁とすること。またその資産とくに大冶鉄山の採掘権を保全し、鉄鉱石を日本の八幡製鉄所へ確実に供給できるようにすること

第四号　中国の領土を保全し、沿岸の港湾や島嶼を譲渡、貸与しないこと

第五号　いわゆる希望条項で、（1）中央政府に日本人の政治、財政、軍事顧問を雇うこと。（2）必要な地方の警察を日中合同とするか、または警察に多くの日本人を雇うこと。（3）兵器は日本に供給を仰ぐか、日中合弁の兵器工場を作ること。（4）武昌、南昌、杭州などの華中の諸都市と、華南の潮州をむすぶ鉄道の敷設権を日本に与えること。（5）福建の鉄道、鉱山、港湾について日本の優先権を認めること。（6）日本人の布教権を認めることなど

これらは中国における利権の拡大をめざした第一～第四号と、中国政府を日本の監督下に置き、保護国にすることをねらった第五号に大別される。この第五号が当時の国際ルールに照らしても理不尽な内容だったことは、加藤高明がこれを列強にひた隠しにして交渉を進めようとしたこと、要求（demand）ではなく希望条項（request）とすることで、万一暴露された場合の言い訳にしようと図ったことからもうかがわれる。

当時の日本政府は日中間の提携を重視するか、欧米との協調を重視するかの違いはあれ、中国は日本に頼らなければ何もできないという認識に立って外交政策を進めていた。加藤自身駐日中国大使に対して、「貴国ははたして日本の力を借りずに、ドイツから（膠州湾を）還付されることができると信じているのか」と述べたという。ジャーナリズムも戦後首相と

なって中国との交流を促進した石橋湛山が、「小日本主義」を唱える『東洋経済新報』で自由主義、平和主義の観点から明確な反対論を展開したのを除くと、おしなべて政府の方針に追従した。

　また二〇世紀初めの中国は利権回収運動に代表されるナショナリズムの高揚があり、それが辛亥革命を成功へ導く重要なファクターとなった。だがこの変化に対する日本人の理解は不足しており、中国には国家や公の観念がなく、中国人は自分の利益しか考えない、だから日本が中国を保全してやることがアジアの平和につながるという、ステレオタイプ化されたアジア主義から抜け出せなかった。二十一ヵ条要求はこれら硬直した中国観の一つの産物であったが、それは日本に親近感をよせ、日本モデルの改革を志してきた中国知識人を、日本との決別へ踏み切らせてしまった。

　さてこの法外な要求に怒った中国政府は、一九一五年二月からの交渉でねばり強い抵抗を見せた。正式な会議は二五回、それ以外の折衝も二十数回をかぞえ、外務部総長の陸徴祥らはこのあいだに第五号の内容を全世界に伝え、反対論が盛り上がるのを待った。はじめ列強は模様眺めをしていたが、四月中旬からアメリカが第五号に固執する日本のやり方に反発を強め、イギリスもそれに同調した。中国も第五号については拒否の姿勢をつらぬき、五月四日についに交渉は決裂した。

　五月七日に日本は中国に対して最後通牒を発し、五月九日午後六時までに第五号を除くすべての要求を受け入れなければ軍事行動に出ると通告した。このとき中国には山東、南満洲にそれぞれ増派された一個師団を含めて六万名の日本軍がおり、在留邦人に引き揚げを命じるなど臨戦態勢にあった。いっぽう大戦勃発以来列強の援助を得られなかった袁世凱には、自力で日本と戦争するだけの力はなかった。英米両国の強力な干渉を期待できないと知った袁世凱は最後通牒の受諾を決め、六月に条約が批准された。

反日ナショナリズムの高揚

これらの過程で袁世凱は、国内外で高まった反日ナショナリズムによってかなりのダメージを受けた。日本の山東侵攻が始まると、東南アジアの華僑(かきょう)が日本製品のボイコット運動を開始し、やがて袁世凱の禁令にもかかわらず全国に波及した。一九一五年に入ると日本の中国人留学生が抗議を意味する集団帰国に踏みきり、国内でも日本との戦争に備えて武器の購入資金を集める愛国貯金運動が広がった。

さらに二十一ヵ条要求が認められると、五月七日と九日の両日は国恥(こくち)記念日となり、「民族的屈辱」を忘れないためのデモや集会が行われた。そこには外圧を受けないための強力な国家作りをうたい、独裁的な権力をにぎりながら、侵略に抗しきれなかった袁世凱に対する失望と批判が込められていた。

このナショナリズムの高揚に後押しされるように、袁世凱の政治的ライバルたちが彼の権力を脅かし始めた。その皮切りは進歩党の梁啓超、彼の教え子で第三革命の立て役者となる元雲南省都督の蔡鍔(さいがく)で、参政院で日本の山東占領について袁世凱を追及した。これに続いたのが第二革命で海外へ亡命した黄興、李烈鈞らの旧国民党勢力で、独裁反対を唱えながらも、救国のための行動は惜しまないとの声明を発表した。

さらに袁世凱にとってショックだったのは、もともと自分の部下で、北洋軍内の二大派閥を代表する武将だった江蘇省将軍の馮国璋（直隷派）と陸軍部総長の段祺瑞（安徽派）が、あいついで袁世凱に断固たる行動を求めたことだった。なかでも段祺瑞は最後通牒を拒否するように迫り、袁世凱は「たしかに受諾は屈辱だが、第五号ぬきの受諾は中国を滅亡させるものではない」と反論して言い合いになったという。だがこれらライバルたちの圧力は、かえって袁世凱をさらなる権威獲得の道へと突き進ませることになった。

一方袁世凱の最大の政敵であった孫文は、侵略の当事国である日本にいたことが災いして大きな打撃を受けた。二十一ヵ条要求が出された当初、孫文はそれが重大な利権の喪失であり、とくに第五号は中国を一九一〇年の日韓併合によって日本の植民地となった朝鮮と同じ境遇に追いこむものだと考えた。だが孫文はこの問題をきっかけに袁世凱打倒の世論を喚起しようと図り、二十一ヵ条要求はじつは袁世凱が提起したもので、日本の支持を取りつけることで皇帝の地位をねらっているのだと非難した。

ところが日本亡命後の孫文は革命に対する支援を得るために、板垣退助、渋沢栄一などの政財界の重鎮や軍関係者と接触を重ねていた。そして二十一ヵ条要求の交渉が続いていた一九一五年三月に、孫文は外務省に対して日本の民間人との間に調印した中日盟約を秘かに提示した。

この中日盟約は一一ヵ条からなり、共同作戦のために中国軍が日本軍と同じ兵器、弾薬を用いること、中国軍や中国政府に主として日本人を採用することなど、二十一ヵ条要求とよく似た内容がうたわれていた。孫文は中華革命党の結成にあたって三民主義から民族主義を削除してしまっており、外国の支援に頼る国際派の革命スタイルは、いきおい日本の帝国主義的野心に対する過小評価をもたらしたのである。

この中日盟約は革命派の窮状を日本側に暴露する結果となり、孫文の意に反して二十一ヵ条要求の交渉過程において日本に格好の取引材料を与えてしまった。売国奴よばわりされた袁世凱も反撃に転じ、宋靄齢（そうあいれい）の夫でのちに南京国民政府の幹部となる孔祥熙（こうしょうき）は孫文を日本の手先だとののしった。だがこうした泥仕合は革命の父としての孫文の威信をゆるがす以外に、いかなる結果も生まなかったのである。

袁世凱の帝制復活と日本

袁世凱の野望と不安

袁世凱には昼寝が終わるとお茶を飲む習慣があった。ある日ボーイの少年は、お茶を袁世凱がお気に入りのヒスイのコップに入れて部屋に運んだが、うっかりコップを落として割ってしまった。幸い主人は眠ったままだった。少年は年上の召し使いのところへ行き、自分が叱られないで済むにはどうしたら良いかを相談した。

袁世凱が目をさますと、陶器のコップが置かれているのに気づいた。彼は少年を呼び、ヒスイのコップはどうしたと尋ねた。「割っただと？」袁世凱はムッとして問いつめた。「はい閣下。私は大変奇妙なものを見たのです」と少年は召し使いに教えられた通りに答えた。「何だそれは？」といぶかる袁世凱。「先ほど私がお茶をもってまいりますと、ベッドの上にいたのは閣下ではなく、五つの爪をもつ金色の龍だったのであります」。

「くだらん！」と袁世凱はさけんだ。だが彼の怒りはすでに止んでいた。　袁世凱は引き出しを開け、一〇〇ドル紙幣をとりだして少年の手に握らせた。そして「さっき見たことは、誰にもしゃべるなよ」と言い聞かせた。

これは袁世凱の権力基盤である北洋軍で、まことしやかに語られていた話である。いうまでもなく「五つの爪をもつ金色の龍」とは皇帝のことで、この物語は袁世凱が皇帝になりたがっていることを揶揄するものだった。だが袁世凱即位の噂が立ったのはこれが初めてではなかった。清朝の滅亡以来彼の側近や革命派、清朝の貴族からこの種の話はくり返し生まれた。袁世凱が二十一ヵ条要求を受諾したのは、日本から帝制支持をとりつけるためだったと孫文が非難したことは先ほど見た通りである。

袁世凱の帝制復活については、もともと彼がそうした野望を持っていたとか、独裁者となった驕りから思いついたと言われることが多い。だがそれらは孫文や国民党、あるいは中国共産党の「正しさ」を強調するために、袁世凱を「国を盗んだ大泥棒」に仕立て上げようとする政治主義的な見方に過ぎない。むしろ歴史の真実は別のところにある。袁世凱が皇帝になろうと考えた本当の理由とは、みずからが理想とする強い中国を実現できない焦りと独裁権力が脅かされることへの不安にあった。

袁世凱が皇帝となることを明確に意識し始めたのは、一九一四年の後半だったという。この年一二月に彼は北京の天壇（現在の天壇公園）で、天を祀る儀礼を行った。この儀礼は歴代皇帝だけに与えられた特権であり、彼がその後継者であることを象徴的に示すものだっ

段祺瑞

た。もっとも袁世凱はあくまで中華民国の代表として儀礼に臨んだのであり、礼服の色も皇帝をあらわす黄色ではなく、紫色だった。

このころ北洋軍は、河南一帯で「富者を打って貧者を助ける」をスローガンにかかげ、革命派と結んで抵抗した白朗反乱軍の鎮圧に手間取るなど弱体化のきざしを見せていた。また北洋軍内のナンバーツーに成長した段祺瑞は袁世凱の命令に服さず、人事をめぐって両者は衝突した。そこで袁世凱はみずから指揮する精鋭部隊の「模範団」を編制して、北洋軍のテコ入れに乗りだした。また彼は陸軍部のほかに新たな総司令部を設け、段祺瑞の勢力を抑え込もうと図った。

だがこれらの措置も日本の侵略を抑えることはできず、袁世凱は日清戦争の敗北によって失脚に追いこまれた李鴻章の二の舞となることを恐れた。また制度の改編も北洋軍内に走った亀裂を埋めることはできず、一九一五年六月にもう一人の実力者である馮国璋は梁啓超を伴って上京し、袁世凱に帝制の意図について問いただした。

このとき袁世凱は皇帝となる意志を否定したが、部下やライバルの批判的な行動は彼を不安に陥れた。独裁に対する反発におびえ、洪秀全と対等な立場に立つことで権威を確立しようと図った太平天国東王の楊秀清と同じように、袁世凱はゆるぎなき最高権力者＝皇帝となることでこれらの不安をうち消そうとしたのである。

グッドナウと帝制運動

こうして皇帝への道を歩み始めた袁世凱に、強力な援護射撃を与えたのはアメリカの行政学者F・J・グッドナウだった。

一九一三年に総統府の法律顧問として中国に招聘されたグッドナウは、民衆の政治意識が低い中国に共和制はなじまないと主張した。彼によると、中国における最高権力者の交代は必ず大きな政治的混乱を生み、国の独立が脅かされる危険がある。むしろ立憲君主制によって権力世襲のルールを定めれば、動乱を未然に防ぐことができる。そもそも専制君主の伝統が根強い中国では、徹底した外国の支配と指導がない限り近代化はおぼつかない。したがって中国には「帝制が共和制よりも適合的」だというのである。

グッドナウの帝制擁護論はある意味で根の深いアジア蔑視に基づき、列強の植民地支配を正当化するものだった。だが孫文死後の国民党と共産党の争いや人民共和国内の激しい権力闘争の歴史を知る我々は、これを人種差別の暴論だと素直に笑えない部分がある。また当時の中国では古き良き時代の象徴として皇帝の存在をなつかしむ声もあり、外国人とりわけ共和制の本場であるアメリカ人が唱えたこの説は、科学的な根拠があるかのように受け取られた。もはや皇帝が復活しても人々は魅了されないというユニークな反対論を展開した梁啓超は、「私は自分の眼が青く、ヒゲが赤くないのが残念だ」と述べてグッドナウの影響力の大きさを認めている。

つづく一九一五年八月、袁世凱の意を受けた楊度(ようたく)らは帝制推進の母体として籌安会(ちゅうあんかい)を組織し、袁世凱を皇帝にするためのキャンペーンを開始した。楊度は革命派から立憲派に転じた人物で、籌安会のメンバーには元革命派のアナーキストで北京大学教授となる劉師培、中国に進化論を紹介した厳復など政権内の非主流派が多かった。彼らの主張は共和制の国がみな成功しているわけではなく、いまの中国に必要なのは「英明な」啓蒙君主であり、袁世凱こそはその適役だというものだった。

九月に袁世凱の部下のなかで一番の財産家だった梁士詒は、国体の変更を求める全国請願連合会を組織し、参政院も国民会議を召集することに決めた。すると翌月に金でかり集められた請願者が北京に集まり、国民会議は満票で袁世凱を皇帝に推戴した。一二月一二日に袁世凱は一度辞退した後につつしんで「天命」を受け、新王朝の国名を中華民国とは一字違いの「中華帝国」にすること、元号を洪いなる憲政を意味する「洪憲」にすることを発表した。

日本の動向と坂西利八郎

ところで袁世凱の帝制運動に大きな影響を与えたのは日本の動向だった。当時日本では外相の加藤高明が二十一ヵ条要求での稚拙な外交の責任をとって辞任し、九月に首相の大隈重信は日本の権益を損なわない限り、中国の帝制問題に介入しないとの声明を発表した。袁世凱はこれを帝制支持のサインと受けとめ、彼が皇帝になって強い中国を演出することが日本の野心を抑える早道だと確信した。二十一ヵ条要求での屈辱は袁世凱にとってトラウマになっていたのである。

しかし孫文に日中の提携を約束した桂太郎の発言が日本政府の意思を代表していなかったように、この大隈重信の声明も政府の統一見解に基づくものではなかった。一〇月に石井菊次郎が外相に就任すると、一転して日本は帝制が中国国内に混乱を招く恐れがあると主張し、連合国であるイギリス、ロシア、フランスを誘って帝制の実施を延期するように申し入れた。

ハシゴをはずされた格好となった袁世凱は、一一月に帝制実施の年内延期を回答した。また彼は中国が連合国の一員として参戦することで、英、露、仏三国の帝制支持を取りつけようと図った。この中国参戦問題がイギリスから日本に提案されると、日本は中国が講和会議に出席すれば、二十一ヵ条要求で獲得した利権が脅かされると考えてこれを拒否した。そして一二月に袁世凱の即位が決まると、日本公使の日置益は各国公使とともに再び抗議を行い、帝制反対の立場を明確にしたのである。

このころ袁世凱の腹心に坂西利八郎という日本人がいた。彼は和歌山の士族出身で、陸軍士官学校を卒業後に中国へ派遣され、一九〇四年に直隷総督だった袁世凱の軍事顧問となった。情報将校の坂西は弁髪をつけ、班志超という中国名を持っていた。また彼は中国語に堪能で、袁世凱と通訳なしで直接話すことができた。軍の近代化を図る袁世凱も坂西のアドバイスに厚い信頼をよせたという。

むろん坂西利八郎は日本の軍人であり、彼の活動はあくまで日本の国益を優先した上でのものだった。これをよく示すのは二十一ヵ条要求の交渉で彼が主張した「支那併呑論」で、列強が自国の戦争に追われている今のうちに中国併合を実現せよと訴えた。坂西がこうした極論を唱えた背景には、陸軍と外務省の意見がかみ合わず、最終段階で第五号を撤回したことへの反発があったと言われる。なお袁世凱の法律顧問として有名な陸軍大学校教授の有賀長雄も坂西が推薦したという。

帝制運動が始まったとき、坂西利八郎は袁世凱に即位を思いとどまるように忠告した。彼はもともと日本が親米的な袁世凱を嫌っており、日本の世論が帝制の復活は容認しても、袁世凱が皇帝になることは認めないことをよく知っていた。また長い北京滞在の経験から袁世凱の長男である袁克定に皇太子となるだけの資質はなく、楊度、梁士詒らも首相の座をうかがう二流の人物に過ぎないと見ていた。

坂西利八郎は「袁自身のためにも、子孫のためにもならず、袁氏の滅亡を早めるだけだ」と言って袁世凱やその側近を必死に説得したが、彼らは耳を貸さなかった。また袁世凱の没落が決定的になった一九一六年四月、坂西は袁世凱に一度下野させて、再起を図らせようとした。それは坂西の精一杯の好意であり、主君の過ちを諫めることが忠臣の道と考える武士道の現れだったのかもしれない。だがこうした行動ゆえに坂西は日本人から帝制支持派とみなされ、「袁世凱のスパイ」というレッテルを貼られたのである。

第三革命と軍閥混戦の幕開け

第三革命と袁世凱の死

さて袁世凱の周囲で皇帝即位に反対したのは、ひとり坂西利八郎だけではなかった。袁世凱の教師だった張謇、義兄弟でブレインだった国務卿の徐世昌はいずれも帝制復活に賛成せず、前者は政府を去り、後者は病気を理由に「引退」した。また袁世凱と衝突した段祺瑞はサボタージュに訴え、馮国璋は上海に脱出した梁啓超と連絡をとりながら帝制反対をくりかえし声明した。

帝制反対派のなかでめざましい活躍をしたのは蔡鍔（さいがく）だった。彼は第二革命後に北京政府に入り、将来を嘱望されたホープであった。だが袁世凱の政治に失望した彼は、一九一五年一一月にひそかに北京を脱出し、かつて都督として多くの部下を育てた雲南に入った。そして一二月に蔡鍔は彼と同じく日本の士官学校で学んだ雲南省将軍の唐継堯（とうけいぎょう）、第二革命時の江西省都督だった李烈鈞と雲南護国軍（ごこくぐん）を組織し、袁世凱に反旗をひるがえした。第三革命の勃発である。

雲南の独立を宣言した彼らは袁世凱を「国賊」と呼んでその打倒をめざし、国会の召集や地方政府の権限拡大を訴えた。蔡鍔は三〇〇〇名の兵を率いて四川に入り、保路運動で活躍した哥老会（かろうかい）の支援を受けながら二万を超える北洋軍と互角に戦った。はじめ躊躇していた各地の将軍もこの結果に勇気づけられ、一九一六年三月に辺境の反乱軍あがりの広西省将軍である陸栄廷（りくえいてい）が独立を宣言すると、貴州、広東、浙江が前後して独立した。また馮国璋も張勲など数名の将軍と共に帝制の取り消しを要求した。

孤立した袁世凱は三月二二日、ついに中華帝国の廃止を宣言した。一二月の即位宣言からわずか八三日の天下だった。彼は政権の延命を図ったが、事態はもはや袁世凱が大総統の職に留まることを許さなかった。五月に独立した西南諸省の将軍たちは臨時政府である軍務院（ぐんむいん）を組織し、袁世凱が廃止した臨時約法の規定にもとづいて副総統の黎元洪（れいげんこう）を大総統にするように求めた。それはあたかも五年前に黎元洪が担ぎ出された武昌蜂起の再演のようだった。

ふたたび南からの風が吹いたのである。

一九一六年六月六日に袁世凱は失意のなかで病死した。享年は五六。帝制廃止に追いこまれた時、彼は失神したように「おしまいだ！　全部おしまいだ！　昨晩李鴻章公が亡くなる時と同じように巨星が落ちるのを見たが、今度はわしの番だ」と叫んだという。それは社会の激動期に君臨したストロングマンの死であったが、彼の権力を支えた北洋軍の死までは意味しなかった。その遺産は激しい跡目争いと共に受けつがれることになる。

ところでこの第三革命で孫文はほとんど影響力を行使できなかった。一九一六年四月に孫文はのちに首相となる陸軍参謀本部次長の田中義一（たなかぎいち）と接触して、軍部の支援をとりつけた。そして中華革命党の東北軍司令官だった居正（きょせい）は日本軍の占領下にあった青島を拠点に蜂起したが、省都済南を占領することはできなかった。ちなみに蔡鍔らの護国軍も日本から支援を受けており、南北から袁世凱を挟撃する手はずになっていた。日本は袁世凱に未来はないと見かぎり、中国における日本の優先権を確保するうえでの障碍（しょうがい）と考えて、その打倒に執念を燃やしたのである。

段祺瑞政権と西原借款

さて袁世凱の死後、副総統の黎元洪が大総統に就任した。彼は臨時約法を復活させ、議会を召集するなど、中国を袁世凱独裁以前の状態に戻そうとした。野心の少ない黎元洪はバランサーとしては適役だったが、彼には軍事的実力が足りず、それをカバーするだけの才覚もなかった。かわって権力を握ったのは北洋軍の力を背景に国務総理となった段祺瑞（だんきずい）（安徽（あんき）

派）であり、これに対抗したのが副総統の馮国璋（直隷派）だった。さらに西南には第三革命の立て役者となった諸将軍がおり、東北には袁世凱失脚の過程で新たに台頭してきた張作霖（奉天派）がいた。このため北京政府内の権力抗争は段祺瑞を中心に、彼と対立する黎元洪、馮国璋あるいは各地の将軍たちという構図をとることになった。

さて袁世凱を破滅に追いこんだ日本の首相大隈重信は、一九一六年一〇月に元老との対立がきっかけで退陣を余儀なくされた。次に首相を拝命したのは朝鮮総督の寺内正毅だった。寺内内閣は日本国内では超然内閣として知られ、シベリア出兵や米騒動で有名だが、彼がとりくんだ重要課題の一つに中国政策の転換があった。

二十一ヵ条要求以来日中関係は悪化し、とくに大隈内閣がとった袁世凱排斥策は、大陸浪人である川島浪速が一九一六年春に軍部とむすび、ふたたび東北三省と内モンゴル東部の独立を図った第二次満蒙独立運動を黙認するなどの行き過ぎがあった。寺内正毅はこうした大隈の中国政策を議会で批判し、「誠意」と「親善」を柱とする「王道主義」を中国政策の基本方針にかかげた。また彼は経済的援助によって日本の中国権益を確保しようと図ったが、その担い手となったのが西原亀三である。

西原亀三は対ロシア強硬論を唱える対露同志会に加わり、朝鮮で実業家として成功すると朝鮮総督だった寺内正毅の信任をえた。また彼は朝鮮銀行総裁であった勝田主計と親しく、勝田が寺内内閣の蔵相になると、西原はその個人秘書となった。そして「朝鮮組」とよばれた西原、勝田、寺内の三人が中国政策のパートナーとして選んだのが、国務総理の段祺瑞であった。

西原亀三は朝鮮での経験にもとづき、鉄道と銀行を支配することで日本貨幣の通用範囲を広げ、中国経済に対する日本の影響力を拡大するプランを立てた。そして彼は北洋軍内に多くの人脈を持つ坂西利八郎の協力を得て、一九一七年一月に段祺瑞との間に五〇〇〇万円の交通銀行借款を結んだ。中国政策の方針として「不偏公平」をあげていた寺内正毅は、はじめ内政干渉につながる特定の政治勢力への肩入れには消極的だった。だが西原は北洋派を援助することで「帝国百年の計」を立てよと寺内を説得したのである。

この結果一九一七年七月に寺内正毅は、「段内閣に相当の友好的援助を与え、時局の平定を期す」という段祺瑞支援の方針を閣議で決定した。そして彼は一九一八年に米騒動によって辞任するまでに、第一次世界大戦の好景気によって蓄積された一億四五〇〇万円の外資を、ほとんど担保も取らずに借款として段祺瑞につぎこんだ。これがいわゆる西原借款で、実際には段祺瑞に対する政治借款にほかならなかった。またこれらの資金はほとんどが段祺瑞の軍備強化に用いられ、彼の没落後は回収できずに焦げついた。

「段援政策」とよばれる日本の段祺瑞に対する偏った援助は、中国の政局に大きな波紋を投げかけた。その焦点となったのは中国の参戦問題であった。一九一七年四月にアメリカが第一次世界大戦に参戦すると、アメリカは中国に対しても参戦を働きかけた。すると西原亀三は段祺瑞に対する影響力を奪われないために、義和団賠償金支払いの延期や関税引き上げなどの条件を提示して熱心に参戦を勧めた。段祺瑞も連合国の支援によって自分の政権を強化できると考え、参戦を受け入れようとした。

だが大総統の黎元洪や議会、段祺瑞のライバルである他の将軍たちは、段祺瑞の権力強化につながる中国の参戦に反対した。当時上海にいた孫文も、段祺瑞の参戦は私利私欲のためだと非難した。一九一七年三月に段祺瑞はドイツとの国交断絶を宣言し、議会に対して中国参戦を承認するように迫った。五月に黎元洪が段祺瑞を罷免すると、天津に逃れた段祺瑞は配下の督軍に独立を宣言させ、黎元洪を窮地に追いこんだ。やむなく黎元洪は弁髪将軍の張勲を北京に呼んで事態を打開しようと図ったが、この決断がとんでもない結果を生みだした。清朝の復辟すなわちラストエンペラーの復活である。

清朝復辟事件と護法戦争

さて退位後の宣統帝溥儀は、民国政府の優待をうけて紫禁城に住んでいた。毎日彼は中南海に住む袁世凱が食事のたびに軍楽隊に演奏させる音楽を聞き、玉座をすべり落ちた皇帝の悲哀を味わったという。袁世凱の帝制計画が起こったのは、溥儀が九歳のときだった。はじめ宮中では清朝への大政奉還が行われると期待をよせたが、袁世凱の意図が明らかになると、新皇帝に殺されるのではないかという恐怖が広がった。やがて第三革命で袁世凱が死ぬと、溥儀周辺の人々はみな「身のほど知らず」の死を喜んだ。

溥儀によると、彼を復位させようとする復辟の動きは、満洲国の成立まで「一日もやんだことがなかった」という。一九一七年六月のある朝のこと、側近たちは「今日のお勉強はお休みでございます」と言った。張勲が訪ねてきたのである。張勲は「陛下が復位あそばされてこそ、万民は救われるのでございます」と述べて溥儀に復辟を促した。だが溥儀は張勲の粗雑な物言いに失望し、白髪のまじった弁髪を見つめていた。

北京に入城した張勲は議会を解散し、黎元洪に迫って大総統を辞職させた。また七月に共和制の廃止と清朝の復活を宣言し、紫禁城の中は「棺桶から逃げ出してきたような」清朝の遺臣たちであふれた。我々には時代錯誤の狂気としか映らない張勲の清朝復辟だが、このころ朝廷では第三革命に加わった広西省将軍の陸栄廷も復辟派と見なしていた。また復辟を図る会議には袁世凱のブレインだった徐世昌が参加し、段祺瑞、馮国璋も部下を派遣してきたという。さらに日本の一部勢力も清朝復活を支持しており、様々な勢力が清王室を政治的に利用しようとうかがっていたのである。

だが彼らが清朝の復活に理解を示したのは、あくまで自分たちが政治的なイニシアティブを握った上でのことだった。はたして段祺瑞は張勲の独断的な行動に反発し、ただちに民国復興の討伐軍を組織した。一二日後に張勲はあっけなく敗れ、オランダ公使館に逃げ込んだ。そして安徽派で固められた第二次段祺瑞内閣が誕生し、直隷派の馮国璋が代理大総統となったが、議会はもはや復活されなかった。反対勢力がなくなった段祺瑞は八月に中国の参戦を決定し、日本の支援を受けながら武力による全国統一をめざした。

一方孫文は一九一七年七月に上海から広州へ向かい、ここで一三〇名余りの国会議員と臨時約法の精神を守り、議会の復活をめざす臨時政府作りに取りくんだ。段祺瑞の武力統一に危機感を強めた雲南の唐継堯、広西の陸栄廷らもこの動きに加わり、九月に広東軍政府が成立した。孫文は彼らの武力を頼りに段祺瑞に対する護法戦争（護法とは臨時約法を守るとの意）を挑んだが、段祺瑞に比べると軍事的に弱体な将軍たちの足並みは揃わず、戦果はあがらなかった。また南の革命政府、北の段祺瑞政府以外にも各地に大小の軍事勢力が割拠して、中国はいわゆる軍閥混戦の時代に突入した。深まるばかりの「民の国」の混迷を、いったい誰が救えるのだろうか。

第六章　若者たちの季節——五・四運動とマルクス主義

『新青年』と北京大学

天安門事件と五・四運動

一九八九年六月四日、世界中の目が北京の天安門広場に注がれていた。四月に中国共産党内の改革派だった胡耀邦(こようほう)が死去したことをきっかけに、幹部の腐敗を糾弾し、政治の民主化を求める学生運動が勃発したのである。

この民主化運動は一部の政府関係者を含む広汎な市民、労働者へと広がり、一〇〇万人規模の大衆運動へと発展した。五月に政府は中華人民共和国史上はじめて北京に戒厳令を敷き、人民解放軍が市内へ進駐した。だが学生たちは脅しに屈せず、彼らの行動を「動乱」だと決めつけた中国共産党の機関紙『人民日報』の社説を撤回することを要求してハンストを続けた。そしてこの日政府は運動を「反革命の暴乱」と呼んで軍に発砲を命じ、当局の発表によっても九〇〇〇名以上の死傷者を出す大弾圧事件（天安門事件あるいは六・四事件）になったのである。

この頃筆者が調査をしていた広西(こうせい)の山奥では、農村の人々が映りの悪い白黒テレビにかじりつくようにして事態の推移を見つめていた。彼らは腐敗を批判する学生たちに同情し、高圧的な態度で学生との対話に臨んだ首相の李鵬に対しては、「子供相手に癇癪なんぞ起こしおって」と口々に非難した。また彼らは学生たちのかかげた「民主の女神」像に対しては社会主義に反するとして拒絶反応を示し、文化大革命の再来を予感させる大きな政治変動を恐れた。さらに彼らは都市でデモに加わったわが子の安否を気づかい、事件後にデモ参加者が処分を受けると聞いて心を痛めた。

ところで政府の弾圧方針が明らかになった五月下旬から、実際に手が下されるまでにはかなりの時間がかかった。実はこの年は一九一九年に発生した五・四運動の七〇周年にあたり、それが学生たちの運動にきっかけと正当性を与えていた。建国後の中国では五・四運動から中華人民共和国の成立までを新民主主義革命の時代と呼び、その幕開けが北京大学をはじめとする学生の反日デモとされていた。いいかえれば五・四運動は共産党政権にとって一つの「聖域」だったのであり、これを記念するかたちで展開された学生運動をおいそれと弾圧するわけにはいかなかったのである。

天安門事件

それでは現代中国の原点ともなった五・四運動とは、実際のところいかなる運動だったのだろうか。以下ではまずその舞台となった北京大学の動きから見ていくことにしよう。

北京大学の改革と蔡元培

北京大学の前身は一八九八年に建てられた京師大学堂であった。一九〇一年に日本へ教育視察に出かけた呉汝綸は、総教習として中国に招かれた東京帝国大学教授の服部宇之吉と戊戌変法の唯一の成果であったこの学校を近代的な大学とするために努力を重ねた。一九一二年に京師大学堂は北京大学と名前を改め、進化論の紹介で知られる厳復が学長に就任した。だが科挙時代の中国で流行った「読書して官僚となる」という考え方は人々を深く捉えており、北京大学も官吏養成所としての性格が強かった。

こうした北京大学の雰囲気を大きく変えたのは、紹興の進士出身で光復会を組織した蔡元培だった。彼は一九一二年一月に臨時政府の教育総長に就任し、大学令などを制定して中国の教育制度を基礎づけたが、七月に袁世凱と衝突して辞職した。第二革命の後に蔡元培はフランスへ渡り、ここで働きながら勉強するというユニークな留学制度である勤工倹学運動に関わった。この運動の参加者にはのちに中国共産党の指導者となった周恩来、鄧小平らがおり、労働運動とマルクス主義の受容に大きな成果をあげた。

袁世凱の死後である一九一六年一二月に、大総統の黎元洪は蔡元培を北京大学学長に任命した。周囲は彼が保守勢力の牙城というべき北京へ行くことに反対したが、蔡元培は「自分が地獄に入らなければ、誰が行くのか」と言ったという。はたして学長に就任した蔡元培は、大学の使命は自由な学術研究にあり、官僚となって金もうけをする手段として大学を考えてはならないと訴えた。また大学生は人々の模範となるべきで、マージャンや酒、芸者遊びにうつつを抜かしてはならないと戒めた。

だが蔡元培の提起した改革のなかで、最も重要だったのは教授陣の刷新だった。とくに社会に大きなセンセーションをまきおこしたのは、のちに中国共産党の初代委員長となる陳独秀を文学部長として招聘したことである。

陳独秀は革命派の日本留学生で、辛亥革命後は故郷の安徽省政府で秘書長を務めた。第二革命後に上海へ逃亡した彼は雑誌『甲寅』の編集にたずさわり、一九一五年九月にみずから『青年雑誌』（第二号からは『新青年』）を刊行した。その創刊号の論文「つつしんで青年に告ぐ」で、陳独秀は時代の精神として「デモクラシーとサイエンス」をかかげ、自立した青年だけが滅亡に瀕した中国を救うことができると主張した。また彼は伝統思想とりわけ儒教との決別を訴え、儒教こそは中国二〇〇〇年にわたる専制政治の精神的支柱に他ならないときびしく批判した。

このころ袁世凱は学校教育に孔子への崇拝を取り入れ、儒教の国教化を主張する康有為は張勲の清朝復辟を支持した。つまり陳独秀の儒教批判は思想、文化上の問題にとどまらず、政治的な色彩を帯びていた。蔡元培は陳独秀が泊まっているホテルを毎日訪ね、ねばり強い説得によって彼を口説き落とした。また『新青年』の編集部も北京へ移り、北京大学は新文化運動の情報発信地になったのである。

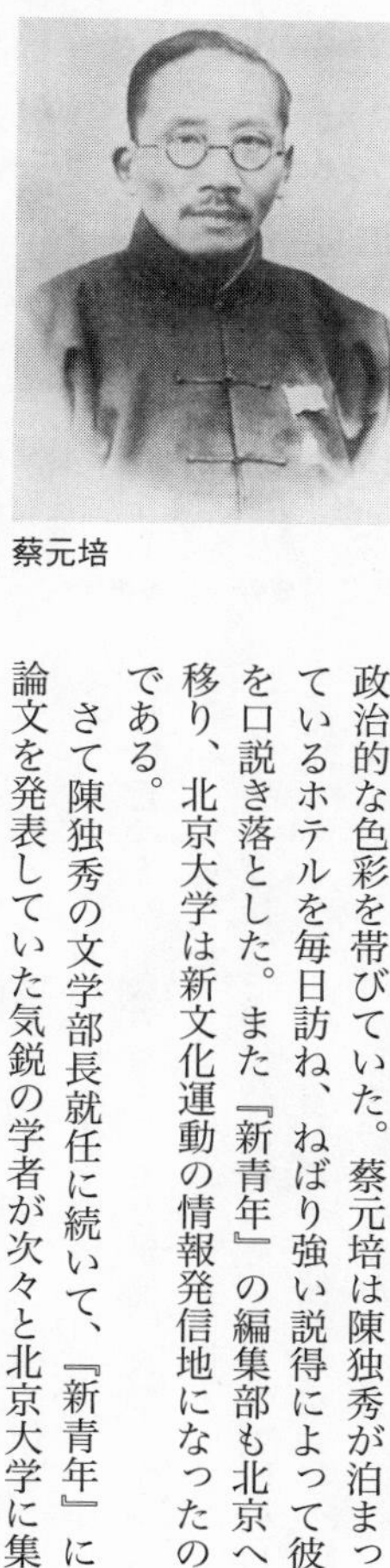
蔡元培

さて陳独秀の文学部長就任に続いて、『新青年』に論文を発表していた気鋭の学者が次々と北京大学に集まった。アメリカ留学中にノルウェーの国民作家であるイプセンに傾倒し、口語体を用いる白話文学を提唱した胡適はその一人である。また早稲田大学留学中に二十一ヵ条要求に対する反対運動を展開した李大釗は、作品「青春」で青年の自覚こそが「青春中国の再生復活」をもたらすと主張したが、彼も北京大学の付属図書館主任と経済学科教授に招かれた。

雑誌『新青年』表紙

ただし蔡元培の方針は政治的な立場や主義にこだわらず、才能ある学者を広く集めるというものだった。その代表は袁世凱の帝制復活運動に協力した劉師培で、彼の中国古典に対する知識は群を抜いていた。また一九二〇年代末から独特な郷村建設運動を進め、文化大革命後には現代新儒家として見直される梁漱溟は、インド哲学に関する論文を評価されて二四歳の若さで北京大学講師となった。彼は西洋思想によって伝統を批判すれば事足れりとする新文化運動の風潮に反発し、儒学の再発見を試みた『東西文化およびその哲学』で中国文化の優位性を説いた。

国語制定と女性解放をめぐる議論

このように蔡元培が改革した北京大学は、古今東西の思想がぶつかりあう百家争鳴の情況を呈した。ある日のこと、大学の機関紙というべき『北京大学日刊』に一つの意見が掲載された。その筆者は北京大学付属図書館の事務補佐員をしていた若き日の毛沢東であった。ここで彼は多くの社会問題を取り上げたが、なかでも興味深いのは「国語（白話文）問題」と「女子問題」である。

　まず国語問題であるが、ヨーロッパに匹敵する地理的サイズを持つ中国では方言の差異も大きかった。五大方言と言われる北方語、呉語（上海語）、閩語（台湾などで話される閩南語）、広東語、客家語はみな発音が異なり、互いにまったくと言って良いほど通じなかった。これを繋ぎとめてきたのが書き言葉である文語で、大学の講義も文章化されたプリントを読み上げる形で行われた。だが白話文学が提唱されると、学校教育で口語体の文章をどのように読むのかが大問題となった。

　このとき国語の候補となったのが、一つは江南地方の方言を基礎に官界などで通用していた「官話」であり、もう一つは北京の中産階級のあいだで話されていた北京語だった。これらはみな北方語の一部分であったが、蔡元培や章炳麟など江南出身の革命派知識人は多くが官話を支持した。彼らにとって中国の文化的中心は江南であり、モンゴル語、満洲語など北方民族の言語に影響された北京語は純正な「中原の音」ではないと言うのである。

　一方北京語を主張する人々から見れば、官話は雑多な方言の寄せ集めに過ぎず、言語としての系統性を欠いていた。また彼らは長く中国の首都であった北京の方言こそは、国語となるだけの威信を備えていると考えた。

　この国語をめぐる南北対立は、東京方言がほぼそのまま共通語となった日本人の感覚からは奇異に映る。だがこの論争には辛亥革命期に見られた臨時政府（南京）と袁世凱（北京）の綱引きが影を落としていた。またそれは中国の中心を文化、経済的中心地である江南に置くのか、軍事的な要地で、政治都市である北京にすえるべきかという、明代以来争われた江南知識人と専制権力の対抗関係が背景にあったと言える。結局この論争は中華民国を通して続けられ、中華人民共和国によって北京語を普通話とすることで決着がついた。いわば政治が文化、経済を圧倒したのである。

さて若き毛沢東が提起したもう一つの問題は女子問題であった。清末に日本へ留学した中国人留学生が街を闊歩する日本の女子学生に驚き、纏足のために家に閉じこもった中国女性と比較したことはすでに述べた。女性が野良仕事を行う客家の習慣に基づいて纏足を禁止した太平天国を除くと、近代中国で纏足の廃止を最初に唱えたのはキリスト教宣教師だった。中国国内で本格的に纏足廃止が唱えられたのは一八九八年の戊戌変法からで、各地で自然な足を意味する天足会が設けられた。かつて三寸金蓮ともてはやされた纏足は、中国の立ちおくれを象徴する「国の恥」と考えられるようになった。

次に女子教育について見ると、一八八〇年代から寧波などで外国人宣教師によって女学校が設立され、二〇世紀に入ると女子の日本留学生も多く生まれた。一九〇七年に清朝も女子の初等教育と師範教育を開始し、辛亥革命後に蔡元培は小学校での男女共学を取りきめた。むろん「女に学問は無用」とする社会通念の影響は根強く、一九一五年の女子小学生の割合は全体の四パーセント程度に過ぎなかったが、一九一九年に一つの成果があらわれた。鄧春蘭という女子学生が蔡元培に手紙を出し、北京大学へ入学したいと申し出たのである。

このとき蔡元培は保守派や政府の圧力をはね返し、学力さえあれば入学は可能という見解を示した。はたして一九二〇年春に鄧春蘭をふくむ九名の女子学生が聴講生として認められ、九月の入学試験で全員が合格した。女子新入生の登場は男子学生にとっても大ニュースとなり、その名前を載せた『北京大学日刊』はまたたく間に売り切れたという。この年に東京帝国大学は女子の聴講生を認めたが、入学を許可したのは戦後のことだった。最高学府での男女共学という点では、中国は日本の一歩先を進んだことになる。

だが高等教育を受けた彼女たちも、社会参加という点から見るとその選択肢は限られていた。清末にはすでに紹介した秋瑾（しゅうきん）以外にも革命運動に加わり、爆弾の製造や情報活動、後方支援に従事した女性活動家が数多くいた。また一九一一年には女性の政治参加を求める女子参政同盟会が組織された。だが臨時約法は女性の参政権を認めず、袁世凱の独裁が始まると女性参政権問題も彼方に追いやられてしまった。

また新文化運動に共鳴した青年男女の前に、立ちはだかったのが伝統的な家族制度であった。とくに焦点となったのは結婚問題で、毛沢東自身父の決めた結婚を拒否して家を飛び出し、後に革命運動の犠牲となる楊開慧（ようかいけい）との恋愛で悩んでいた。また広東の製糸工場では女工たちの間で「結婚しない同盟（拒婚（きょこん）同盟）」が作られたが、社会の大勢とはならなかった。胡適の紹介したイプセン『人形の家』が好評を博したのは、こうした苦悩を抱えた人々が「家」の束縛に抵抗する主人公ノラの姿に共感をよせたためだった。だが魯迅（ろじん）が「ノラは家出してからどうなったか」で述べたように、旧制度を飛び出した若者たちを待ち構えていたのは茨（いばら）の道であった。

いっぽう大多数を占めた農村の女たちにとって、旧制度からの脱出はさらに困難だった。清末の山東（さんとう）に生まれ、ヨーロッパ人の家に雇われた寧老太太（ニンラオタイタイ）という老婆の回想によれば、彼女が纏足をやめて外へ出るきっかけとなったのは、空腹のあまりレンガを砕いて食べるほどの飢えであった。また彼女が物乞いや奉公人をして自立した理由は、アヘン中毒の夫がわが子を売りとばさないように離婚した結果だった。彼女は乞食の生活について「体面を気にしなくても良いし、のびのびしたものだ」と語っている。だが一度病気になれば、その生活を保障するものは何もなかったのである。

魯迅と文学革命

魯迅の日本時代と役人生活

さてここで登場するのが中国近代文学の父と言われる魯迅である。魯迅は本名を周樹人(しゅうじゅじん)といい、紹興(しょうこう)生まれの日本留学生であった。弘文学院時代の彼が孔子を参拝するように言われて違和感をもったこと、同郷人である蔡元培、秋瑾らと共に光復会に参加したことはすでに述べた。

この魯迅が文芸活動に身を投じたのは、仙台医学専門学校（現在の東北大学医学部）に在学中の一九〇六年に起きた次のような事件がきっかけといわれている。

このころ魯迅は微生物学の講義に出ていた。授業はよくスライドを用い、時間が余ると日露戦争などの時事問題を上映して見せた。ある日魯迅は日本軍にスパイとして捕らえられ、処刑される中国人のスライドを見た。その周りには処刑を見物にきた中国人が大勢立っており、みな頑丈そうな体格なのに、一様にボケーッとした顔をしていた。この光景にショックを受けた魯迅は「医学では中国人を救えない、彼らの精神を改造しない限り、見せしめの材料や観客になるだけだ」と考えて、文芸活動を志したというのである。

魯迅の作品『藤野先生』にも登場するこのエピソードは、現在は事実をそのまま伝えたものではないと考えられている。むろん魯迅の講義ノートを毎週のように添削してくれた医学部教授の藤野厳九郎（ふじのげんくろう）は実在の人物であり、魯迅は終生彼を尊敬していた。また期末試験に合格した魯迅が、落第した日本人同級生から「藤野先生が出題箇所を教えた」と中傷され、「中国が弱国だから、中国人は低能児だというのか」と憤慨したのも事実であり、これが原因となって魯迅は仙台を去ったという。

東京に出た魯迅は外国語学校に籍を置きながら、ひそかに革命運動に加わった。ある日彼は要人の暗殺を命じられたが、母親の面倒を誰が見るのかと問いただしたところ、「そんなことではダメだ」と言われてメンバーから外されてしまった。魯迅は家計を支えた母親の魯（ろ）瑞（ずい）に特別な敬意を払い、ペンネームも彼女の姓を名のったほどだった。もしこの時彼がテロ要員として死んでいたら、小説家魯迅は誕生しなかったわけである。

一九〇九年に魯迅は中国へ帰国し、故郷の紹興で教員となったが、保守的な土地柄では留学時代の知識も活かされなかった。とくに困ったのは血気にはやる学生たちが弁髪を切ろうとすることだった。日本で弁髪を切ったために、帰国後は『阿Q正伝（あキューせいでん）』に登場する銭（チエン）旦那の長男よろしく、周囲から「冷笑と悪罵」をふくむ様々な圧力を受けていた魯迅は、学生たちに同じ苦労を味わわせたくなかった。だが彼らは魯迅を「言行不一致」だと非難し、結局数人の学生が弁髪を切ってしまったという。

一九一一年に武昌蜂起(ぶしょうほうき)が発生すると、紹興も革命側にまわった。街には白旗をかかげた軍政府が成立したが、内実は旧勢力が権力をにぎっており何も変わらなかった。この結果に失望した魯迅は、一九一二年に蔡元培の要請に応じて北京へ向かった。魯迅のもう一つの顔である教育部の社会教育局課長、すなわち役人生活の始まりである。

北京に移った魯迅は初め紹興会館に住み、のちに市内西部の八道湾(バーダオワン)などに移った。生活は割合安定していたが、宋教仁が暗殺されて袁世凱の独裁が進むと、教育部も重苦しい空気に包まれた。このころ魯迅は北京の名所の一つである瑠璃廠(リウリーチャン)に出かけては拓本の収集に精を出した。それは彼自身の表現によれば「自分の魂に麻酔をかける」こと、つまり革命の成果が失われたことの寂寞感をいやすと共に、趣味に夢中になっているふりをして特務機関の嫌疑を免れるためだったという。

文学革命と『狂人日記』

一九一六年一〇月の『新青年』は、今日の文学は腐敗が極まっており、形式ばかりで内容がないと指摘した胡適と陳独秀の書簡を掲載した。翌一七年一月に胡適が「文学改良芻議(すうぎ)」を発表し、中身のある文章を口語で書くなどの八つの提案を行うと、翌月に陳独秀が「文学革命論」を書き、貴族文学を打倒して平民文学をうち立てようと応じた。いわゆる文学革命の始まりである。

ある日のこと魯迅の家に漢字廃止論を唱えた学者で、友人の銭玄同(せんげんどう)が訪ねてきた。彼は魯迅に「どうだい、何か書いてみては」と言って『新青年』への執筆を勧めた。このとき文学革命にあまり関心がなかった魯迅は「窓一つない鉄の部屋のなかで昏睡している人々がいるとする。君はわざわざ彼らを呼び起こして、窒息死の苦しみを与えるのは残酷だと思わないかい」と問いかけた。すると銭玄同は「何人かがもう起きてしまったとすれば、鉄の部屋をこわす希望が全くないとは言えんだろう」と答えた。

いうまでもなく「鉄の部屋」とは当時の閉塞した中国社会を指しており、かつて革命に情熱をかたむけた魯迅は「窒息死の苦しみ」を味わっていた。だが本当に社会を変える「希望」はないのだろうか。いま一度抑圧のなかで「昏睡」しながら死にゆく人々を、呼び醒ます努力をしてみるべきではないか。魯迅自身長いあいだ暖めていたこうした問題意識に基づいて、一九一八年六月に発表した作品が『狂人日記』であった。

この作品はある被害妄想患者の手記という形を取っており、主人公の「おれ」は周囲の人々が自分を食おうとしていると考えた。不安になった彼が夜通しかかって書物を調べてみると、くねくねと書かれた「仁義道徳」の教えのすき間から、いたるところに「食人」という文字が浮かびあがってきた。とくに彼が恐怖を抱いたのは実の兄であり、五歳だった可愛い妹も彼によって食われてしまった。いや兄だけではない。自分もじつは知らない間に、中国で数千年来続いてきた人を食うという行為に加担してきたのだ。そして最後に主人公は、人をまだ食ったことのない子供を救えと叫んで終わっている。

この作品は儒教社会が「人を食う」社会であり、その中で生きる人々が互いに「食われる」恐怖に怯えながら、相手を攻撃しようとねらっている様子を生々しく描き出した。事実当時の新聞には息子や妻が母親や夫のために自分の肉を割いて食べさせ、これを儒教的な価値観から賞賛するという記事が載っていた。魯迅はこうした中国社会の抑圧的な体質に鋭い批判を加えることで、胡適らの唱えた文学革命を実践して見せたのである。

つづいて魯迅は一九一九年に『孔乙己（コンイーチー）』と『薬』を発表した。孔乙己は科挙に落第した貧乏書生で、いつも一杯飲み屋で酒をあおっては、他の客たちにからかわれていた。ある日挙人さまの家に盗みに入った孔乙己は、リンチを受けて足を折られてしまった。だが孔乙己が両手でいざりながら店にやってくると、店の主人は彼の不幸な境遇は気にもとめず、ツケがたまっているぞと冷笑を浴びせる。その後孔乙己は店に姿を見せなくなった。おそらく彼は死んでしまったに違いないと結んでいる。

また『薬』の主人公である老栓（ラオシュアン）の一人息子は結核を患っていた。ある日彼は病気を治すには、死人の血をぬった饅頭（マントウ）を患者に食べさせるのが良いという迷信を耳にした。そこで老栓は息子を治したい一心で、夜明け前に革命家が処刑される刑場へ出かけていき、首切り役人から血染めの饅頭を買って食べさせた。その後息子は死んでしまい、彼の妻が墓参りに出かけると、殺された革命家の母親もわが子の墓に向かって語りかけていた。だがあたりは沈黙が続くばかりというストーリーである。

二つの作品に共通するのは、科挙制度や革命派に対する弾圧など、社会の歪みが人間を踏みにじっている事実であり、これら犠牲者の苦しみにまったく無頓着な人々の姿であった。とくに処刑される革命家は秋瑾（しゅうきん）がモデルであり、魯迅は勇敢な彼女が周囲の「パチパチという拍手」によって死地に追いやられたことに自責の念を持っていた。だがそうした想いは主人公に共有されないばかりか、結局のところ病気の息子も救われないのである。

また孔乙己のモデルは近所に住む没落知識人で、「本をとることは盗みとは申さぬ」というセリフも彼自身が語った言葉であるという。孔乙己の盗みは決して重罪ではなかったが、虐待を受けた孔乙己に対する人々の反応は残酷で、その不幸を楽しむかのようだった。魯迅は「暴君治下の臣民は、たいてい暴君よりも暴である」と述べている。じつは魯迅の父親も科挙の不正受験によって没落した知識人であり、父が失意のなかで病死すると、少年だった魯迅は弱みにつけこんで財産をねらう親類縁者の「本当の顔つき」を見せつけられた。つまり魯迅はいくら看板が変わっても、「人を食う」社会のシステムとそれを支える人々の内面が改まらない限り、中国に未来はないと主張したのである。

『阿Q正伝』と中国社会

このように中国社会のかかえる暗闇を鋭く抉(えぐ)りだした魯迅が、北京大学の非常勤講師を務めていた一九二一年に発表した傑作が『阿Q正伝』である。あまりに有名な作品ではあるが、まずはその内容を簡単に見ておきたい。

阿Qは未荘(メイジュアン)の地蔵堂に寝起きしている雇われ農民であった。姓も名前もわからないので阿Qにすると魯迅は記したが、この「Q」は幽霊を意味する「鬼(グイ)」だという説もある。金持ちの趙旦那を初めとする村人からバカにされる阿Qだが、本人はいたって脳天気である。なぜなら彼はどんな屈辱をうけても、これをまたたく間に自己満足に変える「精神的勝利法」を身につけているからだ。

ある日のこと尼さんをからかった阿Qは、「跡取りなしの阿Q」と罵られてショックを受けた。死んだら誰が飯を供えてくれるのか……。やにわに女がほしくなった阿Qは、趙旦那の家で女中をしていた呉媽に「おいらと寝ろ」と迫り、たたき出されて未荘で仕事を失ってしまう。しばらくして街から戻った阿Qは、羽振りもよく人々を驚かせた。だが盗賊の手伝いをしていたことがバレると、再び村人にバカにされてしまう。

辛亥革命が起こると、阿Qは不安がる村人を見て「革命もおもしれえぞ」と考えた。酒に酔って「謀反だ！　謀反だ！」と叫びまわった阿Qは、真っ白な鎧兜に身をつつんだ革命党に加わり、彼をいじめた相手に復讐し、欲しいものを手に入れる空想にふけった。だが翌朝に目を覚ますと、革命達成の名誉はすでに「ニセ毛唐」である銭家の若旦那らに取られてしまった。阿Qは革命党に入れなかったばかりか、かえって趙旦那の家で起こった強盗事件の犯人に仕立て上げられてしまう。

かくして街の牢獄にぶちこまれた阿Qを待っていたのは、みせしめの銃殺刑であった。役人の前に連れ出された阿Qは、初めて筆を手にしてやっとの思いでマルを書いたが、翌日囚人車に乗せられ、市中引きまわしが始まるとようやく自分の運命に気づいた。処刑を見物しようとつめかけた群衆に、阿Qはかつて出会ったオオカミよりもはるかに恐ろしい目つきを見た。それらの眼は阿Qの魂に噛みつき、彼は「助けて」という声も出せないまま、全身がこなごなに飛び散るように感じたという内容である。

ここでペーソスたっぷりに描かれた阿Qは中国人の国民性を代表する人物であり、連載が始まると人々は自分が阿Qのモデルではないかと疑ったほどだった。また阿Qの「おいらは虫けらです」と言わされる屈辱を、「われこそは自分を軽蔑できる第一人者」と考えることで「勝利」に変えてしまう卑屈さやいい加減さを、魯迅は「中国の精神文明が世界に冠絶する証拠」だと述べている。そこにはアヘン戦争以来の軍事的敗北を認めず、半ば植民地に転落してしまった「出来の悪い息子」のような祖国に対する、魯迅自身の痛恨と愛惜がいりまじった感情を読みとることができるだろう。

いっぽう阿Qのお粗末な革命理解や、彼の処刑を喜んで見物する群衆の姿は、中国社会がかかえた問題点の根の深さを示している。事実太平天国やこれに呼応した反乱勢力の参加者には、日頃蓄積していた不満を爆発させるように略奪を働く下層民が少なくなかった。また「死ぬ者がアイヤと叫ぶと、生きている者が面白がる」という光景は、映画『芙蓉鎮（ふようちん）』を引くまでもなく文化大革命期によく見られた現実だった。

さらに小説の舞台となった未荘という一つの社会にとってみれば、革命は一人のあわれな男を銃殺したに過ぎなかった。満洲人王朝の打倒といった革命の大義も、有力者たちが寺の庵にあった「皇帝万歳万々歳」と書かれた龍牌（りゅうはい）をたたき壊すという行為へと矮小化されてしまった。このどんなに優れた理想や主義も一度中国文化の深みにはまると、まったく似て非なるものへ変質してしまうという批判は、台湾の評論家である柏陽（ボーヤン）も指摘している。魯迅が深い痛みを伴いながら提起した中国社会に対する理解は、今なお現在形として人々に鋭い問いを突きつけてやまないのである。

パリ講和会議と五・四運動

二つの講和会議

ここで新文化運動当時の中国国内の政情を見ると、相変わらず南北の対立が続いていた。北京政府の実力者であった国務総理の段祺瑞（安徽派）は、日本の支援を受けながら武力による統一をめざした。だが彼のライバルだった大総統の馮国璋（直隷派）は南北の和平をうたい、段祺瑞の軍事作戦を失敗に追いこんだ。足を引っぱられた段祺瑞は形ばかりの新国会に働きかけ、一九一八年一〇月に馮国璋を大総統の座から引きずり降ろし、袁世凱のブレインだった徐世昌をこれに代えた。はじめ段祺瑞は徐世昌をコントロールするつもりであったが、老獪な徐世昌はみずからの独自色を出すために内戦反対を唱えた。

また南の広東軍政府も、実力者であった広西派の陸栄廷らが北伐を主張する孫文の締め出しを図り、一九一八年五月に大元帥制を廃止して孫文を辞任へと追いつめた。怒った孫文が「軍閥は北も南も同じ穴のムジナだ」と言い残して上海へ去ると、梁啓超、張謇らの穏健派も和平を唱え、列強も内戦の終結を望んだ。その結果一一月に南北停戦が実現し、一九一九年二月には上海で南北講和会議が開かれた。

いっぽう第一次世界大戦も終結を迎えていた。一九一八年一一月にドイツが降伏すると、連合国の一員だった中国でも戦勝記念式典が行われた。アヘン戦争の敗北以来初めての勝利に国内の祝賀ムードは盛り上がり、天安門前広場（現在の天安門広場よりはずっと狭かった）で行われた集会には数千人の学生がつめかけた。さらに多くの中国人が大きな期待をよせたのは、民族自決の原則と植民地問題の公正な解決をうたったアメリカ大統領ウィルソンの十四ヵ条であった。

　このウィルソンの十四ヵ条は、一九一七年のロシア革命で成立したソビエト政府が無併合、無賠償、民族自決の原則に立つ講和条約の締結を呼びかけたことに対抗して、主として東ヨーロッパを想定して出されたものだった。だがこれを聞いたアジアの人々は、大戦後の新しい世界では帝国主義という「強権」による抑圧が廃止されるに違いないという希望を抱いた。そして中国が民族自決という「公理」に基づいて権利を主張すれば、二十一ヵ条要求に代表される屈辱的な不平等条約を解消できると考えたのである。

　こうした国内の期待を背にうけて、一九一八年一二月に中国の全権代表団は講和会議の開催地であるパリへ出発した。代表は北京政府の外交総長だった陸徴祥（りくちょうしょう）であり、「ヤング・チャイナ」と呼ばれた北京政府の駐アメリカ公使である顧維鈞（こいきん）、広東軍政府の駐アメリカ代表である王正廷（おうせいてい）など、ウィルソンを信奉する若い親米派のエリートたちが加わっていた。

　一九一九年一月にパリ講和会議が開催されると、顧維鈞と王正廷はさっそく山東の旧ドイツ権益の中国返還を主張し、日本への譲渡継承を要求する日本代表と対立した。ここで議論の焦点となったのは二十一ヵ条要求の有効性であり、顧維鈞らは中国の参戦によって二十一ヵ条は失効したと主張した。これに対して日本側は、段祺瑞政権の運輸大臣である曹汝霖（そうじょりん）らが、西原借款の交渉中にひそかに日本側と交わした山東問題に関する公文書を持ち出した。そこで中国側は日本がドイツ権益を継承することに「欣然（きんぜん）として同意」しており、したがって二十一ヵ条は有効だと反論したのである。

その後しばらく山東問題は議題にのぼらず、公文書の公表をめぐって日中間の鍔ぜり合いが続いた。だが会議を主導したイギリス、フランスは大戦中に日本と別に密約を交わしており、これを見たアメリカも日本支持に傾いた。四月にふたたび山東問題が取り上げられたが、もはや旧ドイツ権益の中国返還は問題にもされなかった。情勢が不利とみた中国代表は、山東権益をイギリス、フランス、アメリカ、日本、イタリアの「五大国」による共同管理に委ねるという代案を提出し、日本による植民地化を防ごうと試みた。だがこれも失敗に終わり、四月三〇日に山東問題は日本の要求通りに決着した。

さてもう一つの講和会議である上海の南北講和会議も、段祺瑞が新たに編制した参戦軍をめぐって交渉は暗礁に乗りあげていた。参戦軍とは世界大戦に加わるための部隊という意味であるが、実際は内戦に動員することを目的としていた。その費用は西原借款によってまかなわれ、日本人将校が訓練にあたるなど、日本による段援政策の申し子のような軍隊だった。広東軍政府は和平の条件としてこの参戦軍の解散を要求したが、三月に段祺瑞はこの要求を拒絶して会議は中断した。さらに四月に段祺瑞が日本との間に結んだ密約が公表されると、人々の段祺瑞と日本に対する感情はますます悪化した。

五・四運動の開始

中国の外交的敗北をいち早く本国へ伝えたのは、四月二四日に梁啓超がパリから発した電報だった。彼はイギリス、アメリカが日本の要求を受け入れたと報じ、講和条約に対する不調印運動を行うように呼びかけた。四月三〇日に電報が北京へ着くと、人々が期待していた「公理」が日本という「強権」の前に屈服したことに衝撃と失望感が広がった。だがそうした思いは「青島は亡んだ！　山東は亡んだ！　国は国の態をなさなくなった！　願わくはわが四億の民は力を合わせ、死を誓ってこれを取り戻そう」という新聞記事のプロパガンダによって、しだいに激しい怒りへと変わっていった。

五・四運動　天安門前広場に集まる学生たち

一九一九年五月一日に各大学の代表は北京大学などに集まり、亡国の危機にいかに対応するかを話し合った。そして三日夜に陳独秀をバックとする『国民』雑誌社、胡適の支援を受けた『新潮』雑誌社のメンバーが発起人となって、北京大学の学生大会を開催した。この大会には一〇〇〇名を超える参加者が集まり、講和条約の不調印を働きかけること、翌四日に天安門前広場に集まってデモを行うことを申し合わせた。なかには憤激のあまり自分の指を噛みちぎり、シャツに「青島を返せ」と血書（けつしょ）する学生もいたという。

はたして五月四日午後一時、天安門前広場は三〇〇〇名を超える学生で埋めつくされた。彼らは「中国は死刑を宣告された」「わが主権を保て」「二十一ヵ条を取り消せ」「売国奴の曹汝霖らを処罰せよ」などと記したプラカードを掲げ、口語文で書かれたビラを配りながら南へむけて出発した。彼らがめざしたのは列国公使館のある東交民巷で、イギリス、フランス、イタリア、アメリカ四ヵ国の公使に面会を求めた。イギリスなど三ヵ国の大使館は日曜日を理由に取りあわなかったが、数名の代表がアメリカ大使館の書記官と会い、中国の主張を支持するように求めた請願書を手渡した。

このあいだ学生たちは警察に阻まれ、公使館区域の外で炎天下を二時間近くも待たされていた。すると一部の学生が「みんな外交部へ行こう！　曹汝霖の家へ行こう！」と言いだし、多くがリーダーの制止を振りきって曹汝霖の家がある趙家楼へむかった。だが曹汝霖の自宅は二〇〇名を超える警官によって厳重に警備されており、学生たちは壮麗な屋敷をめがけて旗やプラカードを投げ込み、示威を終わろうとした。

このとき思わぬ事件が発生した。さきにデモ隊を煽動した一部の学生が窓をこわして屋敷に入り込み、内側から門を開けたのである。大挙して邸内に入った学生たちは曹汝霖を探し求め、公文書に「欣然同意」の文字を記した張本人で、彼の家に避難していた駐日本公使の章宗祥を捕まえて殴りつけた。また曹汝霖の屋敷には火が放たれた。はじめ学生たちの勢いに恐れをなしていた警察は、北京の警察総監がみずから指揮をとって態勢を立て直し、軍隊まで動員して三二名の学生を逮捕した。

運動の拡大と条約調印拒否

五月五日に学生たちは北京大学で対応を協議し、逮捕された学生の釈放を求めて、各大学の授業をボイコットすることを申し合わせた。北京大学学長の蔡元培は「今回君たちは少しやり過ぎた」と言いながらも、逮捕学生の救出に奔走した。はじめ政府内では大学の解散をふくむ強硬な弾圧論も唱えられたが、山東選出の議員など多くの勢力が学生支持にまわった。孤立した政府は蔡元培に対して、五月七日に行われる国恥記念日の国民大会に学生が参加しないこと、授業を再開することを条件に逮捕学生の釈放を認めた。翌日彼らは歓呼のなかを車に乗せられて北京大学へ戻ってきた。

こうして北京の国民大会は事実上禁止されたが、その他の都市では予定通り国恥記念日の集会とデモが行われた。とくに山東の省都である済南（さいなん）では、三万人が集まって曹汝霖ら「国賊の懲罰」を求めた。だが段祺瑞らは高圧的な姿勢を崩さず、蔡元培を事件の黒幕とみなして罷免しようとした。また刺客を放って蔡元培を暗殺するとか、軍隊が首都に進駐して北京大学を焼き払うなどの噂が飛び交った。情勢が緊迫したのを見た蔡元培は五月八日にみずから辞表を提出し、ひそかに北京を脱出した。

すると政府の圧力によって蔡元培が辞任に追いこまれたと考えた学生たちは憤激し、蔡元培の慰留を求めて再び授業をボイコットすると宣言した。北京大学の教職員や他大学もこれに同調し、五月一三日には北京の校長たちが辞表を提出して抗議した。大総統の徐世昌は翌一四日に蔡元培の慰留令を出して妥協を図らなければならなかった。

このあいだに学生たちは新たな活動方法をあみ出した。救国十人団などと呼ばれる学生の手になる講演団がその一つで、旗を立て、絵や地図を用いて山東問題について人々に説明するものだった。また日本に対する抗議行動として広がったのが日本製品のボイコットで、みなが持ち寄った日本製品を火にくべて焼いてしまうという「日貨焼却大会」が行われた。

　ある集会では山のように積まれた日本製品が燃え上がると、突然一人の中学生が自分の自転車を泣きながら火に投げこんでしまった。これも日本製だったのである。少年時代の宣統帝溥儀も愛用した自転車は、当時は大変な高級品だった。この光景を目撃した日本人ジャーナリストで、北京のスラム街に崇貞学園という女学校を創設する牧師出身の清水安三は、二十一ヵ条以来の日本の行動がいかに中国人の怒りを買ったのかを思い知り、「刺すようなショック」を受けたと記している。

　五月一九日に学生たちが授業ボイコットに突入すると、日本公使の取締要請をうけた政府は街頭演説の停止を申し入れた。学生側がこれに応じると、政府は日本製品のボイコットを禁止すると共に、北京に事実上の戒厳令を敷いて授業を再開するように命じた。これに反発した学生たちは戦術を改め、売り子姿で国産品の愛用を訴えるという活動を展開した。また市内に配置された警官に対して「親愛なる同胞たちよ」と呼びかけ、運動の意義を説得しようと試みた。それは六月四日の弾圧直前まで、武装警察に民主化運動への理解を訴えた一九八九年の学生たちと重なる姿であった。

　授業再開の猶予期限が過ぎた六月三日、学生たちは大弾圧を覚悟のうえで、再び街頭にくり出して演説を開始した。はたして警官隊が片っぱしから学生を逮捕し、その数は三日に一七〇名、四日に八〇〇名にのぼり、留置場が不足して、北京大学の校舎が臨時の留置場に充てられるほどだった。だが四日には女学生六〇〇名による初のデモが行われるなど、街頭に出る学生の数はかえって増加し、警察も対応できなくなった。やむなく政府は弾圧方針を中止し、またも逮捕した学生を釈放した。

北京における学生の大量逮捕が伝えられると、運動は全国および海外へと広がりを見せた。とくに大きな影響を与えたのが一〇〇万人都市に成長していた上海の運動で、学生の街頭演説や授業ボイコットだけでなく、商店がいっせいに店を閉めてサボタージュに訴えた。また第一次大戦中の経済成長によってはじめて登場した労働者階級（プロレタリアート）がストライキを行い、外国資本の工場が操業停止に追いこまれた。さらにイギリス領マラヤでは五月に福建（ふっけん）の学生が訪れて日本製品ボイコットを訴え、七月までに運動はマレー全土からオランダ領東インド、タイへと広がった。

はじめアメリカ、イギリスなどはこの運動が日本をターゲットにしていたこともあり、「秩序的」でよく統率されているとして好意的ないし冷静に眺めていた。だが上海の都市機能が麻痺状態に陥り、列強各国の植民地にも影響が出るにおよんで、租界当局は運動の禁圧に乗りだした。また列強にくわえて各地の地方長官、国内の銀行家なども、北京政府に対して学生や市民の要求する曹汝霖らの罷免を決断するように催促し始めた。

窮地に追いこまれた北京政府は六月一〇日、ついに曹汝霖らの罷免を発表した。それは新文化運動によって育てられた学生たちがイニシアティブを取り、広範な都市住民が「阿Q」であることをやめて、主体的に参加した運動の成果にほかならなかった。またこの知らせはパリにいた中国代表団を勇気づけ、六月二八日に彼らは政府の指示を無視してヴェルサイユ条約の調印を拒否した。驚いた日本代表は中国側の行動を顧維鈞（こいきん）らの「血気の独断」によるものだと非難したが、このとき顧維鈞のもとには七〇〇〇通もの調印拒否を要請する電報が中国国内から届いていたという。中国のナショナリズムは再び大きなうねりとなって歴史をつき動かしたのであり、七月一〇日には徐世昌がみずから大総統令を出して、代表団の行動を追認したのである。

日本留学生の動きと吉野作造

いっぽう日本に学ぶ中国人留学生のあいだでは、早くから五・四運動につながる動きが見られた。一九一八年五月に日本がシベリア出兵を行うために日中軍事秘密協定を結ぶと、一二〇〇名の留学生がその内容に抗議して帰国し、反日運動を呼びかけた。一年後の一九一九年五月七日に「条約の撤廃」「軍国主義の打破」を唱えた留学生五〇〇名は、東京の中国公使館で国恥記念日の集会を開こうと図り、これを阻止しようとした日本の警官隊と衝突して三六人の逮捕者を出した。

このとき逮捕された中国人留学生の救出に尽力したのが、大正デモクラシーを代表する政治学者の吉野作造(よしのさくぞう)であった。彼は一九〇六年から天津に滞在し、袁世凱の長男である袁克定(えんこくてい)の家庭教師を三年間務めた。一九一五年に二十一ヵ条の要求が出されると、吉野作造はこれを「日本の生存に不可欠なもの」として支持した。だが彼は日本人が将来の中国に「同情と尊敬」の念を持つべきだと考え、これを欠いた日本の大陸政策に対して懐疑的になるとともに、中国および朝鮮、台湾への関心を強めていった。

一九一六年に吉野作造は『中央公論』に論文を発表し、天皇制のもとで可能なデモクラシーとして民本(みんぽん)主義を提唱した。彼は日本と中国は同じく資本主義の後進国であり、デモクラシーの移植が不可欠だと考えていた。また吉野は一九一八年に黎明会を組織し、学生に対する啓蒙運動を行った。このため五・四運動が勃発すると、吉野は中国の学生たちがかかげた民族自決の要求こそは、東アジアにデモクラシーを根づかせる「生きた精神」に他ならないと見ぬいた。そして彼は逮捕された留学生の保護を外務省に要請すると共に、彼らの保釈を求めて奔走したのである。

この吉野作造の五・四運動に対する共感のこもった眼差しが、一九一九年に朝鮮で勃発した三・一独立運動にも注がれていたことはよく知られている。吉野は軍人総督による日本の朝鮮支配を批判し、朝鮮人に対する差別の撤廃や朝鮮における言論の自由を主張した。また彼は大学の俸給や印税、講演料など収入のかなりの部分を、中国、朝鮮人留学生の生活支援のために寄付していた。

こうした吉野作造の活動は中国の知識人のあいだでも知られ、陳独秀や李大釗は新文化運動のモデルとして黎明会に注目し、一九二〇年五月に北京大学の学生団が相互交流のために日本を訪れたほどだった。それは日本製品のボイコットに戸惑いながらも、中国人の要求を正面から受けとめられなかった当時の日本にあっては孤立した現象だったかもしれない。しかし国や民族の違いをこえて普遍的な価値を模索しようとする動きが、日本と中国を代表する知識人によって共有されていた事実を私たちは忘れてはならないだろう。そしてこの努力は一つの果実を生みだした。中国におけるマルクス主義の受容である。

マルクス主義の受容と中国共産党の成立

中国におけるマルクス主義の受容

ソ連邦の崩壊によって世界最大の社会主義国となった中国では、一九二一年に初めての党大会（第一回全国代表大会）を開いた中国共産党がいまも強大な権力を握っている。むろん中国に共産党が誕生したのは、ロシア革命や一九一九年に成立したコミンテルンの働きかけが大きな影響を与えたのは言うまでもない。だが最近共産党成立の前提となるマルクス主義の受容をめぐって、従来とは異なる見解がうち出された。中国のマルクス主義は日本経由で中国に輸入されたというのである。

これまで中国における本格的なマルクス主義受容は、一九一九年夏に李大釗が書いた「私のマルクス主義観」に始まるとされてきた。だが実際には五・四運動の直前から北京の日刊紙である『晨報（しんぽう）』の文化面で、河上肇（かわかみはじめ）を初めとする日本のマルクス主義文献が翻訳、紹介されていた。この翻訳事業を担当したのが李大釗の日本留学時代からの友人で、『晨報』の主筆だった陳溥賢（ちんふけん）である。

陳溥賢は一九一八年暮れに特派員として東京に派遣され、パリ講和会議にのぞむ日本の動向を取材していた。だが彼は吉野作造の黎明会結成に強い関心をよせ、大逆事件後の「冬の時代」から息を吹きかえしつつあった日本の社会主義運動を詳しく国内に紹介した。このように陳溥賢が日本の社会主義に注目した理由は、日中両国が山東問題などの懸案を解決して

「真の親善」を打ちたてるには、まず日本が軍部や資本家ではなく、労働者を「主人公」とする社会に変わらなければダメだと考えたことによる。李大釗のマルクス主義受容はこの陳溥賢の翻訳を媒介として進められたのであり、先にみた北京大学学生団の日本訪問も、吉野作造と李大釗の橋渡しをした彼の努力の結晶であった。

いっぽう李大釗も独自に日本の社会主義勢力とコンタクトを取っていた。一九二〇年一二月に東京で堺利彦、大杉栄らによって日本社会主義同盟が結成されると、李大釗はそのメンバーに加わった。彼を日本側に紹介したのが北京在住の新聞記者だった丸山幸一郎で、以後李大釗は日本から最新の情報を手に入れると共に、その関心も学説研究から女性解放問題、労働問題へと広がりを見せた。一九二一年一一月に李大釗は北京大学にマルクス学説研究会を設立したが、河上肇の著作を自在にあやつる李大釗の理論家ぶりは、生産力がすべてを決定するという経済一元論を否定し、「宇宙精神」に基づく民衆の倫理的覚醒によって社会変革が可能だとするユニークなマルクス解釈と相まって、学生たちに大きな影響を与えた。

李大釗

すでに清末の日本留学ブームにおいて述べたように、日本は東アジア世界の周縁に位置しており、ここで受容されたヨーロッパ文化に基づく新思潮は、中華世界の再生にとって不可欠のエネルギーとなっていた。洪秀全のキリスト教受容や新文化運動におけるデモクラシーとサイエンスの提唱に続いて、中国の近現代史に大きな影響力をもったマルクス主義の輸入もまた、この辺境からの新しい風によってもたらされたのである。

また当時マルクス主義に関心を持ったのは、将来の共産党員ばかりではなかった。孫文の三民主義に共鳴していた革命派からも、中国国内ではなかなか理解を得られなかった民生主義を補完する理論としてマルクス主義の紹介と普及につとめる人々が現れた。国民党きっての理論家で、後に激しい共産党批判を行う戴季陶（たいきとう）はその一人で、共産党員の必読文献となった『共産党宣言』の中国語版は、戴季陶が苦労のすえに入手した日本語版をもとに翻訳されたものであったという。

このように日本と連動しながら進められた中国のマルクス主義受容において、決定的な役割を果たしたのが陳独秀と『新青年』の変化であった。一九一九年にソビエト政府の出した、帝政ロシアが中国から獲得した権益を無条件で返還するという第一次カラハン宣言が一九二〇年三月にようやく中国本土へ伝えられると、ヴェルサイユ条約の内容に幻滅していた多くの中国人は驚いてこれを「空前の美挙（びきょ）」と称えた。そしてほとんど知られていなかったロシア革命とボリシェヴィキに対する関心が一気に高まった。

一九一九年六月に北京大学を去り、上海に移っていた陳独秀はこの変化を見逃さなかった。一九二〇年九月に装いも新たに再刊された雑誌『新青年』は、陳独秀のマルクス主義への転換宣言である論文「政治を語る」を掲載した。文学革命の仕掛け人であった彼はもともと政治批評に消極的だったが、五・四運動ではみずから街頭に出て「北京市民宣言」のビラをまき、官憲に逮捕された。そして「政治を語ろうと語るまいと、政治は我々を追いかけてくるのだ」とあるように、政治革命にとりくむことの重要性を認識した。また新文化運動は儒教をはじめとする中国の伝統文化に対して厳しい批判を投げつけたが、それに代わる新たな価値観を創造できずに苦しんでいた。陳独秀は五・四運動期の文化情況が作り出した思想の混沌を乗りこえ、中国の進むべき道を指し示してくれる水先案内人としてマルクス主義に期待を寄せたのである。

こうして事実上マルクス主義の理論雑誌として生まれ変わった『新青年』で紹介されたのは、ロシア革命を支えたレーニン流のマルクス主義であった。その情報源は厳しい言論統制がしかれていた日本に代わり、欧米とくに多くのロシア系移民が亡命していたアメリカだった。この結果中国のマルクス主義は当初からきわだった国際性を帯びた。またそれは第一次大戦前の国際社会主義運動（第二インターナショナル）とは切り離された形でスタートしたため、必然的にコミンテルンの強い影響を受けることになった。

むろん新文化運動をリードしてきた知識人には、マルクス主義に異を唱える人物も少なくなかった。アメリカモデルの近代化を信奉する胡適は、「いまや『新青年』はほとんど『ソビエト・ロシア』（アメリカで発行されていたロシア革命の紹介雑誌）の漢訳本になってしまった」と不快の念をあらわにした。また「プロレタリア独裁」を主張するボリシェヴィズムの専制的な体質に疑問を懐いた魯迅も、白樺派の文学者である武者小路実篤の唱えた「新しき村」運動に共鳴したり、国家を否定するアナーキズムへの信頼感を表明して『新青年』から離れていった。

コミンテルンと中国の共産主義運動

さて革命当初は列強の干渉戦争に苦しんだソビエト政府も、しだいに東方に目をむけるようになった。一九二〇年七月のコミンテルン第二回大会では「民族および植民地問題に関するテーゼ」が採択され、植民地の民族運動を積極的に支援する方針が打ちだされた。そしてこの年中国における社会主義者の結集を図るという使命をおびて、ロシア共産党から派遣されたのがヴォイチンスキーだった。

一九二〇年四月にジャーナリストの身分で北京に入ったヴォイチンスキーは、まず北京大学の非常勤講師をしていたボレヴォイらの紹介で李大釗と会った。ちょうど中国ではカラハン宣言が伝えられた直後で、ヴォイチンスキーは熱烈な歓迎を受けたが、この時すぐに中国共産党の成立が話し合われた訳ではなかった。彼が実質的な活動を開始したのは、李大釗の紹介状をもらって上海で陳独秀に会い、フランス租界にコミンテルンの臨時機関を設けた五月以後のことである。

当時の上海は陳独秀以外にも、戴季陶などマルクス主義に関心を寄せる政治家やジャーナリストが多く集まっていた。また中国史上はじめて五月一日のメーデー行事を企画した国民党系の労働団体である中華工業協会や、五・四運動で大活躍した学生運動の組織である全国学生連合会などがあった。ヴォイチンスキーはこれらの人々や団体に積極的に働きかけ、一九二〇年六月に陳独秀を中心に最初の共産主義グループとして社会共産党（中国で公認された中国共産党史では上海共産主義小組（しょうそ）と呼ぶ）が組織された。また八月に社会主義に共鳴する青年を広く結集する団体として社会主義青年団が誕生すると、中国共産党の成立にむけてゴーサインが出された。

だが一九二〇年末に陳独秀は、広西派の陸栄廷を広州から追い出し、広東に孫文を迎え入れた「開明派」将軍の陳炯明の要請を受け、広東軍政府の教育委員会委員長となって上海を去った。また翌年一月にヴォイチンスキーが帰国すると、社会共産党は資金不足によって活動停止に追いこまれた。

ちなみに中国公認の中国共産党史では歴史の表舞台に出ることはないが、このとき共産党を名のったのは陳独秀のグループだけではなかった。中華工業協会や全国学生連合会のリーダーが作った大同党はその一つで、コミンテルンの派遣した朝鮮人活動家と「ニセ共産党」を結成した。

ここで大同とは言うまでもなく洪秀全や康有為が求めた中国古来のユートピアであり、マルクス主義の説く共産主義社会もはじめは伝統思想の枠組みで捉えられたことがわかる。だが一九二一年六月のコミンテルン第三回大会に派遣された代表が会期までにモスクワへたどり着かず、彼らは中国共産党として承認されないまま終わってしまった。

陳独秀

中国共産党の結成と第一回全国代表大会

このように中国共産党の前史は紆余曲折を経ながらも、上海および北京、広州、武漢、長沙、済南などで結党にむけての準備が進められた。北京のリーダーは李大釗であったが、通説では母体組織とされるマルクス学説研究会はまだ活動を開始しておらず、メンバーも八名に過ぎない。広州でははじめアナーキストを中心に共産党が組織されたが、陳独秀が広州に赴任すると両者のあいだに激烈な論争が起こり、アナーキストたちの脱退後に残ったのはわずか九名だった。

いっぽう長沙のリーダーは毛沢東であった。北京から戻って学校の教師をしていた彼は、一九一九年七月に雑誌『湘江評論』に論文「民衆の大連合」を発表し、大連合の基礎としてまず農夫、労働者、学生、女性など多様な人々の「小連合」を作るべきだと訴えた。また湖南の学生団体が安徽派の湖南督軍である張敬堯を打倒する運動を進めると、毛沢東はその主要メンバーとして北京で請願運動を行った。だがその結果は軍人勢力の交代劇を生んだに過ぎなかった。

一九二〇年六月に毛沢東は上海で陳独秀と会っている。すでに北京で李大釗と接触していた毛沢東は、このとき陳独秀の話に「深く感動」したという。湖南に戻った彼は地方自治の運動にとり組む一方で、進歩的な書物を扱う文化書社およびロシア研究会を設立してマルクス主義の受容につとめた。陳独秀も毛沢東の才能を高く評価し、一一月に手紙で共産主義グループと社会主義青年団の結成を促した。

これを受けた毛沢東は数名の親しい有志と共産主義グループを組織した。また彼は自分の母校であり、国語教師を担当していた湖南第一師範学校の学生などにオルグ活動を進め、一九二一年一月に一六名の「真の同志」からなる湖南社会主義青年団を結成した。これらはみな毛沢東の個人的なネットワークによって結びついた人々であり、毛沢東の弟である毛沢覃もメンバーに加わった。中国共産党の結成は各地の革新的な知識人を媒介に、細い糸をより合わせるようにして進められたのである。

なお最新の研究成果によると、中国共産党が事実上成立したのは陳独秀が広東へ向かう直前の一九二〇年一一月のことであった。陳独秀らは、「中国共産党宣言」を作成し、雑誌『共産党』を刊行した。また翌年の第三回コミンテルン大会には代表を送り、その承認を受けている。

一九二一年六月にコミンテルンの新代表であるマーリングらが上海に到着すると、彼らはただちに共産党大会を開くように促した。そして二大巨頭というべき陳独秀、李大釗が欠席のまま、中国共産党の第一回全国代表大会が上海のフランス租界で開催された。ちなみに中国ではこの会議が七月一日に開幕したと考え、現在もこの日を中国共産党の創立記念日としているが、実際に会議が開かれたのは七月二三日であった。

このときの党員総数は五三名で、会議に出席した各地の代表は一二名であった。実ははじめ一三名が出席したのだが、七月三〇日夜に租界警察の捜索を受け、浙江嘉興にある南湖の遊覧船に会議場を変更したために、一人が最後の一日に出席せず、代表と見なされなかったのである。出席者の平均年齢は二八歳ほどで、最年少の劉仁静（北京代表）はわずか一九歳だった。彼らはみな背広に革靴姿、あるいは長い中国服を着るなど、見るからにインテリ風だったという。

ところでこの会議に参加した一二名のうち、中華人民共和国が成立した一九四九年まで生きていたのは六名、一〇月一日の開国式典を天安門上で迎えたのは毛沢東と董必武の二名だけだった。李大釗と陳独秀のその後の運命について見ると、李大釗は一九二七年四月に奉天派の張作霖に捕らえられて殺された。また中国共産党の初代委員長となった陳独秀は、一九二七年に「右翼日和見主義者」というレッテルを貼られて最高幹部の地位を追われ、一九二九年には中国共産党を除名されてしまう。

その後国民党に捕らえられて獄中生活を送った陳独秀は、日中戦争の始まった一九三七年に釈放された。このとき陳独秀はスターリン体制下のソ連をナチス・ドイツやイタリアと同じくファシズム国家に数え、一国一党の独裁政治だと厳しく批判した。また彼は共和制をうち立てた辛亥革命から抗日戦争に至る歴史は「民主革命の時代」として一貫しており、五・四運動の意義はなお失われていないと訴えた。

この陳独秀の主張の当否はさておき、ささやかな船出をした中国共産党が世界をゆるがす勢力に成長するには、なお多くの時間と経験が必要だったことは間違いない。そのあいだに彼らが犯した失敗や払った犠牲は決して少なくなかったのである。

第七章　革命いまだ成らず——第一次国共合作と北伐

ワシントン体制と孫文の革命方策

孫文の「大アジア主義」講演

一九二四年一一月、神戸に中華民国の父である孫文の姿があった。このとき孫文は五八歳、国民会議の開催をめざして広州から北上する途中に日本へ立ち寄ったのである。すでに孫文の身体は膵臓（すいぞう）ガンに冒されており、これが日本を第二の故郷と呼んだ彼にとって最後の訪日となった。

一一月二八日に神戸高等女学校の講壇に立った孫文は、つめかけた三〇〇〇人の聴衆に一時間半にわたり熱弁をふるった。いわゆる「大アジア主義」講演である。ここで孫文はヨーロッパの侵略によって衰退を続けたアジアが、日本による不平等条約の撤廃をきっかけに復興へと向かったこと、アジアの諸民族は日露戦争の勝利に勇気づけられ、独立運動を起こしたことを指摘した。またヨーロッパの文化は科学と武力によって相手を屈服させる覇道（はどう）の文化だが、アジアには仁義と道徳によって相手を感化させる王道（おうどう）の文化があり、それは覇道の文化よりも優れていると主張した。

さらに孫文は今こそアジア諸国は王道の文化を基礎にして、抑圧された民族の解放をめざす大アジア主義に結集しなければならないと訴えた。そして日本はヨーロッパ文化を導入しながらも、アジアの文化を本質にもっていると述べたうえで、日本が「西洋の覇道の番犬となるのか、東洋の王道の牙城(がじょう)となるのか、あなたがた日本国民がよく考え、慎重に選ぶことにかかっている」と結んでいる。

この孫文の講演は人々に深い感銘を与え、拍手がしばし鳴りやまなかったという。その後覇道の文化に追従し、みずから破局へと突き進んだ日本の歴史を知る私たちにとっても、彼の訴えは長い歳月をこえて鋭い問いを投げかけている。だがこの講演が今なお人々を引きつける最大の理由は、一度は時代に取り残されたかに見えた老革命家が、その死を前にして最後の輝きを放ち、歴史の歩むべき道を指し示そうとした迫力にあった。国民党と共産党が手を結んだ第一次国共合作(こっきょうがっさく)およびそれを基盤にして進められた国民革命こそは、孫文にとって長年来の悲願であった北伐(ほくばつ)――本書の観点に従えば南からの風――の実現に他ならなかった。

それでは国共合作はどのように成り、国民革命はどう進められたのか。以下では北伐が展開する一九二七年までの歴史を見ていくことにしたい。

ワシントン条約と軍閥混戦

一九二一年一一月から翌年二月にかけて、第一次大戦後の極東と太平洋地域における国際秩序の構築をめざしてワシントン会議が開かれた。日本にとってこの会議はまず五大国の軍縮会議であり、主力艦の保有率をアメリカ、イギリスが各五、日本が三、フランスとイタリアが各一・六七と取りきめた。また太平洋の島嶼に対する領土権の相互尊重をうたった四ヵ国条約がアメリカ、イギリス、フランス、日本のあいだで成立すると、長く日本外交の基本となってきた日英同盟が廃棄された。

北京政府はこのワシントン会議を、戦勝国でありながら相手にされなかったヴェルサイユ条約にかわり、不平等条約を撤廃する足がかりをつかむチャンスと位置づけた。会議が開幕するとヤング・チャイナの中国代表である顧維鈞らは、関税自主権の回復を主張してまずは関税率の引き上げを求めた。またアメリカが長く主張してきた門戸開放の原則に反するとして、二十一ヵ条要求を廃棄するように訴えた。

一九二二年二月に五大国とベルギー、オランダ、ポルトガル、中国によって結ばれた九ヵ国条約は、中国の主権と領土の保全を尊重し、商工業における各国の機会均等を順守すべきことをうたっていた。これによって第一次大戦中の一九一七年に日本とアメリカのあいだで結ばれた、日本の中国における特殊利益を認めた石井・ランシング協定は廃棄された。だが当初中国側がめざしていた関税自主権回復の見込みは立たず、関税率の引き上げも日本の抵抗にあった。また山東問題については多国間交渉に持ちこもうとする中国側の意向が通らず、日中二国間の協議に委ねられることになった。

この日中交渉の結果、膠州湾の旧ドイツ租借地は中国へ返還され、すべての外国人に開放されることになった。また山東鉄道は一五年借款によって中国が買収すること、鉱山については日中合弁にすることで決着した。さらに二十一ヵ条問題で焦点となったのは、第二号で決められた旅順、大連に関する「租借期限の九九年間延長」を認めるかどうかだった。中国ではロシアとの間に結んだ本来の租借期限である一九二三年三月に向けて旅大回収運動が展開され、北京政府も条約廃棄のための交渉を求めたが、日本政府がこれを拒否したために回収は実現しなかった。

さてワシントン会議後の中国で特徴的な一つの現象は、日本の段援政策に見られた特定の政治勢力へのバックアップが列強各国によって行われ、いわゆる軍閥混戦を引きおこしたことだった。五・四運動によって求心力の衰えた安徽派の段祺瑞に代わり、台頭したのはイギリス、アメリカをバックに持つ直隷派の曹錕と呉佩孚だった。一九二〇年七月に彼らは日本の支援を受けた奉天派の張作霖と結んで安直戦争を起こし、安徽派を北京政府から追放した。だが今度は直隷派と奉天派がヘゲモニー争いを展開し、一九二二年四月に第一次奉直戦争が勃発した。この時は敗北した張作霖が東北三省に退き、北京政府は直隷派によって握られることになった。

当時は中国各地で内戦が勃発したが、これらの軍事勢力は社会から軍費を徴収することで利潤の獲得をめざす一種の企業であり、兵力増強によってライバルに対して優位にたつ努力は重ねたが、決戦によって自らの資産を消耗することは望まなかった。また将校は多くが士官学校を卒業した新しいタイプのエリートであり、兵士はみな故郷に養うべき両親をかかえ、毎月家へ仕送りをしている貧農出身の傭兵だった。

たとえばある青年は農業と駕籠かきをやっていたが、「食べるものがあり、着る服があり、使う金がもてる」からと軍隊に入った。彼の考えでは兵隊はそれほど危険な職業ではなく、ちょっと突撃すれば三ヵ月分の給料が出る。戦場ではお互い傷つかぬように空にむかって銃を撃ったり、武器を捨てて逃亡することも少なくない。逃亡した兵は多くの場合匪賊となるか、別の軍隊に投じてふたたび兵士となるという。

こうした私兵集団は国家防衛を任務とする近代的軍隊から見ればルーズであり、日本人の「中国軍は弱体だから、一撃を加えればすぐに敗走する」という偏見を増長させることになった。また中国共産党はこれらの軍事勢力を「土皇帝」として地域に君臨し、帝国主義の代理戦争を行う半封建、半植民地的な軍閥と非難した。だがそれまで「まともな人間は兵隊にならない」と考えられてきた中国社会にあって、軍人という職業はようやく市民権を得たのである。それは社会全体に軍事優先の風潮を刻みこみながら、国民政府ひいては中華人民共和国へと受けつがれることになる。

陳炯明の聯省自治とマーリング

ところで五・四運動が勃発した一九一九年、孫文は上海で亡命生活を送っていた。以前の通説ではこのとき団結する民衆のエネルギーにショックをうけた孫文は、中華革命党などの秘密結社を中心とする革命プログラムと決別し、人民に基盤を置く革命政党の樹立を図ったとされてきた。だがそれは中国共産党こそが孫文の正統なる後継者だと主張する意図がこめられた解釈であり、実際のところ孫文はすぐに五・四運動に関心をもったわけではなかった。むしろ当時の彼にとって切実だったのは、広西派の陸栄廷らに奪われた広東軍政府のリーダーシップを取り戻すことであった。

一九二〇年一〇月に福建南部に拠点を構えていた陳炯明（広東海豊県人）は、「広東人が広東を治める」をスローガンに広州へ進撃し、陸栄廷らを追放して孫文を迎え入れた。この陳炯明は「社会主義将軍」のあだ名を持つ異色の開明派軍人で、一九二二年一月に香港で発生した反イギリスの海員ストライキを全面的に支援した。また広東省長となった陳炯明は中国共産党を成立させた陳独秀（ちんどくしゅう）を招聘すると共に、まず広東で地方自治制度を確立し、やがてこれを全国に広げて連邦制国家の樹立をめざす聯省（れんしょう）自治運動を展開した。

しかし孫文はこうした地方自治の動きに理解を示そうとはしなかった。彼にとって重要なのはあくまで北伐による全国制覇であり、中央集権的な統一国家の実現だったのである。一九二一年一二月に陳炯明は自治の要となる広東省憲法草案を発表したが、孫文はこれを無視して広東軍政府に北伐の実施を強要した。すると怒った陳炯明は一九二二年六月に総統府を攻撃して反旗をひるがえし、広東を追放された孫文は再び上海へ逃れた。このとき孫文の若い妻である宋慶齢（そうけいれい）は流産してしまったという。

この陳炯明の造反劇は孫文の命をうけた各地の軍人による広州攻撃によって半年ほどで終わり、一九二三年三月には孫文も広東軍政府の陸海軍大元帥に返り咲いた。だがかつて「失敗の英雄」と皮肉られた孫文にとっても、同郷人で長く革命の同志だった陳炯明の離反は精神的にずいぶんこたえた。またワシントン会議で広東軍政府が中国の正式な政府として認められず、代表を送れなかったことも老革命家・孫文の孤立感を強めた。

こうして時代に忘れられつつあった孫文に救いの手を差しのべたのは、カラハン宣言で中国人を驚喜させたソ連であり、コミンテルンの代表マーリングだった。彼と孫文の歴史的会談が行われたのは、中国共産党の第一回全国代表大会に参加したマーリングが南方視察にでかけた一九二一年一二月、桂林(けいりん)でのことである。

それまで孫文はマルクス主義に対しては懐疑的だった。孫文の民生主義においては資本家と労働者の対立は未然に調整すべきものとされ、階級闘争(あるいは大衆運動)が歴史を動かす原動力だという考えに彼は同意しなかったのである。だがマーリングからレーニンが実行した漸進的な新経済政策(ネップ)について聞かされた孫文は、自分の実業計画と共通する部分が多いことを知って「非常に興奮」した。またマーリングがワシントン体制は中国とソ連に圧力を加えるものであり、両国は協力しなければならないと説得すると、孫文は大きく心を動かされたという。

第一次国共合作と蔣介石

第一次国共合作の成立

さてマーリングが孫文にソ連との提携を勧めたのは、植民地の民族運動を支援するというコミンテルンの方針に基づいていた。陳炯明による香港の海員ストライキ支援を目撃して感動した彼は、孫文が新たに結成した中国国民党(辛亥革命直後の国民党とは区別される)を民族ブルジョアジーの代表として大きな期待を寄せたのである。だが一九二二年四月にマーリングが国共合作を提起すると、陳独秀を初めとする共産党幹部はこれに激しく反発した。

もともと陳独秀らは同じ進歩的知識人として国民党の人々と交遊関係を持っており、孫文のともすれば専制的な態度や、列強に対して妥協的な側面をよく知っていた。またこのとき共産党は労働運動への働きかけを始めており、北伐による武力統一をめざす国民党と連携する余地はないと考えた。さらに彼らは双方が対等な立場でなく、共産党員が国民党に加入する形で行われる国共合作は、共産党の存在意義を失わせるのではないかと恐れた。だがコミンテルンの承認を得て中国に戻ったマーリングは、八月に杭州(こうしゅう)の西湖(せいこ)で共産党中央の会議を開いて反対意見を封じ込めた。陳独秀らも共産主義運動の総本山であるコミンテルンの決定には従わざるを得なかった。

一九二二年八月に上海に到着した孫文は、マーリングおよび李大釗(りたいしょう)、陳独秀らと会見した。このとき陳炯明の造反に大きなダメージを受けていた孫文は、軍事援助を約束するソ連政府の申し出を起死回生のチャンスとして受け入れた。また李大釗は率先して個人の身分で国民党に入党し、陳独秀も国民党の党内改革を援助した。そして一九二三年一月に孫文はソ連政府代表のヨッフェとのあいだに孫・ヨッフェ共同宣言を発表し、ソ連の援助によって中国の統一と独立を達成する方針を明確に打ち出したのである。

こうして共産党とソ連政府、コミンテルンの側では国共合作に向けての準備が進められ、一九二三年一〇月には国民党の顧問としてボロジンが広東に派遣された。だが国民党にとってソ連との提携は孫文が独断で決めたものであり、党内には強い拒否反応があった。

とくに問題となったのはボロジンの要求した「耕地は農民が所有する」という宣言で、土地の再分配をふくんだ急進的な政策は国民党の支持基盤を掘り崩すものだと危険視する声があいついだ。結局孫文はボロジンと協議のうえ、農民協会の成立と小作料の二五パーセント引き下げを認めて国共合作を推進した。だが孫文の息子で若手グループのリーダーだった孫(そん)

科(か)は、共産党の活動取り締まりを求めた。孫文の強引な手法は国民党内部に深い亀裂を生み、彼の死と共に矛盾が噴きだすことになる。

一九二四年一月、広州で中国国民党第一回全国代表大会が開かれた。この会議で国民党は帝国主義と軍閥の支配に反対し、下層民衆の生活改善をめざす新しい三民主義をその理念に掲げた。また活動目標を臨時約法や旧国会の復活から国民政府の樹立へ改め、「連ソ、容共」方針のもとに国民革命を遂行することがうたわれた。この会議の成果としてまず重要なのは国民党の改組(かいそ)であり、新設の中央執行委員会には李大釗ら三名の共産党員が選ばれた。このとき共産党員が党籍を残したまま国民党に加入することに反対する動議が出されたが、孫文の死後まもなく暗殺される国民党幹部の廖仲愷(りょうちゅうがい)は国共合作の必要性を懸命に訴えて説得したという。

ところで国民党の改組は国共合作をスタートさせ、国民党を近代的な政党へ脱皮させたが、ロシア革命で鍛え上げられたボリシェヴィズムの組織論を受容したという点でも後の中国史に大きな影響を与えた。その最大の特徴は政治と軍事の一体化であり、強い革命的信念をもつ人々が厳格な中央集権的組織を作り上げ、明確なプログラムのもとで権力奪取を図ることが可能となった。そして広東の地方政権に過ぎなかった国民党が全国政権へと発展したばかりか、誕生まもない共産党も急速に勢力を伸ばしたのである。

このようにボリシェヴィズムの受容は辛亥革命以来の混沌とした情況を切り開く役割を果たしたが、また二つの若い政党に大きな問題点を持ちこんだ。それは権力維持の手段として採用された一党独裁の政治体制であり、中央集権的な組織がもたらす官僚主義的性格と革命的信念ゆえの排他性であった。いま後の歴史を先取りして言えば、これらの弊害は日本の侵略や米ソの対立という要因によって強化され、国民党と共産党の双方に抑圧的な体質を深く刻み込むことになる。いわば両党はボリシェヴィズムの生んだ双生児だったのであり、彼らが二度の国共合作にもかかわらず、権力奪取をめぐって血みどろの内戦を展開したのは歴史の宿命だったと言えよう。

黄埔軍官学校と蔣介石

さて中国国民党にとってボリシェヴィズムの受容が生んだもう一つの成果が、ソ連赤軍を模範とする党直属の軍隊であった。国民革命の実現という思想教育をほどこされた下士官によって統率されたこの軍隊は、高い戦闘意欲と党への忠誠心を併せ持つという点で、それまでの軍事勢力とはまったく異なる存在であった。そしてこの下士官の教育機関として設けられたのが黄埔軍官学校であり、その校長として大きな役割を果たした人物が「中国のナポレオン」を自任した蔣介石(しょうかいせき)である。

蔣介石は浙江奉化(ほうか)県の出身で、毛沢東よりも六歳年上であった。彼もまた救国の情熱に燃えた青年活動家だったが、その特徴は軍事のスペシャリストとしての道を歩んだことにあった。一九〇七年に日本へ留学した蔣介石は、陸軍士官学校の予備校として清朝が東京に設立した振武学堂(しんぶがくどう)を卒業し、一年間にわたり新潟県にある日本陸軍の砲兵連隊で士官候補生をつとめた。

日本で中国同盟会に加入した蔣介石は、辛亥革命が勃発するとただちに帰国し、上海などで軍事作戦に参加した。また孫文が中華革命党を結成すると、彼はそのメンバーとなって広東軍政府の樹立に貢献した。これまで蔣介石については、一九一〇年代に彼が上海の証券取引所で株の売買に関わったことから、腐敗した政治家と非難する向きもあった。むろんそれは彼を反共主義者として断罪するための政治主義的な見方である。だが蔣介石は上海の秘密結社である青幇（チンパン）のリーダーだった杜月笙（とげつしょう）らと交遊関係を結ぶなど、清濁（せいだく）あわせ呑むタイプの人物だったことは間違いない。

辛亥革命後の政局が混迷する中、蔣介石は二度にわたり欧米への留学を希望したが、彼の能力を評価していた孫文は「革命陣営にとっての損失になる」との理由でこれを許さなかった。その後陳炯明軍との戦闘で苦戦を強いられた蔣介石は、強力な軍隊を作るための軍事研究をすることの必要性を痛感した。そして一九二三年に孫文がソ連訪問団を派遣すると、蔣介石はみずから志願してその代表となったのである。

蔣介石

このとき蔣介石はスターリン派の人々や中国共産党の派遣した留学生のあいだで、孫文に対する評価が低い事実を知ってショックを受けた。彼自身もコミンテルンの委員会で行った三民主義に関する講演を嘲笑され、共産党に対する不信感を抱いたという。だがソ連赤軍を視察した蔣介石は、その強さの秘密が軍事的な指揮に専念する部隊長と政治思想教育を担当する党代表の明確な職権区分にあると見ぬいた。そして一九二四年に黄埔軍官学校の校長となった蒋介石は軍事教育に責任を持ち、国共合作に最も熱心だった国民党代表の廖仲愷と協力しながら将校の育成に努めたのである。

こうして黄埔軍官学校は国民党の軍事優先路線と共産党の民衆運動路線を両立させながら、国共合作の実験場として重要な役割を果たした。その政治部主任となった周恩来を初めとして、多くの共産党員が政治教育で実力を発揮した。また学校の基本構想はソ連方式であるが、日常生活の規律や様式の点では多くを日本陸軍から学んでおり、蒋介石らによる日本留学の経験が活かされている。蒋介石は革命への献身と統制の取れた組織力こそが革命成功の必須条件だと訴える一方で、敵前逃亡を図った将兵は銃殺とする革命連座法を制定するなど厳格な軍の規律を作り上げた。

ところで黄埔軍官学校の校長に就任したことは、蒋介石にとってかけがえのない政治的財産となった。科挙（かきょ）時代の中国では自分が合格した試験の監督官を生涯にわたって師匠と仰ぐ習慣があり、卒業した若手将校たちにとって蒋介石は特別な存在となったのである。また蒋介石も儒学者でありながら湘軍の首領となった曽国藩（そうこくはん）を尊敬するなど、中国の伝統文化に対して肯定的な考え方を持っていった。彼はしばしば学生への講話の中で軍隊を一つの大家庭に例え、みずからその家長として振る舞ったという。

また興味深いのは蒋介石が二〇人近い同志や部下と義兄弟の契りをかわし、パーソナルな人間関係を築きながら台頭した事実である。たとえば陸栄廷の敗北後に新しく広西派として台頭した李宗仁（りそうじん）は、ある日のこと蒋介石から義兄弟になろうと誘われた。上官から「封建的な代物」を持ち出されて当惑する李宗仁に、蔣介石は「遠慮しなくていい。われわれの革命は旧中国の伝統と決して衝突しないんだ」と言ったという。

中国の義兄弟といえば劉備玄徳と関羽、張飛の三人による桃園結義が思い浮かぶが、秘密結社の首領とも交際があった蔣介石は中国社会でこうした伝統的慣行がもつ重みをよく知っていた。つまり彼はソ連赤軍の構成原理に伝統的な「情」の要素を加えることで、ともすれば硬直しがちな組織に柔軟さを吹き込んだのであり、それはボリシェヴィズムという一つの異文化に対する中国的な受容の過程に他ならなかったのである。

宋家の三姉妹　宋靄齢（中央）宋慶齢（左）宋美齢（右）

これら中国的伝統にのっとった蔣介石の政治資本として、もう一つ指摘しなければならないのが宋家三姉妹の三女、宋美齢との結婚であろう。一九二七年九月に北伐の途上にあった蔣介石は一ヵ月余りにわたって日本を訪問し、神戸に滞在していた彼女の母親に結婚を申し出た。当時蔣介石は三九歳、宋美齢は彼よりも一四歳も年下だったが、長女の宋靄齢が二人の結婚を勧めたと言われている。

この二人の結婚を周囲の反対を押し切って結ばれた孫文・宋慶齢夫妻と比べると、華やかなラブロマンスは見当たらない。だがこの結婚がもたらした政治的効果は絶大だった。蔣介石は孫文の義理の弟となったのである。この事実は彼が中華民国指導者としての正統性を獲得するうえで、何よりも重要な役割を果たしたと言えよう。

孫文の北上とその死

ここで北京の政局に目をむけると、一九二四年九月に第二次奉直戦争が勃発した。日本の援助を受けて実力を蓄えた奉天派の張作霖は、安徽派や孫文の広東軍政府と三角同盟を結んで直隷派に再挑戦したのである。奉直両軍は東北三省と華北の境界にあたる山海関で衝突し、はじめ直隷軍が優勢だったが、一〇月に直隷派の武将でクリスチャン・ゼネラルと呼ばれた馮玉祥の寝返りによって戦局は一変した。直隷派の曹錕は北京で監禁され、呉佩孚は敗走した。

ところでこの馮玉祥の寝返りには日本の軍部が関与していた。当時の日本政府は協調外交で知られる外相の幣原喜重郎が内政不干渉を唱えていた。だが張作霖の軍事顧問だった日本軍人はひそかに彼を説得し、馮玉祥に大金を贈って買収させたという。あるいはかつて袁世凱の顧問だった坂西利八郎が曹錕によるアメリカへの支援要請を知り、奉天の特務機関長となる土肥原賢二、日本の陸軍士官学校に留学した元中国同盟会会員の黄郛を通じて馮玉祥に決起するように働きかけたともいわれる。

またこの戦争は紫禁城に住んでいた宣統帝溥儀に災難をもたらした。馮玉祥軍が北京に進駐すると、清皇室の優待条件は廃止されることになった。武装した将兵が宮城接収のために派遣され、皇室の人々に対して三時間以内に退去せよと迫った。このとき溥儀は満一八歳。紫禁城での生活に不満を感じていた彼は、司令官の「溥儀さん、あなたは平民になりたいですか」という無遠慮な問いかけに、「私は皇帝をやめて自由になりたい」と答えた。まわりにいた兵士たちはいっせいに拍手したという。

だが突然の命令で紫禁城を追い出された溥儀が、安全な落ちつき先を探すのは容易ではなかった。はじめ彼は父親である載灃（ツァイフェン）の屋敷に身をよせたが、まもなく清末の神戸総領事で、のちに満洲国の国務総理大臣となる鄭孝胥（ていこうしょ）の仲介によって北京の日本公使館へ移った。一九二五年二月に溥儀は天津の日本租界へ入り、七年にわたる滞在期間中に日本との関係を深めていくことになる。なお溥儀を天津に出迎えたのは、日本の天津総領事で戦後首相となる吉田茂（よしだしげる）であった。

さて直隷派との戦争に勝利した張作霖と馮玉祥は、段祺瑞を空白となった北京政府の執政に充てた。また馮玉祥は張作霖らの動きを牽制するべく孫文に北上を促し、孫文も一九二四年一一月に北上宣言を出して広州を出発した。この北上宣言は国民革命の目的が独立自由の国家を建設することにあり、単に直隷派だけでなく、軍閥およびその背後にある帝国主義を打倒することにあると明言していた。また国民諸階層の各団体から選出された代表によって国民会議を開催し、不平等条約の撤廃をめざすと主張した。

だが孫文の北上は上海でイギリスの妨害を受け、日本経由を余儀なくされた。その途中神戸で「大アジア主義」講演を行い、聴衆を感動させたのは先に述べた通りである。彼が天津に到着したのは一二月四日で、当初はただちに北京へ向かう予定だったが、膵臓ガンの影響で胃痛を訴えたために一二月末まで延期された。北京に到着した孫文は協和病院へ入院して手術を受けたが、病状はもはや手遅れだった。

一九二五年三月一二日午前九時三〇分、孫文は北京で宋慶齢に見守られながら静かに息をひきとった。彼の悲願だった中国の武力統一は果たされず、北上にあたって開催を訴えた国民会議も実現できないままの死であった。それは「国民革命に尽力すること四〇年。現在革命なおいまだ成らず。わが同志はその貫徹を求めてひきつづき努力せよ」という遺言が示すように、革命家としては挫折の生涯であった。また本書がくりかえし指摘したように、孫文もプライドの高さゆえの専制的な態度など多くの欠点を抱えた生身の人間であり、決して聖人君子ではなかったと言えるだろう。

だが孫文死去のニュースに接した魯迅は、その死を喜ぶ保守派の政治家たちを強烈に皮肉った追悼文を記している。「戦士（孫文をさす）が戦死した時に、ハエどもがまず発見したのは彼の欠点と傷であった。くらいつき、ブンブンとうなりながら得意になり、死んだ戦士よりももっと英雄のつもりでいる。だが欠点だらけの戦士でも畢竟は戦士であり、ハエはどんなに完全であろうとしょせんはハエに過ぎない」と。

よしんばどんな欠点をかかえ、結果がどれほど不完全であろうとも、孫文は間違いなく中国の歴史を前へつき動かした。孫文がめざした革命の理想は一敗地にまみれたが、彼を抜きにした中国近代史が成り立たないのも事実だからだ。しかも孫文は死を前にして敵地北京に入り、その病状が報道されることによって、それまで華北の人々になじみのなかった国民革命の理想を広く宣伝する役割を果たした。つまり孫文は死して中国を変える「南からの風」

となったのであり、その後継者たちは彼が最後の力をふりしぼって展開した「たった一人の北伐」をバネに、彼の遺志を実現することになったのである。

『花なきバラ』と北伐の開始

魯迅と三・一八事件

このころ魯迅は人生の大きな転機を迎えていた。『阿Q正伝』発表後の一九二三年に、魯迅はそれまで同居していた弟の周作人一家と決別し、翌年に北京市内の西三条胡同（現在の北京魯迅博物館）へ引っ越した。二人の関係が悪化した原因の一つは、大家族の長として皆の生計を支えてきた魯迅と、周作人の日本人妻である羽太信子の対立にあった。信子は日本人としての生活を捨て切れず、それが多大な出費となって給料の遅配に苦しむ一家の生計を圧迫してしまったという。

一九二五年三月に北京女子師範大学で非常勤講師を務めていた魯迅は、一人の女学生から手紙を受けとった。差出人は許広平といい、魯迅のクラスに熱心に参加している学生のリーダーだった。当時の女師大では保守的な校長が学生運動を抑圧し、孫文は妻を仲間と共有する「共産公妻（当時左傾化した国民党に加えられていた中傷の一つ）」を実行する男だから、彼の葬式に参加してはならないと命令するありさまだった。学生たちは校長の更迭運動を起こしたが、当局側の反撃によって窮地に立っていた許広平は、教師である魯迅に苦悩する胸のうちを訴えたのである。

この手紙に対して魯迅は長い励ましの返事を書き、二人の文通が始まった。その後許広平が退学処分となり、八月に北京政府が女師大の廃校を決定すると、魯迅は学生を支持する声明を発表し、校務維持会を設立してキャンパスを追い出された学生と女師大の業務を継続した。政府は魯迅を教育部から解任したが、彼は圧力に屈しなかった。魯迅の家には学生たちが頻繁に訪ねるようになり、警察に追われた彼らを匿うこともあったという。

この年五月には上海にある日本の紡績工場で、争議中の中国人労働者が射殺された。この事件をきっかけに大規模な反帝国主義のストライキである五・三〇運動が発生するなど、国内外の保守派に対する反対の声が高まりつつあった。女師大事件での魯迅の徹底抗戦ぶりは、許広平ら才気あふれる教え子への共感だけでなく、こうした中国の政治情勢が深く関わっていたのである。結局政府側が敗北して女師大は復活し、魯迅も復職した。だが翌年には学生たちに新たな悲劇が待ちかまえていた。三・一八事件である。

このころ北京では奉天派の張作霖が段祺瑞、馮玉祥と連合政権を形成していたが、一九二五年一一月に奉天派の武将である郭松齢が反乱を起こした。また馮玉祥はみずから国民軍と名のって革命派との連携を図り、一九二六年三月には張作霖軍をうち破った。だが張作霖を通じて東北三省での権益を守ろうとする日本は、郭松齢の作戦活動を妨害して彼を敗死へと追いこんだ。また大沽沖に二隻の軍艦を派遣して国民軍に砲撃を加え、イギリス、アメリカなど八ヵ国と共に天津一帯における軍事行動の停止と四八時間以内の兵力撤退を求めるなど、露骨な内政干渉を行った。

これに憤った北京の学生、市民は三月一八日に天安門前広場で抗議集会を開き、北京政府に決然とした態度を求める請願を行うことに決めた。その日の朝、許広平は魯迅から頼まれていた原稿の清書を届け、集会に出かけるところを呼びとめられた。「どうしてそんなに急ぐんだね。ぼくにはまだ写してもらいたいものがあるんだ」。仕事に集中して取りくむ魯迅の気性をよく知っていた許広平は、抗議集会への参加をとりやめて魯迅の家で清書の仕事を続けた。魯迅も奥の書斎で作品『花なきバラの二』を書いていた。

すると一〇時半ごろ、とつぜん慌ただしく人がかけこんできた。請願のデモ隊が国務院前で軍隊の発砲を受け、多くの死傷者が出たというのである。驚いた許広平が急ぎ大学へ戻ると、同じ魯迅の教え子で学生リーダーだった劉和珍（りゅうわちん）らが無惨な遺体となって戻ってきた。聞けば軍隊は大刀や棍棒で負傷した学生たちに襲いかかり、当局の発表でも死者は四七名、負傷者は百五十余名にのぼった。デモ隊を率いていたのは李大釗で、彼自身も頭に傷を受けながら参加者の後退を指揮したという。

魯迅と許広平

この知らせを聞いた魯迅は、『花なきバラの二』の内容を途中から改めてこう書いた。「今、聞けば北京市内で、すでに大殺戮が行われたという。私がこんなつまらぬ文章を書いているまさにその時に、多くの青年が身体に銃弾を浴び、刃（やいば）

を受けていたのだ。ああ、人と人との魂は、通い合わぬものだ」と。

このとき魯迅が怒りを向けたのは、請願に行った学生たちに「暴徒」のレッテルを貼り、虐殺を正当化しようとした北京政府であった。また彼は政府に迎合して「事件の責任はデモ指導者にある」と李大釗や学生リーダーを非難した保守派の知識人も許せなかった。彼は「墨で書かれたデタラメは、けっして血で書かれた事実を隠しおおせない。血債は必ず同じもので支払われねばならない」と憤激をこめて書いている。

だが緊迫する情勢は魯迅が部外者でいることを許さなかった。事件が革命運動へ発展することを恐れた北京政府は、李大釗ら五人の指導者の逮捕令状を出し、魯迅ら五〇名の進歩的知識人もブラックリストに名前が載せられた。危険を感じた魯迅は日本人医師が経営する病院に避難し、四月に張作霖が北京へ入城すると、さらにドイツ、フランス系の病院に潜伏した。五月に魯迅は一度家に戻ったが、もはや北京は安心して住める場所ではなかった。彼は家族を北京に残したまま許広平らと南へと向かったのである。

蔣介石の台頭と中山艦事件

さて一九二五年七月に広州で国民政府を成立させた中国国民党では、カリスマ的な指導者だった孫文の後継者をめぐって争いが発生していた。実力者の一人だった廖仲愷（りょうちゅうがい）は八月に広東の軍事勢力を抑えようとして暗殺され、孫文の側近だった胡漢民は廖仲愷暗殺の嫌疑を受けてソ連に送られた。国民政府の主席には汪兆銘（おうちょうめい）が選ばれたが、彼には有力なバックボーンがなかった。そこで台頭したのが一〇月に陳炯明との戦闘に勝利し、広東における支配権の確立に貢献した蔣介石である。

以前の通説では蔣介石は初めから中国共産党に反対したとされ、中華人民共和国の研究は彼を「新しい右派」と評してきた。蔣介石本人も共産党との内戦に敗れ、台湾へ移った後に出版した著作で、早くから「反共抗ソ」の立場を取っていたと主張している。だがそれらは後の時代が自分たちの必要に応じて生みだしたフィクションであり、歴史の真実は別のところにある。実際の蔣介石は自身の権力拡大を図りながらも北伐の実行を最重要課題にかかげ、それに必要な限りで国共合作を維持しようと図った人物だった。

当時の国民党にとって、三民主義の観点からマルクス主義をどう位置づけるかは、国共合作のイニシアティブをにぎるための重要問題であった。孫文は「民生主義は共産主義を包括する」と述べたが、その曖昧さは彼の死後に論争をまきおこした。最初にこの問題を取り上げたのは理論家の戴季陶で、階級闘争を否定する孫文の考えに基づいて国民党の原則を確認しようとした。だがこれに勢いづいた反共産党の人々は、一九二五年一一月に孫文の遺体が安置されている北京西山（せいざん）の碧雲寺（へきうんじ）に集まり、共産党員の国民党籍取り消しやボロジンの解雇など一〇項目の決議を行った。この反共産党グループを西山会議派と呼ぶ。

こうして表面化した国民党と共産党の対立は、国共合作の実験場であった黄埔軍官学校に持ち込まれた。一九二五年二月に共産党系の軍人が青年軍人連合会を結成すると、国民党系の軍人はこれに対抗して四月に孫文主義学会を創設し、一二月には西山会議を支持するデモを行おうと試みた。また廖仲愷の死によって蔣介石とソ連の軍事顧問団を結びつけるパイプが失われると、顧問団団長のキサンカは蔣介石が提案した北伐の即時実施を時期尚早として反対した。さらに廖仲愷の死後に党代表となった汪兆銘はソ連寄りの姿勢を見せ、孤立した蔣介石は軍内のリーダーシップを脅かされたと受けとめた。

一九二六年三月二〇日、国民革命軍の主力艦である中山艦（ちゅうざんかん）が蔣介石の許可なく黄埔へ到着し、さらに広州への回航を求めた。この不審な行動に危機感を強めた蔣介石は広州に戒厳令を敷き、中山艦を拘束して共産党員五十数名を逮捕した。また蔣介石はソ連軍事顧問団の住居を包囲すると共に、広州と香港で共産党が指導していたストライキ勢力の武装解除を行った。いわゆる中山艦事件の発生である。

この事件は初め中山艦の動きを共産党の反乱だと思いこんだ蔣介石の突発的な行動として処理された。だが国共合作の崩壊後は共産党が蔣介石をソ連へ拉致しようと企んでいたとか、共産党の抑圧を図った蔣介石の計画的犯行だとする説が唱えられた。結局この事件は今なお中国近代史上の大きな謎であるが、真相のいかんにかかわらず、それが生みだした結果として確実なことが二つある。その一つは国民政府主席の汪兆銘に代わって蔣介石が浮上したことであり、もう一つは蔣介石による派閥形成と並行する形で国共合作の継続を妨げる勢力が排除されたことだった。

まず第一の点を見ると、蔣介石が汪兆銘の許可を待たずに軍隊を出動させたのは、彼の権威を否定する行動であった。汪兆銘は激怒したが、蔣介石は汪兆銘とキサンカが彼を攻撃しようとしたというデマを流し、かえって汪兆銘を休養へと追いこんだ。ソ連も蔣介石との衝突を避けるために汪兆銘を見限り、病気となった彼はフランスへ出国した。汪兆銘の追い落としに成功した蔣介石は同じ浙江出身で、気心の知れた張静江（ちょうせいこう）を中央委員会主席にすえ、国民党における第一人者の地位を手中に収めた。

つぎに第二の点であるが、蒋介石は国民党、共産党の区別なく国共合作を脅かす諸勢力に強圧策をもってのぞんだ。まずターゲットとなったのは孫科を中心とする国民党広州市党部の反共産党グループであり、その中心人物である呉鉄城（ごてつじょう）は監禁処分を受けた。また五月に会員間の乱闘事件が発生した青年軍人連合会と孫文主義学会は、解散のうえで蒋介石を会長とする黄埔同学会に吸収された。

いっぽう一九二六年五月に蒋介石は国民党の会議で、共産党は国民党内にいるすべての党員名簿を国民党に提出すること、二重党籍を持つ者は幹部職にしないことをうたった「国共協定事項」を提出した。はじめボロジンは反対したが、蒋介石と妥協せざるを得なかった。その結果宣伝部長代理の職にあった毛沢東が辞任を申請するなど、多くの共産党員が要職を離れた。このとき蒋介石は指揮権を統一するための措置だと説明したが、彼らに代わって登用されたのは組織部秘書の陳果夫（ちんかふ）（蒋介石が若い頃に師事した陳其美（ちんきび）の甥）など、多くが蒋介石派を形成する人々であった。

こうして党内に権力基盤を確立した蒋介石は、西北の馮玉祥や広西の李宗仁、本人はじめ部下の多くが仏教徒という湖南の唐生智（とうせいち）と連絡を取りながら軍事行動の準備を進めた。また将兵の士気を鼓舞するために「列強を打倒し、軍閥を除いて国民革命を成功させよう」という『国民革命歌』も作られた。一九二六年五月に先遣隊が湖南へ向けて進発すると、七月一日には国民革命軍総司令となって強大な権限を握った蒋介石が「北伐宣言」を行った。孫文の見果てぬ夢がついに動き出したのである。

北伐の展開と湖南農民運動

魯迅の広州行きと北伐軍の勝利

一九二六年八月に北京を脱出した魯迅は上海に着くと、許広平と別れて厦門（アモイ）へ向かった。女師大時代の同僚だった林語堂（りんごどう）の招きに応じて、厦門大学の文学部教授として赴任したのである。彼はここで古典文学の研究につとめながら、許広平との往復書簡をしたためて師弟間の恋愛関係をはぐくんだ。またこれらの書簡からは魯迅の国民革命に対する熱いまなざしを窺うことができる。

たとえば一〇月一〇日の双十節（そうじゅうせつ）（中華民国の建国記念日）の手紙で、魯迅は厦門の華やかな祝賀ムードを北京の「死んだような」静寂ぶりと比較しながら賞賛している。また一〇月一五日の手紙では、厦門の新聞が北伐軍による武昌、九江の占領を報じたことを記したうえで、「割り引かなければならないにしても、情勢が非常に良いことは本当です」と述べている。辛亥革命の挫折後はめったに政治動向に反応を示さなかった魯迅であるが、北伐の戦局には並々ならぬ関心を寄せていたのである。

実際のところ北伐軍は破竹の勢いで進撃を続けていた。広東と湖南の省境にそびえる嶺南（れいなん）山脈を越えた先遣隊は、李宗仁、唐生智の部隊と合流して西路軍（約一〇万）を形成し、民衆の支持を受けながら七月に長沙を占領した。ついで湖北へ入った西路軍は、かつての太平天国軍を彷彿させる勢いで武漢へ向かい、兵力、装備の面ではるかに優勢な呉佩孚（ごはいふ）軍（二五万）を圧倒した。呉佩孚は逃亡する司令官を殺してさらし首としたが、軍の崩壊を防ぐことはできなかった。一〇月には武昌の守備隊が降伏し、その後も北伐軍の追撃によって呉佩孚軍の主力はほぼ壊滅した。

江西では蒋介石みずから指揮する中路軍が直隷派の孫伝芳（そんでんほう）軍と対決した。はじめ戦況は一進一退を続けたが、一一月にようやく省都南昌（なんしょう）を占領した。このとき蒋介石は馬を下り、民衆に帽子を振りながら歩いて入城するパフォーマンスを見せた。一方福建方面に進撃した東路軍は、さしたる抵抗も受けずに北上して一九二七年二月には浙江の杭州を占領した。さらに東路、中路の両軍は三月に孫伝芳の根拠地である南京を陥落させ、一年もたたずに中国の南半分をほぼ制圧したのである。

このころ魯迅と許広平との関係も新たな展開を迎えていた。一九二六年一一月に郭沫若（かくまつじゃく）を初めとする共産党の広東支部が中心となって、魯迅を中山（ちゅうざん）大学の文学科主任に招聘したのである。許広平のいる広東行きを決心した魯迅は、一九二七年一月の手紙でおよそ次のように記した。「これまで私は人を愛する資格がないのだと思い、誰かを愛そうとはしなかった。だがいまや私は信じる。私はそこまで自分を貶（おとし）める必要はないのだと。私は愛することができるのだ！」。

それまでの魯迅は自分をあえて旧時代の人間と位置づけることで、『狂人日記』の「子供を救え」という叫びのように若い世代に希望を託そうとしていた。だが国民革命の進展は深い寂寞と共に眠っていた魯迅の魂を呼びおこし、彼に「現在」との積極的な関わりを恢復（かいふく）させたのである。三月に広州に到着した魯迅は「革命戦士」として歓迎を受け、講演の依頼があいついだ。許広平も中山大学の助手となり、広東語の通訳を兼ねて魯迅らと共同生活をするようになった。

だがやがて魯迅は「革命の策源地」といわれた広州にキナ臭さを感じるようになった。彼はここがうわさとは異なる「商人と軍人が支配する」街であることに驚き、許広平も共産党員との関係には注意するようにと校長から忠告を受けたという。北伐が成果をあげるにつれて、革命の行方をめぐる国民党内部および国民党と共産党の暗闘は激しさを増していた。この魯迅の直感はまもなく最も不幸な形で現実となる。

北伐下の政治抗争と毛沢東の湖南農民運動視察

さて北伐の開始後に、国民政府の重要な政治課題となったのは汪兆銘の復帰問題であった。まず蔣介石の発言権が増すことを快く思わない国民党の人々は、広東出身の汪兆銘を復帰させることで浙江派を形成しつつある蔣介石にクギをさそうと考えた。また共産党の中には陳独秀のように、北伐は民衆を無視するものだとして反対し、「中間派」の蔣介石に対して厳しい態度で臨むべきだという意見もあった。だがこのとき共産党およびソ連の方針は統一されておらず、コミンテルン代表のヴォイチンスキーは蔣介石と協調する立場を取っていた。

いっぽう汪兆銘を休養に追いこんだ蔣介石にとって、汪の復活はたしかに都合が悪かった。そこで蔣介石は汪兆銘に帰国を呼びかける一方で、復帰後も実権のあるポストを与えないという戦略に出た。結果はしたたかな蔣介石の勝利であった。

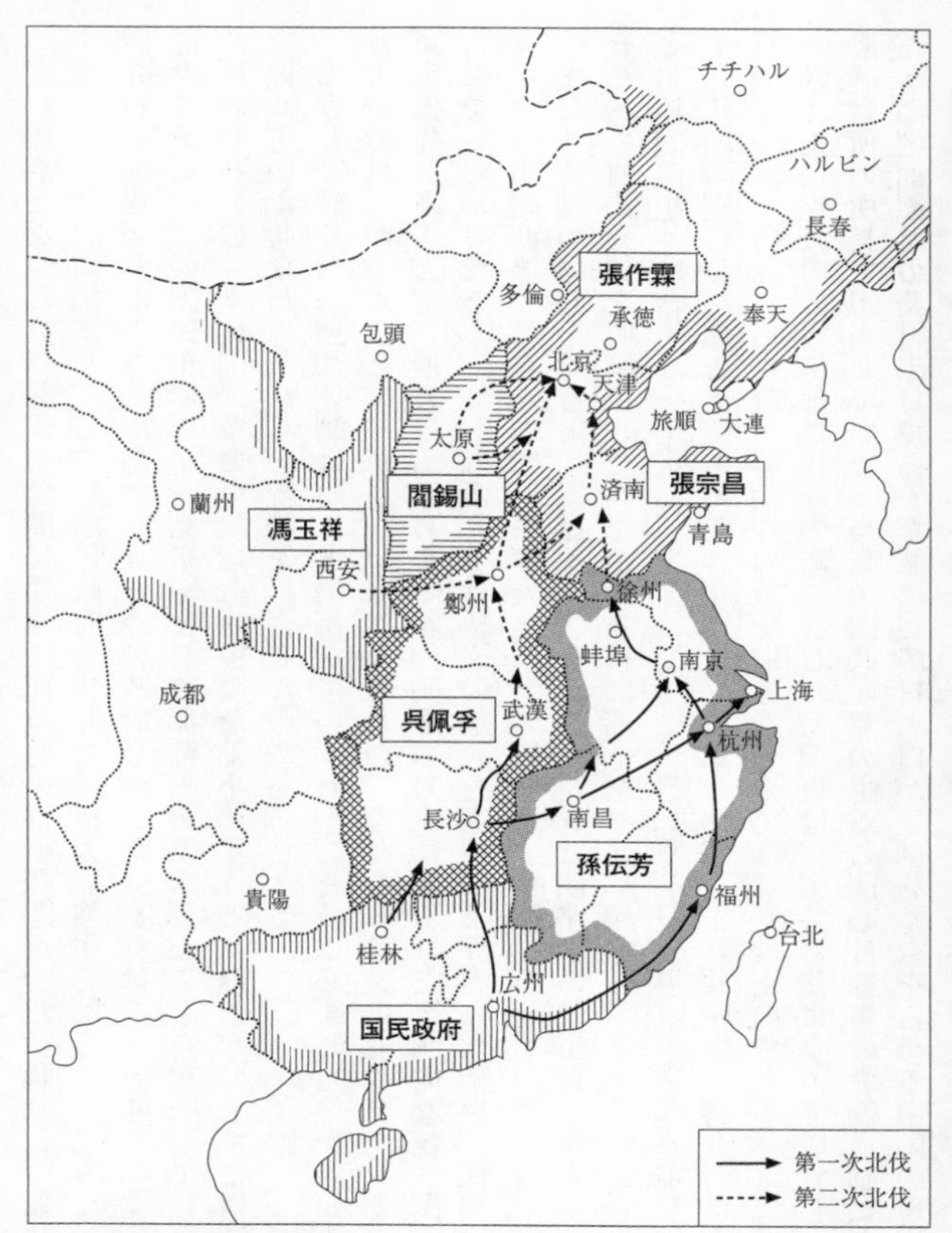

北伐と各地の軍事勢力（岩波新書『中国近現代史』をもとに作成）

次に焦点となったのは北伐の展開に伴う国民政府の移転問題だった。蔣介石の独裁に反対する人々は武漢に集まり、ここに国民政府を移して党権力の強化を図ろうと試みた。すると蔣介石は前線司令部のある南昌にもう一つの政府を設けた。それはある意味で「党直属の軍隊」であるはずの国民革命軍が、党組織と対等な権限を要求したことを意味していた。驚いた反蔣介石派の人々は国民革命軍総司令の権限を縮小しようと試みたが、すでに財政的基盤を握っていた蔣介石はこれらの統制を拒否したのである。

こうして蔣介石の独裁体制は着々と築かれていったが、それは必ずしも彼一人が生み出したものではなかったことに注意しなければならない。なぜなら孫文の北伐プランそれ自体が軍事優先の考え方や、地方自治をめぐる陳炯明との対立に見られた専制的な統一国家構想を含んでいたからである。いわば蔣介石は孫文の遺志を実現しようとした結果、孫文が残したマイナスの遺産までも継承してしまったと言えるだろう。

また共産党の動向を見ると、武昌へ到着したボロジンは西路軍の唐生智を味方につけて蔣介石への対決姿勢を明確にした。だが蔣介石は部下をソ連へ派遣し、スターリンらに蔣介石との協調路線を維持させるように働きかけた。さらに蔣介石は自分の支配基盤を固めるべく、江西の国民党組織を支えていた共産党員を排除した。つまり共産党は蔣介石によって意見の不一致を巧みに突かれ、有効な対策を取ることができなかったのである。

さて国民党政府の宣伝部長代理の職を辞した毛沢東は、国共合作によって成立した農民運動講習所の所長を担当していた。当時中国共産党の主たる関心は都市の労働運動にあった。だが湖南湘潭県の農村出身であった彼は、農村人口が圧倒的多数を占める中国の現実を踏まえ、国民革命はまず農民革命でなければならず、農民が抱える問題を解決してその支持を得なければ国民革命は成功しないと主張した。また思春期に新興地主だった父親と対立することで新文化運動に傾倒した毛沢東は、農村に君臨する封建勢力を打倒しない限り軍閥や帝国主義の支配をうち崩すことはできないと考えた。

北伐が始まると、国民革命軍の占領地域では毛沢東の教え子たちが農村に入って活動を展開した。とくに湖南では二〇〇人あまりの活動家が各地で農民協会を設立し、二〇〇万人をこえる会員を獲得した。彼らは孫文が国共合作時に認めた小作料引き下げを実現すると共に、祖先祭祀や神々の祭り、族長や夫の権威に代表される伝統的な社会秩序をひっくり返そうとした。また有力者が組織していた団練などの自警団を農民の武装組織に改め、一部では農民協会のメンバーが県政に参与するようになった。こうした情況を視察に出かけた毛沢東が著したルポルタージュが『湖南農民運動視察報告』である。

青年時代の毛沢東

この報告で毛沢東は農民運動がハメをはずし、さして土地を持たない者を「土豪」としたり、長袖の上着を着ているだけで「劣紳（劣った紳士）」と呼ぶなどの拡大解釈が行われていると認めた。また農民協会が「土豪劣紳」のレッテルを貼られた人々に三角帽子をかぶせて引き回したり、勝手に処刑してしまう風潮が広がり、国民党ばかりか共産党内にもこれらの行動を「行きすぎ」と批判する声があったと記している。

だがこの批判に対して毛沢東は、およそ次のような反論を加えている。「革命とは客を招いてご馳走することではないし、筆先で絵をかいたり刺繍をすることでもない。そんな上品でご立派な、おしとやかなものではない。革命とは暴力である。一つの階級が他の階級をひっくり返す激烈な行動なのだ」「いま農民がたちあがって土豪劣紳の一人ふたりを銃殺し、反革命弾圧のささやかなテロリズムを作り出しているからといって、これをけしからんという理由がどこにあろうか」と。

今日の視点から、この毛沢東の見解を非難することはたやすい。彼は報告のなかで土豪劣紳の粛清は湖南の軍人唐生智も支持していると述べたが、実のところ真っ先に殺されたのは唐生智の支配に従わなかった人々だった。また農民協会の独断による逮捕や処刑は共産党もコントロールできないほどにエスカレートし、省クラスの役人が銃殺される事件さえ発生した。国民革命軍が進駐する大都市と異なり、農村部では革命の到来を実感することは難しかった。また太平天国の『天朝田畝制度』に見られた平均主義的なユートピアは、下層農民の心を深くとらえていた。このため毛沢東は小作料の不払いによる「財産の没収」という、過激な革命プログラムを実行にうつすことで農民の支持を取りつけようとした。だがそれは勢いづいた農民たちによる報復のための暴力を生みだしたのである。

こうした毛沢東の行動を蔣介石のそれと比較してみると、一つの共通点があることに気づく。つまり軍隊に依拠するか、大衆運動を重視するかの違いはあれ、二人が問題解決のカギは武力にあると考えていた点である。しかもこの武力志向は二人だけの特徴ではなかった。戴季陶も『日本論』で明治維新以来の日本の歴史を総括し、武力と戦争による膨大な犠牲なくして民族の平等と国家の独立は達成できないと主張していた。

これらの事実は彼らが時代の申し子であることを示すと共に、義和団運動にもあらわれた中国社会の荒ぶるエネルギーが、国民革命の勝利を底辺で支えていたことを物語る。そしてこの地鳴りのような胎動は、帝国主義打倒のナショナリズムと共に噴きだして激しい連鎖反応を引き起こした。南京事件と四・一二クーデターである。

四・一二クーデターと国共合作の崩壊

南京事件の発生と蔣介石

一九二七年三月二四日に北伐軍が南京を占領すると、領事館に避難していた日本人居留民のあいだに安堵感が広がった。当時北伐軍に対する評判は極めて高く、孫伝芳軍のような略奪は行わないと考えられたからである。ところが朝になると北伐軍兵士が敵軍の捜索と称して領事館内になだれこみ、発砲して威嚇しながら一部の市民と略奪を始めた。すると同じく領事館が略奪を受けたイギリス、アメリカの軍艦は、南京市内を砲撃して二〇〇〇名の死傷者を出した。いわゆる南京事件である。

これと同じような事件は各地で発生した。一九二七年一月に湖北の漢口では、イギリス租界で中国人が殺害された事件をきっかけに大規模な反イギリス運動が起こり、成立したばかりの武漢国民政府は漢口に続いて九江の租界も回収してしまった。また南京事件を引きおこしたのは北伐軍内にいた共産党員であったことが判明し、蔣介石はこの事実に大きなショックを受けた。だが国民革命はもともと帝国主義の打倒をスローガンにかかげていた。北伐軍の華々しい勝利は人々のナショナリズムに火をつけ、それが領事館や外国人住宅、キリスト教会の襲撃となって現れたのである。

このとき日本は英米の報復攻撃に同調しなかった。外相の幣原喜重郎は東北三省を除く中国全土を統治する能力があるのは、北京政府よりも蔣介石だという認識を持っていた。このため日本政府は暴行兵士の処罰や被害者への賠償を要求したが、また蔣介石に共産党の勢力を極力圧迫し、各国の利害が集中する上海で治安維持に当たることを求めたのである。だが日本の軍部は政府の姿勢を軟弱外交と批判し、上海の日本人団体も武漢政府に強硬な抗議をせよと主張した。その結果首相の若槻礼次郎（わかつきれいじろう）は辞任に追いこまれ、代わって強硬外交の田中（たなか）義一（ぎいち）内閣が登場することになる。

またアメリカはこの事件を蔣介石にソ連と手を切らせるチャンスだと考えた。国務長官のジョンストンは蔣介石に財政援助を与えて共産党の蜂起を弾圧させると共に、彼と張作霖の停戦を促して、南北同時に共産党を取りしまらせる「新対中国計画」を発表した。これに対して蔣介石は国共合作をあくまで堅持するとの声明を発表したが、同時に共産党に対して「国民革命の偉業」を破壊してはならないと警告した。共産党やソ連との決別を求める列強の圧力は、蔣介石にとって無視できないものだったのである。

共産党の上海蜂起と四・一二クーデター

国民革命軍が北上を続けるなか、上海では共産党がこの地を支配していた孫伝芳系の軍隊に対する武装蜂起を試みた。とくに一九二七年三月に東路軍の白崇禧（新広西派）の率いる部隊が上海に迫ると、二一日に共産党は秘密結社青幇の首領である杜月笙の協力を得て、八〇万人が参加するゼネストを決行した。また労働者の武装組織である糾察隊が警察や守備隊に対する攻撃を行い、翌日には上海に自治政府を成立させた。

三月二六日に蔣介石が上海に入ると、資本家の団体である上海総商会は彼に早期の安定回復を求めた。とくに積極的だったのは浙江財閥を代表する宋家一族の長女である宋靄齢で、蔣介石個人に財政援助を申し出ると共に、労働運動によって上海の租界が回収され、貿易に支障をきたすことがないように訴えた。事実共産党系の労働組合である上海総工会は労働者による上海の自治を主張し、独断で蔣介石に反対する運動を展開し始めた。また大規模なストライキと租界突入の計画も立てられたという。

これに対して三月二八日から国民党の中央監察委員会が開かれ、共産党の「行きすぎ」を非難した。この委員会の議長をつとめたのは、ヨーロッパ滞在後に北京大学学長を辞職し、国民党の元老となった蔡元培であった。クロポトキンの相互扶助的なアナーキズムに共鳴していた彼は、非暴力の立場からマルクス主義の階級闘争論に反対していた。そして蔡元培は共産党が国民革命を破壊しているという批判に同調し、みずからも報告を行って共産党員の拘束と監視の必要性を認めたのである。

こうした内外の圧力や要請を背景に、ついに蔣介石は共産党との決別を決意した。彼は白崇禧に命じて戒厳令を実施させると共に、杜月笙と接触して青幇の共産党に対する支援をうち切らせた。また四月九日には共産党の影響が強い部隊を南京へ移動させると共に、自分は上海を離れて共産党弾圧の汚れ役を白崇禧と杜月笙に押しつけた。

いっぽうの共産党は緊迫する情勢を読みきれないでいた。その主な理由は四月一日にフランスにいた汪兆銘がウラジヴォストーク経由で上海に到着し、蔣介石と協議のうえで陳独秀と共同宣言を出し、国共合作の継続を確認したことにあった。だが四月六日に汪兆銘は武漢へ向けて出発してしまい、共産党の弾圧を防ぎ止める役割を果たさなかった。むしろ六日には張作霖が北京でソ連大使館と共産党支部を捜索し、李大釗を逮捕するなど、共産党をとりまく情勢は悪化していた。

一九二七年四月一二日の早朝、白崇禧は糾察隊の武装解除に踏みきった。すでに前日夜に上海総工会のリーダーは杜月笙に暗殺されており、まず青幇に糾察隊を襲撃させ、続いて国民革命軍が出動して、仲裁の名目で武装解除するという戦略だった。だが青幇と国民革命軍が共同で糾察隊を攻撃したケースもあり、銃撃戦の結果一二〇人の労働者が殺され、小銃や機関銃など三〇〇〇挺以上が押収された。

翌一三日に上海総工会はゼネストを呼びかけ、午後からは押収された武器の返還を求めるデモ行進を行った。だが宝山路（ほうざんろ）で国民革命軍と衝突し、軍の発砲によって多くの死傷者が出た。これを目撃した上海の知識人は、蔡元培らに対して抗議の手紙を送り、これを新聞に公表した。だが四月一五日に監察委員会は「反党分子（共産党員のこと）の排除」をうたった白崇禧の決定を支持した。北京でこれを知った周作人（魯迅の弟）は、今回の粛清が行われた責任の七割は蔡元培らにあると述べている。

事件の発生を知ったコミンテルンは、四月一四日に蔣介石を非難する宣言を発表した。また一八日には汪兆銘の武漢国民政府が蒋介石の党籍を剝奪して、彼の逮捕令を出したが、武漢政府には蒋介石と軍事衝突をするだけの実力はなかった。いっぽう蒋介石側は同じ一八日に胡漢民を主席とする南京国民政府を樹立し、双方が北伐を続行しながらにらみ合うことになった。また共産党は上海の体制を立て直す努力を続けていたが、四月二五日以後に始まった共産党員狩りで大打撃を受けたのである。

殺害される共産党員

国共合作の崩壊と魯迅

さて上海で発生したクーデターの影響は、四月一五日には広州にも及んだ。この日の朝早くに許広平の実家から使いの者がやって来て、中山大学にビラがいっぱい貼ってある、魯迅にも害の及びそうなものもあると告げ、「早く魯迅さんを逃がしなさい」と言った。驚いた許広平が外の様子を見ると、道には多くの兵隊がおり、移動の待機中のようだった。市内には戒厳令が敷かれ、共産党の機関や労働組合の事務所などが襲われて多くの死者が出た。また中山大学でも四〇名余りが逮捕された。

この日の午後に中山大学では各学科主任の緊急会議が開かれ、魯迅は雨の中を出かけていった。会議が始まると魯迅は逮捕された学生の救出を提案したが、副学長はこの大学は「党（国民党）」の大学であるから、党の決定には従わなければならないと発言した。怒った魯迅はテーブルを叩いて立ち上がり、「逮捕された学生は何の罪を犯したと言うのか」と問いつめたが、誰一人として声をあげる者はいなかった。晩になってようやく帰宅した魯迅は憤りのあまり夕食も食べなかったという。

その後も共産党に対する弾圧はつづき、四月一八日には中山大学の共産党員で、魯迅と親しくしていた畢磊も逮捕された。魯迅は「私の推測では、彼はもうこの世にいないに違いない。この見たところ非常に痩せて精悍な湖南の青年は」と記している。六月になって中山大学は「共産分子」として数十名の学生、職員を除籍および罷免とした。魯迅もみずから辞表を提出し、九月に許広平と上海へ向かうことになる。

このとき武漢の国民政府でも大きな変化が発生していた。もともと武漢政府は豊かな東南の沿海地域をおさえた南京国民政府と比べた場合、財政的にきわめて弱体だった。資金に苦しんだ武漢政府は労働運動を抑制し、生産を回復させることで税収増加を図ったが、共産党は労働者を統率できずに効果はあがらなかった。むしろ各地で呉佩孚につながる人々の財産を没収することで、税収を確保するありさまだった。

だが武漢政府の内部に深刻な亀裂をもたらしたのは、兵糧の確保をめぐる軍と農民協会の衝突だった。一九二七年五月に発生した馬日事変がそれで、唐生智軍の部隊が湖南の長沙で農民協会を襲撃し、農民自衛軍などの武装解除を行ったのである。

以前の研究では、この事変は国民政府の分裂に動揺した将校たちが、反共産党陣営へ走った結果だとされてきた。だが実際には農民協会が米の流通を禁止したために軍用米が不足し、農民たちが米を確保しようとする兵員を殺したり、買い付けた米を奪い取ったことが原因だった。さらに「土豪劣紳」への攻撃が行われる中で、国民革命軍に参加している軍人の財産が没収されたり、その家族が迫害を受けることがあったという。

　なおこのときの報告は軍人家族を迫害したのは秘密結社である哥老会のメンバーで、分別をもたない彼らが農民協会を牛耳った結果だと述べている。確かに勇名を馳せた賀龍（がりゅう）や彭徳懐（ほうとくかい）など、中国共産党の指導者には秘密結社の出身者がいた。その後毛沢東が江西の井崗山（せいこうざん）に革命根拠地を建設する過程で、彼らは重要な役割を果たすことになる。だが当時の共産党には、日頃抑圧されていた彼らが革命参加と共に爆発させる負のエネルギーをコントロールする力量はなかった。

　こうして武漢国民政府は事実上の自己崩壊におちいった。新しいコミンテルン代表となったロイは、六月にコミンテルンの訓令を受けとって陳独秀らに実行を迫った。それは共産党が武漢政府にとどまりつつ、土地革命や労働者、農民の武装化を行えという中国の実情をまったく無視した内容で、ボロジンも実行は不可能だと考えた。すると七月にコミンテルンは新たに、国民党内にはとどまるが、武漢政府からは退出せよとの指令を出した。やむなく共産党は武漢国民政府からの退出宣言を出し、共産党員たちは次々と辞表を提出した。すでに国共合作の継続に疲れ果てていた汪兆銘らにとって、共産党の退出は渡りに船だったというべきかもしれない。

　一九二七年八月一日、武漢を退いた共産党は一部の国民革命軍を糾合し、国民党革命委員会の名のもとに江西南昌で蜂起した。この南昌蜂起は中国共産党が独自に計画したもので、勝算を度外視してでも国民革命の気概を示そうとする無茶な作戦だった。はたして結果は共産党軍の大敗に終わり、これをきっかけに武漢国民政府は共産党の弾圧に踏みきった。そして九月に彼らは蔣介石の南京国民政府と合流することになる。

こうして第一次国共合作は三年半あまりで崩壊した。志なかばにして倒れた孫文の遺志をついで発動された国民革命は、またも途中で挫折をこうむった。むろん共産党との決別をギリギリまで留保した蔣介石の選択は、国内外の幅広い勢力を味方につけることになり、その後再開された北伐が迅速に完成することを可能にした。だが引きのばされた決定は革命情勢を不透明なものに変え、多くの人々に無用な犠牲を強いることになった。

のちに魯迅は四・一二クーデターについて次のように言っている。「国民党は有望な青年をワナに落としこんだ。初めのうち共産党は機関車で国民党は列車だ、革命は共産党が国民党を引っぱることによって成功するのだと言った。だから青年たちは誰も感激して共産党に入った。すると今度は突然、共産党なるがゆえに彼らを片端からつかまえて殺した。この点は軍閥の方がまだいい。彼らは最初から共産党を容れず、最後までその主義を守った。だが国民党のやり方はまるでペテンだ。その殺し方がまたひどかった。ぼくはそれ以来、人をだまして虐殺の材料にするような国民党はどうしてもイヤだ」と。

この批判に対して、当事者の蔣介石にはそれなりの言い分があるだろう。また魯迅も人の子、その見方には彼自身の立場がもたらす一定の制約があることを免れない。だが中国近現代史にとって最大の悲劇は、魯迅のいう「ペテン」がこれ一度では済まなかったという事実にある。一九五七年に毛沢東みずから知識人に共産党の批判を求めておきながら、党批判が噴出すると一転して反右派闘争を発動したのはそのほんの一例に過ぎない。おびただしい血を流しながら彷徨(さまよ)う革命、その終着駅はいったいどこにあるのだろうか。

第八章　内憂と外患のなかで——南京国民政府と満洲事変

北伐の再開と山東出兵

張作霖爆殺事件と日本

一九二八年六月四日早朝、北京政府の陸海軍大元帥だった張作霖（ちょうさくりん）は奉天（ほうてん）（現在の瀋陽（しんよう））へむかう特別列車の中にいた。彼は蔣介石（しょうかいせき）が率いる国民革命軍の北京進撃を阻止できず、日本の首相だった田中義一（たなかぎいち）の勧めもあって、東北三省に退いて再起を図ることにしたのである。蔣介石も北伐の目的は北京占領にあり、華北と東北の境である山海関（さんかいかん）を越えて追撃はしないとのメッセージを送っていた。

五時二三分頃に列車は奉天に近い皇姑屯（こうことん）駅を過ぎ、南満洲鉄道との立体交差にさしかかった。張作霖の乗った客車がガードの下を通り過ぎようとしたその瞬間、大音響と共に爆発が起こり、橋げたが崩れ落ちて押しつぶされた客車は炎上した。救出された張作霖はすでに虫の息で、約一五時間後に死亡した。いわゆる満洲某重大事件、張作霖爆殺事件の勃発である。

今日ではこの爆弾テロが、関東軍参謀の河本大作（こうもとだいさく）大佐らによる犯行だったことは常識となっている。現場には中国人二人の遺体が残されており、国民党の工作員を装っていたが、一

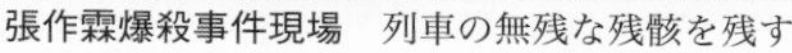

張作霖爆殺事件現場　列車の無残な残骸を残す

張作霖

目でアヘン中毒患者とわかるカモフラージュだった。また橋げたにこびりついた火薬は日本軍だけが使用している強力なもので、爆破スイッチにつながる電線は関東軍の鉄道監視所に引きこまれていた。奉天の総領事だった林久治郎（はやしひさじろう）はたまたま居合わせた国会議員たちに「ひどいことだぞ、陸軍の連中がやったんだ。これは容易ならんことになる」と興奮して話したという。

はじめ河本大作は張作霖殺害後にさらなる行動を計画していたが、中国側が張作霖の死を伏せて公表せず、そのあいだに息子の張学良（ちょうがくりょう）による体制作りを進めたために不発に終わった。日本軍人の関与を知った田中義一は国内外の信頼を回復すべく調査を進め、一度は事件の真相を昭和天皇に報告した。だが軍部の圧力に屈した田中は、一九二九年六月には一転して日本は事件と無関係という声明を発表したいと上奏し、天皇の逆鱗（げきりん）に触れて辞職に追いこまれることになる。

日中関係史から見た場合、この張作霖爆殺事件は満洲事変の前哨戦となった。また国民革命の歴史に即して言えば、それは張学良の易幟（えきし）つまり国民政府への合流を生みだすことになった。それではこの事件はなぜ引きおこされ、両国の歴史にいかなる影響を与えたのか。以下では南京国民政府と蔣介石の動きから見ることにしたい。

蔣介石の下野と日本訪問

中華人民共和国の成立を起点として、中国共産党が勝利した要因を探るかつての革命史観では、一九二七年四月に成立した南京国民政府は反共クーデターの産物であり、まともに評価される対象ではなかった。だが近年は中国国民党がなぜ敗北したのか、国民党政権が中国における近代国家の形成や国際社会での地位の向上にどんな役割を果たしたのかを解明するために、南京国民政府がスポットライトを浴びている。

成立当初の南京国民政府は二つの政治課題に直面していた。その一つは張作霖らの北京政府、汪兆銘（おうちょうめい）の率いる武漢国民政府に続く第三の政府として登場したために、政権の正統性をアピールする必要があったことである。このため四月一八日の成立式典で主席の胡漢民（こかんみん）らは、南京への遷都が孫文の「遺志」であることをしきりに強調した。またその宣言は共産党員の「破壊活動」が国民革命の足を引っぱり、国共合作を崩壊させたと非難することで、上海のブルジョアジーなど国民党の急進化に不安を覚えた新興勢力を政権の支持基盤にすることをめざしていた。

もう一つの課題は蔣介石の処遇であった。蔣介石が国民革命軍を育成し、北伐を指揮した功績は誰も否定できなかったが、当時の国民党内には軍人である彼が独裁権力を握り、シビリアンコントロールが利かなくなることへの反発が強かった。とくに中山艦事件で蔣介石によって休養に追い込まれた汪兆銘にとって、南京政府へ合流するうえで蔣介石の下野は譲れない条件だった。南京側も国民党の再統一を促すためにこれに同調し、八月には四・一二クーデターの実行部隊だった新広西派の白崇禧が、徐州の戦いで敗北した蔣介石に総司令の職を離れるように勧めた。

　この結果蔣介石はみずから辞職を宣言し、九月には武漢、南京の両政府および反共産党を唱えていた北京会議派が合流して国民党の統一が実現した。もっとも蔣介石の辞職期間はわずか三ヵ月で終わり、かえって復活した蔣介石の存在感を高める結果になった。この充電期間中に彼は宋美齢との結婚について宋家の許可を得るために日本を訪問し、日本の政府要人と会談した。その中で最も重要なのが田中義一との会談である。

　一九二七年四月に首相となり、外務大臣を兼任した田中義一の外交政策は、幣原協調外交との対比で強硬外交と呼ばれる。この年六月に開かれた東方会議の後に、彼が満蒙（すなわち東北三省および東部内蒙古の熱河特別区）の征服を企図して天皇に提出したとされる田中メモランダムが有名である。現在この上奏文は偽物と考えられており、実のところ彼の対中国政策は満蒙の権益を英米列強と協調しながら、張作霖を支柱として守るという従来の枠組みを出るものではなかった。

　しかし田中義一は北伐軍が山東一帯に迫ると、五月に居留民の保護を目的として第一次山東出兵を行うなど軍事力の使用をためらわなかった。また東方会議では関東軍を中心に満洲を中国本土から切り離し、張作霖を排除して自治を宣言させるプランが話し合われた。さらに会議では国民党を支持して共産党を鎮圧させるという方針が確認された。蔣介石・田中会談はこうした田中外交の方針が前提となって実現したのである。

一九二七年一一月五日に蔣介石は田中義一の自宅を訪ねた。すでに述べたように蔣介石は日本留学の経験を持ち、一九二六年に大正天皇が逝去すると部下を日本領事館に弔問に行かせるなど日本との友好関係に気を配っていた。また彼は日本の発展ぶりを賞賛し、田中に対して日中両国が「真の平等」を基礎として共存をめざし、経済を中心に提携を図るべきだと訴えた。さらに彼は日本が国民革命軍の北伐に干渉を加えず、これを助力してほしいと述べたうえで、「閣下の意見をはっきりご教示いただきたい」と求めた。

蔣介石の日記によると、このとき田中義一は「閣下は北伐の目標を南京に置き、長江以南の統一を宗旨とすべきだと思う。なぜ北伐を急ごうとするのか」と問いかけた。彼は華北に戦火が及べば、日本の満蒙権益が侵されるのではと恐れたのである。およそ蔣介石が「中国革命のめざすところは全国統一にある。太平天国と同じ失敗をくりかえすわけにはいかない。北伐はすみやかに完成させなければならないし、中国が統一できなければ日本の利益にもならない」と答えると、田中はサッと顔色を変えたという。

結局蔣介石と田中義一の会談はすれ違いに終わった。蔣介石は田中について「いささかの誠意もない」と日記に書き記し、北伐の再開後は日本がこれを阻止するに違いないと考えた。それは田中の意図はともあれ、翌年の第二次山東出兵で現実のものとなる。

また会談で蔣介石は日本の張作霖支持について言及し、それが近年中国人の反日感情が高まった原因であると抗議した。田中義一は満洲軍参謀時代にスパイとして捕らえられた張作霖の命を助け、彼が台頭するきっかけを作った人物だったのである。だが田中は日本が張作霖にいかなる援助も与えていないと述べたうえで、自分は張作霖が「非常に嫌い」であり、張の参謀で親日派の楊宇霆を支持していると断言した。それがどこまで本音だったかは不明だが、この田中の発言は最悪の形で実現してしまうのである。

済南事件と佐々木到一

さて蔣介石を辞任に追い込んだ汪兆銘であったが、彼の天下は長くは続かなかった。一九二七年一二月に汪兆銘は部下が起こした内紛の責任を問われ、再び出国に追い込まれたのである。この結果蔣介石は国民革命軍総司令に復帰し、翌年には国民政府主席となって国民党のリーダーとしての地歩を固めることになる。

総司令に復帰した蔣介石がまず行ったのは北伐の再開であった。一九二八年四月に始まった第二次北伐は総兵力が約七〇万、蔣介石と李宗仁（新広西派）、馮玉祥（国民軍、西北派）、閻錫山（山西派）が各軍団を率いた。徐州を出発した蔣介石は順調に北上し、五月二日には山東の省都である済南に入城した。

さてこの北伐軍の総司令部には一人の日本人が随行していた。彼の名は佐々木到一という、本書が見た柴五郎や坂西利八郎に連なる中国専門の情報将校であった。この佐々木は「ケンカ到一」と言われるほど反骨精神が旺盛で、軍内部で冷遇された時期もあった。彼には段祺瑞や張作霖など日本が重視していた北京政府要人の軍事顧問となるチャンスはなく、巡ってきたのは誰も望まない広東駐在武官のポストだった。

だが広東で孫文と出会った佐々木到一は、すっかり「個人的野心のない」孫文の姿に魅せられてしまった。また彼は中国国民党に対しても「人格の高潔な」人々の集団と期待をよせ、彼らがめざす国民革命の理想に共鳴した。このように佐々木が国民党に入れ込んだ背景には、抗争をくりかえす北京政府の軍事勢力および彼らにつきまとう日本軍人への反発と嫌悪感があった。そして彼は国民革命軍の士気の高さ、軍規の厳正さに注目し、たとえ北伐が少々日本の権益を脅かそうとも、植民地状態からの自立をめざす中国の革命を支持することが長い目でみれば日本の利益につながると主張したのである。

だが軍の上層部は佐々木到一の進言に耳を傾けようとはしなかった。北伐が再開されると、政府はただちに第二次山東出兵に踏みきり、日本軍の先遣隊は北伐軍よりも早く済南に到着した。北伐軍が済南に入ると、佐々木は蔣介石の要請によって日本軍との連絡役をつとめたが、日本側が異様に殺気立っていることに気がついた。そして五月三日に彼の予感は的中した。日本側の主張によれば小さなイザコザから日中両軍が「衝突」し、翌日までに日本側の死者一三名、中国側は一〇〇〇名以上が死亡したのである。

この知らせを聞いた蔣介石は日本が北伐阻止の行動に出たと受けとめ、佐々木到一に停戦のための調停を依頼した。だが日本の現地軍は謝罪を求めて最後通牒を発し、五月八日には居留民保護の範囲を大幅に逸脱した攻撃を行い、国民政府の官吏や一般市民など三九〇〇名を殺害した。佐々木到一も北伐軍陣地を移動中に隠し持っていた日章旗が見つかって拘束され、蔣介石に救出されるまで興奮した中国兵からリンチと威嚇を受けた。このとき取り囲んだ兵士たちは口々に「日本帝国主義を打倒せよ」「殺せ、殺せ！」と叫び、さすがの佐々木も一度は死を覚悟したという。

こうした中で蔣介石は北伐の完成をあくまで優先し、進路を変えて日本軍との全面衝突を回避した。五月一八日に蔣介石は河南の鄭州で馮玉祥、白崇禧らと作戦会議を開いて準備を進め、六月一日に北京へ向けて総攻撃を開始した。もはや防御できないと見た張作霖は二日に東北への撤退を宣言し、三日に北京を出発した。翌日未明に彼が爆殺されたのは本章の冒頭で見た通りである。六月一一日に司令長官を命じられた閻錫山は北京へ入城し、南京国民政府は北京を北平に改称すると発表した。

いっぽう救出された佐々木到一はいったん帰国後に再び南京に赴いた。だが彼自身「済南事件によって私の夢は完全に破れた。広東時代の私は若かったのだ」と語ったように、かつての国民革命への共感は失われていた。佐々木は国民革命軍がすでに「堕落」し、これまでの軍事勢力と同じ封建的な私兵集団に「退化」したと見なした。また国民党の革命教育こそが兵士の排外主義を生み出したのであり、中国の自立をめざす革命は結局のところ中国人を「傲慢」にしたと考えた。そして佐々木は「暴戾なる支那を膺懲（打って懲らしめること）せよ」と叫ぶ日本国内の強硬論に呼応するように、満蒙権益を確保するためには武力行使もやむを得ないと主張したのである。

この佐々木到一の中国観には彼が軍人である以前に、異文化としての充分な認識を欠いたまま中国社会のある部分を理想化し、その夢が破れた時に中国そのものに拒絶反応を示してしまう、近代日本の知識人に共通する問題点があったと言えるだろう。その後佐々木は満洲国の軍政部顧問となり、民族協和の夢を実現すべく満洲国軍の建設にとりくんだ。だが彼は満洲この国を植民地としか見ない日本人の態度に失望して満洲を去った。日中戦争が勃発すると佐々木は南京攻略戦に参加し、かつて惚れ込んだ孫文の陵墓（中山陵）の前で、敗残兵掃蕩の名のもとに大虐殺を指揮することになる。彼は「孫文の霊はさぞかし口惜し涙をふるっていることだろうと思う」と記している。

北伐の完成と南京国民政府

張学良の登場と南北統一

さて佐々木到一は張作霖爆殺について、河本大作にこのアイデアを授けたのは自分だと述べている。彼は扱いづらい張作霖を殺し、張学良に跡を継がせたうえで、彼の腕をねじ上げて一気に満洲問題を解決せよと勧めたという。むろん張作霖の排除それ自体は東方会議でも提案されており、殺害という手段を除いては佐々木のオリジナルとは言えない。だが近年の研究では、河本大作が必ずしも東北三省の軍事占領を意図しておらず、彼は張学良あるいは田中・蔣介石会談で名前のあがった楊宇霆の擁立をねらったと見られており、その意味では佐々木の話もつじつまが合うことになる。

ここで序章で言及した西安事変の中心人物、張学良について見ておこう。彼は一九〇一年生まれ、ラストエンペラーの宣統帝溥儀よりも五つ年上にあたる。NHKのインタビューで張学良は、彼の誕生した日に父の張作霖が初めて戦いに勝利したエピソードを思い出深く語ったが、清朝と革命派、ロシアと日本の間でしたたかに勢力を伸ばした父親の過去については触れていない。彼は子供の頃にYMCAを通じてキリスト教と触れ、医者になりたいと考えたが、父親に無理矢理軍人にされてしまったという。

青年時代の張学良に大きな影響を与えたのは、彼の教官をしていた郭松齢（かくしょうれい）であった。郭松齢は革命派の出身で、東北三省の改革を行うために張作霖の部下となった人物だった。一九二五年一一月に郭松齢は張作霖の打倒をめざしてクーデターを起こしたが、敗北し捕らえられて惨殺された。このとき弾圧部隊を指揮していた張学良は郭松齢からの手紙を受け取り、父親に「孝」をつくすために国家への「忠」を忘れるな、民衆に愛される「新世界の偉人」となれと忠告された。

張学良

だが張学良の直面した現実は厳しかった。一九二八年四月に彼は河南で北伐を再開した国民革命軍に敗北し、戦乱の中を逃げまどう難民の姿にショックを受けた。また彼は同じ中国人でありながら殺しあう内戦の愚かさを痛感し、東北軍を北方革命軍に改編して、北伐に合流すべきではないかと悩んだ。後にリットン調査団に語ったところによれば、張学良は内戦の停止を訴えて父親としばしば衝突したという。

六月四日の張作霖爆殺事件は、張学良にとっても青天の霹靂（へきれき）であった。六月一八日にひそかに奉天へ戻った張学良は父親の死を公表すると共に、東北三省の保安総司令に就任して関東軍につけこむ隙を与えなかった。また七月一日には北京に入った蒋介石へ電報を打ち、南京国民政府に合流することで中国の統一に寄与したいという意志を表明した。つまり日本による張作霖の殺害は奉天派内部の世代交代を加速させ、かえって国民革命の影響が東北三省に及ぶという結果をもたらしたのである。

こうした張学良の方針に日本は猛反発した。田中義一は張作霖と親しかった元中国大使の林権助(はやしごんすけ)を送り込み、張学良に国民政府への合流を思い止まるように説得させた。だが張学良は中国の統一と日本との友好関係は抵触しないと言って譲らなかった。会談の席上、林らは「どうしても南北の統一を実現するつもりなら、それは日本の権益を無視するに等しい。事実上わが国に楯突くものとなることを覚悟されたい」と厳しい口調で警告した。すると張学良はおよそ「私は中国人です。ですから私の考えはおのずと中国本位です。日本政府が脅しをもって中国統一の実現に反対するのは、すこぶる不可解なことです」と答えて反論したという。

一九二八年一二月二九日、東北全土に南京国民政府の旗である青天白日旗(せいてんはくじつき)が一斉にひるがえった。それは革命と共に吹きつけた南からの風が、中国の北の果てまで届いた瞬間だった。それまで分裂状態にあった中国は少なくとも形の上では統一を回復したのである。むろんこの統一は必ずしも内実を伴ったものではなく、南京国民政府はその後も内外からの厳しい試練にさらされた。だが孫文の遺志をついで始まった北伐は、ようやく一つの成果を生んだのである。

関税自主権の回復と日本

さて国民革命のもう一つの目的は、中国を列強の支配から中国人の手に取りもどすことにあった。すでに見たように北伐の過程で人々のナショナリズムは高揚し、漢口と九江の租界接収や南京事件に見られる実力行使となって現れた。だが南京国民政府は安定した政権を築くために諸外国の承認を得る必要があった。この承認問題とタイアップして進められたのが関税自主権の回復である。

これらの課題にとりくんだのはかつて広東軍政府の代表としてヴェルサイユ講和会議に出席した、ヤング・チャイナの新外交部長である王正廷（おうせいてい）だった。彼は就任後間もない一九二八年六月に声明を発表し、北京占領によって北伐が一段落した今こそアヘン戦争以来の不平等条約を撤廃して、平等および相互の主権尊重の原則に基づいて新条約を締結しなければならないと宣言した。

この声明に真っ先に反応したのはアメリカであった。七月にまず中米関税条約が結ばれ、アメリカは世界に先がけて中国の関税自主権を認めた。それは従来北京政府を正式な政府としてきたアメリカの方向転換を示すものであり、一一月には南京国民政府を承認した。イギリスを初めとする主要各国もこれにならい、一九二八年末までに南京国民政府は中国を代表する政府として

旧南京総統府　大門楼　南京は近代中国の三つの政府が首都を置いた街であった。太平天国、孫文が建てた中華民国臨時政府、蔣介石らによる南京国民政府は、いずれもこの場所を政府の所在地とした。現在は南京中国近代史遺址博物館となっている

国際社会に認められたのである。

アメリカが対中国外交を積極的に展開した背景には、中国からソ連の影響力を排除し、「民主的」な資本主義国家に育てたいという国際戦略上の意図があった。このためアメリカは一九二七年三月の南京事件に関する解決協定でも、謝罪と損害賠償にとどめることで燃えあがる中国人のナショナリズムを刺激しないように配慮した。

いっぽう中国共産党と決別したはずの南京国民政府は、はじめソ連に対する態度を決めかねていた。その主な原因は孫文がソ連へ宛てた遺書にあり、中ソ両国が世界の被圧迫民族の独立運動に勝利するに違いないこと、そのためには国民党がソ連と「一致協力」することを希望すると記していた。孫文の遺志を実現することを政権の正統性の根拠として掲げた南京国民政府は、この遺言を簡単には無視できなかったのである。

この点で蔣介石はアメリカの反共政策にうってつけの人物だった。彼はコミンテルンや中国共産党から個人独裁の新軍閥と非難され、しばしばムッソリーニと比較される程だった。また彼はソ連政府が中国を平等、対等な民族とは見ておらず、「紅色の帝国主義」になったと述べるなどソ連に対して強い不信感を持っていた。こうした蔣介石に注目し、アメリカに彼を支援することを要請したのは、上海の経済界をリードする宋氏一族とロシア革命を避けて中国へ移住したユダヤ人資本家であった。つまりアメリカの南京国民政府承認は蔣介石が反共の砦となることを条件に実現したのであり、第二次世界大戦後の世界を規定した冷戦構造は、中国では早くも一九二〇年代後半に始まっていたのである。

このようにアメリカを筆頭とする列強諸国が柔軟な外交姿勢を取ったのとは対照的に、日本の南京国民政府に対する承認は一九二九年六月と大幅に遅れた。関税自主権を認めた中日関税協定が結ばれたのはさらに一九三〇年五月までずれ込み、そのあいだは最恵国待遇があるために、実質的に中国が他の諸国と結んだ新協定も機能しなかった。

こうした日本の外交姿勢は、国民革命の展開や中国ナショナリズムの高揚という現実を認識せず、強圧的な態度で権益の確保をゴリ押しするものだった。これに二度にわたる山東出兵や張作霖の爆殺事件が加わり、中国国内の親日派が活動できなくなる程の影響を与えた。それまで主として英米に向けられていた中国のナショナリズム運動は、一気に日本をターゲットとし始めたのである。それは田中強硬外交の敗北であった。

ところで中国の関税自主権回復が比較的順調に進んだもう一つの要因は、南京国民政府が新協定の締結を急ぎ、関税率などの問題について柔軟に対応したことが挙げられる。実は南京政府の財政事情は大規模な軍事行動のために逼迫しており、関税率の大幅引き上げを見送ってでも当面必要な税収入を確保しなければならなかった。この南京国民政府の台所事情は、統一完成後の政情に暗雲をもたらした。「裁軍（さいぐん）」と呼ばれた軍備縮小問題をめぐる蔣介石と他の実力者たちの対立がそれである。

中原大戦と広州国民政府

北伐が完成した当時の国民革命軍は、実に二〇〇万人以上に膨張していた。その多くは北伐に合流した各地の軍事勢力が抱える兵力であり、毎年必要な軍事費は約六億六〇〇〇万元にのぼった。だが南京国民政府はこれだけの出費を支える財源を持っていなかった。宋家一族の一人で財務部長となった宋子文（宋慶齢の弟、宋美齢の兄）は、中央政府の財政はもっぱら江蘇、浙江、安徽の三省に依存しており、実質的な歳入は約三億元に過ぎないと警告していた。

北伐を完成させた蔣介石はさっそく軍縮に取りくんだ。一九二九年一月に蔣介石は軍機構再編のための会議を開き、全国の陸軍を六五個師団、約八〇万人まで削減すること、毎年の軍事費を歳入の四〇パーセントに抑えることを決めた。また彼は自らが率いる第一集団軍を中心に国軍を編制し、軍政の統一を唱えて各地の実力者から軍権を取り上げようとした。むろん彼らはこれを手放そうとはせず、蔣介石とのあいだに再び内戦が勃発した。

最初にターゲットになったのは北伐の進展と共に軍を武漢から北京へと展開し、補給線の延びきった新広西派（李宗仁、白崇禧）だった。一九二九年三月に蔣介石はまず武漢を攻撃し、北京の白崇禧軍に所属する元湖南軍の将兵には「広西派を打倒して故郷へ帰ろう」と誘って寝返らせた。分断された広西軍はあっけなく敗退し、六月に李宗仁と白崇禧は下野して香港に逃れた。これを蔣桂戦争と呼ぶ。

次に蔣介石と対決したのは西北派の馮玉祥だった。一九二九年五月と一〇月に発生した蔣馮戦争は、いずれも閻錫山の蔣介石支持によって馮玉祥の敗北に終わった。最後に残った閻錫山は一九三〇年四月に反蔣介石の連合軍を形成し、李宗仁と馮玉祥がその副総司令となって中原大戦が勃発した。五月に始まった戦闘は熾烈を極め、動員された一〇〇万の兵力のうち死傷者は三〇万人に及んだ。馮玉祥軍はピーク時で毎日砲弾二万発を発射したが、これだけの激戦は日中戦争でも見られなかったという。

はじめ戦局は蒋介石に不利だったが、この戦争に決着をつけたのはもう一つの軍事勢力である張学良の動向だった。九月に彼が蒋介石擁護の声明を発して北京、天津へ進駐すると、反蒋介石軍は総崩れとなった。馮玉祥と閻錫山は軍の指導権を放棄して引退し、彼らの部隊は蒋介石と張学良に吸収されて軍縮は一応実現したのである。

いっぽう内戦の再発とは裏腹に、北伐が一区切りついた一九二八年一〇月に南京国民政府は軍政期の終了と訓政期の開始を宣言した。軍政、訓政とは孫文の革命プログラムにあった時期区分で、軍政とは国内の武力統一を進める時期をさし、訓政とは憲政（立憲政治）に到達するまでの間、政府が政治的に未熟な民衆に代わって全権を掌握し、民衆を指導、教育する時期をいう。そして蒋介石が訓政に見合う支配体制を確立するべく、一九二九年三月に開いたのが国民党の第三回全国代表大会である。

この大会にむけて蒋介石がまず課題としたのは国民党組織の再編であった。国共合作期の国民党は毛沢東を農民運動講習所の所長に任命したように、大衆運動に基盤を置く側面を持っていた。だがいまや国共が分裂し、訓政期に入ったことで、大衆を運動の主体よりも教育の対象として位置づけ、党のイニシアティブを強化する必要が生まれた。この役割を担ったのが蒋介石の腹心で浙江派の陳果夫（組織部長代理）であり、彼の弟で国民革命軍総司令部の秘書長に招かれた陳立夫だった。

この陳兄弟が取りくんだ党組織の再編はまず共産党の影響力を排除することであり、彼らが上海で結成した秘密組織の中央倶楽部（Central Club、いわゆるＣＣ団）は蒋介石の特務機関として恐れられた。次に彼らがめざしたのは党中央のリーダーシップを強化することで

胡漢民

あり、第三回全国代表大会に参加する代表の八割は中央によって指名された。結局大会代表の派閥構成は胡漢民派が八〇、蒋介石派が七〇、汪兆銘派が三五で、蒋介石派は最大派閥となることはできなかった。だが陳果夫らは自分の息のかかった人物を各機関の指導者にすえることで、国民党内における勢力拡大に努めたのである。

こうした蒋介石の試みは党内外の諸勢力による批判と反発を浴びた。その先頭に立ったのは武漢国民政府の系譜をひく汪兆銘派の人々で、党中央の独裁傾向や腐敗現象を「堕落した革命」と非難した。彼らはまた第三回全国代表大会を否認して国民党の改組を要求し、一九三〇年九月には閻錫山を中心とする新しい国民政府を北京に建てて反蒋介石派の大同団結を図った。だがこの新政府は閻錫山の軍事的敗北と共に崩壊した。

次に蒋介石と対立したのは胡漢民だった。中原大戦の大勢が決した一九三〇年一〇月、蒋介石は国民会議の開催と訓政期の基本法制定を提案した。立法院議長として蒋介石の独断専行を苦々しく思っていた胡漢民は、蒋介石が総統制を導入して全権を掌握しようと図っていると考えて反対した。すると蒋介石は胡漢民を軟禁のうえ免職処分にして、一党独裁の中央集権体制を明確にうたった訓政時期約法を強引に成立させてしまった。こうした武断的なやり方に怒った胡漢民派の人々は、一九三一年五月に汪兆銘や孫科、李宗仁、白崇禧などの実力者と広州に結集して広州国民政府を樹立した。そして彼らは蒋介石の即時引退を求めて軍事行動を起こしたのである。

いっぽう国民党の体質そのものに鋭い問いを投げかけたのは、文学革命の旗手でリベラリストの胡適（こせき）だった。彼は「党をもって国を治する」をスローガンにかかげた国民党の訓政体制を、言論の自由を圧殺する独裁政治だと批判した。また政府の権限や国民の権利を明確に定めた法律がなく、国家権力あるいは党指導者が法的な拘束を受けない現実を改善するように求めた。だがデモクラシーの立場から出されたこれらの問題提起に対して、国民党は胡適に「反革命」というレッテルを貼ることで拒絶した。この党批判を一切受けつけない南京国民政府の「党国（政党国家）」体制は、そのまま中華人民共和国へと受けつがれた。それは二〇世紀中国の最大の不幸だったと言えよう。

毛沢東の辺境革命と包囲討伐戦

大いなる田舎者・毛沢東

ここで私たちは視点を変え、中国近現代史のもう一つの主人公に目を向けることにしよう。国共合作の崩壊後、南昌蜂起に失敗した中国共産党である。一九二七年八月に陳独秀（ちんどくしゅう）が総書記を解任された後、新指導部は秋の収穫期に湖南、江西など四省で蜂起する方針を決定した。だがこの秋収蜂起（しゅうしゅう）は農民協会の壊滅に動揺した農民の協力を得られず、ことごとく失敗に終わった。

九月に長沙攻撃の準備をしていた毛沢東は自警団に一度は身柄を拘束され、かろうじて脱出するなど情勢は緊迫していた。はたして蜂起した労農革命軍は仲間の裏切りもあって大敗し、五〇〇〇人いた兵力は一五〇〇人に激減した。このとき毛沢東はあくまで都市攻撃にこだわる党中央の指令を無視して、国民政府軍の防備が手薄な江西、湖南省境の山岳地帯に入ることを決めた。「逼られて梁山に上る」――『水滸伝』の英雄たちが梁山泊に身を投じたように、毛沢東も統治権力の及ばない辺境に根拠地を建設しようと試みたのである。

　ところで毛沢東という男は不思議なカリスマだった。蜂起軍が江西永新県の三湾まで落ちのびたとき、兵力はさらに減って一〇〇〇人に満たなかった。脱走する兵士が相次ぎ、残っている者も「おまえ、逃げるか？」「おまえはどこへ行くつもりなんだ？」と囁きあうなど、すっかり意気消沈していた。

　このとき毛沢東はうつむく兵士たちを集めて言った。「みんな、敵が不意打ちをかけて来ようが、どうってことはない。誰でもおっかあの腹から生まれたんだ。敵も二本足だし、我々も二本足だ。賀龍同志は包丁二本からたたき上げ、いまや一軍の長になった。我々には二個大隊の兵士と七〇〇丁の銃があるのに、何もできない筈がないじゃないか！」。これを聞いた兵士たちはたった一人で匪賊となり、共産党軍を率いるまでになった賀龍の活躍を思い出して、すっかり元気を取りもどした。また毛沢東は「いま我々は小さな石ころで、蔣介石は大きな水ガメだ。だがいつか石ころは水ガメをたたき割ってみせる」といったわかりやすい喩えで兵士たちを励ましたという。

　天下を取ってからの毛沢東は、紅衛兵の熱狂的な毛沢東崇拝に見られるごとく、自分に対する絶対的な忠誠を求めた。だが人々が魅入られたようにこれに応えた背景には、彼自身に相手の「魂に触れる」ようなパワーがあったことも事実である。この毛沢東の魅力を生んだ最大の秘密とは、「土に生まれ、土に育った」農村知識人ぶり、平たく言えば田舎者だったことに求められる。

毛沢東は当時の知識人としてはむしろ例外的に、海外留学の経験をもっていなかった。共産党のリーダーについて見ると、毛沢東のよき同志となる朱徳（しゅとく）はドイツへ、周恩来と鄧小平はフランスに留学した。また国民党の蔣介石、汪兆銘は日本などで学び、留学時の体験は彼らがめざす社会改革のモデルや外交姿勢に大きな影響を与えた。これに対して毛沢東は一九四九年にソ連を訪問したのを除けば一貫して中国にとどまった。また彼は中国の政治家としては珍しい読書家で、古典の造詣（ぞうけい）が深かった。

この土着の文化伝統に対する毛沢東の強いこだわりは、彼の言葉に中国の大地に根ざした重みと、地の底から湧きあがってくる活力をもたらした。中国の実情を無視したコミンテルンの指令や、マルクス主義の公式を振りかざす党中央の姿勢に悩まされた当時の中国共産党にあって、中国人なら誰でも知っている故事を注意深く選び、自信をもって語る毛沢東の力強さは人々に安心感を与えたのである。それは人々の主体性を重んじつつも、強い宗教性を帯びた革命理論としての毛沢東思想を生みだすことになる。

井崗山革命根拠地の建設と梁漱溟

一九二七年一〇月、三湾を出発した労農革命軍は井崗山（せいこうざん）をめざした。この山は江西と湖南の境界にあり、標高は一八〇〇メートルほど、あたりは天然の要害で、太平天国で活躍した漢族の下層移民である客家の人々が住んでいた。洪秀全らは広西の紫荊山に入って上帝会を創設したが、いまや毛沢東も同じく山奥に根拠地を作り始めた。

だが井崗山には「山の大王」と呼ばれる先客がいた。共産党に入党したこともある袁文才らが率いる数百人の匪賊（哥老会員）で、地元の人々に支持されていた。このとき軍内には彼らを始末するように主張する者もいたが、毛沢東は「富者から奪って貧者を救う」ことをスローガンにかかげた秘密結社は革命軍への改造が可能だと考えた。そして毛沢東は彼らがいちばん欲しがっていた銃を贈り、何度となく腹を割って話し合った結果、袁文才らはすっかり毛沢東に傾倒して革命軍に加わった。

すでに見たように国民革命期の共産党は上海の青幇首領である杜月笙の支援を受けたことがあり、農民協会にも多くの秘密結社員が加わっていた。だが当時の共産党は彼らが爆発させる負のエネルギーをコントロールできず、また彼らの心をつかめずに四・一二クーデターでの裏切りにつながった。毛沢東は秋収蜂起の失敗から軍事力の強化に力を注ぐ一方で、彼らアウトローも含めた中国社会の底辺と向かい合うことの必要性を痛感したのである。だがこうした毛沢東の意見は党の上層部には認められず、毛沢東が井崗山を去ると袁文才らは粛清されることになる。

次に毛沢東が取りくんだのは革命軍にふさわしい軍規の確立だった。もともと彼は軍隊が軍事行動だけではなく、大衆工作を行うべきだと考えていた。だが中国では「まともな人間は兵隊にならない」という社会通念があり、まず兵士が厳格な規律を身につけて民衆の信頼を獲得しなければならなかった。一九二八年一月に毛沢東は井崗山のふもとにある遂川県で兵士たちに宣伝活動を行わせた。このとき彼が提起したのが三大紀律（サンダージーリー）、六項注意（リウシアンジューイー）である。

まず三大紀律とは、（1）行動は必ず指揮に従うこと、（2）土豪から取りあげた金は公（おおやけ）のものにすること、（3）農民からはサツマイモ一本（のちに針一本、糸一筋となる）取らないことをいう。軍令の徹底は部隊の命運を決するカギであり、没収財産の公有はめぼしい財源を持たない共産党軍にとって死活問題だった。また井崗山の生活は貧しく、民衆も飢えていたために、たとえイモ一本でも貴重だった。

つづく六項注意は都市住民を意識した内容で、話し言葉は穏やかに、売り買いは公平に、借りたものは返す、壊したものは弁償する、寝るときに使った戸板は必ず元に戻し、敷きわらは束ねておくなどの内容を盛りこんだ。のちには捕虜のポケットを探らないといった内容が加えられ、整理のうえで八項注意として人民解放軍の軍規となった。

むろん革命集団が軍規を制定したのはこれが初めてではなく、太平天国の東王だった楊秀清（ようしゅうせい）は「右足を民家に入れた者は、右足を切る」といった厳罰主義で会衆を統率した。また蔣介石は敵前逃亡を図った部隊は責任者を銃殺するという革命連座法を作り、革命のために喜んで死ねる将兵を育成しようとした。

梁漱溟

だが毛沢東は恐怖によって人々を従わせるよりは、具体的な指示を与えることで兵士の積極性を引き出そうとした。彼はまた上官が部下を殴ることを禁じ、兵士が会議で発言することを認めた。人々をやる気にさせる術を心得ていた教師出身の毛沢東は、革命教育のリーダーとしては彼らよりも一枚上手だったと言えよう。

さて毛沢東が革命根拠地の存在意義を示すために実行したのが土地革命であった。すでに国民革命期に毛沢東は湖南の農民運動を経験し、貧しい農民の耕地獲得に対する要求がいかに切実であるかを認識していた。また農民たちの願いをかなえなければ、革命軍は彼らの協力を得ることはできなかった。そこで一九二八年三月から毛沢東は周辺の各地に幹部を派遣し、農民たちを動員して「苦しみを訴える会」や闘争集会を開いた。また主として地主の所有地を没収し、家族数に応じて農民たちに分け与えた。

この土地革命の経験は中華人民共和国へと受けつがれたが、じつは当時農村問題の解決をめざしたのは毛沢東一人ではなかった。弱冠二四歳で北京大学に招かれ、儒教を根本とする中国文化の再構成を説いた梁漱溟(りようそうめい)がその例で、一九二八年から農本主義にもとづく郷村建設運動をおし進めた。彼は社会主義に一定の理解を示したものの、毛沢東のように中国に階級矛盾が存在するとは考えなかった。むしろ都市知識人が農村に赴いて「田舎の人(郷間人)」となり、全人格的な社会教育を行えば、中国固有の文化伝統に基づく農村の復興が可能だと唱えた。さらに彼は暴力革命に反対の立場をとり、「共産党は殺人放火を行い、その害は匪賊と大した違いがない」と述べている。

のちのことになるが、一九三八年一月に梁漱溟は延安にいた毛沢東を訪ね、中国の未来について語り合った。このとき梁漱溟はユーモアを交えながら、抗日戦争の勝利をきっぱりと断言する毛沢東に大きな魅力を感じたという。だが階級闘争の是非をめぐって二人の意見は分かれた。毛沢東はいま中国に必要なのは徹底した革命であり、梁漱溟のような改良主義によって中国社会を変えることはできないと主張した。これに対して梁漱溟は毛沢東が階級問題を重視するあまり、中国社会がもつ固有な特質を見落としていると反論した。梁漱溟は毛沢東が国民政府との戦いに生き残るためにあみ出した、辺境の革命根拠地に基盤をすえた武力闘争の道を受け入れることはできなかったのである。

包囲討伐戦と中華ソビエト共和国

さて南昌蜂起に参加した朱徳の率いる残余部隊は、一九二八年四月に井崗山に入って毛沢東と合流した。兵力を六〇〇〇名に伸ばした労農革命軍は紅軍第四軍と改称し、リーダーの名前をとって朱毛（しゅもう）紅軍と呼ばれた。この年の暮れには彭徳懐（ほうとくかい）が率いる紅軍第五軍も合流し、一九二九年一月から紅四軍は江西南部、福建西部へ勢力を拡大した。また各地で共産党の根拠地建設が進められ、鄧小平は広西西部の少数民族地区に右江（うこう）根拠地を設けた。

蔣介石がこれら共産党の動きに注目したのは一九三〇年七月だった。農村根拠地の拡大に自信を深めた共産党中央は、国民政府が中原大戦に追われている隙をついて、ふたたび南昌、長沙などの大都市に対する攻撃を命じたのである。このとき毛沢東の第一集団軍は長沙を攻め、電流の流れる鉄条網に牛の群れを突っ込ませるなどの奇策を用いた。だが根拠地を遠く離れての戦いでは民衆の支持を得られず、結果はまたも紅軍の敗北に終わった。毛沢東は独断で攻撃を中止して江西省南部に戻り、ここで兵力の補充をしながら国民政府軍を迎え撃つ準備を進めた。

一九三〇年一〇月に南京へ戻った蔣介石は、今後の政策課題の一つとして「共匪（共産党の匪賊）の粛清」を挙げた。だがはじめ彼は紅軍の実力を甘く見ており、一二月からの第一次包囲討伐戦では地方軍を中心に四万余りの兵力を投入したに過ぎなかった。これに対して三、四万人の兵を率いる毛沢東は、敵を陣内深くにおびき寄せ、分断したうえで殲滅する作戦に出た。わずか一週間の戦闘で国民政府軍は一万五〇〇〇人の死者を出し、師団長は捕えられて敗走した。

政府軍敗北の報に驚いた蔣介石は、一九三一年二月に第二次の包囲討伐戦を発動した。蔣介石の日本留学時代からの盟友で、軍政部長だった何応欽（かおうきん）を総司令にすえ、一一万人の兵力を動員した。いっぽう毛沢東は「敵が進めば我は退き、敵が退けば我は追う」という柔軟な遊撃戦術を展開し、国民政府軍のうち戦力の劣る部隊に集中砲火を浴びせた。五月までに政府軍は三万人の死者を出して敗退し、作戦は失敗したのである。

たび重なる敗北に蔣介石は、紅軍が「内憂（ないゆう）」すなわち国内最大の強敵であると認識を改めた。そして六月に彼みずから総司令となり、一三万人の兵力に空軍も動員して大規模な掃蕩作戦を実行した。当時毛沢東らは二度の戦闘で国民政府軍が惨敗を喫した後だけに、これだけ早く第三次作戦が行われるとは予想していなかった。はたして準備不足の紅軍は苦戦し、一時は根拠地のほとんどを失って包囲されてしまった。

だが八月にわずかな隙をついて包囲網を突破した紅軍は、数回の戦闘で国民政府軍に大きなダメージを与えた。蔣介石は地形を熟知し、民衆を利用することに秀でた紅軍に対して、兵力を集中して彼らの行動の自由を奪い、徐々に殲滅する他はないと考えた。だがちょうど時を同じくして広州国民政府が蔣介石打倒をめざす軍事行動を起こし、蔣介石は兵力を割いてその北上を阻止しなければならなかった。さらに九月一九日に前線を視察するため南昌へ到着した蔣介石に、前日に発生した驚くべきニュースが届いた。「外患」すなわち日本による満洲事変の勃発である。

翌日蔣介石は慌ただしく南京へ戻り、紅軍に対する掃蕩作戦は事実上中止となった。重圧から解放された革命根拠地はかえって拡大し、一九三一年一一月のロシア革命記念日には瑞金を首都とする中華ソビエト共和国が成立した。この新政権は自らを「労働者と農民による民主独裁の国家」と規定し、毛沢東を政府主席として憲法大綱や土地法などを制定した。だがこれによって共産党中央の革命根拠地に対するコントロールも強化された。彼らは中国社会の現実をふまえた毛沢東の「農村が都市を包囲する」という革命戦略に対して、「狭い経験」に基づく「農民のたちおくれた思想」だと批判したのである。

満洲事変とラストエンペラー

柳条湖事件と日本

一九三一年九月一八日の夜一〇時二〇分頃、奉天の北にある柳条湖で南満洲鉄道が爆破された。柳条湖は張作霖が爆殺された地点から六キロほどしか離れていない。爆破を実行したのは奉天に駐屯する関東軍独立守備歩兵大隊の将校たちで、大きな爆発音がしたものの実際の被害は少なく（上下線あわせて一メートル、枕木二本ほどが損傷）、直後に奉天行きの列車が通過できるほどだった。

ところが一〇時四〇分頃、奉天総領事館にいた森島守人領事のところに、特務機関から「柳条湖で中国軍が満鉄を爆破し、関東軍はすでに出動中」との電話が入った。驚いた森島領事が特務機関に駆けつけてみると、外出中のはずだった関東軍高級参謀の板垣征四郎大佐が作戦の指揮をとっていた。板垣が独断で出兵命令を出したことを知った森島は、外交交渉によって事態を解決するように求めたが、板垣は「すでに統帥権（天皇の陸海軍に対する指揮権）の発動をみたのに、総領事館は干渉するつもりか」と荒々しく詰めよった。なかには軍刀をぬいて「この国賊め、止めるとは何事だ」とどなりつける将校もいたという。

関東軍は柳条湖付近に駐屯していた張学良軍を攻撃し、その陣地を占領した。報告を受けた関東軍司令官の本庄繁は武装解除程度の処置が適当と考えたが、参謀たちは奉天付近の中国軍を撃破すべきだと主張した。その結果奉天に兵力を集中して攻撃を加えると共に、事件とは関係のない南満洲鉄道の要地でも軍事行動を起こすこと、朝鮮にいる日本軍部隊に増援を要請することが決まった。この作戦案を立てたのが、満洲事変の首謀者として名高い石原莞爾中佐である。

石原莞爾は関東軍の作戦主任参謀で、日蓮宗への信仰とヨーロッパの戦史研究に基づいた予言的な世界認識である「世界最終戦論」を生みだした。それは間もなく日本とアメリカのあいだで世界のリーダーの座をかけた最終戦争が勃発するというもので、石原は日本が満蒙を領有し、この地を開発して戦争に備えなければならないと唱えた。この彼の構想は関東軍の参謀たちに大きな影響を与え、日本国内でも満蒙問題を武力で解決すべきだと考える中堅将校が少なくなかった。

はじめ石原莞爾らは九月下旬に中国軍を装った日本人に総領事館などを襲撃させ、これを口実に軍事行動を起こすプランを立てていた。だが奉天総領事の林久治郎がこれを察知し、外務大臣の幣原喜重郎に報告して調査が行われることになった。そこで板垣征四郎は予定日をくり上げ、少人数でできる鉄道路線の爆破に計画を変更したという。

満洲事変　燃える中国軍兵舎

さて事件発生のニュースが東京に届くと、第二次内閣を組織していた若槻礼次郎は九月一九日午前一〇時から閣議を開いた。このとき若槻首相は陸軍大臣の南次郎に対して、関東軍の行動は本当に自衛のための措置なのかと尋ねた。南は「もとより然り」と答えたが、続いて行われた幣原外相の報告は、明らかに今回の事件が軍部の謀略であることを示唆するものだった。結局閣議は不拡大の方針を固め、南陸相は増援部隊の派遣について提案することができなかった。

当時日本の植民地だった朝鮮から外国である東北三省へ軍を派遣するには、天皇の出兵許可である奉勅命令の伝宣が必要だった。閣議が派兵に必要な支出を承認しない限り奉勅命令は出ないため、陸軍三長官の会議でも速やかに関東軍の配置を「旧態に復す」べきだとの意見が出された。陸軍中央はこの方針に激しく反発し、関東軍はこの事件が張作霖爆殺事件の二の舞になるのではと焦っていた。

ところが九月二一日に事態は一変した。関東軍から要請を受けた朝鮮の日本軍部隊が、奉勅命令を待たずに国境を越えて奉天へ向かったのである。じつはこの天皇大権の干犯(かんぱん)にあたる重大事件も板垣征四郎らの策謀であった。彼らは不拡大方針を守ろうとする本庄繁を無理に説得して、居留民の保護を名目に吉林(きつりん)へ派兵した。これによって東北南部の関東軍兵力が弱体化し、見るに見かねた朝鮮駐屯軍が越境してくるだろうと読んだのだった。はたして朝鮮軍司令官の林銑十郎(はやしせんじゅうろう)は独断で部隊に奉天への移動を命じた。軍の論理がひとり歩きを始めた瞬間だった。

朝鮮軍越境のニュースが届いたとき、東京では閣議の最中だった。このとき柳条湖事件を機に満蒙問題の解決を図ることでは全閣僚が一致したが、朝鮮軍の派遣に同意したのは南と若槻の二人だけで、残りは海軍大臣以下全員が反対した。だが陸軍が内閣を打倒してでも増援軍派遣を認めさせようと強硬な姿勢を見せると、翌二二日の閣議では誰一人として反対意見を述べようとしなかった。閣僚たちはただ「出てしまったものは仕方がない」と朝鮮軍が出動した事実を認め、その経費を支出することで同意した。また今回の事件を「事変」として扱うことが決定され、日中両国は宣戦布告なしの戦争状態に入った。

この満洲事変はいわゆる十五年戦争の始まりとなったばかりか、日本のファシズム化が進むきっかけとなった。若槻内閣の腰の引けた態度は、内閣が軍事行動の是非を問わずに、ただこれを承認すればよいとする先例を作ったからである。この政府の不拡大方針や外交努力を無視した軍主導の考え方は、事変という実態を糊塗する表現と共に盧溝橋事件（北支事変あるいは支那事変）でもくり返された。そしてブレーキを失った日本は暴走する軍部と奈落の底へ落ちていくことになる。

戦火の拡大と南京国民政府

もともと計画を練っていたこともあり、政府のお墨付きを得た関東軍の行動は早かった。奉天を占領した関東軍は市内に戒厳令を敷き、特務機関長の土肥原賢二が市長に就任した。また南満洲鉄道の終着駅である長春を押さえ、二一日には吉林を無血占領した。ただしソ連の利権がからむ東支鉄道の重要都市ハルビンは、軍中央の説得によって出兵が見送られた。

このように関東軍の作戦が順調に進んだ一番の理由は、張学良の率いる東北軍が不抵抗、撤退の方針を取ったことにあった。当時張学良は病気療養のため北平におり、一八日夜は在外公館の関係者を招待して観劇中だった。事件発生の第一報を受けた彼はただちに病院内のオフィスに戻り、奉天の部下たちに指示を与えた。それは九月六日に張学良自身が出した、日本がいかに事を構えようとも「隠忍自重」に努め、抵抗することによって紛争を起こしてはならないという密令を再確認したものだった。

すでに一九三一年七月に長春付近へ入植した朝鮮人移民をめぐるトラブルから、中国人と日本警察の武力衝突、朝鮮での反華僑暴動へと発展した万宝山事件が起こり、中国側の反日感情は高まっていた。また六月には大興安嶺で情報収集をしていた参謀本部員の中村震太郎大尉が、中国軍に逮捕されスパイとして殺害された。この中村大尉事件は八月に外交問題へ発展し、中国国内では近く日本が強硬手段に訴える可能性があると噂されていた。

だが当時の南京国民政府には、日本の軍事行動に対抗するだけの力はなかった。蔣介石は共産党に対する包囲討伐戦に追われており、広州国民政府の軍事行動にも対処しなければならなかった。またこの夏には長江中、下流域で大水害が発生し、被災者は二三〇〇万人に達していた。そして何よりも蔣介石は国民政府軍と近代的な装備、編制を持つ関東軍との戦力差をよく知っていた。八月に蔣介石は電報で張学良に自重を求め、「決して一時の憤激にかられて、国家民族を顧みないことにならぬよう」と指示したと言われる。

晩年の張学良はおよそ次のように述べている。「九・一八事変（満洲事変のこと）で私は判断を間違った。のちに人々は私を不抵抗と罵ったが、私はこれには納得できない。ただ私が一地方長官として日本の意図を見誤ったというなら、それは認めざるをえない。あのとき私は日本がこんなことをする筈がない、それは日本にとっても利益にならないと考えた。もし日本が本気だとわかっていれば、私は命をかけて戦っていただろう」と。

この発言からは「不抵抗」将軍というあだ名をつけられた張学良の屈辱感が伝わってくる。だが彼が見誤ったという「日本の意図」は、日本自身にとっても自明のものではなかった。もともと石原莞爾らは東北三省の軍事占領後、日本がこれを直接統治する満蒙領有論を主張していたが、陸軍中央はこの計画に難色を示した。やむなく事変勃発から四日後の九月二二日、関東軍は独立国家の樹立へと目標を変更したが、これも表向きには「親日政権の樹立」へとトーンダウンせざるを得なかった。

またこのとき日本政府は不拡大方針をとっており、幣原喜重郎は事態収拾のための外交交渉を試みていた。九月一九日に中国公使の重光葵(しげみつまもる)は上海で宋子文と会見した。この時宋子文は日本政府の軍部に対する統制力に疑問を抱きながらも、日中両国の代表からなる委員会を作る解決策を提案した。このプランは関東軍の戦線拡大によって実現しなかったが、日本の曖昧な態度は中国側の判断を難しくさせたのである。

日本の真意がつかめない南京国民政府は、パリ不戦条約（一九二八年）で侵略戦争の廃止をうたった国際社会へ訴えた。九月二一日に理事国となったばかりの中国代表は正式に国際連盟に提訴し、日本軍の撤兵を監視するオブザーバーの派遣を要求した。

だがこのとき各国は世界恐慌への対応に追われており、インドの独立運動に手を焼いていたイギリスは中国まで顧みる余裕はなかった。またアメリカは日本政府と軍部の対立を知ったうえで、当面は幣原喜重郎の努力に期待して介入を控えた。さらに列強には南京事件や漢口などの租界接収で湧きあがった中国のナショナリズムに対する不信感があった。国際連盟の常任理事国でもある「文明国」の日本と、果てしない政治的混乱が続く中国の主張を同列には論じられないというのが当時の国際社会ではなお常識だった。

ところが一〇月に入ると国際世論は変化した。関東軍が幣原の外交努力を挫折させるために新たな手を打ったからである。まず一〇月四日に関東軍司令部は張学良との交渉を拒否すると共に、彼の東北帰還を認めないとする声明を発表した。また八日には奉天撤退後の張学良軍が司令部を置いていた錦州(きんしゅう)を爆撃して市民を殺傷した。

このニュースに驚いたアメリカは、南満洲鉄道から遠く離れた無防備都市を警告ぬきで爆撃したのは、戦時においても許せない行為だと激しく抗議した。幣原喜重郎は今回の爆撃は日本政府の意図を反映しておらず、現地軍の「孤立」した軍事行動であると苦しい釈明を行った。だが日本政府に対する国際社会の信頼は失墜し、各国からパリ不戦条約を順守せよとの警告が寄せられた。そして二四日の国際連盟理事会では、一一月一六日までに日本に撤兵を完了することを求める決議案が出された。この案は日本の反対によって否決されたが、幣原協調外交は破綻して日本は孤立を深めたのである。

ラストエンペラーの再登場

一九三一年一二月、日本と中国で二人の政治家が辞職に追いこまれた。その一人は日本の首相である若槻礼次郎で、不拡大方針が踏みにじられたばかりか、金解禁政策も失敗して財界の支持を失っていた。また一〇月には陸軍の急進派将校によるクーデター未遂事件（一〇月事件）が起こり、内務大臣の安達謙蔵（あだちけんぞう）は関東軍を抑えるべく政友会との協力内閣運動を進めて閣内不一致に陥ったのである。

そして辞職したもう一人の政治家とは南京国民政府の主席である蒋介石だった。満洲事変が勃発すると、東北三省から大量の避難民が北平、天津などへ流れこんだ。その中には多くの学生がおり、彼らは日本軍の横暴を訴えて各地で大きな反響を呼んだ。

北平では学生が政府に対日宣戦布告を要求し、日本製品のボイコットを唱えた。上海では学生抗日救国会が組織され、南京へ代表を送って不抵抗方針の廃止を求める請願運動を行った。九月二八日に南京で四〇〇〇人の学生デモが行われると、蒋介石は学生代表を接見して慰撫に努めた。だが納得しない一部学生は外交部を包囲し、不抵抗方針の元凶と見なされた外交部長の王正廷を殴りつけて重傷を負わせてしまった。

このように情況が騒然とする中で、九月末から南京、広州の両国民政府は和平の実現に向かって動き出した。まず一〇月に胡漢民が軟禁状態を解かれ、南京政府は除名処分を受けていた汪兆銘、馮玉祥、閻錫山、李宗仁など三〇〇名以上の人々が国民党へ復党することを認めた。一〇月二七日に上海で和平統一会議が開催され、つづく一一月には南京側の国民党第四期一中全会が開かれて、蔣介石はおよそ「一切の罪は私個人が作ったものであり、いまは一切を犠牲にして党と国家に貢献し、罪をつぐないたい」との声明を発表した。

これに対して広州国民政府の四全大会は汪兆銘派（上海）、胡漢民派（広州）の分裂開催となったが、いずれも蔣介石の下野を主張して譲らなかった。この結果一二月一五日に蔣介石は辞表を提出し、孫科を行政院長とする臨時政府が成立した。だがこの孫科政権は翌年一月の錦州陥落に対応できず、三たび蔣介石が政権の座に返り咲いた。この新政権は日本が引きおこした上海事変に対処することになる。

ここでさらに一人の主役に舞台に上がってもらうことにしよう。一九二五年二月に天津の日本租界へ移ったラストエンペラー溥儀である。行在所（あんざいしょ）は紫禁城に比べれば質素だったが、やかましい規則や内務府の干渉がない分だけ彼は気に入っていた。はじめ溥儀は外国に行くことを望んだが、結局彼はここで七年間を過ごした。

むろん紫禁城の生活がそうであったように、天津時代も溥儀の周辺には彼を利用しようとする多くの政治勢力が出入りした。日本に爆殺された張作霖はその一人で、「陛下はよろしかったら、私の奉天に来てお住みください」と誘ったが、それは決して本気ではなかった。

【流転するラストエンペラー】

大清帝国最後の皇帝である宣統帝溥儀。清朝末期の最高権力者西太后の恣意によって、わずか二歳にして皇帝の地位についたが、辛亥革命によって退位。その後関東軍の誘いに乗って満洲に渡ると、操り人形そのままに満洲国皇帝に祭り上げられ、日本の敗北とともに亡命・抑留生活を送った。その波乱に満ちた流転の生涯は、酷薄な現代史に翻弄された一人の貴人の数奇な運命を示して余すところがない。

［紫禁城時代］

①

②

⑤

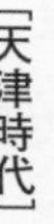

③

⑥

④

①溥儀（右）と醇親王載灃に抱かれる弟の溥傑
②少年時代の溥儀（右）と溥傑（左上）　家庭教師のジョンストン（Reginald Fleming Johnston、左下）と共に
③復辟時の溥儀
④紫禁城乾清宮宝座　溥儀も坐した清朝時代の皇帝の玉座
⑤溥儀と妻の婉容
⑥日本租界の静園にて　後列右から婉容の父栄源、載灃、溥儀、婉容、婉容の母

また帝政ロシアの将軍で、ソ連赤軍に追われて満蒙国境地帯で活動したセミョーノフは、様々な口実をつけて溥儀から数え切れない程の資金を奪っていった。

だが時間が経つにつれて、溥儀は日本に期待を寄せるようになった。そのきっかけは天津総領事だった吉田茂が、彼を日本人小学校の参観に招いたことだった。沿道に整列した小学生が紙の旗を持ってバンザイを叫ぶと、溥儀は感激のあまり目に涙があふれた。その後も日本軍司令部が派遣する将校たちの話に耳を傾けた溥儀は、いつしか日本が宣統帝の復位を望んでいると固く信じるようになった。

一九二八年に張学良が易幟を断行すると、溥儀たちは希望を失ってふさぎ込んだ。だが南京国民政府が果てしない内戦を始めると、彼はチャンスが訪れるのをひたすら待った。

そして一九三一年七月、ついに待ち望んだ知らせが届いた。日本留学から帰った弟の溥傑が、満洲国成立後に溥儀の御用係となる吉岡安直から次のようなメッセージを託されたのである。「現在張学良は言語道断のふるまいをしており、満洲では近い将来に何か事件が発生するかもしれません。どうか宣統皇帝にはくれぐれもご自愛のほどを。希望がない訳ではありません」と。

はたして満洲事変が勃発すると、関東軍は溥儀に対して東北へ来るようにさかんに勧めた。だが日本領事館は溥儀に軍の誘いに乗らないように警告し、側近の中にも慎重論を唱えるものが多かった。すると一一月に関東軍は土肥原賢二を天津に派遣し、二日夜に溥儀と面会した。この席で溥儀は新国家構想について「その国家は共和制ですか、帝政ですか。復辟であれば私は行きますが、そうでなければ行きません」と核心的な質問を浴びせた。土肥原は「もちろん帝政です」と答えた。

こうした言質をとったものの、溥儀の周囲はなお慎重だった。するとしびれを切らした土肥原はニセの中国人便衣隊(べんい)（平服を着た兵士のこと）を使って天津で暴動を起こし、治安悪化を理由に溥儀が天津から離れるように仕向けた。溥儀は車のトランクに隠れて行在所を脱出し、大沽(タークー)で日本の輸送船淡路丸に乗りこんだ。中国側の警戒線を突破した船は遼寧(りょうねい)省の営(えい)口(こう)へと向かった。

この旅のあいだ溥儀は、東北の民衆が歓呼して彼を迎える姿を想像していた。だが船が港に着くと、日本人以外は誰一人として姿を見せていなかった。日本側は溥儀の東北入りが秘密であったと説明し、溥儀自身も何の疑問も感じなかった。だが新国家建設に向けて熱狂する日本人と溥儀の姿を見すえる中国人の目は冷ややかだったのである。

第九章　抗日の長城を築かん——満洲国と長征・西安事変

満洲国の成立とその現実

上海事変の勃発と魯迅

一九三二年二月に魯迅とその家族は、時おり砲声がひびく上海の内山書店で不安な避難生活を送っていた。一九二七年九月に広東を離れた彼は上海の共同租界に入り、許広平とのあいだに子供の周海嬰が生まれた。内山書店の「老板（主人）」は内山完造といい、岡山出身のクリスチャンだった。彼は製薬会社の上海出張員として中国にわたり、一九一七年に北四川路でキリスト教関連の書物をあつかう本屋を開業した。これが後に日中の文化人が集うサロンとなった内山書店であり、魯迅はその常連客だったのである。

真面目な変わり者同士だった魯迅と内山完造は妙にウマがあった。一九三〇年に南京国民政府との対決姿勢を強めた魯迅が、左翼作家連盟の結成大会に出席すると逮捕令状が出た。このとき内山は魯迅を自分の家に避難させ、新しいアパートを手配した。翌年に若手の進歩的作家たちが逮捕されると、魯迅は再び内山の援助によって日本人旅館に身を隠した。魯迅が弾圧に屈することなく政府批判の論陣を張り続けたのは、発禁処分を受けた彼の著作を代理販売した内山完造の支援があればこそのことだった。

一九三二年一月一八日の夕方、日蓮宗の日本人僧侶五人が租界に接する中国人工場の前を托鉢のために歩いていた。すると突然数十名の中国人に襲われ、逃げ遅れた一人が殺された。これに対して日本青年同志会のメンバーは報復のために中国人工場を焼き打ちし、中国人警官一人を殺害した。また二〇日に日本人居留民は陸海軍の派遣と抗日運動の撲滅を唱えて、日本海軍の陸戦隊本部までデモ行進をした。

この事件を仕組んだのは公使館付の情報将校である田中隆吉少佐で、国際都市である上海に世界の注目を集め、そのスキに満洲国の建国を進めることが目的だった。一月二七日に上海総領事の村井倉松は翌日午後六時までの期限付きで、中国側にすべての抗日団体を解散させることを要求した。上海の情勢はにわかに緊迫し、市内は避難しようとする民衆でパニック状態に陥った。

上海内山書店　1936年10月、魯迅逝去の日に撮影したもの

一月二八日の午後三時に上海市政府は日本の要求を全面的に受け入れると回答した。戦争は回避されたかに見えたが、その夜一一時二〇分頃、陸戦隊本部では白タスキをかけた部隊長が兵士を集め、装甲車を先頭に「市内警備」のために出動した。彼らが向かったのは第三次包囲討伐戦の中断後に江西戦線から引き抜かれた、戦闘能力の

高い第十九路軍（軍長蔡廷鍇）の警備区域だった。陸戦隊は厳戒態勢を取る十九路軍に対してほとんど無警告で突入し、はたして両軍のあいだには激しい戦闘が勃発した。

内山完造が魯迅のために手配したアパートは陸戦隊本部の真向かいにあった。一月二八日夜に魯迅が書斎で執筆していると突然電気が消え、司令部の中庭からトラック部隊が走り出すのが見えた。ほどなく銃声が聞こえ、許広平が物干し場に上がってみると、赤い火線がヒューッと頭をかすめ、戦争が始まったことがわかった。彼女が慌てて下りると、魯迅の書斎にも弾丸のつきぬけた穴ができていた。

三〇日の明け方、とつぜん大勢の日本兵が魯迅の家の門をたたいた。彼らは家の中に踏みこんだが、魯迅以外は女子供ばかりなのを見て出ていった。しばらくすると内山完造の使いが来て、「さっきアパートから陸戦隊本部に発砲した者があった。ここの住人はみな外国人で、中国人は魯迅さんだけだから、今度何かあったら庇いきれない。すぐに一家をあげて書店に移ってほしい」という伝言をつたえた。魯迅と末の弟である周建人一家は、取る物もとりあえず内山書店の二階へ避難したのである。

こうして始まった潜伏生活について、許広平はおよそ次のように記している。「私たちは階上の小部屋にとじこもり、子供が大声をあげたり、泣き叫んだりしないように気をつかいながらジリジリと日をおくった。耳元にひびく銃声、通りに積み上げた砂嚢の傍らを哨戒する衛兵の靴音は手にとるように聞こえた。私たちは自分の国土で、侵略者の息もつまりそうな圧迫をなめつくして来た。誰もが黙して語らなかったが、そうした名状しがたい想いが時に奔流のように心を襲い、全くやりきれなくなるのだった」。

ここからは魯迅たちが戦場の片隅で息をひそめながら、不安や憤り、焦燥感にさいなまれていたことが生々しく伝わってくる。むろん我々日本人も太平洋戦争で空襲の恐怖におびえた経験を持っている。だが侵略戦争によって国土を蹂躙（じゅうりん）された人々が抱えた心の傷は、まったく次元の異なるものだったことがわかる。

この第一次上海事変で日本軍は十九路軍の前に大苦戦となり、三個師団と混成旅団を増派しても決着はつかなかった。三月三日の停戦までに日中両軍の戦死者は四八〇〇名を数え、市民の死傷者および行方不明者は二万人にのぼった。この日ジュネーブでは国際連盟の総会が予定されており、停戦は日本への制裁を回避するための措置だった。またすでに二日前の三月一日には、「五族協和（ごぞくきょうわ）」の「王道楽土（おうどうらくど）」をうたった満洲国が建国を宣言していた。関東軍の謀略は成功したのである。

満洲国の成立と善意の悪政

魯迅一家が上海で不安な毎日を送っていた一九三二年二月、溥儀は旅順（りょじゅん）で関東軍参謀の板垣征四郎と会っていた。溥儀は東北三省に新しく建設される国名が大清でなく満洲国であること、彼がその皇帝ではなく、執政（しっせい）となることに反発した。彼は「もし皇帝になれないのだったら、生きていて何の意味があるのか」と考えたが、まもなく板垣の脅しに震えあがった。

当時日本では新国家の元首として宣統帝を担ぎ出すことに、時代錯誤だと異論を唱える者が少なくなかった。また東北三省を南京国民政府の支配から分離独立させるには、中華民国よりも優れた政治制度を採用しなければ国際社会に通用しないと考えられた。このため関東軍はまず溥儀を執政として建国し、数年後に民衆の推戴を経て皇帝に即位するというプランを示したのである。

一九三二年三月八日の午後三時、執政の地位をやむなく了承した溥儀は清朝発祥の地であり、新京と改称された満洲国の首都長春に到着した。列車がつくと軍楽隊が演奏を開始し、日の丸に混じって清朝時代の黄龍旗を持った旧臣たちが出迎えた。つづく九日には溥儀の執政就任式が挙行された。だが吉林総領事の石射猪太郎によると、式典は専門学校の卒業式程度の質素なもので、初めて会った溥儀の「顔面に露呈された凶相」に驚かされたという。

さて満洲国の建国宣言は、日本軍の援助によって奉天軍閥（張学良）の苛酷な統治から解放された今こそ、満蒙三〇〇〇万民衆のために中国との関係を断ち切って王道楽土を建設すると述べていた。だがこの国の性格をよく示すのは、溥儀が関東軍司令官の本庄繁中将とのあいだに結んだ秘密協定であった。この協定は次のような内容からなっていた。

（1）満洲国の国防および治安維持は日本に委託し、その経費は満洲国が負担する。

（2）満洲国は日本軍が国防上必要とする鉄道、港湾などの交通路の管理および新規の敷設、開設を日本または日本が指定する機関に委託する。

（3）満洲国は日本軍が必要とする各種の施設を極力援助する。

（4）見識と名望をそなえた日本人を満洲国参議に任命し、中央、地方の各官庁にも日本人を任用して、その選任、解職には関東軍司令官の推薦、同意を必要とする。

この密約によって関東軍は満洲国の全域にわたって行動する自由を獲得し、満洲国は関東軍の基地国家となった。また関東軍司令官が人事権をにぎったことで、外交ルートに頼ることなく満洲国の内政をコントロールできるようになった。溥儀の自伝によると、この密約は国務総理となる鄭孝胥（ていこうしょ）が「独断専行」で決めてしまい、溥儀は怒ったものの「既成事実を追認」せざるを得なかったと述べている。だが実際には溥儀は板垣に言われるままこの協定に署名しており、彼はみずからの手で満洲国を傀儡（かいらい）国家の地位へつき落としてしまったことになる。

はじめ溥儀は執政就任を皇帝の座につながる第一歩と考え、熱心に政務にいそしんだ。だがやがて彼は「執政の職権は紙に書かれたもので、私の手にはない」ことを発見した。溥儀ばかりではない。閣僚たちはお茶を飲み、新聞を読み、世間話をする以外の仕事を与えられず、実権はすべて次長である日本人に握られていた。

満洲国執政となった溥儀

また満洲国は五族協和をスローガンにかかげ、満人（まんじん）（漢族と満洲族つまり中国人）、朝鮮人、モンゴル人、日本人、ロシア人などの「各民族がまったく平等」であるとうたっていた。だがそれは少数民族の統治者である日本人（人口比は約一パーセント）を保護するためのスローガンであり、実際には民族間の平等など夢物語だった。

これを示す良い例は満洲国官吏の給与格差をめぐる会議であった。満人官吏の給与は日本人の六割程度に抑えられており、閣僚たちはこれが「日満親善」の理想に反すると批判した。すると総務庁長官の駒井徳三(こまいとくぞう)らは、日本人は能力も生活水準も高いから、俸給も高くなければならない。日本人は米を食べなければならず、満人のようにコーリャンを食べて暮らすわけにはいかない。そもそも日本人はわざわざ故国を離れ、満人のために王道楽土を建設しているのだ。もし親善というなら、日本人に感激して俸給を余分に取ってくださいというのが当然ではないかと反論した。

このとき閣僚の一人が「日本はどこに王道楽土を建設するつもりなのでしょうか。満洲にではないのですか。満人がいなくて建設ができますか」と言葉を返した。すると駒井は血相を変えて怒り出し、「君らは満洲の歴史を知っとるのか！　満洲は日本人が血とひきかえに取ったものだ。ロシア人の手から奪い返したものなんだ。これは軍の決定だ！」とどなりつけた。会議場は静まりかえり、もはや誰も口を開かなかったという。

結局のところ満洲国の日本人は「善意の悪政」すなわち主観的には善意に燃えながら、他者と共生する多民族社会へのまなざしを欠いていたために、独善的な価値観を押しつけることしかできなかった。給与や食事の格差は言うにおよばず、電車の車両すら満人との間には厳然たる区別があった。多くの日本人は他民族への差別意識を無自覚にかかえたまま、内地の延長である日本人社会に閉じこもって異文化との接触を拒否していた。

こうした実態について植民地学者の矢内原忠雄(やないはらただお)は、すでに満洲国の理想主義は「日蔭者(ひかげもの)」となり、帝国主義の法則が貫徹していると観察した。だがその法則とは「反日分子はその場で殺してよい」とする暴力的支配と不可分の関係にあり、耕地の強制買収に抵抗する満人農民に対する容赦ない弾圧が行われた（土龍山事件）。これら武力を背景とした強圧政策の代価は、一九四五年の日本敗戦後に東北全土に取り残された日本人開拓団へそのまま降りかかってくるのである。

リットン報告書と熱河侵攻

このころ日本では首相の犬養毅が苦悩していた。犬養は若槻礼次郎のような不拡大方針は取らなかったが、東北三省における独立国家の形成が中国問題について結ばれた九ヵ国条約（一九二二年）に抵触することを恐れた。また孫文と親しかった彼は中国の東北に対する主権を認めたうえで、親日政権を樹立する方向で南京国民政府と交渉しようと試みた。だが犬養が満洲国の承認を渋ると、海軍の青年将校たちは首相官邸を襲撃して彼を射殺した。「話せばわかる」「問答無用」のやりとりで有名な五・一五事件である。

次に関東軍の野望の前にたちはだかったのはリットン調査団であった。一九三一年一二月に国際連盟は満洲事変に関する調査団の派遣を決議し、翌年一月にイギリスのリットンを初めとするメンバー五人がジュネーブに集まった。これに参与員として日本側から吉田伊三郎（トルコ大使）、中国側から顧維鈞（張学良顧問）らが加わった。彼らは二月末に横浜へ着いて日本の要人と会談し、三月一四日には事変による戦闘の傷跡も生々しい上海に入って活動を開始した。

このリットンらの調査をめぐって焦点となったのは、中国の現状をめぐる日中間の言い分の違いであった。日本は中国が統一国家ではなく、崩壊の道をたどりつつあり、近代国家としての資格を欠いていると主張した。すると調査団が北平に到着した一九三二年四月に、張学良は一行を中南海に招いて演説を行った。

　このとき張学良は「東北は中国の一部にあらず」とする日本の主張を斥けたうえで、一見混乱した中国は今まさに近代化の途上にあり、日本はこの事実から目をそむけていると指摘した。むしろ日中衝突の真の原因は、日本が中国における社会の進歩、政治的統一への歩みを疎ましく思った結果であり、中国人がみずからの手で経済建設を進めてきた東北三省を日本は武力で奪い取ったのだ。しかし満洲国を正当化しようとする日本の「嘘やデマ」は正義と真理には対抗できない。日本は国際連盟理事会の決議を無視して侵略、挑発の方針を取ってきたが、平和を愛する中華民族とその発展の権利を否定することは決してできないと訴えた。この演説にリットンは心を動かされたという。

　旗色が悪いと見た日本は、四月からの東北三省での調査にさまざまな妨害を加えた。調査団の参与員だった顧維鈞は、満洲国によって入国を拒否された。また調査団がチチハル付近の嫩江橋で日本に抵抗した馬占山（元黒龍江省の主席代理）と連絡を取ろうとすると、関東軍は二個師団を派遣して馬占山を攻撃し、七月に「戦死」と発表した（それは誤報だった）。さらに犬養の後継首相となった斎藤実内閣は九月に日満議定書を結び、満洲国を承認してその既成事実化を図った。

　一九三二年一〇月二日、完成したリットン報告書が世界に公表された。この報告書は中国側の排外宣伝や無法状態が日本との緊張を引きおこしたと述べるなど、必ずしも中国に好意的な内容ばかりではなかった。だが柳条湖事件での関東軍の行動については、これを「合法な自衛措置と認めることはできない」と断定した。また満洲国についても「純真かつ自発的な独立運動」によるものではなく、日本軍が宣戦布告もなしに東北各地を占領し、これを中国本土から切り離した結果であると結論づけた。

そして報告書は単なる原状回復が問題の解決にならないと指摘したうえで、満洲国に代えて東北三省に中国主権下の自治政府を設け、列強の共同管理下に置くこと、自治政府内に多くの外国人顧問を任命し、その中心は日本人とすること、さらに東北全土の非武装化を図り、日中両軍はこの地から退去すべきことを提案した。

こうしたリットン報告書の内容について、日本政府は「まやかしの国際管理」だと激しく反発した。また中国政府は列強による東北三省の共同管理案には難色を示したものの、この地の非武装化については考慮するとの反応を見せた。

一九三二年一二月に国際連盟の臨時総会が開かれると、多くの国はリットン報告書の採択と満洲国の否認を求めた。イギリスなどの大国は日本擁護の姿勢を見せたが、この空気は一九三三年二月に関東軍が熱河省に侵攻したことで一変した。二月二四日に国連総会は報告書の内容に基づく勧告案を、賛成四二、反対一（棄権一）で採択した。このとき日本代表だった松岡洋右が、「日本は協力の限界に達した」と言い残して退場したエピソードは有名である。三月に日本政府は国際連盟に脱退を通告し、国際的孤立のなかドイツ、イタリアとの提携を深めることになる。

関東軍が熱河作戦を始めると張学良は徹底抗戦を主張したが、熱河省主席の湯玉麟らは逃亡して中国軍は敗退した。三月に関東軍は「満蒙」の全域を掌握し、張学良はその責任をとって陸海軍副司令を辞任した。さらに万里の長城を越えて華北に侵入した関東軍は激戦のすえ、五月に塘沽停戦協定を結んで進撃を停止した。このとき満洲国と隣接する広大な地域が非武装地帯として設定されたが、中国軍の撤退ラインからかつて帝国の首都だった北平は目と鼻の先だったのである。

安内攘外と長征の開始

安内攘外策の提起と第五次包囲討伐戦

こうした日本の侵略は中国全土に大きな衝撃を与えた。多くの新聞・雑誌は憤慨して「倭寇」の撃滅をとなえ、政府首脳の一人である汪兆銘は張学良の不抵抗を非難して政府を去った。だが蔣介石は彼我の軍事的力量を冷静に分析していた。彼は「一面抵抗、一面交渉」策すなわち上海や長城付近では日本軍に抵抗しながらも、犬養毅との和平交渉や国際連盟の仲裁にも期待を寄せ、できるかぎりの忍耐、譲歩をして時間をかせぐことを考えた。

このとき蔣介石が提起した基本方針が「安内攘外」であった。これはまず国内の反対勢力を平定してこそ、はじめて外国の侵略に対抗することができるとする考えで、日本に対する抵抗よりも「赤匪」すなわち共産党の撲滅を優先させるものだった。当時中国で大きな論争を巻きおこしたこの政策を打ちだしたのは、実は蔣介石が初めてではなかった。太平天国を致命的な「心腹の害」と呼び、これの弾圧を第二次アヘン戦争でのイギリス、フランスとの戦いよりも重視した清朝首脳部の考えを、蔣介石は再演しようと試みていた。

たとえば蔣介石は孫文の三民主義を「中国古来の思想的伝統を受けつぐもの」と評価したうえで、マルクス主義を掲げる共産党は「中国の倫理に反する」異教徒だと非難した。それは太平天国のキリスト教的性格を排撃し、儒教的正統を守るために湘軍に結集せよと呼びかけた曽国藩の言説をふまえた主張だった。また小作料の軽減や連帯責任制などの政策を行うことで農民たちを共産党から引き離し、軍事的には守勢をとりながら包囲網を狭めていく「政治七分、軍事三分」の新戦略も、中国の歴代王朝が反乱鎮圧のための常套手段として用いた保甲制や堅壁清野策を焼き直したものだった。いわば蔣介石はこの共産党討伐を通じて、自らを正統なる王朝権力の後継者として位置づけようとしていたのである。

いっぽう江西ソビエトでは毛沢東が臨時政府主席の地位にあったものの、実権は王明、秦邦憲らのソ連留学生グループに奪われていた。一九三三年初めに上海から移転してきた共産党中央は、コミンテルンの軍事顧問であるオットー・ブラウンの指導のもとで正規軍による積極進攻を主張した。また革命根拠地が展開してきた遊撃戦術を「右よりの機会主義」と批判して毛沢東派の幹部を排除した。

つぎに彼らはコミンテルンの「中間勢力主要打撃論」に基づいてソビエト地区で土地点検運動を展開し、地主および富農に対する徹底した土地没収を行った。だがこの運動はエスカレートして人々を恐慌におとしいれ、中農までもソビエト地区から逃亡して生産停滞による食糧不足を招いた。さらに一九三三年一一月に上海事変で日本軍に抵抗した十九路軍の蔡廷鍇らが、蔣介石の安内攘外策に反対して福建人民政府を組織するという事件が起きた。だが党中央はこの中間勢力を「最も危険な敵」とみなして積極的に連携しようとせず、勢力拡大のチャンスを逃してしまった。

一九三二年六月からの第四次包囲討伐戦が日本軍の熱河侵攻によって挫折すると、蔣介石はドイツ国防軍の父といわれたハンス・フォン・ゼークト大将を軍事顧問に迎え、かつての常勝軍と同じく新式装備による軍の近代化に取り組んだ。一九三三年一〇月に蔣介石は五〇万の兵力を動員して第五次包囲討伐戦を開始した。

この戦いで国民政府軍は軍用道路を整備して厳密な経済封鎖を行い、堅固な陣地を構築して一歩ずつ包囲網を圧縮するという戦略に出た。これに対して共産党中央は「敵にソビエトの一寸の土地も踏みにじらせない」という正面作戦で応じたが、二〇〇機の飛行機やコンクリートで固められたトーチカ群の前に紅軍部隊はもろくも敗退した。一九三四年三月にソビエトの玄関口である広昌県が二万四〇〇〇人の死傷者を出して陥落すると、もはや共産党に根拠地を維持する力は残っていなかった。

のちに毛沢東は「私が井崗山などの根拠地に紅色政権をうち立て、遊撃戦術を展開することを提起すると、一部の洋式パンを食ってきた連中（ソ連留学生のこと）はこれを信頼せず、山の中からはマルクス主義は生まれないと言った。一九三二年の秋から私は仕事がなくなり、あちこちで集めたマルクス、レーニンなどの書籍を一日中読みふけった。のちに私が書いた『実践論』『矛盾論』はこの二年間の読書によって生まれたのだ」と述べている。彼は不遇をかこった江西ソビエト時代を充電期間に変え、これまでの体験を総括して思索を深める貴重な機会を得たのである。

起死回生をかけた長征

一九三四年一〇月に紅軍第一方面軍の主力である八万六〇〇〇名は、江西ソビエトの首都瑞金（ずいきん）を出て広東、湖南、広西の山岳地帯へ向かった。のちに中国共産党の神話として語りつがれることになる、二万五〇〇〇里（一万二五〇〇キロ）におよぶ生き残りをかけた戦い――長征の始まりである。

この長征には想像を絶する困難がいくつも待ちうけていた。まず紅軍は国民政府軍に気づかれないように移動の準備を進め、幾重にも張りめぐらされた防衛線を突破しなければならなかった。行軍はもっぱら夜に行われたが、重い機材を抱えた補給部隊の移動は難しく、谷底に転落する者が続出した。第一方面軍は広西北部で湘江（しょうこう）を渡河する途中に国民政府軍によって捕捉され、対岸に取り残された少年兵師団など多くの部隊が全滅した。結局瑞金を出発してからわずか二ヵ月で、兵力は三分の一（三万人）まで減少した。だがこれらの犠牲とひきかえに紅軍は迅速な行動力を取りもどした。

つぎに問題となったのは生活習慣がまったく異なる少数民族地区での活動だった。蔣介石が認めていたように、紅軍は下層民衆を巧みに味方につけ、軍民一体となって戦うことに強さの秘訣があった。だが貴州（きしゅう）、四川の山岳地帯に入った紅軍を迎えたのは、漢民族に迫害された長い歴史を持つ苗（ミャオ）族、彝（イ）族などの少数民族であり、漢族を侵入者とみなす彼らとの信頼関係を構築しなければならなかった。

しかも紅軍にはこの問題を解決できずに敗北した先輩がいた。天京事変後に洪秀全と袂（たもと）を分かった太平天国翼王の石達開軍である。一八六三年に石達開は紅軍とほぼ同じルートをたどって四川に入ったが、彝族の人々は協力を拒否して防禦を固め、大渡河で石達開軍を壊滅へと追いこんだ。蔣介石もこの歴史をよく知っており、この地で殊勲を挙げよと部下に激励の電報を打った。

このとき独眼龍のあだ名を持つ先鋒隊指揮官の劉伯承は、彝族の首領と接触を試みた。はじめ彝族は警戒していたが、劉伯承がニワトリの血をすすって義兄弟の盟約を交わしたいと申し出ると、彼らの態度は和らいだ。また劉伯承が彝族に多くの部族がいるように、漢人の中にも紅白二種の人間がいる。蔣介石を首領とする「白い漢人」は少数民族を抑圧するが、われわれ「紅い漢人」は君たちの味方だと説得すると、彝族の人々は喜んで紅軍の道案内を買って出た。中国社会の底辺と向かい合おうとした毛沢東の努力は、こうした形で実を結んだのである。

一九三五年五月に大渡河の南岸に集結した紅軍主力は、国民政府軍の守備隊を蹴散らして渡河を開始した。だが急流であるこの地には橋をかけることができず、大部隊を通すには一七〇キロ北にある濾定橋を確保しなければならなかった。わずか二日の行程で橋に到達した紅軍は、すべての将兵を無事に北岸へと渡らせた。毛沢東は子供の頃から石達開の伝説を聞かされて育った四川出身の朱徳と共に、「我々は第二の石達開ではないことを行動で証明した」と宣言したという。

つぎに紅軍にとって試練となったのは、万年雪をいただく五〇〇〇メートル級の山々（大雪山系）であった。もともと紅軍将兵は多くが南方の出身で、雪を見たこともない者がほと

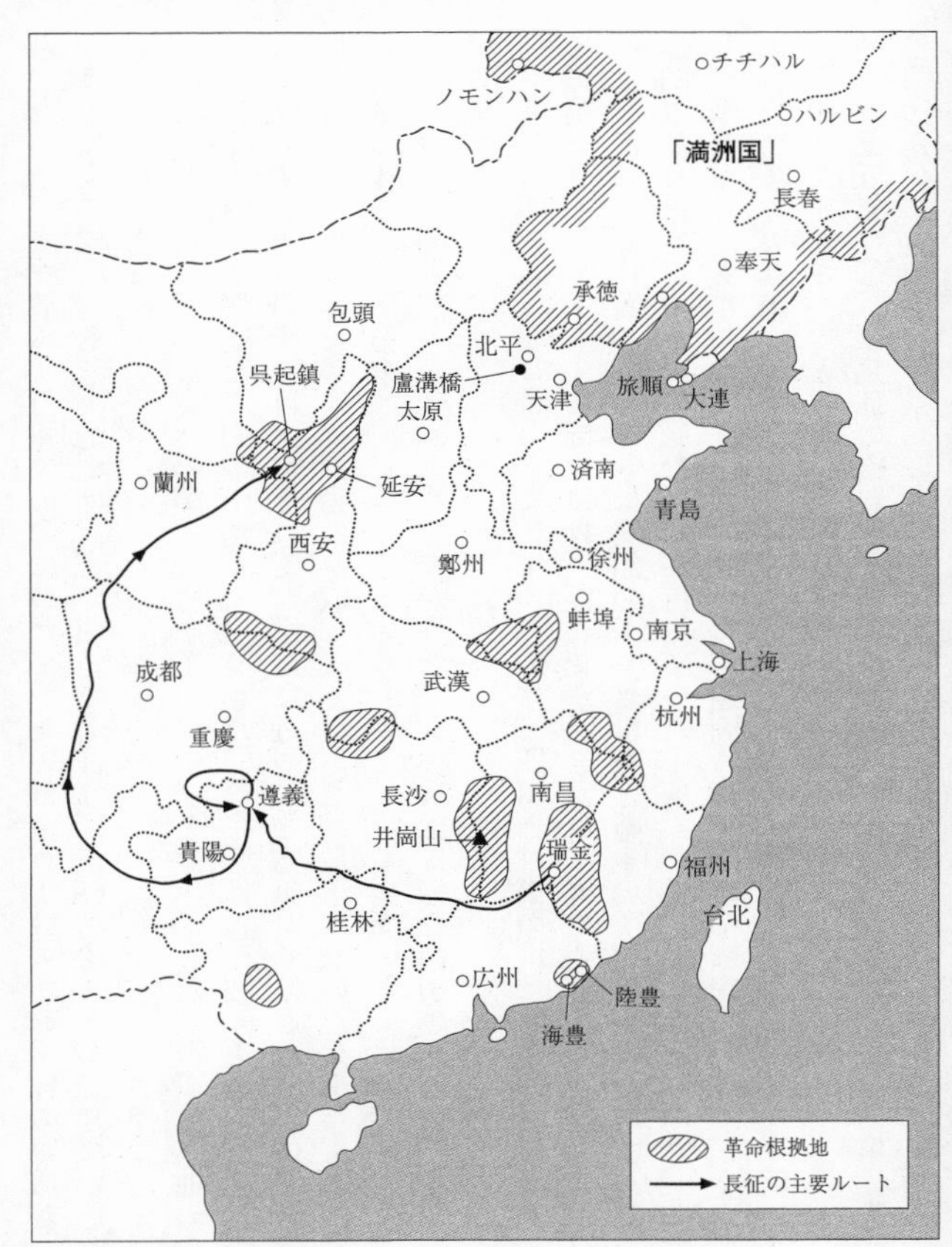

満洲国と長征（岩波新書『中国近現代史』をもとに作成）

んどだった。また彼らが行軍中に身につけていたのはボロボロの薄い木綿の軍服だった。いっぽう最大の要所である夾金山（きょうきんざん）は、天の使いでなければ飛び越すことができない難所として人々に恐れられていた。

一九三五年六月、朝に身体の暖まる唐辛子のスープを飲み干した毛沢東は、他の兵士たちと同じく厚い服を着込んで夾金山越えに出発した。はじめは雹（ひょう）が彼らを襲い、晴れると雪と氷に反射する太陽の光で目がやられた。山頂に近づくと空気が希薄となり、体力のない者は転んだり立ち止まったが最後身動きが取れなくなった。頂上についた兵士たちを待っていた指示は「休むな。氷を滑って降りろ」というもので、急な斜面のために骨折したり、崖から落ちて行方不明となった者も少なくなかった。女性兵士は皆この山越えの後、生理が止まってしまったという。

さらに紅軍の行く手に待ちかまえていたのは、四川と甘粛（かんしゅく）の境にある大湿原であった。この標高三三〇〇メートルの湿原には一面に花が咲き乱れ、人の姿はなかった。だが八月の天候はしばしば変化し、兵士たちは突然の雨や雪に身を隠す場所がなかった。また道を一歩踏み間違えれば、草の下には底なし沼が待っていた。多くの将兵がこの沼に落ち、助けようとした戦友もろとも水の中に沈んだ。さらに一週間の行軍で食糧は底をつき、とくに塩の不足によって多くの兵士が死んでいった。倒れた兵士はみな故郷の名を告げ、「家族に私が死んだと伝えてください」と言って息をひきとったという。

一九三五年一〇月に長征の終着駅である陝西（せんせい）省の呉起鎮（ごきちん）に到着したとき、第一方面軍は七〇〇〇人しか残っていなかった。それは絶望的な情況を切り開くための凄惨な戦いだったが、中国辺境の一一の省に革命の種をまく旅でもあった。つまり長征はコースこそ過去二度の北伐（太平天国と国民革命）とはまったく異なるものの、南からの新しい時代の風を西北の大地へと伝える「第三の北伐」だったのである。

遵義会議と周恩来

さてこの長征の途中、中国共産党の内部にも大きな変化が発生していた。江西ソビエトを崩壊へと追い込み、湘江渡河作戦での大敗後も強気の姿勢を崩さなかった党中央（秦邦憲とオットー・ブラウン）に対する人々の不満が爆発したのである。

一九三五年一月一五日から三日間にわたり、貴州北部の都市である遵義（じゅんぎ）で中央政治局拡大会議が開かれた。会議の出席者は秦邦憲、オットー・ブラウン、毛沢東、朱徳など二〇名で、のちに改革・開放路線の指導者となる鄧小平も中央秘書長として列席していた。はたして会議は第五次反「包囲討伐」戦の敗北原因をめぐって紛糾した。秦邦憲は「帝国主義諸国」によって援助された国民政府軍の実力が余りに大きかったことを強調し、自らの失敗をなかなか認めようとしなかった。

周恩来

このとき一人の人物が発言した。共産党中央軍事部長の周恩来（しゅうおんらい）であった。西安事変のもう一人の主役となる彼は、一八九八年生まれで毛沢東よりも五つ年下にあたる。周恩来と毛沢東の生い立ちは対照的で、農村出身の毛沢東に対して、周恩来の本籍地は魯迅と同じ浙江省の紹興（しょうこう）（ただし生まれたのは交通の要衝である江蘇省の淮安（わいあん）だった。また周恩来の家は多くの官僚を生んだ名門であり、彼は天津の進歩的な私立中学として知られた南開（なんかい）学校を卒業すると日本とフランスに留学した。ちなみに日本時代の周恩来は神田に住み、京都の嵐山を訪ねたこともある。希望していた第一高等学校（のちの東京大学教養学部）には合格できなかったが、河上肇（かわかみはじめ）のマルクス主義研究に影響を受けたという。

一九二〇年にフランスに着いた周恩来は、鄧小平らと共に働きながら学ぶ勤工倹学（きんこうけんがく）運動に参加した。一九二一年に周恩来は中国共産党に加入し、中国社会主義青年団ヨーロッパ支部のメンバーとして活躍した。帰国後の彼は黄埔（こうほ）軍官学校の政治部主任として第一次国共合作を支え、四・一二クーデター前夜の上海では労働者の武装蜂起を指導した。また国共分裂後は南昌蜂起に参加するなど、周恩来はつねに中国共産党の陽の当たる部分を歩いてきたエリートだった。

一九三一年一二月に江西ソビエトへ入った周恩来は、はじめ朱徳と共に前線で指揮をとった。抗日の英雄である十九路軍が福建人民政府を建てたとき、周恩来は彼らと共闘すべきことを主張したが、党中央はまったく耳を貸さなかった。また蔣介石が第五次包囲討伐戦を発動すると、周恩来は「トーチカにはトーチカで」対抗する陣地戦の無謀さや、兵力を分散させることの危険を訴えた。だが彼はオットー・ブラウンを説得できず、結果として紅軍を壊滅寸前に追いこんだことに責任を感じていたのである。

この会議で周恩来は、戦略の誤りこそが今回の戦闘を敗北に導いた原因だと率直に自己批判した。ついで毛沢東が演説を行い、オットー・ブラウンの指導が「極めて劣悪」で、少ない兵力を有効に活かすための柔軟な戦略を採らなかったと糾弾した。また彼は紅軍兵士も生身の人間であり、中国の実情を踏まえない秦邦憲らの机上プランからは勝利は決して生まれないと言い切った。演説が終わると会場は拍手につつまれたという。

この会議の結果、中央政治局の常務委員となった毛沢東が軍事面のリーダーシップを握った。やがて北上して陝西省北部に新たな根拠地を建設し、日本と戦うという方針も決定した。毛沢東とソ連留学生グループとの対立はなお続いたが、中国共産党はコミンテルンの影響をしだいに離れ、中国土着の政治勢力として独自な道を歩み始めたのである。またここから毛沢東と周恩来の生涯にわたる盟友関係が始まった。

現在は毛沢東が文化大革命を発動したとき、周恩来は毅然たる態度で反対を唱えるべきだったとする意見がある。周恩来は多くの人々を冤罪（えんざい）から救ったが、毛沢東の権威に屈して中国そのものを救えなかったというのである。もっとも政治運動のターゲットともなった周恩来に、それが可能だったかは今のところわからない。だが田舎育ちの激しい哲学詩人である毛沢東と、洋行帰りでソフトな実務官僚である周恩来の取り合わせは、一九七六年に二人があいついで死去するまで中華人民共和国の顔となったのである。

高まる抗日のうねり

蔣介石の抗戦準備と独裁体制

さて江西ソビエトを瓦解させた蔣介石は、紅軍を追撃しながら日本との戦争準備を始めた。それは軍事色の強い経済建設であり、人々に対して自分への忠誠を求める伝統的かつ抑圧的な支配体制の再生産にほかならなかった。

もともと蔣介石には来るべき戦争について一つの見通しがあった。近い将来に中国の利権をめぐって第二次世界大戦が起こり、日本が必ず敗北するというのである。一九三四年一二月に蔣介石は徐道隣(じょどうりん)なるペンネームで論文「友か？　敵か？」を発表し、彼の対日問題に関する基本的な姿勢を披露(ひろう)している。

そこで蔣介石は日本が中国に侵攻した場合、中国が大きな犠牲を払うと指摘したうえで、「日本と中国のように兵力が不均衡な国家同士の戦争は、正式の決戦にはこだわらない。日本は中国の最後のひとかけらの土地まで占領しなければ戦争を終結できない。対中国戦では武力で首都を占領しても、中国の命運を制することはできない」と述べている。また日中戦争が長引けば、日本は不利な立場に追いこまれると警告したうえで、いま両国が和解するためには東北三省と熱河を中国に返還するのが必須の条件だと訴えた。

はたして一九三七年に日中戦争が勃発すると、蔣介石はこの予測どおり重慶に移って抗戦を続けた。これを毛沢東の論文「持久戦論」と比較すれば、抗日戦の重要なファクターとして「人民」のゲリラ的な抵抗をあげておらず、勝利への見通しが弱々しく感じられることは否めない。だがそれゆえに蔣介石は従来国民政府の権力が及ばなかった四川、貴州などの西南各省を掌握し、ここを「大後方」として建設を進めようとした。

この蔣介石の抗戦準備を担ったのは、一九三二年一一月に非公開の形で設けられた国防設計委員会（のちに国家資源委員会へ改編）であった。鉄道や道路網の整備が急ピッチで進み、軍需産業に不可欠な鉱物資源のタングステンなどを中心に重工業の建設が試みられた。また幣制改革を行って全国の通貨を統一し、国内に流通していた銀を国有化しながら管理通貨制度を実施することで国民政府の金融支配を確立した。

　こうした政策は一種の開発独裁であり、銀のアメリカ流出によって発生していた金融恐慌を終息させるなど一定の効果をあげた。また軍事面では盧溝橋事件の勃発直前に、兵力一七〇万人、飛行機六〇〇機からなる戦力が編制を終えていた。だがそれらは装備の面で日本軍に及ばず、蒋介石は全面戦争に勝利する確信を得られなかった。

　戦力面での不安をかかえた蒋介石が、つぎに取りくんだのは国民総動員の体制作りだった。まず彼は江西の廬山、四川の峨嵋山に軍官訓練団を開設し、みずから講話を行って指揮官の思想統一につとめた。また一九三四年二月に彼は一種の啓蒙運動である新生活運動をスタートさせた。この運動は「礼儀廉恥」といった伝統的な儒教道徳を国家統合の理想にかかげ、衛生の重視やアヘンの禁絶、国産品の愛用や倹約の励行をうたって国民生活の合理化とその統制を図るものだった。

　蒋介石はこれらの運動の目標について、「もし私の命令に絶対服従する六〇万の軍隊があれば、私にはチビの倭寇を打ち破る策略がある。傲慢で愚かな日本軍人など私の眼中にはない。必要なのは指揮の統一である」と述べている。ここでは蒋介石に対する「絶対服従」こそが抗日戦を勝利に導くと宣言されており、孫文もその誘惑に抗しきれなかった中国固有の専制支配が「指揮の統一」の名のもとに再生産されようとしていた。あるいは日本の侵略が中国にファシズムの連鎖を生みだしてしまったと言ってよいかもしれない。

中国民権保障同盟と魯迅

このように独裁を強めた蒋介石に対して、異論を唱えたのは孫文の未亡人である宋慶齢だった。国共分裂後はドイツに滞在していた宋慶齢は、国民党、共産党のいずれにも与しない第三党（中国国民党臨時行動委員会）を結成した鄧演達が蒋介石によって暗殺されると、「国民党はもはや政治勢力ではない」との声明を発表して南京国民政府との対決姿勢を明確にした。一九三二年一二月には魯迅や中央研究院長の蔡元培と協力して中国民権保障同盟を組織し、政治犯の釈放や不法な拘禁の廃除、言論の自由などを訴えた。

これに対して南京国民政府は検閲の強化と特務機関による弾圧で応えた。一九三四年二月に新たに一四九種の書物を発禁処分にし、五月には図書雑誌審査委員会を設けて厳しい検閲を行った。このとき魯迅は日中の言論弾圧を比較し、「日本の検閲は削除した箇所を空白にして残すなど、読者にわかるようになっている。だが中国の検閲は空白を許さないから、読者は検閲の跡がわからず、意味不明となった文章はすべて作者の責任となってしまう。これは日本に比べて大いに進歩しており、中国の筆禍史上特筆すべきことだ」と書いて政府を皮肉たっぷりに批判した。

いっぽう陳果夫らのCC団（中央倶楽部）と並んで弾圧の担い手となったのは、一九三二年三月に南京で黄埔軍官学校の出身者によって結成された力行社（藍衣社）だった。蒋介石への絶対的忠誠を誓うこの組織はCC団に比べて直接行動的な特務機関であり、共産党員の弾圧だけでなく、蒋介石批判を行う民主的勢力をもそのターゲットとした。一九三三年六月に彼らは中国民権保障同盟の中心メンバーである楊杏仏を暗殺し、同盟を活動停止に追いこんだ。

このとき上海では暗殺予定者のリストが伝わるなど動揺が広がったが、魯迅は日課となっていた内山書店通いをやめようとしなかった。内山完造は逮捕状が出ているからと心配したが、魯迅は「あれはちっとは黙っておれということだよ。ほんとに捕縛する気なら命令など出さずに、黙って連れていくはずだ。心配ない」と言って取りあわなかった。また魯迅に師事した増田渉によれば、魯迅は真夏でも特務の人間に発見されるのを警戒してアパートの窓辺に寄りつかず、風通しの悪い部屋で様々なペンネームを使っては政府批判の文章を書いていたという。増田はそうした頑固でねばりづよい魯迅の姿に「人間としての大きさを感じた」と記している。

日本の華北分離工作と一二・九学生運動

さて蔣介石が抗戦準備に取りくんでいるあいだ、日本は塘沽停戦協定で非武装地帯となった長城以南への圧力を強めていた。一九三五年五月にここで排日テロ事件が発生すると、日本の現地派遣軍は中国側の責任者である何応欽に対して、国民党および国民政府軍の河北省からの撤退、河北省主席の罷免を要求した。六月に南京国民政府は譲歩を決定し、日本の要求を中国側が「自発的に処理」する形で受けいれた。梅津・何応欽協定である。

同じころ河北と隣接するチャハル省でも、日本の特務機関員が拘束される事件が発生した。六月に関東軍の土肥原賢二は宋哲元の率いる国民政府軍にチャハルから撤退することを認めさせた。これを土肥原・秦徳純協定という。

これら日本軍の行動は華北五省(チャハル、綏遠、河北、山東、山西)に自治を旗印とする地方政権を作ることで、南京国民政府の影響力を排除しながら日本の支配を拡大しようとする分離工作の始まりだった。むろん中国側も無策だったわけではなく、「日華親善」を掲げた外務大臣の広田弘毅に対して、東北四省の返還を含めて一切の問題を平和的手段によって解決することを求める外交攻勢をかけていた。

だが蔣介石の「和平が絶望的でないときには決して和平を放棄しない。犠牲が最後の関頭に至らなければ軽々しく犠牲を口にしない」という方針は、傍目にはもどかしいまでに慎重もしくは弱気と映った。また南京国民政府が排日運動の禁止を求めた日本の要請に応じて睦隣敦交令を出すと、「抗日」の二文字が「抗×」としか書けなくなり、人々の憤激をまねいた。

一九三五年一一月に、山西派の閻錫山など旧軍事勢力の抱き込みが進まないことに業を煮やした日本は、さきの非武装地帯に日本留学の経験をもつ政客の殷汝耕を首班として、傀儡政権である冀東防共自治委員会を樹立した。衝撃を受けた南京国民政府は殷汝耕の逮捕令を出したが、関東軍は北平に侵攻する構えを見せながらチャハル、河北二省に自治を宣言させよと圧力をかけた。

このとき南京国民政府はふたたび自重し、一二月一一日にチャハルを撤退後に北平、天津の司令官となっていた宋哲元を責任者として冀察政務委員会を成立させた。それは建て前としては中央政府が設置した地方機関だったが、日本側は華北自治のための行政機構と考えた。また中国人の多くはこれを屈辱的な譲歩だと受けとめた。

一九三五年一二月九日、北平の学生たちは日本の華北分離工作に反対し、内戦の停止と言論の自由を要求してデモに起ちあがった。このデモの中心となったのは政府の弾圧を比較的免れていた燕京大学や清華大学などであり、学生を支援したのは翌三六年に陝西北部で毛沢東と会見し、ルポルタージュ『中国の赤い星』で中国共産党の存在を全世界へ伝える燕京大学講師のエドガー・スノーだった。

この日学生たちは午前一〇時に天安門前広場に集まる計画を立てていたが、これを察知した当局は各大学を包囲し、城門を閉鎖して学生の動きを封じ込めようとした。計画を変更した学生たちは何応欽のオフィスに請願書を提出し、宋哲元の司令部前で警備兵と衝突した。ついで王府井大街を南下したデモは四〇〇〇～五〇〇〇人の規模にふくれあがり、「華北自治運動反対！」「漢奸（売国奴のこと。ここでは殷汝耕をさす）を許すな！」などと叫んだ。積もりつもった怒りが爆発したのである。

このとき北平市当局は東長安街に軍警を配置して、デモ隊が日本公使館に近づくのを阻止しようとした。厳寒のなかポンプの水が浴びせられて学生たちは追い散らされ、満洲事変後に北平に避難していた東北大学の学生など一八名が逮捕された。また冀察政務委員会成立後の一二月一六日にも大規模な学生、市民のデモが行われ、四〇〇人の負傷者と三〇人の逮捕者を出した。一九三六年一月に国民政府は学生運動禁止令を出したが、学生たちは五・四運動にならって救国宣伝団を組織し、農村で活動を展開した。また東北軍の駐屯地に入り込んで抗日を訴える者もいた。

義勇軍行進曲と八・一宣言

ところで一二・九学生運動のとき、学生たちが声をそろえて歌った曲があった。「起て！奴隷となることを望まぬ人々よ。われらの血潮をもって新たな長城を築こう……」。この曲の題名は「義勇軍行進曲」といい、ほかならぬ現在の中華人民共和国国歌である。作曲者は聶耳（ニエアル）といい、少数民族の母親をもつ昆明出身の若者だった。彼は小さい頃から民族音楽に親しみ、やがてバイオリンと出会った。雲南第一師範学校では学生運動に参加し、親に内緒で国民革命軍に加わったこともあった。一八歳で上海へ出た聶耳は、中国民間音楽のレコード作りや映画主題歌の制作にとりくんだ。そして一九三三年に劇作家の田漢（でんかん）に勧められて中国共産党へ入党した。

「義勇軍行進曲」は一九三五年に封切られた映画『風雲児女（嵐のなかの若者たち）』の主題歌だった。故郷の東北三省を追われたインテリ青年が救国のために戦場へ赴くというストーリーは、日本の侵略に危機感を強めていた観衆の心をとらえて大ヒットとなった。だが聶耳は映画の完成を見ることなく国民政府の特務に追われて日本へ亡命し、七月に藤沢の鵠沼（くげぬま）海岸で事故により命を落とした。享年二三。その閃光（せんこう）のような生涯は、当時の鋭敏な中国青年が何を想い、悩んでいたかを伝えている。

さてこうした情勢のなか、一九三五年八月一日に中国共産党は「抗日救国のため全国の同胞に告げる書」を発表した。いわゆる八・一宣言である。実はこの宣言を出したのは長征途上の毛沢東らではなく、モスクワにいた王明ら党中央であった。この年七月にコミンテルンは第七回大会を開き、中間勢力こそ革命の敵とする従来の方針を改めて、広範な反ファシズム統一戦線の形成を呼びかけた。八・一宣言はその中国版と呼ぶべきもので、蔣介石を除く国民党など幅広い勢力に抗日民族統一戦線の結成を訴えるものだった。

すでに一九三三年三月に宋慶齢は上海で抗日団体を結集して国民禦侮自救会を作り、国民政府のにえきらない態度を批判した。翌三四年に彼女は「中国人民が日本と戦うための基本綱領」を一八〇〇名近い著名人の署名を得て発表し、中国民族武装自衛委員会の結成を全国に呼びかけた。また上海弁護士会の会長だった沈鈞儒、ジャーナリストの鄒韜奮らは上海の文化人による救国会を組織し、一九三六年五月には「内戦の停止と一致した抗日」を求める全国各界救国連合会が成立した。コミンテルンの方針転換は中国にとってタイムリーだったと言わねばならない。

さらに長征を終えた毛沢東らは一九三五年一二月に陝西北部の瓦窰堡で会議を開き、抗日民族統一戦線をみずからの戦略とすることに決定した。また一九三六年二月に紅軍は山西西部に勢力を拡大し、日本と一戦交える構えを見せた。五月に蔣介石が討伐軍をさしむけると、紅軍は山西から退いて内戦の停止をアピールした。また八月にコミンテルンが国民党との「共同の抗日」を指示すると、中国共産党はそれまでの反蔣介石の立場から「蔣介石にせまって抗日させる（逼蔣抗日）」に方針を変更した。

これらの情勢の変化にもかかわらず、長期にわたる内戦を続けてきた国民党と共産党がその血ぬられた過去を清算し、一致して抗日へ向かうには大きな起爆剤が必要だった。本書の最後をかざる歴史的な大事件、一九三六年一二月の西安事変がそれである。

西安事変と張学良

苦悩する東北軍総帥

一九三三年三月に熱河失陥の責任をとって下野した張学良は、アヘン中毒の治療をしながらヨーロッパを歴訪した。このとき彼はイタリアとドイツのファシズム体制に強い印象を受け、中国は「一人の領袖（りょうしゅう）による国家の統一と民族の復興」を蔣介石に託すべきだと考えた。一年後に帰国した張学良は湖北、河南、安徽方面の紅軍を掃蕩するための「勦匪（そうひ）」副総司令を命じられ、一九三五年一〇月には陝西北部の紅軍主力を討伐するために省都西安へ赴任した。

はじめ共産党の討伐に熱心に取りくんだ張学良であったが、そこには大きな矛盾があった。彼が蔣介石を支持したのは国内統一によって強い中国を建設し、東北三省を日本の手から奪い返すことが目的だった。だが国民党中央の人々は外様である東北軍を使い捨ての雑兵軍団としか見なさなかった。兵力の充実は望めないばかりか、紅軍根拠地に対する第六次包囲討伐戦のために貴重な戦力を消耗しなければならなかった。

さらに張学良には背負わなければならない十字架があった。満洲事変以来彼らは「亡国の民」となって部隊と共に各地を流浪し、乞食呼ばわりされる屈辱を味わっていた。

一九三五年一一月に東北軍精鋭の一〇九師団が紅軍に殲滅されると、我慢の限界に達した部下たちは張学良にかみついた。「あなたは父上（張作霖）の仇を忘れ、日本への抵抗をかえりみず、ひたすら上官（蔣介石）の命令を守って、身の栄達を求めているだけだ。あなたは兵の犠牲を惜しむどころか、我々を死滅の道に追いやっているではないか！」。こうした直言に張学良は苦悩し、蔣介石の安内攘外策に強い疑問をいだくようになった。

　だが「剿共」戦に嫌気がさしていたのは張学良だけではなかった。西北地方を基盤とする第十七路軍（西北軍）を率いる楊虎城である。はじめ彼は西安に送り込まれた張学良に警戒心を持っていた。だが中央に冷遇された東北軍が敗北するのを見て、同じ地方軍の総帥として張学良に共感を寄せるようになった。

　一九三六年二月に東北大学の学生で、一二・九学生運動のリーダーだった宋黎（共産党員）らが張学良を訪ねた。彼らは逮捕された仲間を救出するため、東北大学学長である張学良に支援を求めたのである。このとき宋黎が将校たちの前で演説を行うと、楊虎城は学生支持を表明したうえで「われわれは抗日戦をとなえる同胞の共産主義者と戦うことはできない」と述べた。当時西北軍では共産党員が抗日宣伝を行っており、楊虎城自身も共産党と接点を持っていたのである。

　すでに張学良は紅軍の捕虜となった東北軍の連隊長を通じて、一月から共産党との接触を始めていた。そして四月には延安のカトリック教会で、張学良と周恩来の秘密会談が行われた。会談は周恩来の「私も東北で育ちました」という一言で始まり、なごやかな雰囲気で進んだ。意気投合した二人の話し合いは夜を徹して続き、停戦と共産党根拠地に対する経済封鎖の解除について基本的な合意をみた。

その後も両者の交渉は続き、張学良は共産党への入党と東北軍、紅軍による西北大連合の計画に同意したという。これらはコミンテルンの反対で実現しなかったが、六月に張学良は軍官訓練団を組織して部下に自分の考えを初めて語った。彼は「中国の活路はただ抗日にあり」と題してこう述べた。満洲事変以来我々は最大の過ちを犯した。それは膝を屈して妥協を求め、事態の不拡大を望んだことだ。だがそれは空しい願望でしかなかった。今後我々の対日には抗戦しかなく、決して過ちをくりかえしてはならない、と。さらに張学良は「日本に抵抗することは天地の大義だ」と述べて抗日の意志を明確にした。

このように抗日の決意を固めた張学良であったが、次に問題となったのは蔣介石への対応だった。周恩来との秘密会談で張学良は、現在蔣介石は戦争準備を進めており、国民政府の中も対日政策をめぐって意見が分かれていると指摘した。また蔣介石が抗日に踏みきる可能性はあり、自分は彼に内戦を停止するように説得を試みたいと主張した。

事実当時の南京国民政府では陳立夫（ちんりつぷ）（陳果夫の弟）が中心となり、いくつかのルートを通じて共産党と「連合抗日」の交渉を始めていた。だがその内容は、（1）共産党という政党の存在はひとまず承認するが、ソビエト政権および紅軍についてはこれを認めない。（2）紅軍の各司令官は解任のうえ出国し、部隊は規模を縮小して国民政府軍の指揮下に置くという強硬なものだった。蔣介石にとって軍権の統一は譲れない条件であり、彼には紅軍を抗日戦争の一翼に加えるという発想はなかった。また交渉を有利に展開するためにも、共産党根拠地に対する攻撃の手を緩めるつもりはなかったのである。

一九三六年一〇月、蔣介石は第六次包囲討伐戦の進展をはかるべく国民政府軍を増派し、西安を訪れて張学良と楊虎城に紅軍への攻撃を促した。このとき張学良はなぜ剿共戦を続ける必要があるのか、いまや内戦を停止して抗日すべきではないかと訴えた。すると蔣介石は怒り、「軍人は服従をもって天職とするのだ。なぜかと問う必要はない！」と張学良を叱責した。だが張学良はあきらめず、蔣介石が五〇歳の誕生日を祝うために洛陽に移ったチャンスを捉え、山西派の閻錫山と再び説得を試みた。

しかし結果は失敗に終わり、蔣介石は翌日のスピーチで「共産党と連合して抗日せよと唱える者は漢奸だ」と述べて張学良を暗に非難した。張学良は「冷水を浴びせかけられた」ようなショックを受け、蔣介石の説得もここまでかとふさぎ込んだという。

事実をもって答えん

高まる抗日の世論に背をむけるように、一九三六年一一月に南京国民政府は全国各界救国連合会の沈鈞儒、鄒韜奮らを逮捕した。いわゆる「抗日七君子」事件である。一二月三日に張学良は洛陽に向かい、彼らの釈放を主張して蔣介石と激しく言い争った。蔣介石は「私が革命政府だ。私のやることが革命なのだ。その私に逆らうことはすなわち反革命だ！」と断言し、張学良はこうした愛国の士に対する弾圧は、袁世凱（えんせいがい）の圧政と同じではないかと考えたという。

張学良の不穏な動きをみた蔣介石は、一二月四日に再び西安にのりこんで剿共戦を監督することにした。到着後は東北軍、西北軍の師団長クラスを個別に食事に招き、彼らを張学良、楊虎城から離反させようとした。一二月七日に張、楊の二人は対応を協議し、もう一度説得を試みることにした。張学良は蔣介石の指導力には心服していたのである。この日夜に張学良は蔣介石の泊まっている華清池に赴き、涙ながらに内戦の停止を訴えた。これを「哭諫（泣いて諫める）」という。

このとき張学良は次のように言った。日本の侵略は止まるところを知らない。もし反撃しなければ国土は占領され、我々は中国史上、永遠の罪人となってしまうだろう。共産党はすでに何度も団結を唱え、あなたに抗日戦を指導することを求めている。内戦はどちらが勝とうが日本を利することにしかならない。私はこれまで一貫してあなたを支持し、満洲事変でもあなたの不抵抗方針に従って国中の非難と侮辱を甘んじて受けてきた。すべてはあなたの威信を守り、あなたが日本と戦う日のために隠忍自重してきたのだ。現在抗日こそは人心の向かうところ、どうか内戦を停止し、一致して抗日して頂きたいと。

だが蔣介石は張学良におまえは若造だ、共産党に騙されているのだと一喝したうえで、「おまえが私をピストルで撃ち殺そうと、私の剿共計画は変えられない」とテーブルを叩いて言った。八日には楊虎城も華清池に行って説得したが、結果は同じだった。さらに蔣介石は東北軍の師団長に「おまえたちは共産党軍とひんぱんに無線連絡を取っているだろう。私が知らないとでも思っているのか」と述べ、東北軍の移動や将校の処分をちらつかせて圧力をかけた。もはやこれ以上の猶予はならないと考えた張学良と楊虎城は、「兵諫」すなわち武力をもって蔣介石に抗日をせまる決意を固めた。

明けて一二月九日は一二・九学生運動の一周年にあたっていた。西安の共産党地下組織や救国連合会、東北民衆救亡会などの諸団体は、総司令部のある南院門広場に二万人を集めて内戦停止を求める請願デモを行った。警官の発砲で小学生が負傷すると人々は激昂し、蔣介石に直接請願しようと華清池にむかって行進を始めた。

　この知らせを受けた張学良はすぐに華清池に電話を入れ、蔣介石にデモ代表者と接見してほしいと申し入れた。だが蔣介石は「これはおまえが連中を放任したからだ。デモ隊が私の前に来るのは許さん」と電話口でどなった。前日すでに蔣介石は憲兵隊に発砲許可を与えていたのである。張学良は流血の事態をさけるべく、たった一人で車を運転してデモ隊を追いかけ、灞橋(はきょう)で彼らに対する説得を試みた。

　このとき灞橋には機関銃が据えつけられ、自転車で先頭を走っていた学生数人が捕らえられた。張学良は宋黎をはじめとする学生たちを制止して、「これ以上前に進んではいけない！」と叫んだ。一部の者はなお進もうとしたが、張学良は「どうか私を信じてほしい。みなさんの要求は私の要求でもある。もし信じていただけるなら、私は一週間以内に事実をもってみなさんにお答えします」と真情をぶちまけて訴えた。これを聞いた学生たちは感銘をうけ、「張副司令と共に日本と戦おう！」と叫んだという。

監禁された蔣介石

　学生たちと期限をきって約束をした張学良は、ただちに楊虎城とクーデターの準備にとりかかった。彼らは華清池を守る兵力が少ないことをつきとめ、東北軍の親衛隊が襲撃する計画をたてた。一〇日に蔣介石は請願デモの報告にきた張学良を「おまえは学生の側に立つのか、国家大官の側に立つのか」と責め、一一日には東北軍を共産党掃蕩作戦から除外すると宣言した。だが彼は張学良たちの計画に気づかなかった。

一九三六年一二月一二日の午前三時四〇分、東北軍の親衛大隊長である孫銘九(そんめいきゅう)らが率いるクーデター部隊は華清池に到着した。はじめは発砲せずに武装解除を行う予定であったが、憲兵隊側がこれに応じず銃撃戦となった。彼らが蔣介石の寝室に踏みこんだとき、ベッドにはまだぬくもりが残っていた。孫銘九は蔣介石が近くに潜んでいると確信し、兵士たちに裏山を捜索するように命じた。

捜索が始まって一時間ほどたった午前五時、ひとりの兵士が岩穴に隠れていた蔣介石を発見した。孫銘九が駆けよってみると、逃げるときに腰を痛めた蔣介石は寒さに凍えて身動きができなかった。東北軍が反乱を起こしたと考えた蔣介石は、孫銘九の顔を見るなり「私を殺せ!」と言った。だが孫銘九は「張副司令の命令により、抗日問題を話し合っていただくためにお迎えに参りました」と告げ、蔣介石を車で西安に連行した。また西安市内に宿泊していた蔣介石の側近たちは、楊虎城の特務部隊によって身柄を拘束された。

蔣介石監禁のニュースは衝撃をもって全世界に伝わった。ちなみにこの事件を世界に先がけてスクープしたのは、日本の同盟通信上海支局だった。東京発のニュースに接したスターリンは、この事件を日本のスパイによる謀略と勘違いしたほどである。中国国内では西安の新聞『解放日報』が、この事件を張学良、楊虎城の「八項目の要求」と共に人々に伝えた。その要求とは内戦の停止、救国会議の開催、抗日七君子をはじめとする政治犯の釈放、民衆の政治的自由の保障、国民党の改組などであった。

さて蔣介石監禁の知らせが共産党根拠地に届いたのは、一二月一二日の夜遅くだった。幹部たちは「蔣介石がこんな目に遭うこともあるのか」と驚き、蔣介石を人民裁判にかけよと主張する声もあった。だが毛沢東は事態を冷静に受けとめ、まずは周恩来を西安に派遣して、張学良らの意思を確かめながら統一戦線の形成を図るべきだと考えた。コミンテルンも事態のいかんにかかわらず、平和的解決をめざせと指示を送ってきた。

　いっぽう絶対的なリーダーを捕らえられた南京国民政府は、対応をめぐって意見が分かれた。何応欽、戴季陶（たいきとう）を中心とする主戦派は張学良の官職を剝奪し、外遊中だった汪兆銘（おうちょうめい）に帰国を要請しながら、国民政府の中央軍を西安にむけて進撃させようとした。これに対して和議派の宋氏一族（宋美齢と宋子文、宋靄齢（そうあいれい）の夫で行政院長代理の孔祥熙（こうしょうき））と陳氏兄弟（陳果夫、陳立夫）は、蔣介石の顧問で張学良とも親しいW・H・ドナルドを西安に送りこんだ。

　このころ張学良は蔣介石の頑（かたく）なな態度に困り果てていた。もともとクーデターを実行する段階で、張学良に事態収拾にむけての明確なプログラムはなかった。彼は蔣介石とじっくり話し合うつもりで、何度となく監禁先の部屋を訪ねた。だが蔣介石は初めのうち張学良と会うことすら拒否し、「私を南京へ帰せ」とくり返すばかりだった。

　一二月一四日にドナルドが蔣介石の前に姿を見せると、蔣介石は「張学良は私と話し合いたいというが、そのために私を拘束するとはデタラメにも程がある」と怒りをぶつけた。するとドナルドは答えた。「あなただっていつも人をつかまえてきて、話をするではありませんか」。このユーモアに通訳をしていた張学良は思わず笑い出してしまったという。

　ドナルドの電話で蔣介石の無事を確認した宋美齢らは、彼を通じて蔣介石に主戦派の動きを封じこめ、内戦の拡大を防ぐように求めた。一二月一六日にドナルドがこれを張学良、蔣介石に伝えると、蔣介石は三日間の停戦命令を書き、張学良は何応欽と親しい側近の監禁を解いて命令書を南京へ届けさせた。また二〇日に宋子文が西安に到着すると、軍事的解決にこだわっていた蔣介石もいくぶん態度を和らげた。宋子文がこれを南京に伝えると、主戦派の人々は国民政府内での発言力を失った。

実現した蔣介石・周恩来会談

一二月二二日、宋美齢が飛行機で西安に到着した。彼女の登場に蔣介石は驚いたが、宋美齢は南京の情況を話しながら、全国の人々が蔣介石の安否を気づかっており、中国の前途を考えて行動するようにと蔣介石の説得を始めた。また彼女が張学良と会談すると、張学良は今回のクーデターが蔣介石に「抗日に同意」してもらうための行動であり、決して彼に危害を加える意思がないことを説明した。

さて一二月一七日に西安入りした周恩来は、張学良と南京側の交渉を注意深く見守りながら、監禁された蔣介石がなお国民政府内で絶大な影響力を持っていることに注目した。そして二三日に宋子文、宋美齢と会った周恩来は、共産党は今回の事件に関与していないが、平和的な解決を望んでおり、蔣介石が抗日戦に同意すれば、共産党は蔣介石を全国の指導者として支持すると語った。また周恩来は「蔣介石委員長をのぞいて、中国にはほかに適任者はいません」と言った。この一言は宋美齢らの心を大きく動かした。

一二月二四日に宋美齢、宋子文は張学良、周恩来、楊虎城との五者会談を行った。この席上まず宋美齢は「私たちはみな黄帝(こうてい)（中国人の伝説上の祖先）の子孫なのですから、殺しあいをすべきではありません。内政問題は政治的に解決すべきであって、武力を行使してはなりません」と述べて内戦の停止に同意した。つづいて宋美齢らは中央軍を撤退させ、共産党根拠地の現状維持を認めること、国民政府内の親日派を一掃し、抗日内閣を組織して救国会議を開くことなどを約束した。

だがここで焦点となったのは、蔣介石の釈放をめぐる条件だった。宋美齢、宋子文は停戦・撤兵の命令後、ただちに蔣介石を釈放することを求め、張学良もこれに同意した。だが楊虎城は協定文書などの保証なしに蔣介石を釈放することに強く反対し、周恩来もこれを支持した。この問題を解決するためには、蔣介石が拒否し続けている周恩来との直接会談を行うほかに方法がなくなった。

西安に到着した宋美齢

一二月二五日の朝（二四日の夜だったという説もある）、周恩来は張学良に伴われて蔣介石の部屋を訪ねた。張学良は「委員長の昔の部下が会見を求めているので、お願いします」と言った。このとき周恩来はさっと部屋に入り、黄埔軍官学校時代にそうしていたように敬礼して「校長！」と呼びかけた。蔣介石はしばらくあっけにとられていたが、ベッドから身をおこし、周恩来にそばに座るように言った。

周恩来はまず「蔣先生、一〇年ぶりにお会いしますが、だいぶ年をとられましたね」と言った。蔣介石はうなずくと、ため息をついて言った。「恩来、君はわたしの部下だから、わたしの言うことを聞かねばならん」。周恩来は「蔣先生が内戦を停止し、一致して日本に抵抗してくだされば、私一人が先生の言うことを聞くだけでなく、われわれ紅軍も先生の指揮に従います」と答えた。すると脇にいた宋美齢が「もう共産党討伐はしません、このたび周先生が千里はるばる斡旋に来られたことに、本当に感謝しています」と言った。

「これ以上内戦があってはならない」──蔣介石はつぶやくように言った。この一言こそは共産党ばかりか、中国全土が長く待ち望んでいたものだった。彼はさらに続けた。「内戦中もよく君たちのことを考えた。戦いの最中でも、君たちがわたしのために活躍してくれた時のことは忘れなかった。もう一度協力できれば良いと思う」。

一二月二五日の午後四時、西安の飛行場に蔣介石夫妻の姿があった。蔣介石の釈放が決まると、これに不満な東北軍、西北軍の将校たちが反対を唱えた。混乱を恐れた張学良、楊虎城は急ぎ彼らを宿舎から連れ出し、車で飛行場へ直行したのである。蔣介石夫妻はまず洛陽に飛び、翌二六日には無事南京へ帰還して世界中を驚かせた。アメリカ式の教育を受けた宋美齢風に言えば、一日遅れのクリスマス・プレゼントということになる。

だがこのときもう一つの事件が起こった。張学良が蔣介石を南京に送っていくと言いだしたのである。彼は赤エンピツを取り、今後東北軍は部下の于学忠(うがくちゅう)が統率し、楊虎城の指揮を仰げと指示を書いた。そして自家用機に宋子文とドナルドを乗せ、蔣介石の後を追って飛び立った。晩年の回想によれば、このとき張学良は死ぬつもりだったという。孫銘九から電話を受けて驚いた周恩来が、引きとめようと飛行場にかけつけた時にはすでに手遅れだった。

周恩来は張学良の一本気な行動に、「アイツは古い芝居の見過ぎだ。自分から罰を受けにいくとは」と言って嘆いたという。

こうして九年におよぶ国民党と共産党の内戦は、抗日の長城を築かんとする人々の叫びによって一つの結末を迎えた。むろん両者の暗闘は第二次国共合作の成立後も続き、日本の敗北後には内戦が再発した。この悲劇の中で西安事変の立て役者たちの運命も翻弄された。張学良は一度受けた一〇年間の懲役刑を特赦によって取り消されたが、戦火を避けて中国各地を転々とする監禁生活を続け、一九四六年には台湾へ移された。また楊虎城は西北軍の指揮権を剝奪され、一九四九年に重慶（じゅうけい）で国民政府の特務に殺された。

だがこうした犠牲を払いながらも、歴史の罪人にはなりたくないという張学良の切実な想いは、孫文をして「砂のようにバラバラ」と嘆かせた中国人の心を抗日ナショナリズムのもとで一つに結びつけた。それは二一世紀の中国が乗りこえねばならない課題であるとはいえ、私たちの見てきた中国の近代史において最も渇望されていた成果だったことも事実である。こうして中国の一九三六年は暮れた。北平郊外の盧溝橋で銃声が響き、日中両軍が全面戦争に突入するのは、このわずか七ヵ月後のことである。

第一〇章　辺境の街と人々——香港・台湾そして上海

異文化の窓口としての香港と上海

時代の活力をしめす辺境

あなたにとっていちばん親しみのある中国の街はどこだろうか。もし中国体験を持つ人であれば、最初に訪れた場所や長く滞在した街に特別な思い入れがあることだろう。近年は日本から中国内陸部への直行便も増えたとはいえ、やはり多くのばあい北京あるいは上海、一九九七年にイギリスから返還されて中華人民共和国の特別行政区となった香港の名前があがるのではないだろうか。

また私たちにとって身近なもう一つの中華世界として、台湾があることを忘れてはならない。「弁当（ビエンダン）（もちろん弁当のこと、中国大陸にはこの単語はない）」に代表される日本風の中国語や、いまも街角に残る日本統治時代の建物はいうまでもない。むしろ健全な市民社会として成長しつつあるその姿に、大陸中国と交渉することの煩わしさに疲れた多くの人が共感を覚え、熱烈な台湾びいきになってしまうほどだ。

香港、台湾、上海という三つの地域にはひとつの共通点がある。それらはみな中国世界の周縁部であり、植民地あるいは租界（そかい）として外国の支配を受け、異文化との交流を積みかさねた社会だという事実である。いわば三つの社会は中国における「近代」を象徴する場所だったのであり、好むと好まざるとにかかわらず中国の他の地域にはない特質を帯びることになった。それらは中国世界の辺境であったがゆえに、近代中国の秘めていた可能性とエネルギーが滞留する場所だったと言えるだろう。

さて国際都市だった香港や上海、多民族社会だった台湾には、さまざまな思想や制度、文化が衝突と融合をくり返した。ここを舞台として多くの人々が活躍し、彼らのまなざしは中国の周辺世界および全世界へと向かっていた。さらに本書がくりかえし述べてきたように、中国の近代史には日本が密接に関わっており、この三つの地域も例外ではなかった。それらは当時の日本人にとって私たち以上に身近な場所だったのである。

以下ではこれら三つの地域の近代史を、そこで生きた日本人にスポットを当てながら見ていくことにしたい。そして二一世紀の日本がどのように中国という「最も身近な他者」と関わり、共存をめざすべきかを考えてみたいと思う。

草創期の香港と上海

香港という街が成立したのは、いうまでもなく一八四二年の南京条約によって香港島がイギリスに割譲されたことがきっかけである。もともとイギリスはポルトガル領マカオ（一九九九年に中国へ返還）に相当する中国南部の貿易拠点を欲しがっていた。清代に唯一の開港場だった広州（こうしゅう）の入り口にあたる香港島は、こうしたイギリスの要求に応える場所だったのである。また香港には香木を積み出すための小さな港があり、割譲当時は客家（ハッカ）移民や閩南（びんなん）人の

開港当初の香港

水上生活者など七四五〇人が住んでいた。むろん香港島が植民地として選ばれなかったら、ここは広東沿海の島々が今もそうであるように貧しく不毛な村だったに違いない。

香港の建設を最初に担ったのは、マカオや広州から入った商人や宣教師たちだった。香港総督をトップとする行政機構も整えられ、港や倉庫、監獄などが建設された。だが「自由港」として期待された香港の貿易額はあまり伸びず、清朝の統制がなくなって成長したのはアヘン貿易と中国人労働者の輸出である苦力（クーリー）貿易だった。あるアメリカ人は一八四〇年代の香港を「アヘン商人と兵士、官吏と戦争屋のたまり場」だと酷評しており、島々を拠点とする海賊の横行にも悩まされたという。

この香港の発展が軌道に乗ったのは、一八五〇年代のことだった。太平天国に呼応する天地会軍が広州一帯で蜂起し、広州の有力者とその家族が戦乱を避けて香港へ移住したのである。香港の中国人人口は一八五四年に五万四〇〇〇人を数え、九龍（カウロン）半島が租借された一八六〇年代には一一万人を超えた。貿易額も拡大し、一八六五年に香港上海銀行が設立されると、金融、保険、造船、海運業などの会社があいついで誕生した。

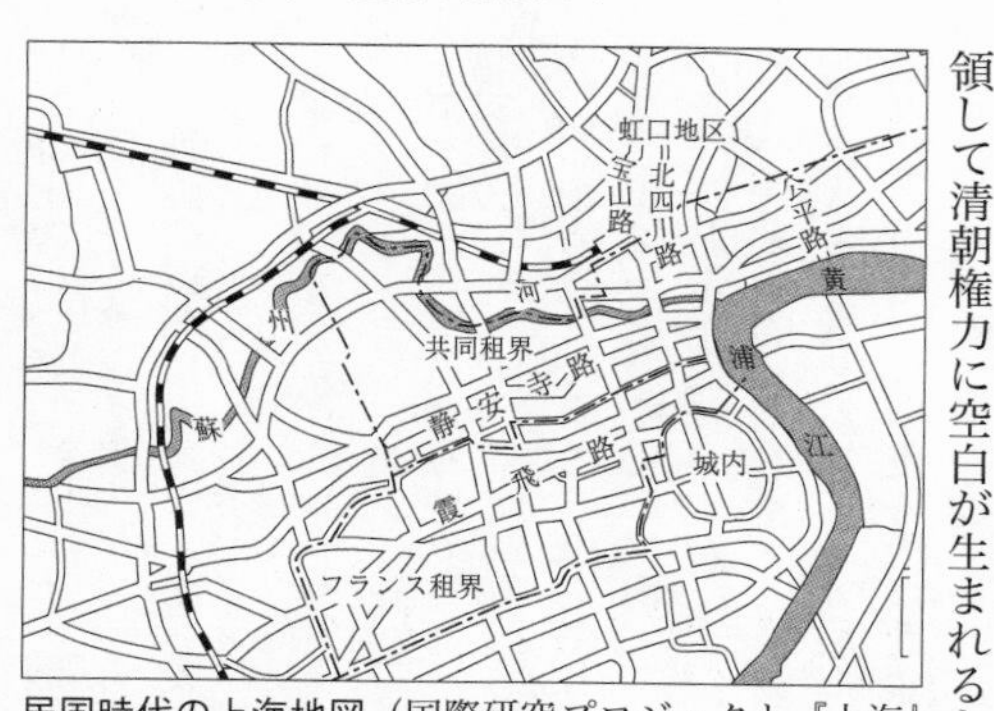

民国時代の上海地図（国際研究プロジェクト『上海』をもとに作成）

いっぽう上海の成立は一八四二年のイギリスによる上海県占領がきっかけだった。一八四五年には上海土地章程が結ばれ、治外法権的な居留地として租界が誕生した。この周囲六キロほどの「外国」が大きな意味を持つようになったのは、太平天国の南京進出に呼応して一八五三年に発生した小刀会の蜂起からである。天地会系の秘密結社である彼らが上海県を占領して清朝権力に空白が生まれると、イギリス領事のオールコックらは租界に外国人からなる一種の自治政府を設け、行政機関として参事会を置いた。また関税の徴収も外国人の税務司が行うことになった。

一八六〇年に李秀成の率いる太平軍が蘇州へ進出すると、江南地方の有力者たちは先を争って上海の租界に逃げこんだ。太平軍の二度にわたる進攻作戦をはね返した上海は、清朝を支持するイギリス、フランスの太平天国に対する弾圧の拠点となり、イギリス軍人ゴードンの率いる常勝軍や、李鴻章の創設した淮軍がここから出撃した。

だが太平天国の滅亡後、中国の統治権力から相対的に独立した香港、上海の存在はかえってその重要性を増すことになった。革命派の孫文はまず香港で革命の準備を進め、第二革命の失敗後はしばしば上海に潜伏した。また中国共産党の第一回全国代表大会は上海のフランス租界で開かれ、四・一二クーデター後の一九三三年までその本部は上海に置かれていた。いわばヨーロッパ列強の侵略によって生まれた植民地が、専制国家であった中国に都市の「自由」な空気をもたらしたのである。それらの自治は決して中国人の政治参加を認める民主的な政治制度には結びつかなかったが、中国の「近代」がかかえた複雑な性格を示していると言えよう。

にっぽん音吉とからゆきさん

こうしてヨーロッパ列強の貿易拠点として出発した上海に、日本人が姿を見せたのは一八五三年頃のことである。彼の名は「にっぽん音吉(おときち)」といい、尾張国出身の船乗りだった。一八三二年に一三歳で初の航海にでた音吉は、船が遭難して一年二ヵ月にわたる漂流の後にアメリカ西海岸へ流れついた。やがてイギリスに引きとられた音吉はマカオへ送られ、南京条約の締結に活躍したドイツ人宣教師ギュツラフのもとで聖書の日本語訳を手伝った。一八三七年に音吉を乗せたアメリカ船モリソン号は開国の交渉を行うべく江戸にむかったが、異国船打払令を出していた幕府は浦賀で砲撃を加えた。このモリソン号事件によって帰国を果たせなかった音吉は、一度アメリカに渡った後に上海に入り、イギリス系の商社であるデント商会で働いた。

デント商会は宝順洋行(ほうじゅんようこう)ともいい、ジャーディン・マセソン商会(怡和洋行(いわ))と共にアヘン交易で活躍した地方貿易商人の流れをくむ商社であった。これらの商社は黄浦江(こうほこう)に面したバンドに商館を構え、アヘンや中国産の生糸、茶などを取り引きした。音吉はここで倉庫の管理を任される一方で、中国を訪れる日本人漂流民の救済に力を注いだ。彼の世話になった漂流民の話によれば、音吉は現在の九江路付近に立派な屋敷を構え、マレー人の妻との間に三人の子供をもうけたという。

一八五四年にイギリス艦隊の通訳として二二年ぶりに日本を訪れた音吉は、日英和親条約の締結に尽力した。このとき長崎奉行の水野忠徳は日本に残ることを勧めたが、彼は「妻や子供を見捨てる訳にはいかない」と言ってイギリス国旗を指さし、国際人として生きる道を選んだ。その後一八六〇年に音吉は妻の故郷であったシンガポールに移住した。香港とシンガポールはイギリスの植民地経営を支える拠点であり、上海もモノと人を運ぶネットワークの延長線上にあったのである。

ところで音吉はなぜ上海を去ったのだろうか。音吉は聖書の日本語訳を手伝ったこともあり、キリスト教の影響をうけた太平天国の庶民的な性格に親近感を持っていた。だが列強が太平天国の弾圧に乗りだすと、イギリスの中国政策に失望した彼はアヘン交易にたずさわる上海での生活に矛盾を感じるようになった。

にっぽん音吉

一八六〇年に福沢諭吉を含む幕府の遣欧使節団がシンガポールに立ち寄ると、移住まもない音吉は一行の宿泊するホテルを訪ねた。このとき音吉は「世界に戦乱が絶えない」ことを力説し、とくにイギリスの侵略を警戒するように訴えた。イギリスは一八五七年に発生したインド大反乱（シパーヒーの反乱）を鎮圧してインドの植民地化を進めており、やがて薩長同盟を支援して幕府を支持するフランスと争った。音吉は内戦と植民地化の危機を訴えることで、祖国の同胞を救おうとしたのである。

一八七〇年代に入ると上海には日本領事館が設置され、日本との航路も開かれて多くの日本人が訪れるようになった。その中には三井物産などの貿易業者もいたが、当時の日清貿易は中国人商人が利益を握っており、日本の商社、商人の進出は難しかった。同じことは香港にも当てはまり、支店を出した日本商社は数年後に撤退を余儀なくされた。

彼らにかわって上海で最初に「成功」した日本人は、「からゆきさん」と呼ばれる娼婦たちであった。彼女たちは多くが九州とくに貧しい島原、天草地方の出身で、ブローカーを頼って上海、香港へ密航し、さらにシンガポールを経て東南アジア各地に売られていった。一八八〇年代の上海では東洋茶館（ここで東洋とは日本をさす）などと呼ばれる日本式遊郭が人気を集めており、八〇〇人ほどの日本人娼婦が働いていた。シンガポールでは白人男性の姿となるケースも多かったという。

明治期日本人の海外進出によく見られるパターンであるが、上海でも「からゆきさん」がまず入り、彼女たちの需要を当てこんで日本人小物商が海を渡った。だが日本政府は彼女たちが上海で活動することを「国家の体面」を傷つけるとして快く思わなかった。一八八三年頃から日本領事館は「からゆきさん」の取り締まりに乗りだし、帽子をかぶらずに外出するなとか、男女で出かけるときは「相当の衣服」を着用せよといった「清国上海居留日本人取締規則」を設けた。それらは列強にどう見られるかを卑屈なまでに意識しつつ、近代世界への参入を試みた日本の緊張ぶりを示している。やがて租界の日本人娼館は衰え、後の日本軍慰安所につながる公娼制度が作られることになった。

近代文明の洗礼と東亜同文書院

こうして日本人を含む多くの外国人が集まった上海と香港は、ヨーロッパ近代文明の窓口として「文明開化」現象が進んだ。どちらの都市もガス灯がともり、水道が整備された。上海では一八八二年に公衆電話が設けられ、香港では一八八八年にビクトリア・ピーク（太平山頂）に向かうケーブルカーが開通した。その後香港では路面電車（トラム）や鉄道が設けられ、上海でも一度は人々の反対によって廃止に追いこまれた鉄道が一八九八年に再び開通した。ちなみに上海では一八七四年に日本から人力車が輸入され、東洋車と呼ばれて普及した。

　また都市の成長に伴って深刻となったのは衛生問題で、一八九四年に香港ではペストが大流行して二五〇〇人の死者を出した。香港政庁は被害の拡大を防ぐため感染者の隔離や感染地域の清掃、建築物の破壊や焼却を進め、世界中か

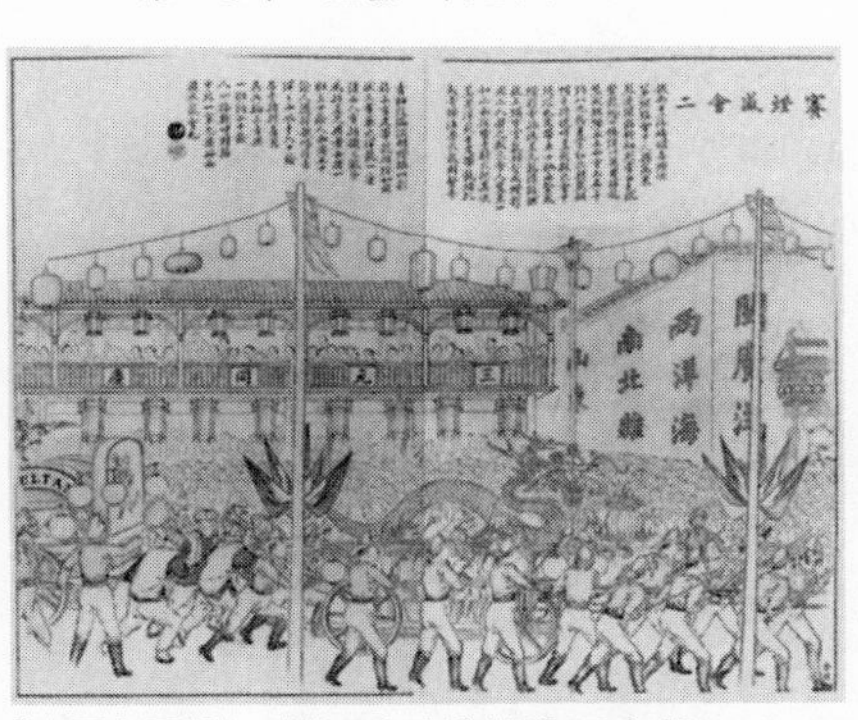

『点石斎画報』が描いた上海開港50年祭のパレード　1893年に上海の名士たちが開催した祝賀パレードの様子

ら医師を集めて研究と治療を行わせた。北里柴三郎（きたさとしばさぶろう）はその一人で、当時彼は日本国内で認められずに私立の伝染病研究所を営んでいた。だが香港についた彼はわずか数日でペストの病原菌を発見し、これをイギリスの医学雑誌に発表して世界中を驚かせたのである。

ヨーロッパの技術や制度が導入される一方で、香港と上海は移民都市として多くの中国人を招きよせた。世界各地のチャイナタウンと同じく会館、幇（パン）と呼ばれる同郷、同業者の相互扶助組織が作られ、上海では寧波（ニンポー）幇を中心とする四明公所（しめいこうしょ）が大きな発言力を持った。また香港では戦死者をまつる祠（ほこら）を母体に設けられた東華（とうか）医院や、人身売買から少女を保護するために設けられた保良局（ほりょうきょく）が中国人コミュニティーの中心となった。これらの団体のリーダーは中国人の代表として植民地、租界当局との交渉にあたった。

このヨーロッパの近代文明と中国の伝統文化が錯綜した上海の姿をよく示すのは、一八八四年に創刊された『点石斎画報（てんせきさいがほう）』である。これは現在の写真週刊誌に相当する一種の画報で、毎月三回発行された。専門の絵師たちがニュースやゴシップを題材に絵を描き、一冊ごとに数枚が石版印刷されて収められた。それは視覚に訴える大衆娯楽という点で斬新なものであり、上海という土地柄を反映して近代建築や競馬場、汽車、気球、兵器など舶来の新奇な事物が描かれた。また時事問題に対しても敏感で、清仏戦争や日清戦争の模様などをエピソードと共に紹介している。

この『点石斎画報』はまた中国の伝統文化に根づいた多くの作品を載せた。とくに牛鬼蛇（ぎゅうきじゃ）神（しん）などと呼ばれる怪物めいた神々は、多くが中国古代の博物誌である『山海経（せんがいきょう）』からの引用だった。遠近法などヨーロッパ絵画の技法を取り入れたこの画報に中国古来の妖怪が描かれたところに、伝統と近代が交錯する上海の姿がよく現れている。少年時代の魯迅は『点石斎画報』のファンだったというが、この画報は各地で販売されて人々の近代都市上海に対する憧れをかき立てたのである。

　ジャーナリズムと並んで大きく発展したのは教育事業であった。香港で最初に建てられたヨーロッパ式の学校は、一八四二年にマカオから移ったモリソン学校だった。また洪秀全のいとこである洪仁玕（太平天国干王）は香港滞在中に英華書院で教えたが、これらはキリスト教の布教に重点を置いていた。香港政庁が教育事業に取りくんだのは一八六〇年代からで、セントラル・スクール（中央書院、のちにクイーンズ・カレッジと改称）を設けて英語に重点を置いた教育を行った。

　上海に最初に設けられた近代的な教育機関としては、一八六三年に李鴻章が建てた上海外国語文字学館（のちの広方言館）があった。その教員だった宣教師のＪ・フライヤーは、一八七六年に科学者の徐寿とヨーロッパ風の学問をカリキュラムに取り入れた格致書院（現在の格致中学）を設立した。一九世紀末になると中国人を対象とするミッションスクールが盛んに作られた。現在も名門大学として知られる復旦大学はその一つである。

　ところで上海には主として日本人学生が学ぶ専門学校が存在した。一九〇一年に創設された東亜同文書院（現在の愛知大学）である。これは第三章に登場した政策団体である東亜同文会の経営する学校で、日中提携の方針のもとで一九四五年の日本敗北までに四七一一名の卒業生（うち中国人は四七名）を送り出した。またこの東亜同文書院の前身となったのが、一八九〇年に荒尾精が上海に建てた日清貿易研究所であった。

荒尾精は本書にくり返し登場した陸軍情報将校の一人で、一八八六年に中国に派遣された。彼は上海の租界で眼薬店の楽善堂を営んでいた岸田吟香を訪ね、中国市場の開拓をめざす岸田の考えに共鳴した。荒尾は岸田から湖北漢口の楽善堂支店を任され、中国に関心を持つ青年たちを集めた。彼らは行商人に身をやつし、中国全土を調査して報告書『清国通商綜覧』を作成した。この経験をベースに作られたのが日清貿易研究所であったが、日清戦争が勃発するとわずか数年で閉鎖された。だが荒尾の死後に彼の盟友だった根津一が東亜同文書院の院長となり、その遺志を引きついだのである。

こうした歴史的背景を持つ東亜同文書院ではフィールドワークが重視され、学生の旅行調査をベースとした『支那経済全書』『支那省別全誌』は日本の中国戦略にとって貴重な情報源となった。彼らの足跡は日中戦争という不幸な歴史のなかで侵略の手先と見なされてきたが、実際には日中提携の理想と現実のギャップに苦しんだ学生も多かった。また魯迅の理解者となった内山完造にとっても東亜同文書院は絶好の得意先だった。内山夫妻は学生から「おじさん、おばさん」といって親しまれたという。

台湾と日本型近代のゆくえ

台湾総督府と後藤新平

一八九五年の下関条約によって日本に割譲された台湾は、現在も同じ植民地だった韓国との比較で親日的と言われることが多い。それは日本敗北後に台湾へやってきた国民政府の圧政と腐敗に対する怒りが、一九四七年に闇タバコの取り締まりに端を発した二・二八事件となって爆発し、当局の凄惨な弾圧を生んだことと無関係ではない。その後国民党が共産党との内戦に敗れ、台湾へ移転する過程で出された戒厳令は、一九八七年五月に撤回されるまで四〇年のあいだ台湾人を抑圧し続けた。

日本統治時代に植民地支配からの解放を願っていた台湾の人々は、理念上の「祖国」と現実の中国政府とのあまりに大きな隔たりにショックを受けた。「犬が去って豚がきた」──

日本統治時代の台湾（社会思想社、戴国煇編著『台湾霧社蜂起事件・研究と資料』をもとに作成）

当時人々は国民政府に対する失望をこう表現したが、ここで注意すべきは日本を意味する「犬」も中国語のニュアンスでは決して良いイメージではないという点である。番犬として役にたつかもしれないが、キャンキャンとうるさく吠える犬。このように形容された日本の植民地統治とはいったいいかなるものだったのだろうか。

台湾は近代日本が初めて獲得した植民地だったため、日本政府はここをどのように支配するのか明確なプログラムを持っていなかった。第二章でみた台湾民主国は日本軍の侵攻で崩壊し、植民地統治の中心機関として台湾総督府が台北に設けられた。だがその後も台湾住民のゲリラ的な抵抗は続き、その弾圧にかかる経費は日本の財政を圧迫した。

日本の台湾統治で最初に見るべき成果をあげたのは、一八九八年三月に民政長官として赴任した後藤新平（ごとうしんぺい）であった。彼は岩手県の士族出身で、一族にはモリソン号事件で幕府の鎖国政策を批判した蘭学者の高野長英（たかのちょうえい）がいた。明治維新後に家は没落したが、発憤した彼は医学を学び、ドイツ留学を経て衛生局長になった。日清戦争後の日本軍将兵に対する検疫事業で後藤が活躍すると、第四代の台湾総督となった児玉源太郎（こだまげんたろう）が彼を起用したのである。

後藤新平による台湾統治の特徴は、現地の実情に合わせて支配を進めるという「生物学的」植民地経営と呼ぶべきものであった。彼はいう。「ヒラメの目を鯛の目にすることはできんよ。ヒラメの目は頭の一方についている。それがおかしいからといってつけ替えることはできない。なぜならヒラメの目は生物学上その必要があって、一方についているからだ。政治にもそれが大切だ。だからわが輩は台湾を統治するときに、まずこの島の旧慣制度をよく科学的に調査して、その民情に応じるように政治をしたのだ。これを理解しないで、日本内地の法制をいきなり台湾に輸入・実施しようとする奴らは、ヒラメの目をいきなり鯛の目に取りかえるようなもので、本当の政治がわかっていない連中だ」と。

この後藤新平の考え方に基づいて、一九〇一年から始まったのが台湾旧慣調査であった。この大規模な調査によって台湾の慣習法や産業の情況が明らかになり、以後の植民地経営の基礎となった。また彼は租税徴収に欠かせない土地および人口の調査を進め、複雑に入り組んだ土地所有権を近代的なものに整理した。つづいて後藤はインフラの整備を進め、北部の基隆、南部の高雄両港を増改築すると共に、二つの港を南北に縦貫する鉄道と道路網を建設した。これらの事業は清朝時代の台湾巡撫だった劉銘伝が試みた改革を受けつぐものだったが、後藤は劉銘伝と同じく事業にかかる経費をほとんど現地調達でまかなったのである。

台湾総督府

さらに後藤新平の政策で忘れてはならないもう一つの成果が、台湾の地場産業というべき製糖業の育成である。もともと日本は砂糖の多くを輸入に頼っており、後藤は日本の資本家に働きかけて新式設備の製糖工場を台湾に作らせた。また彼はのちに国際連盟の事務局次長となる農学者の新渡戸稲造を殖産課長に招き、サトウキビの品種改良や耕作方法について研究させた。はじめ新渡戸は病気などを理由に辞退したが、後藤は破格の待遇で熱心に説得したという。そして新渡戸が提出した「糖業改良意見書」に基づいて農家への指導が進められると、台湾の砂糖生産は飛躍的に伸びた。後藤はまた水利灌漑事業を行い、後には蓬萊米と呼ばれる新品種の米が開発されて、台湾は日本の穀倉地帯として重要な位置を占めることになった。

このように台湾経営に多くの業績を残した後藤新平であったが、いっぽうで彼は台湾を内地とは異なる法制度によって区別しながら、日本の経済構造のなかに従属的に組みこもうとした植民地主義者だったことを忘れてはならない。彼の現地調査もあくまで統治を円滑に進めるためのものであり、台湾のエリートたちが面子を重んじると知れば、気前よく勲章を与えて彼らの懐柔に努めた。さらに後藤新平の統治手法には「近代」の威力を見せつけることで、台湾人に畏怖の心を植えつけようとする部分があった。一九一九年に竣工した台湾総督府はこうした政策の総決算とも言える建築物であり、それは現在も撤去されることなく総統府として台北の街にそびえている。

『台湾青年』と議会設置請願運動

さて第一次大戦後の世界に広がった民族自決への高まりは、日本の植民地統治にも大きな変化をもたらした。一九一九年に朝鮮で日本の支配に反対する三・一独立運動が発生すると、平民宰相と言われた原敬内閣はそれまでの武断統治を文民統治に改め、「一視同仁」をスローガンとする同化主義政策を掲げた。この改革は台湾にも及び、一九一九年に軍人に代わって文官が台湾総督に任命されることになった。

この文官総督の台湾統治でまず重要なのが、内地延長主義にもとづく教育改革であった。それまでの台湾では中等以上の教育機関がなく、進学を希望する者は日本または中国へ留学しなければならなかった。そこで台湾の人々は有志の寄付をつのり、台湾人のための中学校設立を願い出た。これは台中（たいちゅう）公立中学校として実現し、一九二二年には台湾の学制を日本内地の制度に準じさせることを定めた新台湾教育令が公布された。その成果として一九二八年には台北帝国大学（現在の台湾大学）が設立された。

こうした教育改革と歩調を合わせるように、近代的な教育を受けた青年知識人が啓蒙運動を手がかりに台湾人の政治的権利を主張するようになった。その中心となったのは一九二〇年に日本留学生の蔡培火（さいばいか）らが作った新民会（しんみんかい）（のちに台湾青年会となる）で、休みを利用しては台湾全土をまわって講演し、個人主義や自由結婚、女性の自覚などの新思潮を人々に伝えた。また彼らは台湾有数の資産家である林献堂（りんけんどう）を会長に迎え、東京で雑誌『台湾青年』を刊行した。

この『台湾青年』は台湾人自身の手になるジャーナリズムの先がけであり、やがて台湾で発行される日刊紙『台湾新民報』に発展した。その創刊号に祝辞を寄せたのは、五・四運動の時に東京で逮捕された中国人留学生の救援に奔走した吉野作造（よしのさくぞう）だった。蔡培火は吉野と同じくクリスチャンであり、吉野のもとで学ぶ中国人、朝鮮人留学生ともつながりを持っていたのである。

ここで吉野作造は、台湾が日本の植民地だからといって、台湾の伝統を無視して日本内地の文化をそのまま移植しようとする同化主義は誤りだと指摘した。また彼は日本と台湾が協力関係を築く基礎は台湾の文化的独立にあると述べ、「独立なしの協同は盲従です、隷属です。我々は日本国民として、台湾人がまず独立した文化民族であることを要求します」と訴えることで台湾知識人の文化運動にエールを送った。それは世界的な民族自決の動きを認識しながら朝鮮の独立運動と向かいあった吉野作造ならではの見解であり、台湾の人々に「台湾人」としてのアイデンティティ形成を促すものだった。

　こうして日本の大正デモクラシーに刺激された蔡培火らは、一九二一年から台湾議会の設立を要求し始めた。すなわち参政権を要求したのであるが、日本の帝国議会の選挙権ではなく、予算と法律の審査を行う権限を持つ固有な議会の設立を求めたのである。この台湾議会の設置請願運動は日本の統治権を承認したうえで、行政権をあえて要求しないという極めて低姿勢な運動であった。また彼らの訴えは野党の親台湾的な議員に届けられ、与党攻撃の材料となったものの、通常は議会で採択されなかった。だがこの運動は日本の政党政治が行きづまる一九三四年まで毎年のように続けられ、多くの台湾人が政治運動に参加する機会を提供した。

　また参政権の要求と並んで、台湾でも中国大陸の影響を受けて文学革命が始まった。一九二三年頃に中国に留学していた張我軍は、胡適らの作品を台湾に紹介した。また文語文を白話文に改めるだけでは飽きたらず、台湾に固有な語彙を探し求めて諺や俗語を収集する者も現れた。

　この台湾版「白話」運動は彼らの話す閩南語と北京語（国語）との乖離が大きく、台湾人が小学校で学ぶ公用語が日本語だったために必ずしも浸透しなかった。台湾の風土に題材をとった「第三文学」も提唱されたが、一九三七年には総督府が漢文（中国語）による文章の雑誌掲載を禁止した。世界各地の植民地がそうであったように、台湾の人々も自分の思想や感情を母語によって表現できないという苦しみを味わったのである。だがそれは日本語を通じて世界の文学が紹介され、台湾と中国大陸との文化的な差異を広げる結果をもたらした。

ちなみに台湾における社会主義思想の受容は、中国のケースと同じく日本経由で進んだ。山川均の影響を受けた急進派の連温卿らは、一九二七年に林献堂らの作った啓蒙団体である台湾文化協会に加入した。彼らの参加によって文化協会が左傾化すると、これに反発した古参幹部の林献堂、蔡培火らは別に台湾民衆党を組織した。これは台湾初の政党であり、綱領には参政権の要求が盛りこまれたが、一九三一年に総督府の命令で解散させられた。

霧社事件と『サヨンの鐘』

一九三〇年一〇月二七日の朝、台湾中部にある霧社（現在は南投県仁愛郷に属す）という山奥の町で公学校の運動会が開かれようとしていた。ここに住む先住民族のセデック族（当時の高砂族、現在は高山族の一グループ。日本統治時代はタイヤル族の支族と考えられていた）と日本人の生徒およびその家族が集合し、日の丸が掲揚されようとした瞬間、校庭はとつぜん血なまぐさい修羅場と化した。マヘボ社の頭目であるモーナ・ルーダオの率いる三〇〇名の人々が、日本の統治に抵抗して蜂起したのである。

彼らは「内地人（日本人）は幼児だろうと許すな。本島人（台湾人の漢族）は殺すな」と叫びながら、逃げまどう日本人に襲いかかった。ある日本人警官は友人のセデック族青年に

「撃つな！」と叫んだが、その青年は「友だちだからこそ俺が撃つんだ。こうなったのも日本のつくった罪。せめて一発で殺してやる。動くな！」といって銃を発射した。またあるセデック族の少年は銃を向けた相手が自分の学校の先生だったことに気づき、「ぼくには撃てない！　撃てない！」と言って泣きくずれた。結局この霧社事件で一三四名の日本人が殺されたが、そのうち約五〇名は一〇歳以下の子供だったという。

　事件発生の知らせに台湾総督府は大きなショックを受けた。もともと霧社は「蕃界第一の都会」と呼ばれ、日本の高砂族支配において最も成功した場所とされていた。とくに統治を補佐するセデック族出身の巡査として育てられた花岡一郎（本名ダッキス・ノービン）が中心メンバーとして蜂起に加わった事実は、日本の台湾における少数民族統治が破綻したことを示すものだった。

　清朝時代のセデック族は「生蕃」と呼ばれ、漢人政府の統制を受けていなかった。台湾が日本に割譲されると、総督府は隘勇線と呼ばれる境界線を奥地に進めて高砂族に対する管理を強化した。一九〇三年にセデック族は日本の意をうけたブヌン族に多くの仲間を殺害され、一九〇七年にはマヘボ社も和解式を行って日本の出先機関があった埔里社の統制下に入った。

　総督府は若き頭目であるモーナ・ルーダオを日本へ視察旅行に招き、彼の妹を日本人警官と政略結婚させて手なずけようとした。だが討伐隊や道路工事などさまざまな労役にかりだされたセデック族は、しばしば暴力をふるう日本人警官に強く反発した。また公学校の教育内容も彼らの民族的習慣を否定して内地化を迫るもので、高砂族の子供たちは「蕃人と呼ばれることを非常に恥じかつ憤慨し、蕃人として生まれてきたことを悔いている」とあるように二等国民としての屈辱に甘んじなければならなかった。こうして鬱積した不満が、日本人の一掃を唱える無差別攻撃となって爆発したのである。

事件が発生すると、総督府と台湾軍司令部はただちに二六〇〇名の軍隊と警官隊を派遣して弾圧にのりだした。また蜂起に加わらなかった集落の人々を「味方蕃」に編制し、蜂起した集落に対する追討を行わせた。戦闘は山地を利用した蜂起軍のゲリラ的抵抗によって長びき、日本軍は各種の大砲や飛行機、一説には毒ガスを使用して攻撃したが、多くの犠牲者を出したうえ機関銃を奪われる失態を演じた。

結局一二月までにモーナ・ルーダオをはじめ多くのリーダーは家族もろとも自殺し、投降した者たちは保護蕃収容所に集められた。一九三一年四月に日本当局は鎮圧作戦で頭目を失った味方蕃を唆し、収容所内のセデック族二一〇名を殺害する第二次霧社事件を起こさせた。また生き残った人々を埔里社の北にある川中島に強制移住させて、彼らを平地農耕民化させようと試みた。

モーナ・ルーダオ（中央）

一九四一年に日本が太平洋戦争を始めると、高砂族の人々にもうひとつの悲劇が訪れた。軍部が彼らの高い戦闘能力に注目し、ジャングル戦で活用しようと高砂青年隊を組織したのである。この結果多くの高砂族青年が激戦の続く南方戦線に送られ、命を落とした。日中戦争の勃発以来、日本は台湾人を軍属として動員しており、一九四〇年には神社参拝を強要し、台湾人の姓名を日本風に変えさせる皇民化政策が始まった。また一九四四年には徴兵制が実施され、二〇万人以上の台湾人が兵士、軍属として戦場に送られた。この外にも少年軍需工や従軍慰安婦として多くの台湾人が徴発されたという。

戦局が悪化をたどった一九四三年に日本で一本の映画が封切られた。映画の題名は『サヨンの鐘』といい、出征する日本人「恩師」の荷物を運ぶ途中に遭難して、命を落としたリヨヘン社の少女を描いたものだった。主演は「歌う大東亜共栄圏」こと李香蘭（山口淑子）であり、彼女がいたいけなサヨンの姿を演ずることで、これを見た台湾人は日本に対する忠誠を「教育」された。また映画に先だって上演された演劇では、「サヨンはもはや蕃社の一少女ではありません。雄々しく、健気な大和撫子のひとりとして、立派にその死を飾ったのです」と賞賛された。だがこうした美辞麗句によっても、日本の苛酷な植民地統治の現実を覆いかくすことはできなかったのである。

大革命時代の上海と香港

五・三〇運動と省港スト

ここで私たちは再び目を大陸の辺境都市に向けよう。一九二〇年代の上海と香港では、帝国主義の打倒をめざす労働者のストライキとボイコット運動が盛んだった。なかでも有名なのは一九二五年に発生した五・三〇運動である。

運動のきっかけは五月一四日に上海にあった日本資本の内外紡績工場で、争議中だった中国人の労働者一人が日本人監督に射殺され、十数人が負傷した事件であった。この工場では二月にも幼年工の虐待に抗議するストライキが発生しており、争議は上海および青島にある三〇余りの日系工場へ広がった。いったんは会社側が譲歩したものの、争議の再発を恐れた上海の日本紡績同業会は組合運動の抑圧方針を固め、内外紡績工場では組合幹部の解雇とロックアウトが行われた。

この事実が明らかになると、上海の学生たちは労働者の支援と犠牲者の救済を訴える街頭活動を始めた。すると租界当局は彼らを「治安を乱した」との理由で逮捕し、五月三〇日に裁判が行われることになった。また同じころ青島の日系紡績工場でも、労働者八人が張作霖系の保安隊に射殺されるという事件が起こり、人々の憤激を招いた。

五月三〇日に上海南洋大学の学生二〇〇〇人は、逮捕された学生の釈放を求めて「上海人の上海を」「租界を回収せよ」などと記したビラをまき、労働者殺害を非難する演説を行った。イギリスの警官隊が百余人を逮捕すると、これに抗議するために学生、市民一万人がメインストリートである南京路に集まったが、警官隊の発砲によって死者一三人、負傷者数十人という惨事となった。これによって帝国主義反対の声は大きく盛り上がり、のちに文化大革命で走資派（資本主義の道を歩む実権派）として迫害を受ける中国共産党の劉少奇らは、労働組合である上海総工会を組織して六月一日から上海全市でゼネストに突入した。

この五・三〇運動では労働者と学生、中小の企業家が中心となり、工商学連合委員会を組織して市民大会を開いた。六月七日に開かれたこの大会は二〇万人が集まり、領事裁判権の撤廃や外国軍隊の撤退などを含む一七ヵ条の要求を提起した。当時上海の外資系工場で働く労働者は低賃金や長時間労働、劣悪な環境に悩まされており、彼らは労働者保護法を制定して虐待を禁止すること、ストライキや言論、集会の自由などを主張したのである。だが租界当局は武力でこれを禁圧しようと図り、かえって運動は中国各地へ広がった。

なかでも大きな影響を与えたのは同じ国際都市として上海と密接な関係を持つ香港であり、革命運動の拠点となっていた広州であった。一九二五年六月に中華全国総工会と中国共産党は上海の労働者が掲げた一七ヵ条の要求支持と中国人に対する差別の撤廃、中国人の選挙権獲得、言論、集会およびストライキの自由などを求めた六ヵ条の要求を香港政庁に提出し、イギリスに対するボイコット運動を開始した。

この省港ストは一六ヵ月にわたって続き、香港で働く一三万人の労働者が続々と広州へ引きあげた。また広州の租借地である沙面（サーミン）の労働者もこれに応じ、六月二三日には租界付近で一〇万人を超えるデモが行われた。このときイギリス、フランス両軍はデモ群衆にむけて発砲し、二三〇人の死傷者が出たが、労働者側は二〇〇〇名の糾察隊（きゅうさつたい）を組織して香港に対する厳密な経済封鎖を行った。その結果「東洋の真珠」とうたわれた香港は「死港（セイゴン）（死の港）」と化してしまったという。

このように五・三〇運動は列強の中国支配に大きな打撃を与え、強圧的な弾圧策の限界を悟った彼らは関税自主権の回復に代表される不平等条約の改正に応じざるを得なくなった。

また運動は外国系の工場が集中する沿海都市で急増した労働者の実力を見せつけ、運動を支援した広東政府を全国政権へと押しあげた。さらに労働運動の高まりに恐怖を抱いた内外の保守勢力は、一九二六年一〇月のスト中止宣言とともに北伐を開始した蔣介石に共産党との決別を働きかけることになる。辺境の街々で育まれた新しい時代のエネルギーは、国民革命の動向を左右する重要なファクターとなったのである。

台湾共産党と朝鮮人の独立運動

こうして中国公権力の手が及ばない香港と上海は、中国内外の革命や独立運動にとって絶好の拠点を提供した。たとえばヴェトナムの革命指導者であるホー・チ・ミンは一九二六年にコミンテルンの東方局委員として広州を訪れ、ヴェトナム青年革命同志会を設立した。また一九三〇年にホー・チ・ミンは香港でヴェトナム共産党を創設したが、翌年結核を患った彼は香港のイギリス警察に逮捕され、一九三三年春まで囚(とら)われの身となったこともある。これら中国の辺境都市を舞台とする民族独立の動きのなかで、とくに注目したいのは日本の植民地だった台湾と朝鮮の動向である。

のちに台湾文化協会の中心人物となる林献堂は、一九〇七年に奈良で日本に亡命していた変法派の梁啓超(りょうけいちょう)と会ったことがある。このとき梁啓超は「これから三〇年のうち、中国は貴君らを救援する能力を絶対に持ちえない」と述べ、日本統治の枠組みのなかで改良主義的な運動を進めるようにアドバイスしたという。その後中国で辛亥革命が発生すると、客家(ハッカ)人で中国同盟会員の羅福星(らふくせい)（台湾が日本領となる一八九五年までは台湾苗栗(びょうりつ)県に住んでいた）

は台湾に革命を輸入しようとしたが、一九一三年に日本に捕らえられて殺された。

一九二〇年代に中国へ留学した台湾人学生は革命思想の洗礼を受けた。その最初は一九二四年に上海で結成された台韓同志会で、上海支部を設けた台湾青年会（新民会）の有志が朝鮮人の革命青年と連合して作った反日的な組織だった。また中国の革命団体に加わる台湾青年も現れ、上海大学の許乃昌は陳独秀の紹介でモスクワに留学し、女子留学生の謝雪紅は中国共産党に入党して五・三〇運動で活躍した。さらに広州が国民革命の拠点になると多くの台湾人が中山大学などへ留学し、一九二七年三月には広東台湾革命青年団が結成された。

この広東台湾革命青年団は台湾の日本からの独立をめざしながら、そのためにはまず反帝国主義の国民革命が成功することが必要だと主張していた。また当時の国民党は彼らの活動に支持を与え、南京国民政府も学校の教材に「台湾の返還」に関する内容を盛りこんだ。だがそれは国民政府の正式な政策とはならず、「中国自身が多事多難なのに、三十数年前に捨ててしまった兄弟のことにかまっていられる筈がない」と言われたように、中国側が日本に対して台湾の返還を求める動きは日中戦争の勃発まで起こらなかった。むしろ日本の情報統制によって台湾の実情が大陸まで伝わらなかったこともあり、中国の革命家には台湾人を日本の手先として軽蔑する風潮が強かった。

こうした情勢のなか、一九二八年四月に上海のフランス租界で「台湾革命」をうたった台湾共産党が結成された。その中心となったのはモスクワから帰った謝雪紅らで、中国共産党の支援によって成立したが、奇妙なことにこの台湾共産党は日本共産党の台湾民族支部とされていた。当時のコミンテルンには台湾と中国本土との歴史的関係や台湾人のマジョリティーが漢族であることの認識がなく、日本の支配下にある一植民地として機械的な割り振りを行ったのである。このため一九二九年四月に日本共産党が弾圧（四・一六事件）を受けると、基盤を失った台湾共産党の活動はたちまち行きづまった。

一九二八年に開かれたコミンテルン第六回大会の決議に基づき、アジア各地の共産党組織が再編成されると、一九三〇年に台湾共産党も中国共産党の支援によって組織を立て直した。だが台湾に日本と同じく警察特別高等課を設置した総督府は、一九三一年に臨時大会を開催した台湾共産党に対する大弾圧を加えた。結局この弾圧によって台湾固有の革命を唱える初めての組織は崩壊した。日本からの独立をめざす台湾人のナショナリズム運動は、中国大陸とコミンテルンのいずれからも理解されなかったのである。

いっぽう上海および中国大陸にあって、ねばり強く続けられたのが朝鮮人の独立運動であった。その一つの中心は三・一独立運動直後の一九一九年四月に成立した大韓民国臨時政府であり、韓国の初代大統領となる李承晩（イスンマン）と並んで大きな役割を果たしたのが、のちに南北の統一政府を樹立しようとして暗殺される金九（キムグ）である。

李承晩と金九は共に黄海道（こうかいどう）の出身であるが、李承晩が名門貴族の出身なのに対して、金九は貧しい没落両班（ヤンバン）の出身だった。科挙（かきょ）に挫折した金九は東学（とうがく）に入り、一八九四年に甲午農民戦争が勃発すると、先鋒大将となって海州城（かいしゅう）を攻撃した。また敗北後は日本に対する抵抗運動である義兵（ぎへい）闘争や国権回復運動をめざす新民会に加わり、日本の軍人を殺害したこともあった。二度にわたる獄中生活の後、一九一五年からは農民啓蒙運動を展開した。

一九一九年に大韓民国臨時政府が成立すると、金九は上海に渡って同政府の警務局長となり、一九二六年には臨時政府の最高指導者である国務領に選ばれた。彼らの活動は日本領事館の追及を受けたが、多くの場合フランス租界当局から事前に情報が漏れたために事なきを得た。だが一九三二年一月に金九の部下が東京で天皇暗殺未遂事件を起こすと、フランスの保護は期待できなくなった。また上海事変後の四月に彼らが虹口公園で行われた天長節祝賀会で爆弾テロ事件を引きおこすと、金九は日本当局の厳しい捜索を受けて中国各地を転々とすることになった。

一九三〇年に金九は朝鮮人の民族主義者を集めて韓国独立党を結成し、一九三五年には義烈団などの急進派グループも合流して朝鮮民族革命党が成立した。だが金九は「われわれの独立運動は、わが大韓民族独自の運動です。どこかの第三者の指導や命令に支配されることは、他人に依存することですから、わが臨時政府の憲章に違反することになります」と述べ、コミンテルンの指導を受けることには否定的だった。同じことは日本敗北後の金九の行動にも当てはまり、李承晩がアメリカの支援のもとで大韓民国の建国を図ると、彼はそれが完全な自主独立を損なうものだと厳しく批判した。そのため金九には敵も多く、一九三八年五月には朝鮮革命党の党員に撃たれて負傷した。

一九三三年に金九は国民党組織部長だった陳果夫の仲介で南京の蔣介石邸を訪ねた。このとき蔣介石は自分の経験から「将来の独立戦争のために武官を養成してはどうだろうか」とアドバイスし、河南の洛陽で一〇〇名の朝鮮青年を集めて軍官学校が開かれた。これは日本の抗議で廃校に追いこまれたが、一九四〇年には国民政府の所在地である重慶で韓国光復軍が成立し、アメリカの援助を受けるようになった。

結局これらの努力は陽の目を見ないまま、一九四五年八月に日本は降伏した。「倭敵(ウエジョク)が降伏」とのニュースに接した金九は、万歳の歓声がこだまする中で「我々はこの戦争で何の役割も果たしていないから、将来の国際関係において発言力が弱くなる」と心配したが、不幸にもその予感は的中した。だがそれは植民地からの独立を求めた金九らの活動と、それを可能にした上海の存在意義をいささかも損なうものではない。辺境の街はその周縁性ゆえに世界につながる多くの可能性を秘めていたのだ。

ちなみに金九は日中戦争期の重慶について、人口が急増したために多くの中国人避難民が野宿を強いられていたこと、食糧は配給制でいつも長蛇の列ができ、殴りあいのケンカが絶えなかったことを指摘している。また日本軍の空襲によって多くの民衆が殺され、トラックで山のように積まれた死体が運ばれていったこと、死体はみな衣服が裂けて膚(はだ)が露出していたが、それは彼らが死の間際に苦しんでもがいた跡だったと記している。

エピローグ・魯迅の遺言と日本人たち

魯迅の死と内山完造

晩年の魯迅はしばしば体調を崩すようになった。とくに一九三六年に入ると重い喘息(ぜんそく)を患い、病床につくことが多かった。だがこの間も魯迅の筆は衰えず、政府批判の文章を書き続けた。また革命文学を標榜する郭沫若(かくまつじゃく)らとの論戦に応じ、「プロレタリア精神の洗礼を受けさえすれば、彼の書いた作品はプロレタリア文学なのである」などと主張する彼らの安易さを厳しく批判した。なおこの論戦のために魯迅はプレハーノフの『芸術論』を翻訳するなどマルクス主義を学んだ。また一九三三年に日本のプロレタリア作家である小林多喜二（こばやしたきじ）が特高警察の拷問で殺害されると、魯迅は日本の雑誌に追悼文を掲載したという。

さて病気の中でも魯迅の内山書店通いは続いていた。内山完造が魯迅との「漫談」をヒントに『生ける支那の姿』など中国に好意的な随筆集を刊行すると、魯迅は「老板（ローペ）、あんたの漫談は中国をほめ過ぎるからいけない。それでは中国人のうぬぼれ根性を増長させるだけでなく、革命を後退させるからいけない」と言いながらも序文を贈って喜んだ。

また魯迅は中国社会の病根として「馬々虎々（マーマーフーフー）（どうでもよいという不真面目な生活態度）」を挙げながら、日本人について次のように語っている。「ぼくは日本八千万民衆のことを考えたよ。日本人の長所は何事によらず一つの事に対して文字通りの命がけでやる、あの真面目さであると思うね。最近の傾向はやや相反するものがあることをぼくは認めるが、あの真面目さは認めなければならん。中国は日本の全部を排斥してもよいが、あの日本人の長所である真面目だけは断じて排斥してはならん。どんなことがあってもあれだけは学ばなければならんと思う」。

第六章で述べたように、魯迅は仙台時代に指導教授の藤野厳九郎（ふじのげんくろう）から受けた懇切な指導に感激し、終生彼を尊敬していた。魯迅の日本人評はこの体験を踏まえたものであったが、命がけの真面目さは上海事変のさなか「海軍が何千万円という大金を使って我々居留民を現地保護すると言っているんだから」と皮肉たっぷりの冗談を言いながら、危険のせまった店を離れなかった内山完造にも共通するものだった。

むろん魯迅は日本の侵略には激しく反対した。一九三五年に彼は詩人の野口米次郎との対談で、中国もイギリス領であるインドのように日本の植民地統治に委ねてはどうかと訊ねられた。このとき彼は「そこまで行けば感情の問題です。同じ財産をなくすなら強盗に奪われるよりはバカ息子に使われた方がよい。同じ殺されるなら自国の人に殺されたい」と答えている。また中国の軍事力が強くならない限り日中関係は好転しないであろうこと、近くふたたび軍事衝突が起きることを予言していた。

一九三六年一〇月一九日に魯迅は心臓性の喘息によって死去した。彼の絶筆となったのは内山完造に医者を呼んでほしいと頼んだ日本語のメモだった。これを見た完造は筆跡の乱れに胸騒ぎを覚えて魯迅の家へ駆けつけ、手を尽くして介抱したが及ばなかったという。二二日に告別式を終えた魯迅の遺体は万国公墓に葬られたが、内山完造は宋慶齢や蔡元培、延安にいた毛沢東らと共に葬儀委員に名を連ねた。日中間の戦火が激しさを増す中で、二人は最後まで友情のきずなを深めたのである。

晩年の魯迅と内山完造

鹿地亘の日本人反戦同盟

ところで魯迅の葬儀が行われたとき、内山完造を手伝って魯迅の棺をかついだ一人の日本人がいた。彼は鹿地亘というプロレタリア作家で、一九三六年一月に上海に至り、完造の紹介で魯迅から中国文学を学んでいた。一九三八年三月に鹿地は武漢に入り、周恩来や郭沫若の推薦を受けて国民政府で日本軍に対する宣伝活動に着手した。日本人捕虜を中心とする反戦運動の始まりである。

　当時の日本軍では「生きて虜囚（りょしゅう）の辱めを受けず」という言葉が示すように、捕虜になるのは不名誉と考えられていた。また兵士たちは中国兵が残忍であると教えられ、捕虜となった後も恐怖のあまり反抗する者が多かった。だがほとんどの日本兵は前線にいた時から「なぜ中国は戦争をするのでしょう。力が違うのに抗戦しても仕方がないじゃありませんか」という疑問を持っていた。そこで鹿地亘は彼らに「侵略された側に立って考える」ことを根気よく教えながら、彼らを反戦兵士へと育てていったのである。

　一九三九年一二月に鹿地亘は桂林で日本人反戦同盟を創設し、援蔣（えんしょう）ルートを遮断するために広州湾に上陸した日本軍をめざして南下した。南寧（なんねい）郊外の要所である崑崙関（こんろんかん）に到着した彼らはメガホンを握り、第五師団の兵士に戦争の無意味さを説き、犬死にをして家族を悲しませるなと訴えた。このとき三名の反戦兵士（うち一人は台湾の先住民だった陳松泉（ちんしょうせん）、日本名松本速夫）が日本軍の銃弾に倒れた。

　重慶へ戻った鹿地亘は一九四〇年七月に日本人反戦同盟総本部を設立し、九月から各地で反戦活動をくり広げた。彼らの放った「ことばの弾丸」は「とてもよく聞こえた。兵たちは耳をすませていた。みんなうたれて、沈みこんでいる。みんな戦争に希望をもっていない」という効果をあげ、時には反戦兵士と前線兵士とのあいだで議論が始まった。

　それは一九四〇年一二月、戦況が膠着した湖北宜昌（ぎしょう）戦線でのことだった。日本軍の陣地から反応がないことにいらだった反戦兵士が「兄弟たち、君たちはおるのかおらんのか、声がなくては寂しいぞ。おるならあっさり返事してくれ」と叫んだ。すると「おお、おるぞ！」とギョッとするほど近い闇の中から返事が戻ってきた。

この一言に大喜びした反戦兵士は慰問（いもん）放送を始め、やがてエールの交換となった。「お前らどこのもんか？　アメリカ人か日本人か？」「れっきとした日本人だ！」「どこの生まれだ？」「北海道函館だ」とある反戦兵士が答えた。すると「北海道のあんちゃん、帰ったらよろしく伝えてやるぞ！」と声がかえってきた。

日本人反戦同盟

しばらくして話は本題に入り、反戦兵士は「戦争はなぜおこったと思うか？」と問いかけた。前線兵士は相談している模様だったが、「蔣介石が起こしたんだ！」との答え。「ちがう！　これから話してやるぞ！」と言って反戦兵士が話しだすと、前線兵士は時おり茶々をいれたものの、ほとんど敵意は示さなかった。「戦争をやめて帰りたくないか。彼女が待ってるぞ！」「おお、帰りてえよ」「帰る方法（ママ）をいっしょに考えようじゃないか。昨日こっちから出した平和条件はわかったか？」「よくわかったぞ！」。

鹿地亘らは日本の戦局悪化を知らない前線兵士に世界情勢を伝える一方で、彼らにとって切実な要求を八項目からなる『日本軍兵士の要求』にまとめた。それは「開けるのが楽しみなんだ！　小包、慰問袋、手紙の開封反対」「負傷兵の給与、取り扱いを人間並みにしろ！」「再召集をするな！　家計を支えている者の出征反対！」など、日頃日本兵が声に出せない不満を題材とした問題提起だった。また鹿地は「兵士は団結せよ！　即時停戦、帰還を要求せよ」「中華民族の抗戦と協力して、共同の敵である日本帝国主義をうち倒せ」とあるように、単なる反戦アピールにとどまらない軍内および日本国内の体制変革を訴えた。

　なお第二次国共合作の成立後に八路軍と改称した共産党軍の根拠地である延安でも、野坂参三が中心となって日本人兵士の反戦運動が進められた。八路軍は捕虜となった日本兵に危害を加えず、負傷者に対して治療を施すこと、原隊復帰を望む者はすぐに釈放するが、軍法会議などの処罰を恐れて残留を望む者には仕事や勉学の機会を与えるなどの捕虜政策をおし進めた。

　このころ日本軍は共産党根拠地に対して「焼きつくし、殺しつくし、奪いつくす」という三光作戦を行っており、日本兵の残虐行為に憤激する人々を前に捕虜優待の方針を実行することは容易ではなかった。だが捕虜を殺さないという八路軍の政策は反戦兵士の宣伝活動によって日本軍に知れわたり、投降に応じる者が増えたばかりか、自分から脱走してくる日本兵さえ現れた。結局一九四四年五月までに八路軍に保護された日本人捕虜の数は二五〇〇名を数えたという。

　さて重慶国民政府はマルクス主義者である鹿地亘の反戦活動を快く思わなかった。一九四一年一月に皖南事変が発生して国共関係が悪化すると、鹿地が「親中共」であるという批判が高まり、三月に反戦兵士の脱走事件をきっかけに反戦同盟の解散命令が出た。一九四一年にイギリスはシンガポール防衛戦のため反戦同盟に出動を依頼し、翌年三月に鹿地らはインドへ向かったが、国民党側の妨害にあって派遣は中止となった。

いっぽう鹿地亘も外部の圧力には容易に屈しなかった。一九四四年にアメリカ軍の戦略活動局（OSS）が日本文新聞の発行のために協力を要請すると、鹿地は「米国政府への忠誠」という項目に反発して署名を拒否した。一九四六年に鹿地は日本へ帰国したが、一九五一年に彼はアメリカの情報機関であるキャノン機関によって拘束された。このとき鹿地亘の救出活動を展開し、衆議院の法務委員会でみずから証言台に立ったのは、彼と魯迅を結びつけた内山完造だった。内山は上海事変で危険にさらされた魯迅一家を救ったように、抑圧に苦しむ友人に手を差しのべたのである。

二一世紀の日本と中国

こうして見ると辺境の街に生きた人々の個性的な姿には、一つの共通点があったことがわかる。彼らはみずからの手で運命を切り開き、権力や体制の圧迫に屈しない気骨ある人々だった。また彼らは弱者への共感を忘れない勇気を持っていた。

生前の魯迅は内山完造に「道というものは初めからあるのではなく、みな人が歩くことによってできるものだ」と言ったという。この言葉は本章の登場人物たちに当てはまるだけでなく、辺境からの革命をめざした洪秀全や孫文、中国の大地に深く根を下ろした毛沢東といった人物にこそふさわしい。あるいは本書の内容を踏まえて言うなら、出口の見えない混乱のなかで革命の方途を求め続けた近代中国の歩みを示す言葉だと言えるだろう。

一九四五年八月一五日、日本でポツダム宣言の受諾を告げる玉音放送が流れたとき、蔣介石も重慶でラジオのマイクにむかっていた。抗日戦争の勝利を宣言した彼は「汝の敵を愛せよ」というキリストの言葉に無限の感慨を覚えると述べたうえで、およそ次のように語っている。「われわれは報復してはならず、まして敵国の無辜(むこ)の人民に汚辱(おじょく)を加えてはならない。もし暴行をもって敵国の暴行にこたえるなら、憎しみは憎しみを生み、永遠に終わることはない」。

第二次世界大戦での日本の犠牲者は三一〇万人と言われている。これに対して日中戦争での中国の犠牲者は一五〇〇万人とも、二〇〇〇万人を超えるともいうが、正確な数は現在もわからない。しかも蔣介石がこのメッセージを発したとき、日本の国家元首はみずからを最大の「犠牲者」にすることで、国体の護持を図っていた。たとえ蔣介石の発言がどれほど政治的思惑に彩られたものであったにせよ、「報復するな」という言葉が口をついて出た中国社会の懐(ふところ)の深さには脱帽せざるをえない。

二一世紀の日本はどのように中国と関わっていくのだろうか。本書で見た一〇〇年前の日本がそうであったように、急速な成長をとげる中国に脅威を感じて敵視してしまうのだろうか。それとも時代の流れに抗して中国人との交流を深めた日本人のように、命がけの真面目さをもって対等な立場での関係を築いていくことができるだろうか。

日本と中国の歴史を知り、そこから学ぶこと、いかなる偏見や既成概念にもとらわれず、みずからの眼をもって等身大の中国をみつめること——私たちが取り組むべき課題は少なくないが、それだけ中国が魅力をもった社会だということも事実なのである。

学術文庫版のあとがき

今回の学術文庫版の刊行にあたり、まずは二〇〇五年の原本刊行後に、中国、台湾で翻訳・刊行された簡体字版（二〇一四年）、繁体字版（二〇一七年）のために執筆した序文をふり返ることから始めたい。

中国で記録的な発行部数を数えた簡体字版の序文を書いたのは、東日本大震災が発生した二〇一一年のことだった。その被害の大きさが伝わると、台湾では総額一四〇億円にのぼる巨額の義援金が集まった。序文では一人の日本人として、東アジア諸国から寄せられた温かな支援に対する感謝の言葉を記した。

このとき日本国内では復興が叫ばれていたが、将来に対する人々の不安は大きく、GDPで日本を抜くなど急速な経済発展を遂げた中国に対する警戒感も生まれていた。そこで筆者は本書に記した日中関係の歴史を踏まえ、私たちは「東アジアの盟主」の地位を求めて争うよりは、互いの個性を活かしてwin-winの関係を築くべきであると結んだ。

それから五年後、繁体字版の序文を執筆した二〇一六年には、中国の影響力は圧倒的になっていた。これに先立つ二〇一四年に台湾、香港ではヒマワリ学生運動と雨傘運動が相次いで発生した。それは「中華の復興」を唱え、大国としての自尊心を過剰なまでに満足させようとする中国政府の姿勢に対する異議申し立てであった。世界は台頭する中国とどのように向き合うべきかが問われていた。

このとき筆者は、かつて孫文が提起した「憲政（民主主義）」の理想が今日の台湾においてようやく実現していると述べたうえで、本書でも言及した「大アジア主義演説」を取り上げた。この演説で孫文は日本に対して西洋列強の「覇道文化」に陥ることを戒めたが、中国共産党が今なお「孫文の後継者」であることを自任するなら、中国政府は新たな「覇道」に陥ることなく台湾の現状に誠実に向き合うべきだと訴えた。

それからさらに五年、強国化を進める現在の中国は、やはり「覇道」を歩んでしまったと言うべきだろう。二〇一九年の香港デモに対する強硬な対応は言うまでもない。新型コロナウイルスの流行に警鐘を鳴らした医師の声を封殺し、都市封鎖を強行した中国政府の手法は、過酷な少数民族抑圧策と同じく社会の多様性を認めようとしない。しばしば毛沢東時代への回帰を指摘される習近平の中国だが、本書の内容に照らすなら「指揮の統一」を唱えて周囲の批判を許さなかった蔣介石の姿が重なる。もしあのときの張学良であれば、いまの中国をさして「袁世凱の圧政と同じではないか」と言うかもしれない。

このように中国の歴史をふり返ることは、現在の中国を見るうえで貴重な示唆を与えてくれる。むろん米中間の対立が深まり、中国に強硬な態度を取るべきだとの意見が強まる現在、いまさら中国の歴史を見たところで意味はないと考える人もいるだろう。だがそれは誤りである。太平洋戦争中のアメリカも「汝の敵日本を知れ（Know your enemy: Japan）」と言ったではないか。

それではどのような視点で中国を見ればよいのだろうか。本書が扱った中国の近代史をふり返る場合、一番わかりやすいのは「ジャイアンになったのび太」ではないかと思う。

一時期、『ドラえもん』のジャイアンが「くまのプーさん」と共に習近平を揶揄する隠語として用いられたことはよく知られている（プーさんの方は当局の怒りを買い、中国でディズニーの新作映画が上映禁止になったほどである）。暴君のようなジャイアンだが、本書に出てくる中国の姿はジャイアンよりも、いじめられて泣いているのび太のほうが近い。香港を押さえつけ、台湾の首を絞めている現在の中国はジャイアンそのものだが、一〇〇年前の中国は日本を含む列強の侵略によって「亡国」の危機にさらされたのび太だったのである。

これは何を意味するのだろうか。人間について言うなら、いじめられた過去があるからと言って、現在他人をいじめている行為が正当化されることはない。だがどんないじめっ子も、生まれた時から凶悪な形相をしていた訳ではない。むしろ幼少期に親から暴力を受けたり、周囲に否定され続けた結果、自分自身と周囲に対して攻撃的な行動に走ってしまうだろう。被害者が耐えがたい苦痛の記憶ゆえに加害者となり、自分が迫害している相手の苦しみを理解できなくなる――この不幸の連鎖は人間だけでなく、社会についても当てはまるのではないか。ナチスの迫害に苦しんだユダヤ人が、イスラエル建国後にパレスチナ人を抑圧してしまったのはその一例だろう。

現在の中国を見るとき、その強硬な態度の裏側に、かつて列強の侵略におびえ、国土がバラバラに分割される苦しみを味わった「負の記憶」があることを本書は伝えたつもりである。とくに本書の後半部分において、日本の行動が深刻な影響を与えてしまったことは誰にも否定出来ない。その後中国近代史に関しては多くの優れた著作が出版されたが、日中関係に重点を置いたという点で本書の意味はなお失われていないと考えている。
むろん中国は昔から中華思想にとらわれた尊大な国家であって、中国性善説を唱えるのは時代遅れの日中友好史観だと見る向きもあるだろう。本書は決して中国社会を理想化するつもりはない。むしろ近代初頭の中国は多くの矛盾を抱えていたからこそ、太平天国に始まる革命や改良運動という「南からの風」が吹いたのである。したがって本書は中国近代史を「外圧への抵抗」という視点でくくってしまうような書き方はしなかった。

また本シリーズあるいは本書を通じて、はっきりと言えることが一つある。中国はわずか百年あまりの歴史の中でも常に変化してきた。清朝時代から始まり、民国時代を経て人民共和国へ向かった中国の歴史は、本書でも描ききれないほどの多様な側面をかかえていた。現在でこそ中央集権国家による統制と管理が徹底している中国だが、地方政府が自立性を帯びて分権的な社会をめざした時期もあったのである。つまり「一つの中国像」によって中国を理解したと考えてしまうのは、それがいかなる認識であれ、近代日本の知識人がくりかえし犯してきた誤りなのである。

いまこそ現在の中国の姿にとらわれず、多様な視点から中国を見つめてみることが必要ではないか。本書がこうした読者の期待に少しでも応えることができれば幸いである。

文庫版の刊行にあたっては、「本文を動かさない」ことを原則にしたが、その後研究の進展によって表記が変更された語句や、明らかな誤りが確認された箇所については修正を加えた。二〇〇五年以後に出版された研究成果については参考文献追加としてまとめた。

人名のルビについては、満洲人と朝鮮・韓国人については満洲語、朝鮮・韓国語での発音に沿った表記に改め、日本語での読み方が定着している人名は並記した。また人物の年齢については、数え年ではなく満年齢で統一することにした。原本の刊行の時もそうであるが、これら手間のかかる作業は講談社学芸部・学術図書編集チームの梶慎一郎氏、小宮啓子氏に大いに助けていただいた。ここに記して感謝したい。

二〇二一年三月

菊池秀明

主要人物略伝

洪秀全（一八一四―六四）　太平天国運動の最高指導者（天王）。本名は洪仁坤。広東省花県（現在の広州市花都区）出身の客家人で、科挙受験をめざしたが失敗し、熱病で倒れて天上で「至尊の老人」と会う幻夢をみた。やがてプロテスタントの布教パンフレット『勧世良言』を読んでキリスト教に帰依し、自分は上帝ヤハウエの次男、キリストの弟であり、この世を救う使命を受けたと確信した。そして同郷の馮雲山と上帝教を創設し、主として広西省で布教活動を行った。

これらは宗教運動の枠内を出るものではなかったが、一八四八年に馮雲山が訴えられると、楊秀清が天父下凡のシャーマニズムを行い、洪秀全こそは新王朝の君主だと主張した。洪秀全はこの変化を受けいれ、清朝の打倒をめざす政治運動を開始した。一八五〇年に広西桂平県金田村で蜂起した太平天国は、南京を首都（天京）として新王朝建設を進めたが、洪秀全は天王府の奥深くに閉じこもって教義の研究に没頭した。また一八五六年に楊秀清が天父下凡によって勢力拡大を図ると、洪秀全は北王の韋昌輝らに楊秀清の殺害を命じ、内部分裂である天京事変を引き起こした。その後洪秀全は李秀成（忠王）ら若手の指導者を登用して政権の立て直しを図ったが、曾国藩の率いる湘軍の台頭やイギリス、フランスの清朝支持もあって劣勢を挽回できなかった。洪秀全は一八六四年に太平天国が滅亡する直前に病気に倒れ、「朕はただちに天上に昇り、天父・天兄から天兵を得て、天京を守らん」との詔を出して満五〇歳で死んだ。

曾国藩（一八一一―七二）　湘軍を創設した学者官僚。湖南省湘郷県の出身で、字は滌生。母親の喪に服するため帰郷中に太平天国の湖南省進撃に遭遇し、清朝から団練の結成を命じられた。彼は清朝正規軍に代わる義勇軍作りに取り組み、弟子たちとのネットワークを活用して湘軍を組織した。はじめ湘軍は勝利と敗北をくりかえしたが、やがて戦力を充実させて太平軍の最大のライバルに成長した。一八六四年に太平天国が滅亡すると、曾国藩はその功績によって漢族として初めて侯爵を授けられたが、朝廷から野心があると疑われるのを恐れて湘軍を解散した。その後曽国藩は直隷総督にまで昇進したが、一八七〇年に発生した天津教案の処理で非難を浴びて辞任に追いこまれ、失意のなか死去した。曽国藩は太平天国を鎮圧した第一の功労者であったが、桐城派の学者としても有名だった。また後進の指導にも熱心であり、湘軍からは左宗棠、張之洞など多くの大官や軍人が生まれた。

李鴻章（一八二三―一九〇一）　洋務運動のリーダーとなった清朝官僚。安徽省合肥の出身で、字は少荃。一八四七年に進士となる。太平天国が発生すると故郷で団練を組織したが、成功せずに一八五九年に江西省で曽国藩の幕僚となった。一八六二年に曽国藩の推挙によって江蘇巡撫となり、湘軍にならって安徽省で編制した淮軍を率いて上海へむかい、イギリス軍人ゴードンの率いる常勝軍と協力して太平軍と交戦した。太平天国および捻軍の鎮圧に功績をあげた李鴻章は、一八七〇年に直隷総督兼北洋大臣となって権勢をふるった。とくに彼は洋務運動のリーダーとして官営鉱工業の育成と北洋陸海軍の建設につとめた。また外交交渉をほぼ一手に引きうけ、明治期日本との間に結んだ諸条約の多くも中国側の全権は李鴻章であった。一八九四年の日清戦争で李鴻章は北洋艦隊の老朽化を理由に開戦反対を唱えたが、敗北後はその責任を問われて左遷された。だがその後も隠然たる影響力を持ち、一九〇〇年の義和団戦争では敗北後の交渉を任された。彼の死後、北洋軍は袁世凱によって継承された。

康有為（一八五八―一九二七）　戊戌変法のリーダーで、広東省南海県の人。字は広厦。彼は広州で万木草堂を開き、古文学派を批判して改革の理論作りに取り組んだ。また彼は中国古来の大同思想を社会進化論的に読みかえ、人類平等の大同社会が到来すると主張した。一八九五年に康有為は下関条約締結に抗議する上書（公車上書）を行い、改革を進める政治勢力として強学会を設立した。また一八九八年に彼は保国会を設けたが、急進的な思想の持ち主がいたためにその活動は禁止された。日本式の改革を唱える康有為の主張は光緒帝を動かし、一八九八年六月に戊戌変法がスタートした。だが多くの官僚は性急な改革案についていけず、実権をもたない光緒帝のもとではその効果もあがらなかった。また保守派は西太后を中心にクーデターの準備を進め、九月二一日に光緒帝は幽閉され、康有為と梁啓超は日本へ亡命した（戊戌政変）。日本亡命後の康有為は保皇会を設立し、一九〇〇年の義和団戦争では光緒帝の復活を企てたが、帝制支持の立場から孫文らの革命派と対立した。また辛亥革命後には宣統帝溥儀の復辟運動に参加した。

梁啓超（一八七三―一九二九）清末から民国初期のジャーナリスト、政治家。広東省新会県の人。字は卓如。康有為に学んで改革をめざし、上海で『時務報』を発行して啓蒙活動につとめた。戊戌変法が始まると彼はリーダーの一人として活躍したが、保守派のクーデターが起きると日本へ亡命した。その後梁啓超は華僑のあいだで勤王運動を進め、一九〇四年にはアメリカでの中国人移民排斥の実態を本国へ伝え、ボイコット運動を提唱した。また革命派が台頭すると彼は連携を模索したが、康有為の反対を受けて断念した。一九〇五年頃から梁啓超は『新民叢報』で革命派と論戦をまじえ、帝制支持の立場から反満革命は列強の中国分割を招くと主張したが、留学生の支持を得られなかった。中華民国が成立すると梁啓超は民主党を結成して政界に入り、日本の山東占領や帝制運動で袁世凱政府を批判した。だが彼の本領はジャーナリストとしての活動にあり、一九一九年のヴェルサイユ会議で、山東のドイツ権益を返還するように求めた中国の要求がしりぞけられたことを国内に伝えた。

西太后（一八三五―一九〇八）清朝末期に君臨した「女帝」。エホナラ氏の出身で、女官として後宮に入ったが、咸豊帝の妃（第二夫人）となって政治に介入した。咸豊帝が死去すると、彼女は恭親王奕訢（咸豊帝の弟）とクーデターを起こし、東太后と共に垂簾聴政をしいて同治帝（西太后の子）の後見役となった。また同治帝が死去すると、周囲の反対をおさえて光緒帝（西太后の妹が生んだ子）を即位させ、東太后が死ぬと独裁体制を固めた。西太后の治世は曾国藩、李鴻章ら有能な漢人官僚を登用し、近代化事業をおし進めるなどの積極面をもっていたが、彼女は一度握った政治権力を決して手放さなかった。とくに一八九八年に光緒帝が戊戌変法を行うと、彼女はクーデターを起こして改革を挫折させ、光緒帝を幽閉した。一九〇〇年に義和団が北京に勢力を拡大すると、西太后は「恃むところは人心のみ」と述べて列強に対する宣戦布告を決意した。だが八ヵ国連合軍が北京に迫ると西安へ脱出し、一転して義和団の鎮圧を命じた。一九〇一年に北京へ戻った西太后は、軍や教育制度の近代化を主内容とする光緒の新政を行わせた。だが一九〇八年に赤痢に倒れ、宣統帝溥儀を皇太子に指名した後、光緒帝の後を追うように死去した。

孫文（一八六六―一九二五）　中国革命の父と呼ばれる革命家で、広東省香山県（現在は中山市）の人。ヨーロッパでは孫逸仙の名で知られ、日本亡命中の姓にちなんだ中山の号も有名。少年時代にハワイへ渡り、帰国後は香港で医学校を卒業した。彼は竹馬の友である陸皓東らと革命をめざし、一八九四年にはハワイで、清朝を打倒し共和制国家の設立をめざす興中会を組織した。一八九五年の広州蜂起は失敗したが、孫文は日本および欧米を歴訪して革命宣伝につとめた。横浜で孫文と会った宮崎滔天は、彼を「アジアの珍宝」と呼んで傾倒した。また孫文は犬養毅らの援助を得て一九〇五年に東京で中国同盟会を結成し、民族主義、民権主義、民生主義からなる三民主義をその綱領としてかかげた。だが中国各地で企てた武装蜂起はすべて失敗し、「孫のはったり屋」というニックネームをつけられた。またプライドの高かった彼は他人の意見に耳を貸さず、やがて中国同盟会は分裂状態に陥った。一九一一年に辛亥革命が発生すると、帰国した孫文は中華民国臨時政府の臨時大総統となったが、まもなくその地位を袁世凱に譲った。また袁世凱の独裁に反対して第二革命を起こしたが、失敗して日本に亡命した。その後一九一四年に孫文は中華革命党を結成し、第三革命後の一九一七年には広東軍政府を組織したが、やがて内部抗争によって上海へ追われた。また一九一九年に彼は中国国民党を組織し、一九二〇年には社会主義将軍として知られる陳炯明によって広東へ迎えられたが、翌年聯省自治をめぐって陳炯明と対立し、ふたたび上海に追われた。このように孤立を深めた孫文に救いの手を差しのべたのはコミンテルンの代表マーリングだった。一九二一年に彼と会談した孫文はソ連との提携を図り、一九二四年には国民党を改組して第一次国共合作をスタートさせ、「連ソ、容共」方針のもとに国民革命を遂行することを提起した。また国民会議の開催を主張して北京へ向かい、その途中神戸で「大アジア主義」講演を行った。だがすでにガンに冒されていた孫文は一九二五年三月に北京で客死した。彼が残した「革命いまだ成らず」の遺言は有名。

宣統帝溥儀（一九〇六―六七）　ラストエンペラーこ

と中国史上最後の皇帝。光緒帝の弟だった醇親王載灃の子で、一九〇八年に西太后の命令により二歳で清朝第一二代皇帝となった。だが摂政となった父の載灃は、親貴内閣や鉄道国有化政策などの失政によって人々の支持を失った。一九一一年に武昌で辛亥革命が勃発すると、総理大臣となった袁世凱によって宣統帝は退位に追いこまれた。清朝滅亡後の溥儀は一九一七年の張勲による復辟事件のように、清朝の復活を唱えて彼を利用する様々な勢力に翻弄された。また一九二四年に紫禁城を追い出された溥儀一家は翌年天津の日本租界へ入り、ここで日本との関係を深めた。一九三一年に満洲事変が勃発すると、関東軍は土肥原賢二を派遣して溥儀を天津から脱出させ、一九三二年に満洲国を建国すると彼を執政にかつぎあげた。また一九三四年に溥儀は皇帝に即位したが、まったく実権を与えられなかった。一九四五年に日本が敗北すると溥儀はソビエト軍に捕らえられ、東京裁判で証人として出廷した。やがて彼は中国に移され、一九五九年に特赦をうけて釈放された。その自伝『わが半生』は波乱に満ちた生涯を語っている。

袁世凱（一八五九―一九一六）　清末民初の政治家で北洋軍閥のリーダー。河南省項城県の人で、一八八〇年に朝鮮半島に派遣されて頭角をあらわし、日清戦争後に李鴻章が没落すると北洋軍を引きついで新建陸軍の創設にあたった。一八九八年の戊戌政変では変法派のクーデター計画を通報して西太后の信頼を勝ちとり、一九〇〇年には山東省で義和団を弾圧して外国の評判をたかめた。彼は西太后が死去すると一時失脚したが、一九一一年に辛亥革命が起こると総理大臣となり、革命派との交渉で宣統帝を退位させ、みずから臨時大総統に就任した。一九一三年に第二革命が起きると、袁世凱は反対勢力を一掃して中央集権の徹底を図り、議会を解散して大総統を終身制にするなど独裁体制を固めた。だが一九一五年に日本の二十一ヵ条要求を受諾したことによって批判が高まると、不安となった彼は帝制運動を起こして洪憲皇帝になろうとした。だがこの試みは日本を初めとする諸外国の支持を得られず、蔡鍔らによる第三革命によって挫折した。一九一六年に帝制復活をとりやめた彼は失意のうちに病死した。

蔡元培（一八六八―一九四〇）　北京大学学長となった学者革命家。浙江省紹興の人。進士の出身であったが革命運動に投じ、章炳麟らと光復会を組織した。辛亥革命後は南京臨時政府の教育総長となり、北京大学学長として気鋭の人材を集めて新文化運動の火付け役になった。一九一九年に五・四運動が発生すると、蔡元培は逮捕された学生の救出に奔走した。また彼が辞表を提出すると、学生たちはその慰留を求めた。その後遊学先のヨーロッパから帰国した蔡元培は中国国民党の元老となったが、国民革命途中の一九二七年三月に中央監察委員会で共産党の行きすぎを批判し、結果として四・一二クーデターを準備した。いっぽう一九三二年には宋慶齢らと中国民権保障同盟を結成して蒋介石の独裁に反対した。

陳独秀（一八七九—一九四二）　新文化運動の旗手で北京大学教授、中国共産党の初代委員長。安徽省懐寧県の人で、一九一五年に彼が上海で雑誌『新青年（青年雑誌）』を刊行して新文化運動をリードすると、蔡元培は彼を北京大学に招聘した。五・四運動によって政治への関心を深めた陳独秀は、一九二〇年からマルクス主義を標榜し、広東省の開明派将軍陳炯明のもとに招かれた。またヴォイチンスキーらと連絡を取り、中国共産党の結成準備を進めた。一九二一年に開かれた中国共産党の第一回党大会には欠席したが、委員長となって国共合作を進めた。また蒋介石による四・一二クーデターが発生すると、中国の実情を無視したコミンテルンの指示に従って武漢国民政府から退出した。指導力不足に対する批判が高まると彼は委員長を退き、一九二九年にはトロツキストとのレッテルを貼られて共産党を除名された。

魯迅（一八八一—一九三六）　中国近代文学の父、本名は周樹人といい、浙江省紹興の人。はじめ留学先の仙台で医学を学んだが、やがて東京で革命運動に参加した。辛亥革命後は北京政府の教育部に勤め、新文化運動が始まると『狂人日記』『孔乙己』などを発表して伝統中国社会の暗闇を鋭くえぐり出した。その代表作『阿Q正伝』は一九二一年に連載が始まり、「出来の悪い息子」のような祖国とそこに生きる人々の「馬々虎々（いいかげん）」な態度をペーソスたっぷりに批判した。一九二六年に三・一八事件が発生すると、政府に抗議した魯迅は北京を脱出した。また国民革命の展開に期待をよせ、翌年には郭沫若らの招きに応じて広州の中山大学に移った。教え子である許広平との愛を育んだのもこの頃である。だが四・一二クーデターが発生すると、魯迅は逮捕学生の救出を主張して大学当局と衝突し、国民党に対する不信感を強めた。一九二七年に上海の共同租界へ移った魯迅は、ここで岡山県出身のクリスチャンである内山完造と出会い、その協力を得て文筆活動を続けた。一九三六年に魯迅が死去すると、内山は宋慶齢、毛沢東らと共に葬儀委員に名を連ねた。

蒋介石（一八八七—一九七五）　孫文の後継者となった軍人政治家で、浙江省奉化県の人。名前は中正といい、介石は字。日本の陸軍士官学校に学び、辛亥革命に参加した。孫文の信任を受けた彼は一九二三年にソ連を訪問し、帰国後には黄埔軍官学校の校長となってソ連赤軍をモデルとする革命軍の育成に取り組んだ。また孫文の死後はライバル汪兆銘を中山艦事件で失脚させ、国民革命軍総司令となって強大な権限を握った。一九二六年に彼は孫文の遺志である北伐を開始したが、武漢国民政府や共産党との亀裂が深まり、一九二七年に四・一二クーデターを起こして南京国民政府を樹立した。またいったん下野した彼は日本を訪問し、宋美齢との結婚により孫文の後継者としての地位を固めた。一九二八年に北京へ入城して北伐を完了させた蒋介石は、軍縮を唱えて他の将軍たちと戦った（中原大戦）。また胡漢民派など国民党内の反対勢力を排除し、一党独裁の中央集権体制を固めた。さらに一九三〇年から江西省の共産党根拠地に対して包囲討伐戦を行ったが、翌年満洲事変が勃発したために作戦は中止となった。日本軍との実力差をよく知っていた蒋介石は、当面の軍事衝突をできる限り避け、その間に軍の近代化と指揮権の統一を達成しようとした。また陝西省へ到達した共産党軍に対する掃蕩作戦を再開し、一九三五年の一二・九学生運動など抗日を求める世論に背をむけてこれを弾圧した。一九三六年に張学良は蒋介石に内戦の停止と抗日を求めたが、蒋介石はこれに耳を貸さず、一二月に西安事変が発生した。周恩来との直接会談によって内戦停止に同意した蒋介石は、一九三七年に日中戦争が勃発すると第二次国共合作を進めた。しかし日本敗北後は内戦が再発して共産党軍に敗れ、一九四九年に台湾へ移った。

毛沢東（一八九三—一九七六）　中国革命の指導者。湖南省湘潭県の農村出身で、長沙の師範学校に学んだが、新民学会を組織して政治運動に加わった。一九一八年の卒業後に北京大学図書館に勤めた毛沢東は、図書館主任だった李大釗を通じてマルクス主義に触れた。一九二一年に中国共産党が成立すると、毛沢東は湖南代表として第一回党大会に参加した。また一九二四年に第一次国共合作が成立すると、彼は国民党の宣伝部長代理や農民運動講習所所長などを歴任した。さらに国共合作の崩壊後、一九二七年の秋収蜂起が失敗すると毛沢東は江西省井崗山に革命根拠地を建設し、ここで「農村が都市を包囲する」という独自な革命理論を生みだした。やがて彼は瑞金で国民党軍の攻勢をしりぞけたが、コミンテルンの信任を受けた党指導部からは疎んじられた。一九三四年に共産党軍が国民政府軍の攻撃によって敗退し、瑞金からの撤退を余儀なくされると、毛沢東は一九三五年に貴州省遵義で党の主導権を握り、陝西省延安に新たな革命根拠地を築いた。また一九三六年に張学良が西安事変を起こすと、周恩来を派遣して内戦の停止と抗日民族統一戦線の樹立を交渉させた。日本の敗北後は国民党との内戦に勝利し、一九四九年に中華人民共和国を建てて国家主席となった。一九五八年に彼は性急な社会主義政策である大躍進を提起して失敗し、劉少奇に国家主席の地位を譲ったが、一九六六年にはプロレタリア文化大革命を発動し、中国を一〇年間の混乱へと導いた。

周恩来（一八九八―一九七六）　毛沢東の盟友となった革命政治家。江蘇省淮安県の人。天津の私立中学である南開学校を卒業し、日本に一年間留学してマルクス主義に触れた。一九二〇年にフランスへ留学した周恩来は勤工倹学運動に加わり、一九二一年に中国共産党に入った。一九二四年に帰国した彼は黄埔軍官学校の政治部主任として第一次国共合作を支え、四・一二クーデター前夜の上海では労働者の武装蜂起を指導した。その後一九三一年に瑞金に入った周恩来は中央軍事部長となり、党中央の無謀な作戦に反対したが容れられなかった。一九三五年の遵義会議で彼は戦略の誤りを認め、この会議で主導権を握った毛沢東との盟友関係が始まった。一九三六年に抗日を求める世論が高まると、周恩来は共産党討伐の副司令だった張学良と会談し、停戦にむけて合意した。この年一二月に張学良が西安事変を起こして蒋介石を監禁すると、周恩来は西安へ飛んで蒋介石との直接会談を行い、抗日民族統一戦線の成立を準備した。一九四九年に中華人民共和国が成立すると周恩来は首相となり、一九五五年のバンドン会議など外交面で活躍した。また一九六六年からの文化大革命では冤罪に苦しむ多くの人を救ったが、毛沢東の権威に屈して中国を救うことはできなかったと言われる。

張学良（一九〇一—二〇〇一） 救国の英雄となった東北軍の総帥。奉天軍閥だった張作霖の息子として生まれた。一九二八年に張作霖が関東軍によって爆殺されると、ひそかに東北へ戻った彼は関東軍に隙を与えず、日本の反対を押し切って「易幟」を断行し、南京国民政府へ合流した。また一九三〇年に中原大戦が勃発すると、張学良は蔣介石を支持して陸海空軍副司令に任じられた。一九三一年に満洲事変が勃発すると、彼は蔣介石の指示によって抗戦を控えたため、「不抵抗将軍」とあだ名された。一九三二年に日本軍が熱河を占領した責任をとって下野した張学良は、ヨーロッパ歴訪の後に共産党軍を討伐するための剿匪副総司令となり、一九三五年に西安へ赴いた。だが抗日を求める部下たちとの板挟みに苦しみ、一九三六年に周恩来と会談して停戦に合意した。張学良は内戦の停止をくりかえし蔣介石に訴えたが容れられず、一二月ついに西安事変を起こして蔣介石を監禁した。また事変解決後は蔣介石と共に南京へ赴き、長い監禁生活を送って歴史の表舞台から姿を消した。一九九〇年に半世紀ぶりにNHKのインタビューに応じ、日本の若者に歴史を知ってほしいと訴えた姿は印象的である。

歴史キーワード解説

天父・天兄下凡　太平天国の指導者である楊秀清、蕭朝貴が行ったシャーマニズム。もともと上帝教を作った洪秀全はシャーマニズムを禁止していた。だが一八四八年に馮雲山が捕らえられると信者に動揺が広がり、神がかりとなってお告げを下す者が多く現れた。上帝ヤハウエとキリストが降臨したと主張する彼らのシャーマニズムもその一つだったが、洪秀全はこれを公認することで混乱の収拾につとめた。また彼らは洪秀全こそは新王朝の君主となるべき天命を受けた者だと宣伝し、それまで宗教運動の枠内にとどまっていた上帝会の活動を政治運動へと転換させた。武装蜂起の準備は楊秀清、蕭朝貴の指示のもとで極秘に進められ、挙兵後は天父の名において清軍への内通者を粛清した。また「右足を民家に入れた者は、右足を切る」といった厳しい命令により、太平軍は歴代の農民反乱軍にはない高度なモラルを実現した。この天父・天兄下凡は太平天国運動を支えたエネルギーが、貧しい生活に苦しむ辺境の移民から生まれたことを物語っている。だが南京へ到達後、天父下凡は独裁権力を握った楊秀清によって権力闘争の道具となり、洪秀全ばかりか北王韋昌輝など多くの幹部が下凡した天父に叱責された。一八五六年の最後のお告げは「みなの者は心を一つにして真の神をうやまっていない」とあるが、それは直後に発生した天京事変の予兆というべき発言だった。楊秀清の死後に天父下凡はなくなったが、洪秀全はこれにかわって夢のお告げを重んじた。

中体西用　洋務運動期のスローガン。幕末日本の「和魂洋才」に相当するもので、中国の伝統文化である儒教に対する絶対的な信頼に支えられながら、ヨーロッパの近代文明を受容しようとする考え。その最大の特徴は議会制度など進んだ政治体制がみな中国古典のなかに原形があり、ヨーロッパ文明は中国古代の理想を実現しているのだから、その制度をいま中国に輸入すべきだと考える点にある。また伝統的規範にそぐわない事物については激しい拒否反応を見せるのもその特徴で、洋服や風水を破壊する鉄道の敷設については根強い抵抗が生まれた。もっともキリスト教を受容した洪秀全の場合も、上帝ヤハウエをヨーロッパ固有の神としてではなく、古代中国において崇拝されていた神であると考えた結果これを信じた。洋務運動の目的が西洋化をめざした明治日本と異なっていたことを示すこの思想は、古典文明としての誇りをもった中国社会に可能な異文化受容の一つのかたちであったと考えられる。

扶清滅洋(ふしんめつよう)　義和団の唱えたスローガンで、文字通り訳せば「清を扶(たす)けて洋を滅ぼす」となる。ここで問題となるのが「清」の内容で、実は清朝そのものを意味せず、外国勢力（洋）とその宗教（キリスト教）の侵入によって衰えたわが故郷、あるいは中国の伝統的な価値観、倫理および社会秩序であった。また「扶ける」からは清朝を上から見下ろすような、不遜で能動的なニュアンスが読みとれるという。事実清朝が義和団の弾圧に乗りだすと、彼らは清朝の打倒を意味する「掃清滅洋」を提起した。義和団は馬子(マーズ)と呼ばれるシャーマンに中国古来の神々が降臨し、その力によって不死身の体（刀槍不入(とうそうふにゅう)）になると唱えたが、彼らが宗教的な言説によって表明したのは原初的なナショナリズムだったと考えられる。なお戊戌(ぼじゅつ)変法期の保国会が意味する「国」についてもよく似たことが当てはまり、ある保守派は保国会の目的は「中国」を保つことであり、「大清」を保つことではないと述べている。ただし康有為(こうゆうい)は戊戌政変後も光緒帝(こうしょてい)を中心とする帝制支持の立場から抜け出すことができなかった。

清国人日本留学生　二〇世紀初頭に日本へ留学した中国人留学生のこと。中国人の海外移住は一九世紀後半に一つのピークを迎え、孫文(そんぶん)はハワイ華僑(かきょう)のもとで清朝打倒をめざす興中会を組織した。だが当時の日本留学は科挙(かきょ)試験に代わる官吏登用の門戸として位置づけられ、留学生には救国の道を模索する多くの知識青年が含まれていた。また戊戌政変後に亡命した康有為や日本を「第二の故郷」と呼んだ孫文らが、ここで革命か勤王かをめぐって激しく論争した。一九〇五年に中国同盟会が東京で結成されたのもこのためで、当時の日本は東アジア世界の辺境として中国を再生させる揺りかごの役割を果たしていた。だが彼らを見すえる日本人の眼は冷たかった。日本政府は清朝の要請をうけて留学生の取り締まりに乗りだし、湖南省出身の革命家だった陳天華(ちんてんか)は大森海岸で抗議の入水自殺をとげた。また日露戦争が始まると多くの日本人は中国を

「東洋の病人」と見下し、傲慢な態度を取ることも多かった。さらに戦後日本が南満洲鉄道の経営をめぐってアメリカと対立すると、日本軍に声援を送っていた留学生は日本政府の野心に失望した。孫文は「日本政府は革命に反対するけれども、民間は同情している」と述べ、その後も周恩来や李大釗が日本で学んだが、もはや日本ブームは戻ってこなかった。

臨時約法　一九一二年に中華民国臨時政府が制定した憲法。明確な主権在民をうたい、すべての身分的差別を廃止して言論の自由を保障するなど、大日本帝国憲法に比べてラディカルな内容だった。その最大の特徴は議会の権限を最大限に認めた議院内閣制にあり、臨時大総統は議会の選挙によって決められることになっていた。この臨時約法を制定したのは湖南省出身の革命家で、国民党の事実上の党首となる宋教仁だったが、彼がこうした憲法を制定したのには理由があった。当時は臨時大総統の職を孫文から譲られた北京の袁世凱と、南京の臨時政府が対峙しており、宋教仁は大総統の権限に法的な制約を設けることで袁世凱の独走を抑えようとした。また大総統の独走を抑えるという宋教仁らの意図は、中国同盟会時代に「専制跋扈」という批判を浴びた孫文に対しても向けられていた。このため孫文は臨時約法の内容に不満であったという。だが一九一三年に第二革命が失敗し、翌年袁世凱の意向のもとで大総統の権限を大幅に拡大した中華民国約法（新約法）が制定されると、臨時約法には革命の原点という象徴的意味が付与されるようになった。第三革命はその例で、西南の将軍たちは袁世凱が帝制への移行を廃止すると、臨時約法の規定に基づいて副総統の黎元洪を大総統とするように求めた。また段祺瑞が北京政府の実権を握ると、一九一七年に孫文は議会の復活をめざす議員と広東軍政府を樹立し、「臨時約法を守る」ことをスローガンに護法戦争を展開した。

復辟　清朝皇帝を復活させること。具体的にはラストエンペラーである宣統帝溥儀を復位させることをいう。溥儀の自伝『わが半生』によると、彼を政治的に利用しようとする復辟の動きは「一日もやんだことがなかった」という。一九一七年の弁髪将軍張勲による復辟事件はその一例であり、その会議には袁世凱のブレインだった徐世昌らも参加した。また一九三一年に満洲事変が発生すると、関東軍の土肥原賢二は溥儀の新国家（満洲国）は共和制か、帝政かという質問に「もちろん帝政です」と答え、溥儀に満洲へ来るように促したとある。

デモクラシーとサイエンス　新文化運動のスローガン。一九一五年に上海で創刊された『青年雑誌（のちの新青年）』に陳独秀が載せた論文「つつしんで青年に告ぐ」に見える。彼はこれを封建的な儒教道徳に対立する時代の精神として位置づけ、この精神を備えた自立的な青年こそが滅亡に瀕した中国を救うことができると主張した。むろんその内容は人によって理解が異なり、白話運動を提唱した胡適はアメリカ型の自由主義を理想とした。また、一九二〇年にカラハン宣言が中国へ伝えられてからはソビエト・ロシアへの関心が高まり、サイエンスもマルクス主義を意味するようになった。一九二一年に北京大学でマルクス学説研究会を設立した李大釗はその代表で、「宇宙精神」に基づく民衆の倫理的覚醒によって社会変革が可能だとするユニークなマルクス理解は大きな影響を与えた。なお当時は日本も大正デモクラシーの時代であり、李大釗らの活動は吉野作造など日本を代表する知識人とのネットワークに支えられていた。近年は中国におけるマルクス主義の受容が日本経由であったことも明らかになっている。

北伐　北京攻略のことで、近代中国の歴史においてくりかえし試みられた。一回目の北伐は一八五三年に太平軍が行ったもので、山西省経由で天津郊外まで迫ったが冬将軍と清軍の反撃に敗れた。二度目は辛亥革命前夜に孫文が計画したもので、両広独立後にまず南京を取り、北京をめざす予定だったが実現しなかった。その後も孫文は北伐をあきらめず、一九二四年には国民会議の開催を主張して単身北京に入ったが、翌年客死した。だがその遺志は国民革命軍総司令の蔣介石に受けつがれ、一九二六年七月に北伐作戦が発動された。途中北伐は国民党と共産党の対立、南京と武漢の両国民政府の分裂によって中断したが、一九二八年に再開されて六月に国民革命軍は北京へ到達した。また一二月には張学良が易幟を断行して国民政府に合流した。つまり近代中国の変革は南から北へ向かって展開したのであり、本書はこの北伐に代表される近代中国の歩みを「南の辺境から吹いた変革の風」と見る。

革命とは暴力である　若き毛沢東の残した言葉で、『湖南農民運動視察報告』に見える。第一次国共合作時に毛沢東が農民運動講習所所長をつとめると、北伐の開始と共に彼の教え子が農村へ入って農民協会を組織した。彼らは国民党が政策としてかかげていた小作料の引き下げを実現するだけでは飽きたらず、旧来の有力者と彼らを中心とする社会秩序をひっくり返そうと過激な行動に走った。『湖南農民運動視察報告』はこうした情況を積極的に評価したルポであり、革命とは一つの階級が他の階級をひっくり返すための激烈な行動なのだから、土豪劣紳に対する処刑などの「行きすぎ」があってもやむを得ないと述べた。むろん共産党のこうした行動は国民党からの非難を生んだばかりか、軍用米の調達さえ困難となって武漢国民政府の足元をつき崩す結果を生んだ。だが重要なのは国民党のリーダーだった蔣介石も「重要なのは指揮の統一だ」と述べるなど、問題解決のカギは武力にあると考えていた点である。この点大衆運動を重視するか、軍隊に依拠するかの違いはあったものの、共産党と国民党は共に中国社会にひそむ暴力的なエネルギーによって社会を変えようとする時代の申し子であったと言えるだろう。

五族協和・王道楽土　日本が満洲国建国時にかかげたスローガン。満洲国の存在を正当化するために、この地で行われるのは軍閥や国民政府が成しとげられなかった「民を安んずる」政治であり、漢・満・蒙・日・朝の五つの民族（漢族と満洲族を「満人」と総称することもあった）が一律平等に共存共栄を図っていくとされていた。だがここで五民族の「協和」とは辛亥革命で孫文が提起した、漢・満・蒙・回・蔵の五族代表によって共和体制の確立をめざすという五族「共和」の理想に対抗して作られたイデオロギーであった。また実際に各民族の平等などは夢物語で、食事や給料など生活のあらゆる部分でマイノリティーである日本人が優位を占めていた。この満洲国の現実について、植民地学者の矢内原忠雄は理想主義が日蔭者となり、帝国主義の法則が貫徹していると評価した。またそれは耕地の強制買収や抵抗する中国人農民に対する弾圧など、暴力的支配と不可分の関係にあった。

「最後の関頭」と「一致抗日」　日本の侵略に直面した一九三〇年代半ばの中国で語られたスローガン。満洲国建国後も日本の侵略はやまず、一九三五年には華北五省に国民政府の影響力を排除した地方政権を作り、日本の支配を拡大しようとする分離工作が進められた。だが日本軍との戦力差を知っていた蔣介石は「最後の関頭に至らなければ軽々しく犠牲を口にしない」と述べ、日本との戦いに慎重な姿勢を崩さなかった。むしろ「先に内を安んじる」とあるように国内の反対勢力とくに陝西(せんせい)に新たな根拠地を建設した共産党軍に対する執拗な包囲討伐戦を推し進めた。こうした蔣介石のやり方に反対の声は高まり、一九三五年末には北平で一二・九学生運動が起こった。また一九三六年五月には「内戦の停止と一致した抗日」を求める全国各界救国連合会が成立した。さらに共産党もコミンテルンの指示のもと一九三五年に「抗日救国のため全国の同胞に告げる書」(八・一宣言)を出し、翌年には反蔣介石の立場を捨てて「蔣介石にせまって抗日させる(逼蔣抗日)」という共同抗日路線を取った。これら情勢の変化にもかかわらず方針を変えなかった蔣介石は、一九三六年一二月の西安(せいあん)事変で張学良に監禁された。張学良は内戦の停止、救国会議の開催、抗日を訴えて弾圧された抗日七君子ら政治犯の釈放など「八項目の要求」を提起したが、それは内戦と日本の侵略に苦しんだ人々の我慢が「最後の関頭」に来たことを示すものだった。

台湾議会設置請願運動　日本統治下の台湾で進められた政治運動。一八九五年の下関条約によって日本の支配下に入った台湾では、一九二〇年代に入ると内地延長主義に基づく教育改革が行われた。その結果台湾の知識青年が成長し、彼らは民族自決を求める世界情勢や日本の大正デモクラシーに触発され、一九二一年から日本の帝国議会に対して参政権を求めるようになった。これが議会設置請願運動で、日本の統治権を承認したうえで、台湾に予算と法律の審査を行う固有の議会を設置したいという低姿勢な運動だった。また彼らの要求は野党による政府攻撃の材料となっただけで、議会で採択されなかった。さらにこうした台湾青年の努力は「中国自身が多事多難なのに、三十数年前に捨ててしまった兄弟のことにかまっていられる筈がない」と言われたように、中国側の理解も得られなかった。だがこうした活動は台湾の人々に「台湾人」としてのアイデンティティ形成を促すことになったのである。

参考文献

全体にかかわるもの

(1) 小島晋治・丸山松幸『中国近現代史』、岩波新書、一九八六年
▼年代は少し経っているが、中国近現代史の全体像をコンパクトに記した好著。内容もボリュームがあり、次の六点と比較しながら読むとわかりやすい。
(2) 姫田光義ほか『中国近現代史』上、東京大学出版会、一九八二年
(3) 並木頼寿・井上裕正『中華帝国の危機』「世界の歴史」一九、中央公論社、一九九七年
(4) 狭間直樹・長崎暢子『自立へ向かうアジア』「世界の歴史」二七、中央公論新社、一九九九年
(5) 松丸道雄ほか編『中国史　五　清末~現在』「世界歴史大系」、山川出版社、二〇〇二年
(6) 山本英史『現代中国の履歴書』、慶應義塾大学出版会、二〇〇三年
(7) 小島晋治・並木頼寿編『近代中国研究案内』、岩波書店、一九九三年
▼中国近代史を学ぼうとする人に勧める入門書。研究動向や文献を紹介するだけでなく、重要な史料が抜粋されているのが読んでいて楽しい。また研究入門としては次の二点も有益である。
(8) 辛亥革命研究会編『中国近代史研究入門——現状と課題』、汲古書院、一九九二年
(9) 野澤豊編『日本の中華民国史研究』、汲古書院、一九九五年
(10) 山根幸夫ほか編『近代日中関係史研究入門』増補版、研文出版、一九九六年
▼日中関係に関わる歴史的事実について、現在までの研究の到達点をよく紹介している。
(11) 西順蔵編『原典中国近代思想史』一—六、岩波書店、一九七六—七七年
▼出版年代こそ古いが、中国近代史の重要史料を日本語訳した貴重なシリーズ。概説書で終わらせることなく、ぜひこの本で原典に当たってほしい。

(12) 浜下武志『近代中国の国際的契機――朝貢貿易システムと近代アジア』、東京大学出版会、一九九〇年
(13) 溝口雄三『方法としての中国』、東京大学出版会、一九八九年
▼この二点は少し難解だが、中国近代史研究に問題提起をした好著として一度は手にしてほしい。また多くの研究者が共同執筆した論文集として次のものがある。
(14) 野沢豊・田中正俊編『講座中国近現代史』一―七、東京大学出版会、一九七八年
(15) 姫田光義ほか『中国20世紀史』、東京大学出版会、一九九三年
(16) 溝口雄三ほか編『アジアから考える』一―七、東京大学出版会、一九九三―九四年
(17) 曽田三郎編『中国近代化過程の指導者たち』、東方書店、一九九七年
(18) 曽田三郎編著『近代中国と日本――提携と敵対の半世紀』、御茶の水書房、二〇〇一年
(19) 並木頼寿ほか編著『20世紀の中国研究――その遺産をどう生かすか』、研文出版、二〇〇一年

第一章

(20) 小島晋治『太平天国革命の歴史と思想』、研文出版、一九七八年
(21) 小島晋治『洪秀全――ユートピアをめざして』「中国の英傑」一〇、集英社、一九八七年。のちに『洪秀全と太平天国』と改題。岩波現代文庫、二〇〇一年
(22) 小島晋治『太平天国運動と現代中国』、研文出版、一九九三年
▼(20)は日本の太平天国史研究を代表する著作。最初に読むなら(21)が全体像をつかみやすい。(22)は戦後の中国近代史研究がいかなるモチベーションのもとで進められ、現代中国の動向といかに関わっていたかを知るうえで興味深い。
(23) 柳父章『ゴッドと上帝――歴史のなかの翻訳者』、筑摩書房、一九八六年
(24) 菊池秀明『広西移民社会と太平天国』【本文編・史料編】、風響社、一九九八年
(25) 菊池秀明『太平天国にみる異文化受容』世界史リブレット65、山川出版社、二〇〇三年

▼（24）はフィールドワークで収集した新史料に基づく研究で、今後の中国近代史研究がもつ可能性を示唆している。（25）はその内容をわかりやすく紹介している。
（26）倉田明子「洪仁玕とキリスト教――香港滞在期の洪仁玕」、『中国研究月報』六四一号、中国研究所、二〇〇一年
（27）リンドレー著／増井経夫・今村与志雄訳『太平天国――李秀成の幕下にありて』一―四、平凡社東洋文庫、一九六四―六五年
▼わずか一九歳で中国へ渡り、太平天国運動に惚れ込んだ著者による同時代の証言。その観察は太平天国のキリスト教的性格を強調し過ぎた感はあるが、イギリスの太平天国弾圧策を批判して「非侵略」を訴えた部分は時代を超えた迫力を持つ。

第二章

（28）濱久雄『西太后』教育社歴史新書、一九八四年
▼同治中興を支えた「女帝」の伝記。中国映画『西太后』と共に読むのも一法だろう。
（29）鈴木智夫『洋務運動の研究』、汲古書院、一九九二年
（30）B・I・シュウォルツ著／平野健一郎訳『中国の近代化と知識人――厳復と西洋』、東京大学出版会、一九七八年
（31）坂野正高『中国近代化と馬建忠』、東京大学出版会、一九八五年
（32）佐藤慎一『近代中国の知識人と文明』、東京大学出版会、一九九六年
（33）王暁秋著／小島晋治監訳（中曽根幸子・田村玲子訳）『アヘン戦争から辛亥革命――日本人の中国観と中国人の日本観』、東方書店、一九九一年
（34）張偉雄『文人外交官の明治日本――中国初代駐日公使団の異文化体験』、柏書房、一九九九年
▼洋務運動に関する著作六点で、（29）は各地の近代化事業について語る。（30）（31）は厳復、馬建忠とい

う人物を中心に洋務運動の内容に踏みこみ、(32) は清末の知識人が政治変革をめざす経緯を明らかにする。(33) は中国人研究者による近代日中交流史。(34) は『日本国志』の著者である黄遵憲の日本体験を分析する。

(35) 容閎著/百瀬弘訳注『西学東漸記——容閎自伝』、平凡社東洋文庫、一九六九年

▼中国人初のアメリカ留学生だった著者の自伝。太平天国に献策をしたが受けいれられず、曽国藩の人柄に惹かれて洋務運動に関わっていく様子が面白い。

(36) 茂木敏夫『変容する近代東アジアの国際秩序』世界史リブレット41、山川出版社、一九九七年

▼一九世紀後半の中国をとりまく国際関係をわかりやすくまとめている。また新疆やヴェトナムの動向については次の三点が参考になる。

(37) 片岡一忠『清朝新疆統治研究』、雄山閣、一九九一年

(38) 山本達郎編/河原正博ほか著『ベトナム中国関係史——曲氏の抬頭から清仏戦争まで』、山川出版社、一九七五年

(39) 坪井善明『近代ヴェトナム政治社会史』、東京大学出版会、一九九一年

(40) 糟谷憲一『朝鮮の近代』世界史リブレット43、山川出版社、一九九六年

▼近代の日本と朝鮮の関係についてバランス良く語っている。

(41) 姜在彦『朝鮮の攘夷と開化——近代朝鮮にとっての日本』、平凡社選書、一九七七年

(42) 藤村道生『日清戦争』、岩波新書、一九七三年

(43) 毛利敏彦『台湾出兵——大日本帝国の開幕劇』、中公新書、一九九六年

(44) 黄昭堂『台湾民主国の研究』、東京大学出版会、一九七〇年

▼日清戦争に関する研究は多いが、(42) は全体像をよく見渡した入門書。(43) は台湾出兵をめぐる外交交渉について述べたもの。(44) は台湾民主国に関する古典的研究。

第三章

(45) 彭沢周『中国の近代化と明治維新』、同朋舎出版部、一九七六年
(46) 深澤秀男『戊戌変法運動史の研究』、国書刊行会、二〇〇〇年
▼戊戌変法を題材とした新旧二点。また梁啓超については次の一冊も参考になる。
(47) 狭間直樹編『共同研究梁啓超——西洋近代思想受容と明治日本』、みすず書房、一九九九年
(48) 村松祐次『義和団の研究』、厳南堂書店、一九七六年
(49) 野原四郎『中国革命と大日本帝国』、研文出版、一九七八年
(50) 小林一美『義和団戦争と明治国家』、汲古書院、一九八六年
(51) 三石善吉『中国、一九〇〇年——義和団運動の光芒』、中公新書、一九九六年
(52) 佐藤公彦『義和団の起源とその運動——中国民衆ナショナリズムの誕生』、研文出版、一九九九年
▼義和団に関する代表的な著書五点。このうち（52）は新史料と実地調査に基づく最新の研究成果で、（50）は日本側の動向を多く盛りこむ。
(53) 大山梓編／柴五郎・服部宇之吉著『北京籠城・北京籠城日記』、平凡社東洋文庫、一九六五年
(54) ウッドハウス暎子『北京燃ゆ——義和団事変とモリソン』、東洋経済新報社、一九八九年
▼義和団戦争での北京籠城戦にスポットを当てた二点。（53）はこの戦いを体験した日本人による回想録。（54）はヨーロッパ人の視点から義和団を描き出す。
(55) 吉澤誠一郎『天津の近代——清末都市における政治文化と社会統合』、名古屋大学出版会、二〇〇二年
(56) 吉澤誠一郎『愛国主義の創成——ナショナリズムから近代中国をみる』、岩波書店、二〇〇三年
▼気鋭の研究者による近代中国都市とナショナリズムに関する研究二点。（56）は梁啓超論としても読める。
(57) 可児弘明『近代中国の苦力と「豬花」』、岩波書店、一九七九年
(58) 斯波義信『華僑』、岩波新書、一九九五年
(59) 胡垣坤ほか編／村田雄二郎・貴堂嘉之訳『カミング・マン——19世紀アメリカの政治諷刺漫画のなかの

中国人』、平凡社、一九九七年
▼華僑に関する歴史的研究で、「豬花」とは女性移民のこと。また（59）はアメリカの新聞に載せられた中国人移民排斥の様子を紹介しており興味深い。

第四章

（60）さねとうけいしゅう『中国人日本留学史』、くろしお出版、一九六〇年
（61）黄尊三著／さねとうけいしゅう・佐藤三郎訳『清国人日本留学日記　一九〇五―一九一二年』、東方書店、一九八六年
（62）厳安生『日本留学精神史――近代中国知識人の軌跡』、岩波書店、一九九一年
（63）大里浩秋・孫安石編『中国人日本留学史研究の現段階』、御茶の水書房、二〇〇二年
▼清末の日本留学生に関する著書四点。（60）はその古典的名著で、（62）も留学生たちの思いが伝わってくるようで大変面白い。（61）は当時の留学生が書いた日記を翻訳したもので、（63）は最新の研究成果を収める。
（64）藤井昇三『孫文の研究――とくに民族主義理論の発展を中心として』、勁草書房、一九六六年
（65）宮崎滔天『三十三年の夢』、平凡社東洋文庫、一九六七年
（66）日本孫文研究会編『孫文とアジア』、汲古書院、一九九三年
（67）藤村久雄『革命家孫文――革命いまだ成らず』、中公新書、一九九四年
（68）横山宏章『孫文と袁世凱――中華統合の夢』「現代アジアの肖像」一、岩波書店、一九九六年
▼孫文に関する基本文献五点。（64）は日本人による孫文研究を代表する古典で、（67）と（68）はそれぞれ好意的、批判的視座から対照的な孫文像を描いているところが興味深い。
（69）小野川秀美『清末政治思想研究』増補版、みすず書房、一九六九年
（70）野沢豊『辛亥革命』、岩波新書、一九七二年

(71) 中村義『辛亥革命史研究』、未来社、一九七九年
(72) 横山宏章『孫中山の革命と政治指導』、研文出版、一九八三年
(73) 兪辛焞『孫文の革命運動と日本』「東アジアのなかの日本歴史」九、六興出版、一九八九年
▼辛亥革命に関する基本的な文献五点。(69) は革命派の思想を広く扱い、(70) は辛亥革命の経過を描く。(73) は中国側の見解を知る上で便利だが、現在この分野は研究が盛んで、最新の動向は中国語の文献に当たることを勧めたい。
(74) 中井英基『張謇と中国近代企業』、北海道大学図書刊行会、一九九六年
(75) 愛新覚羅溥儀著／小野忍ほか訳『わが半生——「満州国」皇帝の自伝』上・下、筑摩書房、一九七七年
▼本書の主人公の一人であるラストエンペラー・宣統帝溥儀の自伝。皇帝として過ごした紫禁城時代や天津、満洲国で日本に翻弄される姿を生々しく描く。本人ゆえのバイアスがかかっていることは否めないが、まずは「ラストエンペラーにインタビュー」するつもりで読んでほしい。

第五章

(76) 横山宏章『中華民国史——専制と民主の相剋』、三一書房、一九九六年
(77) 深町英夫『近代中国における政党・社会・国家——中国国民党の形成過程』、中央大学出版部、一九九九年
(78) 松本英紀『宋教仁の研究』、晃洋書房、二〇〇一年
▼民国初期の政治動向に関する著書三点。(77) は革命前夜からの中国政党の形成過程を追い、(78) は宋教仁の日記をもとに孫文のかかえた問題点を描き出す。また次の二点も参考になる。
(79) 横山英・曽田三郎編『中国の近代化と政治的統合』、溪水社、一九九二年
(80) 嵯峨隆『近代中国の革命幻影——劉師培の思想と生涯』、研文出版、一九九六年
(81) 波多野善大『中国近代軍閥の研究』、河出書房新社、一九七三年

(82) ジェローム・チェン著／守川正道訳『袁世凱と近代中国』、岩波書店、一九八〇年
(83) アーネスト・P・ヤング著／藤岡喜久男訳『袁世凱総統――「開発独裁」の先駆』、光風社出版、一九九四年
▼袁世凱に関する研究書三点。(81) は日本人による古典的研究で、(82)(83) はいずれも欧米人によるもの。「国を盗んだ大泥棒」という厳しい袁世凱評価は、ストロングマンの研究が意外に少ないという結果を生んだが、現在はこうした情況も変わりつつある。
(84) 臼井勝美『日本と中国――大正時代』、原書房、一九七二年
(85) 山根幸夫『近代中国のなかの日本人』、研文出版、一九九四年
▼一九一〇年代の日中関係に関する著書二点。(84) はその古典で、臼井氏には他にも日中関係に関する著作が多くある。(85) は坂西利八郎と袁世凱の関係について語る。

第六章

(86) 竹内実『周樹人の役人生活――五四と魯迅・その一側面』「五四運動の研究――京都大学人文科学研究所共同研究報告第3函」八、同朋舎出版、一九八五年
(87) 丸尾常喜『魯迅――花のため腐草となる』「中国の人と思想」一二、集英社、一九八五年
(88) 尾上兼英『魯迅私論』、汲古書院、一九八八年
(89) 片山智行『魯迅――阿Q中国の革命』、中公新書、一九九六年
(90) 阿部兼也『魯迅の仙台時代――魯迅の日本留学の研究』、東北大学出版会、一九九九年
(91) 藤井省三『魯迅事典』、三省堂、二〇〇二年
(92) 増田渉・松枝茂夫編／竹内実訳『魯迅選集』全一三巻、岩波書店、一九八六年
▼魯迅に関する著書七点。初めて読むなら (89) がコンパクト。また (91) は最新の成果を踏まえ、魯迅研究の現状について幅広く紹介している。むろん魯迅を知るには、まず (92) によって彼の著作と向き合うこ

とが重要である。
(93) 中目威博『北京大学元総長蔡元培――憂国の教育家の生涯』、里文出版、一九九八年
(94) 佐藤慎一編『近代中国の思索者たち』、大修館書店、一九九八年
(95) 小谷一郎ほか編『転形期における中国の知識人』、汲古書院、一九九九年
▼五・四運動時期の中国知識人に関する著書三点。うち(94)は多くの人物をわかりやすく紹介。
(96) アイダ・プルーイット著／松平いを子訳『漢の娘――寧老太太の生涯』、せりか書房、一九八〇年
(97) 夏暁虹『纏足をほどいた女たち』、朝日選書、一九九八年
▼当時の中国女性を取りあげた著書二点。秋瑾のような女性革命家とは対照的な普通の女たちの姿を描く。とくに(96)は清末の山東に生まれたある老婆の回想をヨーロッパ人の著者が記録したもので、読むたびに味わいがある。残念ながら絶版で、図書館などを当たってみたい。
(98) 狭間直樹『中国社会主義の黎明』、岩波新書、一九七六年
(99) 狭間直樹『五四運動研究序説』「五四運動の研究――京都大学人文科学研究所共同研究報告第1函」一、同朋舎出版、一九八二年
(100) 松尾尊兊『民本主義と帝国主義』、みすず書房、一九九八年
(101) 愛知大学現代中国学会編　特集「五四運動と現代中国」、『中国21』第九号、二〇〇〇年
▼五・四運動に関する著書三点と雑誌の特集号。(99)は運動の経緯をよくまとめており、同じ出版社から五・四運動期のさまざまなテーマに関する研究成果が出版されている。また(100)は吉野作造と中国の関わりについて語る。
(102) 宇野重昭『中国共産党史序説』上、日本放送出版協会、一九七三年
(103) 石川禎浩『中国共産党成立史』、岩波書店、二〇〇一年
▼中国共産党の成立過程に関する著書二点。とくに(103)は中国におけるマルクス主義の受容経緯や中国共産党の成立時期など、従来の中国による公式見解をくつがえす視点を多く提起しており、ぜひ一度は手にし

たい。

(104) 金冲及主編／村田忠禧ほか監訳『毛沢東伝――一八九三―一九四九』上・下、みすず書房、一九九九―二〇〇〇年

▼いうまでもなく中国人による毛沢東の伝記。上下二冊で描いたのは一九四九年までで、建国後の部分については別に中国語版が出版されている。

第七章

(105) 山田辰雄『中国国民党左派の研究』、慶應義塾大学出版会、一九八〇年

(106) 伊地智善継・山口一郎監修『孫文選集』三、社会思想社、一九八九年

(107) 狹間直樹編『一九二〇年代の中国――京都大学人文科学研究所共同研究報告』、汲古書院、一九九五年

(108) 野村浩一『蔣介石と毛沢東――世界戦争のなかの革命』「現代アジアの肖像」二、岩波書店、一九九七年

(109) 嵯峨隆『戴季陶の対日観と中国革命』、東方書店、二〇〇三年

(110) ロイド・E・イーストマン著／上田信・深尾葉子訳『中国の社会』、平凡社、一九九四年

▼一九二〇年代の中国に関する著書六点。(106)は冒頭で触れた「大アジア主義」講演を載せる。(108)は現代中国研究の大家がこれまで研究の少なかった蔣介石を取りあげたもの。(110)は近代中国の社会構造について述べたもので、婚姻や家族制度に関する部分なども面白い。

(111) 栃木利夫・坂野良吉『中国国民革命――戦間期東アジアの地殻変動』、法政大学出版局、一九九七年

(112) 狹間直樹編『中国国民革命の研究』、京都大学人文科学研究所、一九九二年

(113) 北村稔『第一次国共合作の研究――現代中国を形成した二大勢力の出現』、岩波書店、一九九八年

(114) 戸部良一『日本陸軍と中国――「支那通」にみる夢と蹉跌』、講談社選書メチエ、一九九九年

(115) 家近亮子『蔣介石と南京国民政府――中国国民党の権力浸透に関する分析』、慶應義塾大学出版会、二〇〇二年

▼第一次国共合作と国民革命についての著書五点。(113)はこれまでの分析枠組みを超え、全く新しい視座から第一次国共合作と蔣介石を問い直す。(115)もそうした成果の一つで、南京国民政府の再評価に重点を置く。なお北伐の過程については(111)が詳しい。(114)は佐々木到一の活動について触れている。

第八章

(116)臼井勝美『満州事変——戦争と外交と』、中公新書、一九七四年(講談社学術文庫、二〇二〇年再刊)
(117)林久治郎『満州事変と奉天総領事——林久治郎遺稿』、原書房、一九七八年
(118)馬場明『日中関係と外政機構の研究——大正・昭和期』、原書房、一九八三年
(119)大江志乃夫『張作霖爆殺——昭和天皇の統帥』、中公新書、一九八九年
▼日本史の側から見た張作霖爆殺事件、満洲事変に関する著作四点。(117)の著者である林久治郎は張作霖爆殺事件当時の奉天総領事だった。
(120)NHK取材班・臼井勝美『張学良の昭和史最後の証言』、角川書店、一九九一年
(121)西村成雄『張学良——日中の覇権と「満洲」』「現代アジアの肖像」三、岩波書店、一九九六年
(122)黄仁宇著/北村稔ほか訳『蔣介石——マクロヒストリー史観から読む蔣介石日記』、東方書店、一九九七年
▼張学良と蔣介石に関する伝記三点。(120)は張学良がNHKのインタビューで語った内容を再構成したもの。(122)は蔣介石の日記に基づく分析で、田中義一との会談の内容などを生々しく語る。
(123)山田辰雄編『近代中国人物研究』、慶應義塾大学地域研究センター、一九八八年
(124)小島晋治ほか『歴史と近代化』「岩波講座現代中国」四、岩波書店、一九八九年
(125)福本勝清『中国革命を駆け抜けたアウトローたち——土匪と流氓の世界』、中公新書、一九九八年
(126)中尾友則『梁漱溟の中国再生構想——新たな仁愛共同体への模索』、研文出版、二〇〇〇年

第九章

(127) 吉田曠二『魯迅の友・内山完造の肖像——上海内山書店の老板』、新教出版社、一九九四年
(128) 内山完造『魯迅の思い出』、社会思想社、一九七九年
(129) 今村与志雄『魯迅と一九三〇年代』、研文出版、一九八二年
▼晩年の魯迅と内山完造についての著書三点。(128)は内山本人が出版した魯迅の回想録で、本書が第一〇章で引用した魯迅の日本人に対するメッセージもここに登場する。
(130) 江口圭一『十五年戦争小史』新版、青木書店、一九九一年
(131) 山室信一『キメラ——満洲国の肖像』、中公新書、一九九三年
(132) 山本有造編著『「満洲国」の研究』、京都大学人文科学研究所、一九九三年
(133) 塚瀬進『満洲国——「民族協和」の実像』、吉川弘文館、一九九八年
▼満洲国および日本の軍事行動に関する著書四点。まずはユニークな満洲国論を展開した(131)を勧めたい。(133)も満洲国における中国人差別の実態についてわかりやすく語っている。
(134) エドガー・スノー著/松岡洋子訳『中国の赤い星』増補改訂版「エドガー・スノー著作集」二、筑摩書房、一九七二年
(135) ハリソン・E・ソールズベリー著/岡本隆三監訳『長征——語られざる真実』、時事通信社、一九八八年
(136) 金冲及主編/狭間直樹監訳『周恩来伝・一八九八—一九四九』上・中・下、阿吽社、一九九二—九三年
▼中国共産党の長征と延安での活動について触れた著書三点。(134)は中国共産党の存在を世界に知らせた有名なルポルタージュで、(135)は聞き取り調査をふまえて長征の過程をドキュメント風に語る。また(136)は西安事変での蔣介石・周恩来会談の内容について触れている。
(137) 長野広生『西安事変——中国現代史の転回点』、三一書房、一九七五年
(138) 岸田五郎『張学良はなぜ西安事変に走ったか——東アジアを揺るがした二週間』、中公新書、一九九五年
(139) 齊藤孝治『聶耳——閃光の生涯』、聶耳刊行会、一九九九年

(140) 宇野重昭編『深まる侵略　屈折する抵抗――一九三〇―四〇年代の日・中のはざま』、研文出版、二〇〇一年

第一〇章

(141) 菊池貴晴『中国民族運動の基本構造』増補版、汲古書院、一九七四年
(142) 歴史教育者協議会編『香港・マカオ・台湾』「知っておきたい中国」三、青木書店、一九九六年
(143) 浜下武志『香港――アジアのネットワーク都市』、ちくま新書、一九九六年
(144) 高橋孝助ほか編『上海史――巨大都市の形成と人々の営み』、東方書店、一九九五年
(145) 上海研究プロジェクト編『国際都市上海』、大阪産業大学産業研究所、一九九五年
(146) 日本上海史研究会編『上海人物誌』、東方書店、一九九七年
(147) 日本上海史研究会編『上海――重層するネットワーク』、汲古書院、二〇〇〇年
(148) 中野美代子・武田雅哉編訳『世紀末中国のかわら版――絵入新聞『点石斎画報』の世界』、福武書店、一九八九年
▼香港と上海に関する著書八点。最初に読むなら(142)と(146)がわかりやすい。(141)は五・三〇運動や省港ストについて語る。(148)は『点石斎画報』の内容を図版入りで紹介している。
(149) 戴国煇編著『台湾霧社蜂起事件――研究と資料』、社会思想社、一九八一年
(150) 北岡伸一『後藤新平――外交とヴィジョン』、中公新書、一九八八年
(151) 伊藤潔『台湾――四百年の歴史と展望』、中公新書、一九九三年
(152) 駒込武『植民地帝国日本の文化統合』、岩波書店、一九九六年
(153) 若林正丈『台湾――変容し躊躇するアイデンティティ』、ちくま新書、二〇〇一年
(154) 若林正丈『台湾抗日運動史研究』増補版、研文出版、二〇〇一年
(155) 藤井省三ほか編『台湾の「大東亜戦争」――文学・メディア・文化』、東京大学出版会、二〇〇二年

▼台湾史に関する著書七点。まずは(151)が全体の流れをバランス良くまとめており、(5)の第四章、呉密察氏の論文も台湾人の視点から植民地時代の台湾について語る。(152)は植民地教育の視点から台湾と朝鮮、満洲国を比較した好著。(154)は日本の台湾史研究を代表する成果で、台湾議会の設置請願運動や台湾共産党について論じている。

(156)金九著/梶村秀樹訳『白凡逸志——金九自叙伝』、平凡社東洋文庫、一九七三年
(157)鶴園裕「金九——貧農の子から民族の指導者へ」、歴史科学協議会編『歴史が動く時——人間とその時代』、青木書店、二〇〇一年

▼上海の大韓民国臨時政府を支えた民族運動家が書いた自伝と彼の生涯に関する論文。

(158)鹿地亘『日本兵士の反戦運動』、同成社、一九八二年
(159)藤原彰・姫田光義編『日中戦争下 中国における日本人の反戦活動』、青木書店、一九九九年
(160)内田知行『抗日戦争と民衆運動』、創土社、二〇〇二年
(161)菊池一隆『日本人反戦兵士と日中戦争——重慶国民政府地域の捕虜収容所と関連させて』、御茶の水書房、二〇〇三年

▼鹿地亘らの日本人反戦同盟など抗日戦争期に関する著作四点。(158)は鹿地本人の手になるもので、反戦宣伝の様子などが活き活きと描かれている。

(162)ジョン・ダワー著/三浦陽一・高杉忠明訳『敗北を抱きしめて——第二次大戦後の日本人』増補版、上・下、岩波書店、二〇〇四年

【学術文庫版の追加】

本書の参考文献については、二〇一一年に辛亥革命一〇〇周年を迎えた以後を中心に多くの研究書が出版された。ここでそのすべてを網羅することはできないが、手に取りやすいものを中心にいくつか紹介するこ

とにしたい。

全体にかかわるもの

飯島渉・久保亨・村田雄二郎編『シリーズ20世紀中国史1　中華世界と近代』、東京大学出版会、二〇〇九年
飯島渉・久保亨・村田雄二郎編『シリーズ20世紀中国史2　近代性の構造』、東京大学出版会、二〇〇九年
吉澤誠一郎『シリーズ中国近現代史①　清朝と近代世界　19世紀』、岩波新書、二〇一〇年
川島真『シリーズ中国近現代史②　近代国家への模索　1894-1925』、岩波新書、二〇一〇年
石川禎浩『シリーズ中国近現代史③　革命とナショナリズム　1925-1945』、岩波新書、二〇一〇年
岸本美緒『中国の歴史』、ちくま学芸文庫、二〇一五年
檀上寛『天下と天朝の中国史』、岩波新書、二〇一六年
岡本隆司『清朝の興亡と中華のゆくえ――朝鮮出兵から日露戦争へ』「叢書　東アジアの近現代史」1、講談社、二〇一七年
岡本隆司『シリーズ中国の歴史⑤　「中国」の形成――現代への展望』、岩波新書、二〇二〇年
中村元哉『対立と共存の日中関係史――共和国としての中国』「叢書　東アジアの近現代史」2、講談社、二〇一七年
西村成雄『シリーズ中国近現代史⑥　中国の近現代史をどう見るか』、岩波新書、二〇一七年
エズラ・F・ヴォーゲル著／益尾知佐子訳『日中関係史――１５００年の交流から読むアジアの未来』、日本経済新聞出版社、二〇一九年

個別のテーマに即したもの

飯島渉『感染症の中国史――公衆衛生と東アジア』、中公新書、二〇〇九年
田中比呂志『近代中国の政治統合と地域社会――立憲・地方自治・地域エリート』、研文出版、二〇一〇年

岡本隆司『李鴻章——東アジアの近代』、岩波新書、二〇一一年
岡本隆司『袁世凱——現代中国の出発』、岩波新書、二〇一五年
岩間一弘『上海大衆の誕生と変貌——近代新中間層の消費・動員・イベント』、東京大学出版会、二〇一二年
ラナ・ミッター著／吉澤誠一郎訳『五四運動の残響——20世紀中国と近代世界』、岩波書店、二〇一二年
家近亮子『蔣介石の外交戦略と日中戦争』、岩波書店、二〇一二年
趙景達・村田雄二郎ほか編『講座　東アジアの知識人1　文明と伝統社会　19世紀中葉~日清戦争』、有志舎、二〇一三年
孫江『中国の「近代」を問う——歴史・記憶・アイデンティティ』、汲古選書、二〇一四年
塚瀬進『溥儀——変転する政治に翻弄された生涯』日本史リブレット、山川出版社、二〇一五年
小浜正子編『ジェンダーの中国史』、勉誠出版、二〇一五年
長堀祐造『陳独秀——反骨の志士、近代中国の先導者』世界史リブレット、山川出版社、二〇一五年
深町英夫『孫文——近代化の岐路』、岩波新書、二〇一六年
石川照子ほか著『はじめての中国キリスト教史』、かんよう出版、二〇一六年
野嶋剛『台湾とは何か』、ちくま新書、二〇一六年
小野寺史郎『中国ナショナリズム——民族と愛国の近現代史』、中公新書、二〇一七年
和田博文ほか編『〈異郷〉としての日本——東アジアの留学生がみた近代』、勉誠出版、二〇一七年
ジェローム・B・グリーダー著／佐藤公彦訳『胡適　1891-1962——中国革命の中のリベラリズム』、藤原書店、二〇一七年
中村元哉『中国、香港、台湾におけるリベラリズムの系譜』、有志舎、二〇一八年
武藤秀太郎『「抗日」中国の起源——五四運動と日本』、筑摩選書、二〇一九年
ジョン・M・キャロル著／倉田明子ほか訳『香港の歴史——東洋と西洋の間に立つ人々』、明石書店、二〇二〇年

菊池秀明『太平天国――皇帝なき中国の挫折』、岩波新書、二〇二〇年

史料集・研究入門など

並木頼寿責任編集『開国と社会変容――清朝体制・太平天国・反キリスト教』「新編　原典中国近代思想史」1、岩波書店、二〇一〇年
村田雄二郎責任編集『万国公法の時代――洋務・変法運動』「新編　原典中国近代思想史」2、岩波書店、二〇一〇年
村田雄二郎責任編集『民族と国家――辛亥革命』「新編　原典中国近代思想史」3、岩波書店、二〇一〇年
坂元ひろ子責任編集『世界大戦と国民形成――五四新文化運動』「新編　原典中国近代思想史」4、岩波書店、二〇一〇年
野村浩一・近藤邦康・村田雄二郎責任編集『国家建設と民族自救――国民革命・国共分裂から一致抗日へ』「新編　原典中国近代思想史」5、岩波書店、二〇一〇年
岡本隆司・吉澤誠一郎編『近代中国研究入門』、東京大学出版会、二〇一二年
中村元哉・大澤肇・久保亨編『現代中国の起源を探る　史料ハンドブック』、東方書店、二〇一六年
川島真・中村元哉編著『中華民国史研究の動向――中国と日本の中国近代史理解』、晃洋書房、二〇一九年

年表

西暦	年号	中国	日本　世界
一八一四	嘉慶一九	洪秀全、広東省花県の客家農村に生まれる	
一八一九	二四		イギリスがシンガポール領有
一八三七	道光一七	洪秀全、科挙受験に失敗して熱病に倒れ、幻夢をみる	(日)モリソン号事件、漂流民にっぽん音吉帰国できず
一八三九	一九	欽差大臣林則徐が外国人商人から没収したアヘンを焼却	
一八四〇	二〇	アヘン戦争が勃発し、イギリスが広州などを封鎖。林則徐が欽差大臣を罷免される	
一八四二	二二	上海・鎮江が占領され、南京条約締結、香港島をイギリスに割譲	
一八四三	二三	イギリスと虎門寨追加条約を締結。上海開港 洪秀全が広東で上帝教を創設	
一八四四	二四	洪秀全が広西で布教、馮雲山は桂平県紫荊山に入って上帝会を創設	
一八四六	二六		アメリカ・メキシコ戦争(―四八)
一八四七	二七	上帝会が偶像破壊運動を起こし、有力移民との対立深まる	
一八四八	二八	馮雲山が逮捕され、楊秀清・蕭朝貴が天父・天兄下凡	フランス二月革命。ドイツ三月革命
一八五〇	三〇	3咸豊帝が即位。広西で天地会系結社の反乱が激化 11上帝会が広西桂平県金田村で挙兵。太平天国運動始まる	
一八五一	咸豊　元	3洪秀全が天王に即位 9太平天国が広西永安州を占領し、楊秀清ら五王による指導体制を整える	

一八五二	二	9太平軍が湖南長沙を攻撃、西王蕭朝貴が戦死	(日)ペリーが浦賀に来航
一八五三	三	1太平軍が武昌を占領 3曽国藩が太平軍鎮圧のために湘軍の編制に着手 3太平軍が南京を占領し、ここを天京と改称して首都をおく 5太平天国の北伐軍が南京を出発 9上海で小刀会が蜂起、太平天国との連携を図るも失敗 10北伐軍、天津郊外に到達する	クリミア戦争勃発(―五六)
一八五四	四	太平天国が『天朝田畝制度』を公刊	
一八五五	五	5北伐軍が山東馮官屯で全滅 7安徽亳州に捻軍が結集 10貴州でミャオ族(苗族)が蜂起	
一八五六	六	9天京事変。北王韋昌輝が東王楊秀清を殺害 9雲南省大理でイスラム教徒が杜文秀を中心に蜂起 10広州でアロー号事件起こる	
一八五七	七	5翼王石達開が南京を離脱(六三年に四川で敗死) 12英仏連合軍が広州を占領	インド大反乱(シパーヒーの反乱)発生(―五九)
一八五八	八	5英仏連合軍が天津郊外の大沽砲台を占領 5清朝がロシアと愛琿条約を締結 6清朝が露米英仏四国と天津条約を締結 11太平軍が安徽三河鎮で湘軍を撃破	(日)日米修好通商条約締結 インド・ムガル帝国滅亡
一八五九	九	4洪仁玕が天京に到着し、翌年『資政新篇』を公刊 6英仏米公使が天津条約批准のために北京へ向かい、清軍に撃退される	
一八六〇	一〇	6アメリカ人ウォードが洋槍隊(のちの常勝軍)を編制 8太平軍が第一次上海進攻。曽国藩が両江総督に任命される 10英仏連合軍が北京に入城し、円明園を破壊する	

西暦	年号	中国	日本・世界
一八六一	一一	清朝が10月英仏と、11月露と北京条約を締結 1清朝が総理各国事務衙門を設立。天津開港 8咸豊帝が熱河で死去 11西太后がクーデター、東太后と垂簾聴政を開始。同治帝が即位	アメリカ南北戦争勃発（―六五）
一八六二	同治 元	3李鴻章が淮軍を率いて上海に到着、常勝軍と協力 6太平軍の第二次上海進攻 7北京に同文館設置	
一八六三	二	3イギリス軍人ゴードンが常勝軍の司令官になる 3李鴻章が上海外国語文字学館（広方言館）を設立	
一八六四	三	6天王洪秀全が病死 7湘軍が天京を占領し、太平天国が滅亡。その後も太平軍の生き残りと捻軍による抵抗続く（―六八年頃まで）	
一八六五	四	9李鴻章が上海で江南機器製造局を設立	
一八六六	五	7左宗棠が福州船政局の設立を提案	
一八六七	六		10（日）大政奉還
一八六八	七		1（日）鳥羽・伏見の戦い
一八七〇	九	6天津教案起こる 11天津機器製造局を設立	7普仏戦争勃発（―七一）
一八七一	一〇	7ロシアがイリ地方を占領 9日清修好条規を締結	
一八七二	一一	8アメリカへ初の政府派遣留学生が出発 12李鴻章、上海に輪船招商局を設立	
一八七四	一三	2王韜が香港で『循環日報』を創刊 5日本が台湾出兵（12月に撤退）	フランスがヴェトナムと第二次サイゴン条約を締結
一八七五	光緒 元	1同治帝死去、光緒帝が即位 2雲南でイギリス探検隊員マーガリーが殺害される	9（日）日本軍艦が朝鮮の江華島を砲撃（江華島事件）

一八七六	二	5清朝が左宗棠を新疆の軍務につかせる 9清朝がイギリスと芝罘条約調印	2（日）日朝修好条規（江華条約）を締結
一八七八	四	左宗棠がイリ地方を回復 7開平鉱務局が設立され、近代的な採炭始まる	
一八七九	五	10崇厚がロシアとリヴァディア条約を結び、怒った清朝に死刑を命じられる	4（日）琉球併合
一八八一	七	2曾紀沢がロシアとペテルブルク条約を結ぶ 4東太后没す	
一八八二	八	7朝鮮で壬午の軍乱発生 8清軍が朝鮮の大院君を天津へ拉致	
一八八三	九	この年フランスがハノイを占領し、黒旗軍の抵抗始まる 11ヴェトナムで清軍とフランス軍が衝突（清仏戦争）	
一八八四	一〇	4恭親王奕訢が失脚（甲申の政変） 6ヴェトナムのランソンで清仏両軍がふたたび衝突 12朝鮮で甲申政変が発生、日清両国が朝鮮に出兵	
一八八五	一一	6フランスと天津条約を結び、フランスのヴェトナム主権を承認 10海軍事務衙門を新設。台湾省を設置	（日）福沢諭吉が『脱亜論』を発表
一八八六	一二	7イギリスとビルマ条約調印、イギリスのビルマ主権を承認	（日）長崎で北洋艦隊の水兵と日本人が乱闘、両国の国民感情悪化
一八八八	一四	11康有為が初めて変法自強を上奏 12北洋艦隊設立	
一八八九	一五	3光緒帝の親政始まる	（日）大日本帝国憲法発布
一八九〇	一六	黄遵憲が『日本国志』を刊行	
一八九一	一七	康有為が『新学偽経考』を出版	

西暦	年	事項	その他
一八九二	一八	鄭観応が『盛世危言』を著す	
一八九四	二〇	2朝鮮全羅道で東学が蜂起し、甲午農民戦争起こる 6朝鮮国王が鎮圧のために清に派兵を要請 7日本海軍が豊島沖で清国艦隊を奇襲攻撃（日清戦争） 8日清両国が宣戦布告 9黄海海戦 11孫文がハワイで興中会を結成	
一八九五	二一	4日清講和条約（下関条約）調印 4ロシア・ドイツ・フランスの三国干渉。日本に遼東半島の返還を勧告 5台湾で邱逢甲らが台湾民主国を作り日本に抵抗 5康有為らが変法自強を上奏（公車上書） 8康有為らが北京で強学会を設立	
一八九六	二二	4清朝政府が日本へ初の官費留学生を派遣 6李鴻章がロシアと秘密同盟条約を結び、東清鉄道の敷設権を認める（九七年着工） 8黄遵憲・梁啓超らが上海で『時務報』を発刊	
一八九七	二三	11梁啓超らが時務学堂を開設 11山東で大刀会がドイツ人神父を殺害（巨野教案）	
一八九八	二四	3ドイツが山東の膠州湾を租借 3ロシアが旅順・大連を租借 4厳復が『天演論』刊行 6イギリスが九龍半島の新界地区を租借（—一九九七） 6光緒帝が変法維新の上諭を下す 7イギリスが山東の威海衛を租借 7清朝政府が京師大学堂（のちの北京大学）を設置	（日）東亜同文会が設立され、中国保全論が唱えられる

西暦	光緒	中国	世界
一八九九	二五	9西太后らのクーデターが起こり、戊戌の変法は失敗 この年山東冠県で義和拳が教会を襲撃 5張謇が、江蘇省南通で大生紗廠の操業を開始 8山東平原県で朱紅灯の率いる神拳が教会を襲撃 9アメリカ国務長官ジョン・ヘイが中国の門戸開放を提案 11列強が山東巡撫毓賢の更迭を要求（後任は袁世凱） 12山東で義和拳と神拳が合流して義和団が誕生	10南アフリカ戦争（ブーア戦争）勃発（—一九〇二）
一九〇〇	二六	4義和団が天津・北京へ拡大 6清朝が列国公使館に退去を要求し、北京籠城戦始まる。連合軍が大沽砲台を占領。清朝が列強に宣戦布告 8八ヵ国連合軍が北京に入城、西太后は北京を脱出 9清朝が義和団の弾圧を命令 10孫文が広東で恵州蜂起	
一九〇一	二七	1西太后から新政実施を約束する上諭が発せられる 7清朝が総理衙門を外務部と改称 9北京議定書（辛丑和約）が調印される 11李鴻章死去。袁世凱が直隷総督兼北洋大臣に就任	
一九〇二	二八	2梁啓超が横浜で『新民叢報』を創刊	1（日）日英同盟調印
一九〇三	二九	5鄒容が上海で『革命軍』を刊行 6『蘇報』事件起こる 11黄興・宋教仁らが湖南で華興会を設立	
一九〇四	三〇	2日露戦争勃発。清朝は局外中立を宣言 9イギリスがチベットとラサ条約を締結 10蔡元培らが上海で光復会を設立	2（日）日露戦争勃発（—〇五）
一九〇五	三一	5アメリカの中国人移民制限に対して米製品ボイコット運動 8孫文・黄興らが東京で中国同盟会を結成	1ロシアのペテルブルクで血の日曜日事件

		9清朝が科挙制度を廃止 9日露講和条約がポーツマスで調印される 11日本政府が清国留学生取締規則を公布 12清朝が立憲制準備のために五大臣を列強に派遣 12陳天華が大森海岸で入水自殺	9（日）ポーツマス条約調印
一九〇六	三二	3魯迅が仙台医学校を中退。幻灯事件 9清朝が立憲準備の上諭を公布 11清朝が六部を廃止して中央の官制改革	11（日）南満洲鉄道株式会社を設立
一九〇七	三三	中国同盟会会員が広東、広西各地で武装蜂起 7光復会会員の秋瑾が逮捕され殺される	
一九〇八	三四	9清朝が『欽定憲法大綱』公布 11光緒帝・西太后が死去 12ラストエンペラー宣統帝溥儀が即位	7青年トルコ革命
一九〇九	宣統　元	10各省で諮議局が開設される 11各省の諮議局代表が上海で大会を開き、内閣の組織を要求	
一九一〇	二	10清朝が資政院（予備国会）を開設	5（日）大逆事件 8（日）韓国併合
一九一一	三	4中国同盟会が広州で黄花崗蜂起 5摂政王載灃を中心とする親貴内閣が成立 5鉄道国有令公布。四川などで保路運動がひろがる 10武昌で新軍が蜂起（辛亥革命の始まり） 11清朝が袁世凱を内閣総理大臣に任命 12外モンゴルが清からの独立を宣言	
一九一二	民国　元	1中華民国が成立。孫文が臨時大総統に就任 2宣統帝溥儀が退位し、清朝が滅亡 3袁世凱が孫文の後任として臨時大総統に就任	

西暦	民国	中国	日本
一九一三	二	3中華民国臨時約法公布 8中国同盟会が改組され、国民党結成 1北京で衆参両院選挙が行われ、国民党が第一党 3宋教仁が上海駅で暗殺される 4袁世凱が五国借款団と二五〇〇万ポンドの善後大借款協定締結 7反袁世凱の第二革命起こるも失敗 8孫文ら日本へ亡命 10袁世凱、正式に大総統に就任 11袁世凱、国民党に解散を命じる この年ダライ・ラマ一三世がチベットの独立を宣言	2（日）大正政変
一九一四	三	1袁世凱が国会を解散し、国会議員の職務を停止 5中華民国約法公布（臨時約法を廃止） 6孫文が東京で中華革命党を結成 8袁世凱が第一次世界大戦に局外中立を宣言 11日本軍が青島を占領	1（日）シーメンス事件 7第一次世界大戦が始まる
一九一五	四	1日本が袁世凱に対して二十一ヵ条要求を提示 5袁世凱が日本の最後通牒によって二十一ヵ条要求を受諾 8袁世凱の帝制キャンペーン始まる 9陳独秀らが上海で『青年雑誌』（のちの『新青年』）を創刊 10日英露仏各国が袁世凱に帝制の延期を勧告 12参政院が袁世凱を皇帝に推す 12蔡鍔らが護国軍を組織して帝制に反対（第三革命の開始）	
一九一六	五	3袁世凱が帝制を取り消す（6月に病死） 4東北で張作霖が権力奪取 12蔡元培が北京大学学長に就任	1（日）吉野作造が民本主義を主張

一九一七	六	1胡適が『新青年』に「文学改良芻議」を発表（文学革命始まる） 1日本の寺内正毅内閣が段祺瑞に対して西原借款 7張勲の復辟事件 8段祺瑞政府が第一次世界大戦に参戦を決定 9広東軍政府が成立（孫文が大元帥に就任）	ロシア革命（二月革命、十月革命）勃発 11（日）石井・ランシング協定
一九一八	七	5北京で日中軍事協定などに反対する学生デモ発生 6魯迅が『狂人日記』を『新青年』に発表 10段祺瑞が馮国璋に代えて徐世昌を大総統に就任させる	1米大統領ウィルソンが十四ヵ条の平和原則を提示 8（日）シベリア出兵。米騒動 11第一次世界大戦が終結
一九一九	八	1パリ講和会議で顧維鈞らが山東ドイツ権益の中国返還を主張 4パリ講和会議で山東ドイツ権益の日本継承が承認される 5北京で学生たちが山東返還を求めてデモ（五・四運動の開始） 6上海の商工業者がストライキ 6顧維鈞らがヴェルサイユ条約の調印を拒否 10孫文、中華革命党を中国国民党に改組	3朝鮮で三・一独立運動。コミンテルン結成 7カラハン宣言（第一次。第二次は一九二〇年）
一九二〇	九	6上海で陳独秀が社会共産党（上海共産主義小組）を組織 7安直戦争開始 11陳独秀により中国共産党が事実上成立	
一九二一	一〇	1台湾で林献堂らが台湾議会設置請願運動を開始 5広東護法軍政府成立 7上海で中国共産党第一回全国代表大会が開催 10台湾文化協会設立 11北京で李大釗らがマルクス学説研究会を創立 12魯迅が『阿Q正伝』の連載を開始 12孫文が桂林でマーリングと会談	11ワシントン会議開幕

一九二二	一一	1香港海員スト始まる 2ワシントン会議で中国に関する九ヵ国条約を調印 4第一次奉直戦争開始 6陳炯明が孫文に反旗。孫文は上海へ脱出 8中国共産党が国共合作の方針を承認	
一九二三	一二	1孫文がヨッフェと共同宣言 3旅大（旅順・大連）回収運動 10コミンテルンの国民党顧問ボロジンが広州に到着 11中国国民党が改組宣言	9（日）関東大震災。流言により多くの朝鮮・中国人が殺される
一九二四	一三	1広州で中国国民党第一回全国代表大会開会。国共合作を決定 6広州に黄埔軍官学校が設立される 9第二次奉直戦争開始 10馮玉祥が北京でクーデター。ラストエンペラー宣統帝溥儀が紫禁城を追われ、のち天津の日本租界へ 11孫文が北上宣言、途中神戸で「大アジア主義」講演	
一九二五	一四	2中国国民党が段祺瑞の善後会議に反対 3孫文が膵臓ガンのため北京で死去 5上海で学生らのデモに警官隊が発砲（五・三〇運動） 6広州で英仏軍がデモ隊に発砲。省港スト開始 7中華民国国民政府が広州に成立（主席は汪兆銘） 8廖仲愷が暗殺される 11郭松齢が張作霖に対して反旗（12月に敗死） 11国民党右派が北京西山で会合を開く（西山会議派）	4（日）治安維持法公布 5（日）普通選挙法公布
一九二六	一五	3三・一八事件（魯迅は8月に許広平と北京を脱出） 3中山艦事件（蔣介石が共産党員を逮捕） 7広州国民政府が北伐を開始	

		10北伐軍が武昌を占領	
一九二七	一六	1武漢国民政府が事実上成立 3北伐軍が南京占領。南京事件起こる 4上海で四・一二クーデター発生。南京国民政府が成立 5日本が山東出兵（第一次） 7中国共産党が武漢国民政府から退出（第一次国共合作崩壊） 10秋収蜂起に失敗した毛沢東が江西井崗山に根拠地建設	3（日）金融恐慌 11（日）田中義一・蔣介石会談
一九二八	一七	4南京国民政府が北伐を再開 4上海で台湾共産党が結成される 5済南事件（第二次山東出兵の日本軍と北伐軍が衝突） 6張作霖爆殺事件。国民革命軍が北京に入城（北伐完了） 7アメリカが中国の関税自主権を承認 10蔣介石が訓政の実施を発布 12毛沢東らが井崗山土地法を公布して土地革命を行う 12張学良が易幟を断行して国民政府に合流	
一九二九	一八	1蔣介石が国軍の再編を始める（3蔣桂戦争。5蔣馮戦争） 3中国国民党第三回全国代表大会	10ニューヨークで株価大暴落、世界恐慌
一九三〇	一九	5日本が中国の関税自主権を認める 5中原大戦勃発（—9月） 10台湾で霧社事件。セデック族が日本統治に反発して蜂起 12蔣介石が江西の共産党根拠地に包囲討伐戦（第一次）	1（日）金解禁を行い失敗（昭和恐慌） 2ホー・チ・ミンが香港でヴェトナム共産党結成 1ロンドン海軍軍縮会議
一九三一	二〇	5蔣介石が国民会議を開いて訓政時期約法を採択 5中国国民党内の反蔣介石派が広州国民政府を樹立 6蔣介石が共産党根拠地に対して第三次包囲討伐戦 9関東軍が柳条湖事件を起こす。満洲事変始まる	

		10日本軍が錦州爆撃。国際世論の日本に対する非難強まる 11江西省瑞金で中華ソビエト共和国成立	
一九三二	二一	1南京・広州国民政府が統一される 1上海事変勃発。魯迅一家が内山完造のもとへ避難 3満洲国が建国宣言。ラストエンペラー溥儀が執政就任 4リットン調査団が満洲国での調査を開始 10リットン報告書が公表される	5（日）五・一五事件 9（日）日満議定書締結
一九三三	二二	2日本軍が熱河侵攻 5塘沽停戦協定が成立 10蒋介石が江西ソビエトに対して第五次包囲討伐戦を開始 11第十九路軍の蔡廷鍇らが福建人民政府を樹立	1ドイツでヒトラー内閣成立 3（日）国際連盟脱退 3アメリカでニューディール政策開始
一九三四	二三	2蒋介石が新生活運動を提唱 3満洲国で帝政実施。溥儀が皇帝に即位 5宋慶齢が中国民族武装自衛委員会の結成呼びかけ 10中国共産党が長征を開始（—三五年10月）	
一九三五	二四	1中国共産党が遵義会議開く 6梅津・何応欽協定が結ばれる 8中国共産党が八・一宣言 11南京国民政府が幣制改革を実施 11冀東防共自治委員会が河北に成立 12北平の学生が抗日デモ（一二・九学生運動）	7コミンテルンが第七回大会、反ファシズム統一戦線を提唱
一九三六	二五	2紅軍が抗日のために山西へ進出 5全国各界救国連合会が成立 10魯迅死去 11抗日七君子事件（全国各界救国連合会の沈鈞儒ら逮捕） 12西安事変	2（日）二・二六事件 7スペイン内乱勃発（—三九） 11（日）日独防共協定調印

一九三七	二六	7盧溝橋事件。日中戦争始まる 8上海に戦火が拡大 9第二次国共合作が成立 11国民政府が重慶へ移転を声明 12日本軍が南京占領。南京大虐殺	
一九三八	二七	3国民党臨時全国大会、抗戦建国綱領を採択 5日本軍が徐州を占領。毛沢東が延安で「持久戦論」を発表 10日本軍が武漢を占領	1（日）近衛文麿首相が「国民政府を対手とせず」との声明
一九三九	二八	5日本軍が初めて重慶に無差別爆撃 12鹿地亘の日本人反戦同盟が広西崑崙関で活動開始	9ドイツ軍がポーランド侵攻（第二次世界大戦の開始）
一九四〇	二九	3汪兆銘が南京に国民政府を樹立	9（日）日独伊三国同盟調印 10（日）大政翼賛会発足
一九四一	三〇	1安徽省で国民政府軍が新四軍を攻撃（皖南事変） 12太平洋戦争勃発。日本軍が香港占領	
一九四三	三二	11カイロ会談。日本敗北後に台湾の中国返還が盛り込まれる	2（日）日本軍がガダルカナル島で敗北
一九四四	三三	4日本軍が大陸打通作戦 10日本が台湾で徴兵制を実施	
一九四五	三四	8日本が無条件降伏。蔣介石がラジオで「報復するな」と声明	
一九四六	三五	6国共内戦始まる	
一九四七	三六	2台湾で二・二八事件発生	
一九四八	三七		8大韓民国成立 9朝鮮民主主義人民共和国成立
一九四九	三八	1人民解放軍が北京入城 10中華人民共和国が成立 12国民政府が台北へ移転決定	

一九五〇			6朝鮮戦争勃発（―五三）
一九五一		9サンフランシスコ講和条約。中国は北京・台北共に招かれず	
一九五二		4中華平和条約締結	
一九七二		9日中国交正常化	
一九七八		8日中平和友好条約調印	

ワ行

ヤ行

ラ行

マ行

ハ行

ナ行

タ行

サ行

カ行

索 引

主要な記載のあるページを表示した。

見出しに*を付した語は、巻末の「主要人物略伝」か「歴史キーワード解説」に項目がある。

ア行

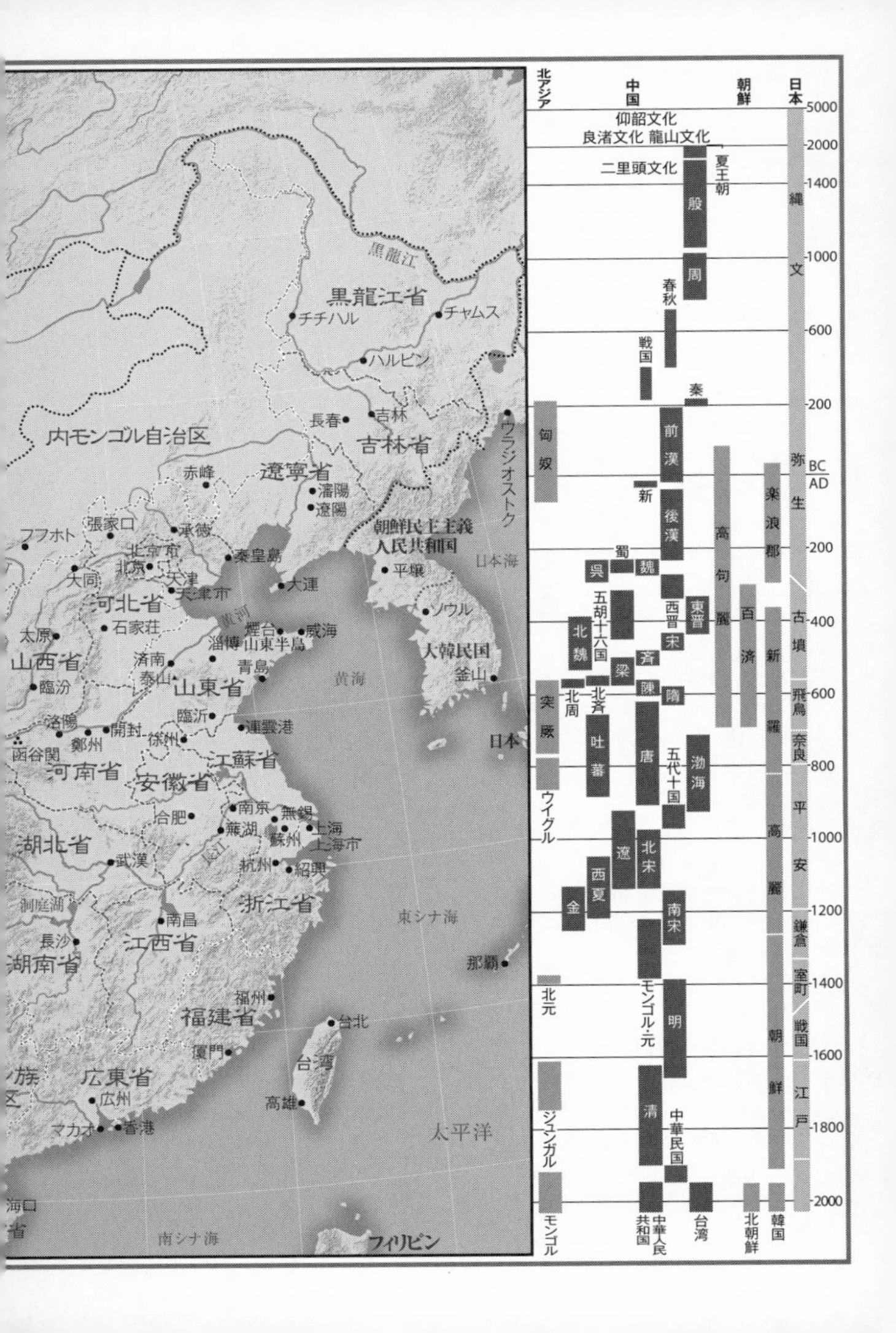

黒龍江
黒龍江省
チチハル
チャムス
ハルビン
長春
吉林
吉林省
内モンゴル自治区
ウラジオストク
赤峰
遼寧省
瀋陽
遼陽
張家口
承徳
フフホト
北京市
北京
天津
天津市
秦皇島
大連
朝鮮民主主義人民共和国
平壌
日本海
大同
河北省
石家荘
太原
煙台
威海
淄博
山東半島
ソウル
大韓民国
山西省
済南
泰山
青島
山東省
臨汾
黄海
釜山
臨沂
洛陽
開封
鄭州
函谷関
徐州
連雲港
日本
河南省
江蘇省
安徽省
南京
無錫
合肥
蕪湖
蘇州
上海
上海市
湖北省
武漢
杭州
紹興
洞庭湖
浙江省
南昌
東シナ海
長沙
江西省
湖南省
那覇
福州
福建省
台北
厦門
台湾
広東省
広州
高雄
マカオ
香港
太平洋
海口
南シナ海
フィリピン
北アジア
中国
朝鮮
日本
仰韶文化
良渚文化 龍山文化
二里頭文化
夏王朝
殷
周
春秋
戦国
秦
匈奴
前漢
新
後漢
蜀
呉
魏
五胡十六国
西晋
東晋
北魏
宋
斉
梁
北周
北斉
陳
隋
突厥
吐蕃
唐
五代十国
渤海
ウイグル
遼
北宋
西夏
金
南宋
北元
モンゴル・元
明
清
中華民国
ジュンガル
モンゴル
中華人民共和国
台湾
楽浪郡
高句麗
百済
新羅
高麗
朝鮮
北朝鮮
韓国
縄文
弥生
古墳
飛鳥
奈良
平安
鎌倉
室町
戦国
江戸
5000
2000
1400
1000
600
200
BC
AD
200
400
600
800
1000
1200
1400
1600
1800
2000

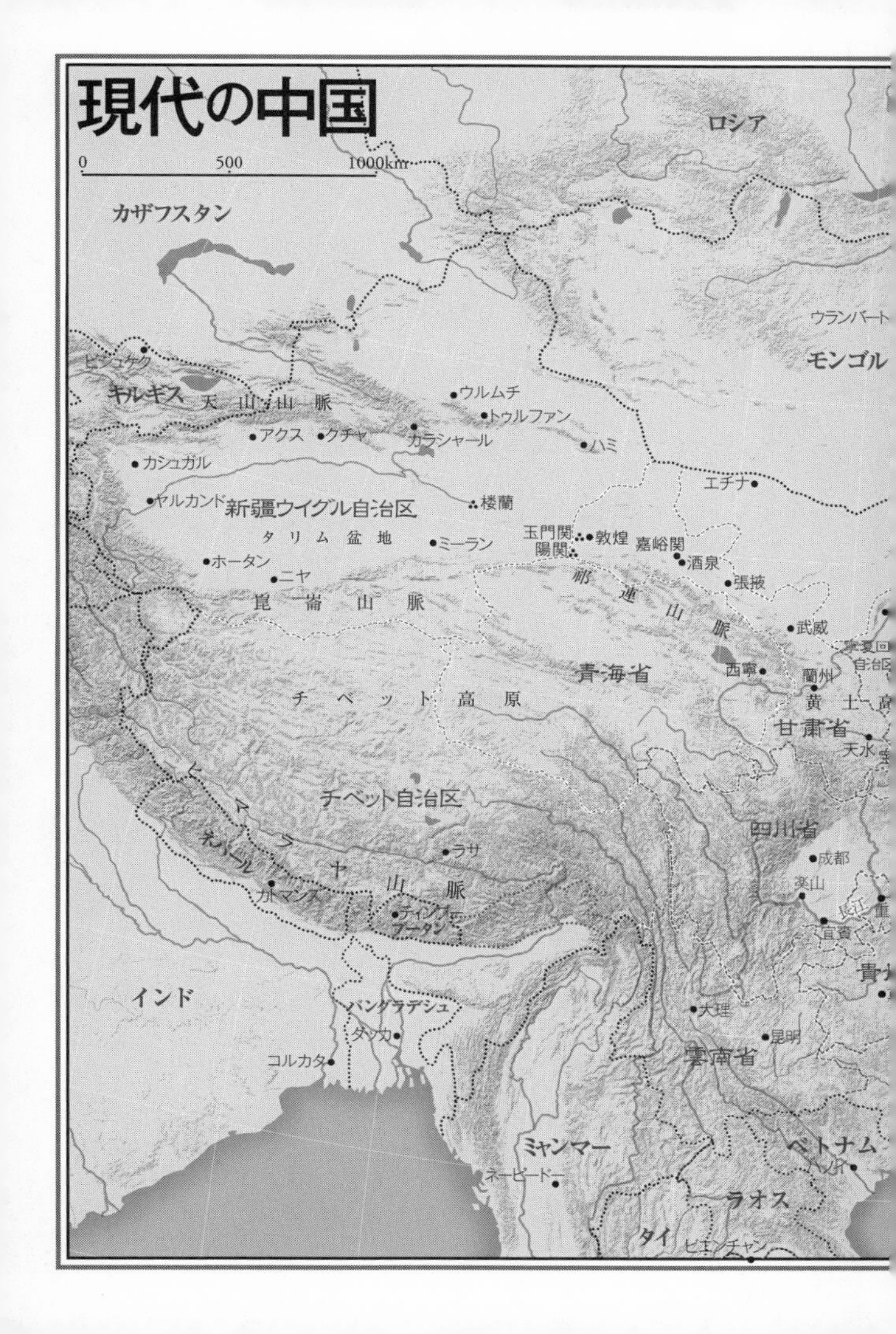

現代の中国
0
500
1000km
ロシア
カザフスタン
ウランバートル
モンゴル
ビシュケク
キルギス
天山山脈
ウルムチ
トゥルファン
アクス
クチャ
カラシャール
ハミ
カシュガル
エチナ
ヤルカンド
新疆ウイグル自治区
楼蘭
タリム盆地
ミーラン
玉門関
敦煌
陽関
嘉峪関
酒泉
ホータン
ニヤ
張掖
祁連山脈
崑崙山脈
武威
寧夏回族自治区
青海省
西寧
蘭州
チベット高原
黄土高原
甘粛省
天水
チベット自治区
四川省
ヒマラヤ山脈
ラサ
成都
ネパール
楽山
カトマンズ
ティンプー
ブータン
長江
重慶
宜賓
インド
バングラデシュ
大理
ダッカ
昆明
コルカタ
雲南省
ミャンマー
ベトナム
ハノイ
ネーピードー
ラオス
タイ
ビエンチャン

本書の原本は、二〇〇五年九月、小社より刊行されました。

菊池秀明（きくち　ひであき）

1961年神奈川県生まれ。早稲田大学第一文学部卒業。東京大学大学院修了。文学博士。中部大学国際関係学部講師・助教授を経て，現在，国際基督教大学教授。主な著書に『広西移民社会と太平天国』『太平天国にみる異文化受容』『清代中国南部の社会変容と太平天国』『金田から南京へ――太平天国初期史研究』『北伐と西征――太平天国前期史研究』『太平天国――皇帝なき中国の挫折』など。

定価はカバーに表示してあります。

中国の歴史10

ラストエンペラーと近代中国（きんだいちゅうごく）

清末（しんまつ） 中華民国（ちゅうかみんこく）

菊池秀明（きくちひであき）

2021年4月13日　第1刷発行
2023年9月4日　第3刷発行

発行者　髙橋明男

発行所　株式会社講談社

東京都文京区音羽2-12-21 〒112-8001
電話　編集（03）5395-3512
　　　販売（03）5395-4415
　　　業務（03）5395-3615

装　幀　蟹江征治

印　刷　株式会社ＫＰＳプロダクツ

製　本　株式会社国宝社

本文データ制作　講談社デジタル製作

ISBN978-4-06-523094-7

#「講談社学術文庫」の刊行に当たって

これは、学術をポケットに入れることをモットーとして生まれた文庫である。学術は少年の心を養い、成年の心を満たす。その学術がポケットにはいる形で、万人のものになることは、生涯教育をうたう現代の理想である。

こうした考え方は、学術を巨大な城のように見る世間の常識に反するかもしれない。また、一部の人たちからは、学術の権威をおとすものと非難されるかもしれない。しかし、それはいずれも学術の新しい在り方を解しないものといわざるをえない。

学術は、まず魔術への挑戦から始まった。やがて、いわゆる常識をつぎつぎに改めていった。学術の権威は、幾百年、幾千年にわたる、苦しい戦いの成果である。こうしてきずきあげられた城が、一見して近づきがたいものにうつるのは、そのためである。しかし、学術の権威を、その形の上だけで判断してはならない。その生成のあとをかえりみれば、その根は常に人々の生活の中にあった。学術が大きな力たりうるのはそのためであって、生活をはなれた学術は、どこにもない。

開かれた社会といわれる現代にとって、これはまったく自明である。生活と学術との間に、もし距離があるとすれば、何をおいてもこれを埋めねばならない。もしこの距離が形の上の迷信からきているとすれば、その迷信をうち破らねばならぬ。

学術文庫は、内外の迷信を打破し、学術のために新しい天地をひらく意図をもって生まれた。文庫という小さい形と、学術という壮大な城とが、完全に両立するためには、なおいくらかの時を必要とするであろう。しかし、学術をポケットにした社会が、人間の生活にとってより豊かな社会であることは、たしかである。そうした社会の実現のために、文庫の世界に新しいジャンルを加えることができれば幸いである。

一九七六年六月

野間省一

学術文庫版 日本の歴史 全26巻

編集委員＝網野善彦・大津透・鬼頭宏・桜井英治・山本幸司

00	「日本」とは何か	網野善彦（歴史家）
01	縄文の生活誌 旧石器時代～縄文時代	岡村道雄（考古学者）
02	王権誕生 弥生時代～古墳時代	寺沢　薫（橿原考古学研究所）
03	大王から天皇へ 古墳時代～飛鳥時代	熊谷公男（東北学院大学）
04	平城京と木簡の世紀 奈良時代	渡辺晃宏（奈良文化財研究所）
05	律令国家の転換と「日本」 奈良時代末～平安時代前期	坂上康俊（九州大学）
06	道長と宮廷社会 平安時代中期	大津　透（東京大学）
07	武士の成長と院政 平安時代後期	下向井龍彦（広島大学）
08	古代天皇制を考える 古代史の論点	大津透/大隅清陽/関和彦/熊田亮介 丸山裕美子/上島享/米谷匡史
09	頼朝の天下草創 鎌倉時代前期	山本幸司（静岡文化芸術大学）
10	蒙古襲来と徳政令 鎌倉時代後期	筧　雅博（フェリス女学院大学）
11	太平記の時代 南北朝時代	新田一郎（東京大学）
12	室町人の精神 室町時代	桜井英治（東京大学）
13	一揆と戦国大名 室町時代末～戦国時代	久留島典子（東京大学史料編纂所）
14	周縁から見た中世日本 中世史の論点	大石直正/高良倉吉/高橋公明
15	織豊政権と江戸幕府 織豊時代～江戸時代初期	池上裕子（成蹊大学）
16	天下泰平 江戸時代（17世紀）	横田冬彦（京都橘女子大学）
17	成熟する江戸 江戸時代（18世紀）	吉田伸之（東京大学）
18	開国と幕末変革 江戸時代（19世紀）	井上勝生（北海道大学）
19	文明としての江戸システム 近世史の論点	鬼頭　宏（上智大学）
20	維新の構想と展開 明治時代前期	鈴木　淳（東京大学）
21	明治人の力量 明治時代後期	佐々木隆（聖心女子大学）
22	政党政治と天皇 大正時代～昭和初期	伊藤之雄（京都大学）
23	帝国の昭和 昭和（戦前～戦中期）	有馬　学（九州大学）
24	戦後と高度成長の終焉 昭和・平成（戦後～バブル崩壊後）	河野康子（法政大学）
25	日本はどこへ行くのか	H・ハルトゥーニアン/T・フジタニ 姜尚中/岩崎奈緒子/比屋根照夫 T・モーリス=スズキ/C・グラック